HISTOIRE PHYSIQUE

DES ANTILLES

FRANÇAISES.

Cet Ouvrage se trouve à Paris,

CHEZ
- L'AUTEUR, rue de l'Université, N.° 28;
- MIGNERET, Imprimeur-Libraire, rue du Dragon, N.° 20, faubourg S. G.;
- BACHELIER, quai des Augustins, N.° 55;
- BÉCHET, place de l'Ecole de Médecine;
- TREUTTEL et WURTZ, rue de Bourbon, N.° 17.

Tout exemplaire, qui n'est pas revêtu de la signature de l'Auteur, sera réputé contrefaçon.

HISTOIRE PHYSIQUE
DES ANTILLES
FRANÇAISES;

SAVOIR :

LA MARTINIQUE ET LES ILES DE LA GUADELOUPE;

CONTENANT:

LA GÉOLOGIE DE L'ARCHIPEL DES ANTILLES, LE TABLEAU DU CLIMAT DE CES ILES, LA MINÉRALOGIE DES ANTILLES FRANÇAISES, LEUR FLORE, LEUR ZOOLOGIE, LE TABLEAU PHYSIOLOGIQUE DE LEURS DIFFÉRENTES RACES D'HOMMES, ET LA TOPOGRAPHIE DE LA MARTINIQUE ET DE LA GUADELOUPE;

Par Alexandre MOREAU DE JONNÈS,

Chevalier des Ordres royaux de Saint-Louis et de la Légion-d'Honneur, Officier supérieur au Corps royal d'Etat-Major, Membre du Conseil supérieur de santé du royaume, Correspondant de l'Académie royale des Sciences de l'Institut de France, des Sociétés Philomatique, Philotechnique, Vétéravienne, de la Société médicale d'Emulation, du Cercle médical, des Sociétés royales de Médecine de Bordeaux et de Marseille, des Antiquaires de France, de la Société royale et centrale d'Agriculture, et des Académies royales des Sciences de Stockholm, Turin, Madrid, Lyon, Dijon, Rouen, Strasbourg, Nancy, Tours et Rochefort.

TOME PREMIER

PARIS,
IMPRIMERIE DE MIGNERET, RUE DU DRAGON, N.° 20.

1822.

HISTOIRE PHYSIQUE
DES ANTILLES
FRANÇAISES;

SAVOIR :

LA MARTINIQUE ET LES ILES DE LA GUADELOUPE;

CONTENANT:

LA GÉOLOGIE DE L'ARCHIPEL DES ANTILLES, LE TABLEAU DU CLIMAT DE CES ILES, LA MINÉRALOGIE DES ANTILLES FRANÇAISES, LEUR FLORE, LEUR ZOOLOGIE, LE TABLEAU PHYSIOLOGIQUE DE LEURS DIFFÉRENTES RACES D'HOMMES, ET LA TOPOGRAPHIE DE LA MARTINIQUE ET DE LA GUADELOUPE;

Par Alexandre MOREAU DE JONNÈS,

Chevalier des Ordres royaux de Saint-Louis et de la Légion-d'Honneur, Officier supérieur au Corps royal d'Etat-Major, Membre du Conseil supérieur de santé du royaume, Correspondant de l'Académie royale des Sciences de l'Institut de France, des Sociétés Philomatique, Philotechnique, Vétéravienne, de la Société médicale d'Emulation, du Cercle médical, des Sociétés royales de Médecine de Bordeaux et de Marseille, des Antiquaires de France, de la Société royale et centrale d'Agriculture, et des Académies royales des Sciences de Stockholm, Turin, Madrid, Lyon, Dijon, Rouen, Strasbourg, Nancy, Tours et Rochefort.

PROSPECTUS.

Il semblerait que les Colonies des Antilles qui ont deux siècles d'existence, et qui appartiennent aux peuples de l'Europe les plus éclairés, devraient avoir été dès longtemps explorées par toutes les sciences ; mais il n'en est point ainsi, et si l'on en excepte la botanique, il n'est aucune branche des connaissances humaines, qui ait profité des acquisitions nombreuses, dont les îles de l'Archipel américain peuvent les enrichir ; on essayera, dans l'ouvrage que nous annonçons, de réparer à quelques égards, cet étrange oubli, et l'on tracera, d'après une longue et pénible observation, l'Histoire physique des Antilles françaises.

Dans cette entreprise, on s'est proposé pour but, de faire connaître en détail et avec précision cette partie transatlantique du territoire français, de mettre dans sa description, la vérité à la place de l'erreur ; de fournir aux sciences de nouveaux matériaux ; d'ajouter un chapitre à la géographie physique du globe, de montrer les agens du climat de la zône torride soumis au calcul et à l'expérience ; de remplacer l'image vague et incertaine des lieux et des choses par des déterminations spéciales, obtenues avec le secours des méthodes expérimentales ; de présenter des données positives, utiles aux Sciences médicales, à l'agriculture, au commerce, à l'industrie et à l'administration civile et militaire ; de développer les élémens qui prouvent l'importance des Antilles françaises, la nécessité de les conserver à la Métropole, et le haut degré de prospérité dont elles sont susceptibles ; enfin, d'offrir des recherches étendues et entièrement inédites sur une multitude de sujets du plus haut intérêt, tels que : l'Ouragan et le Raz de marée des Indes occidentales, les Tremblemens de terre des Antilles, les Volcans de ces îles, leurs montagnes, leurs forêts, la géographie de leurs plantes, leurs propriétés, leur origine géologique, l'Histoire des animaux indigènes, et entre autres du Trigonocéphale Fer-de-lance ; des recherches archéologiques sur les races d'hommes aborigènes de l'Archipel, des observations physiologiques sur ses habitans actuels, une hygiène à l'usage des Européens, un précis sur les maladies des Antilles, et une description complète de celles de ces îles qui appartiennent à la France, et qui sont aussi fréquentées que peu connues.

Pour arriver à ces divers objets, qui pendant vingt ans ont été ceux des observations immédiates ou des études de l'Auteur, on offrira, dans les huit parties de cet ouvrage :

1.° La Géologie de l'Archipel des Antilles ;
2.° Le Tableau du climat de ces îles ;
3.° La Minéralogie des Antilles françaises ;
4.° Le Tableau de la Flore Caraïbe ;
5.° La Zoologie des Antilles ;
6.° Le Tableau physiologique de leurs différentes races d'hommes ;
7.° La Topographie de la Martinique ;
8.° Celle des îles de la Guadeloupe.

Cet ouvrage, qui manque entièrement à la géographie et aux sciences physiques, formera quatre volumes *in-8°*.

Le premier paraîtra le 1.er novembre, le second, dans les trois mois suivans, et les deux autres successivement.

Conditions de la Souscription.

Chaque volume, de 600 pages, grande justification, coûtera pour les Souscripteurs 8 fr., et 9 fr. pour les nonsouscripteurs. Chacune des personnes qui prendront le premier volume, recevra une indication imprimée de l'engagement de prendre également les volumes suivans; au moyen de cette indication, elle ne les payera que le prix indiqué ci-dessus. Si après la publication complète de l'Ouvrage, un Atlas, composé de cartes Géologiques, Minéralogiques et Botaniques, est jugé nécessaire, les seuls Souscripteurs auront droit à l'acquérir, sans toutefois qu'aucun engagement à cet égard soit contracté par eux.

On souscrit à Paris chez l'AUTEUR, rue de l'Université, n.° 28 ;

Et chez
- MIGNERET, Imprimeur-Libraire, rue du Dragon, N.° 20, faubourg S. G. ;
- BACHELIER, quai des Augustins, N.° 55 ;
- BÉCHET, place de l'Ecole de Médecine ;
- TREUTTEL et WURTZ, rue de Bourbon, N.° 17.

On souscrit pareillement dans les Départemens, chez les principaux Libraires.

Imprimerie de MIGNERET, rue du Dragon, N.° 20, F. S. G.

HISTOIRE PHYSIQUE

DES

ANTILLES FRANÇAISES.

L'Archipel des petites Antilles est formé de vingt-cinq îles principales, et d'un plus grand nombre d'autres, d'une médiocre étendue et de peu d'importance; il décrit un arc, qui s'étend du 10.e au 18.e degré de latitude boréale, entre les 63.e et 65.e degrés de longitude occidentale, méridien de Paris.

Cette longue chaîne part du grand saillant de l'Amérique méridionale, formé par la province de Cumana; son développement du sud vers le nord est d'environ deux cents lieues : dans ce vaste espace elle n'est interrompue que par des bras de mer qu'on désigne sous le nom de canaux, et dont la largeur est généralement moindre que la longueur des isles qu'ils séparent; c'est par ces canaux que l'Atlantique équatoriale communique avec la mer Caraïbe, qui gît entre les Antilles et le continent américain.

L'Archipel des Vierges termine au nord la chaîne immense de ces isles, ou plutôt il la rattache aux grandes Antilles : Porto-Rico, Saint-Domingue, la Jamaïque et Cuba, qui sont dirigées de l'est vers l'ouest, et prolongent jusqu'à la Floride le vaste massif des terres insulaires.

L'étendue totale de ce massif, depuis le cap des Trois Pointes, près l'île Trinitad, jusqu'au cap Canaveral de la Floride, est de plus de cinq cents lieues ; il est formé d'environ trois cents îles habitables ; les principales appartiennent à l'Espagne, à l'Angleterre et à la France.

Les îles espagnoles sont : Cuba, Porto-Rico, et la partie orientale de Saint-Domingue.

Les îles anglaises : la Jamaïque, la Trinitad, Tabago, la Grenade, les Grenadins, la Barbade, Sainte-Lucie, la Dominique, Antigue, Saint-Christophe, la Barboude, les Vierges, et les îles Bahama.

Les îles françaises : la Martinique, la Guadeloupe, la Grande-Terre, Marie-Galante, les deux Saintes et Saint-Martin. La partie occidentale de Saint-Domingue, qui était, il y a trente ans, le plus riche établissement des Antilles, a cessé d'être une colonie européenne.

Enfin, le Danemark possède les petites îles de Saint-Thomas, Sainte-Croix, Saint-Jean ; la Suède, Saint-Barthélemi ; et les Pays-Bas, Saint-Eustache, Saba, et une partie de Saint-Martin.

On donne à l'ensemble de toutes ces îles, le nom d'*Archipel américain*, parce que leur nombre, leur grandeur, et leur importance agricole et commerciale, leur assignent le premier rang parmi les terres insulaires des deux Amériques.

Les petites Antilles étaient appelées autrefois *îles Caraïbes*, parce que, lors de leur découverte, elles étaient habitées par une race indigène qui portait ce nom ; on leur donnait aussi celui d'*îles Cannibales*, parce que cette race d'hommes était anthropophage.

Celles d'entre ces îles, qui sont situées au nord de la Martinique, sont encore désignées communément par l'appellation collective d'*îles sous le Vent;* celles qui gissent au sud sont nommées *îles du Vent;* ces expressions correspondent à celles de *Leeward* et de *Windward*, dont se servent les Anglais; elles dérivent de mots caraïbes, qui avaient la même signification.

Il semblerait que des colonies qui ont deux siècles d'existence, et qui appartiennent aux peuples de l'Europe les plus éclairés, devraient avoir été, dès long-temps, explorées par toutes les sciences; mais, il n'en est point ainsi, et, si l'on en excepte la botanique, il n'est aucune branche des connaissances humaines qui ait profité des acquisitions nombreuses dont ces isles peuvent les enrichir; nous essayerons, dans cet ouvrage, de réparer à quelques égards, cet étrange oubli; et nous tracerons, d'après une longue et pénible observation, l'Histoire physique des Antilles françaises.

Dans cette entreprise, nous avons pour but de faire connaître, en détail et avec précision, cette partie transatlantique du territoire français; de mettre dans sa description, la vérité à la place de l'erreur; de fournir aux sciences de nouveaux matériaux; d'ajouter un chapitre à la géographie physique du globe; de montrer les agens du climat de la Zone-Torride soumis au calcul et à l'expérience; de remplacer l'image vague et incertaine des lieux et des choses, par des déterminations spéciales obtenues avec le secours des méthodes philosophiques et expérimentales; d'offrir des données positives, utiles à l'agriculture, au commerce, à l'industrie et à l'administration ; enfin de développer les élémens qui prouvent l'importance de ces îles, la nécessité de les conserver à la métropole, et le haut degré de prospérité dont elles sont susceptibles.

Pour arriver aux divers objets que nous nous proposons, et qui, pendant vingt ans ont occupé notre pensée, nous offrirons, dans les huit parties de cet ouvrage :

1.° La géologie de l'Archipel des Antilles ;

2.° Le tableau du climat de ces îles ;

3.° La minéralogie des Antilles françaises ;

4.° Le tableau de la Flore de ces îles ;

5.° La zoologie des Antilles ;

6.° Le tableau physiologique de leurs différentes Races d'hommes ;

7.° La topographie de la Martinique ;

8.° Celle des îles de la Guadeloupe.

PREMIERE PARTIE.

GÉOLOGIE.

TABLEAU GÉOLOGIQUE DES ANTILLES,

ou

RECHERCHES ET OBSERVATIONS SUR L'ORIGINE DES ILES VOLCANIQUES ET CALCAIRES DE CET ARCHIPEL, ET SUR L'AGGROUPEMENT DE LEURS MONTAGNES.

Lu à l'Académie des Sciences de l'Institut, dans ses séances des 16 Décembre 1816 et 13 Avril 1818.

CHAPITRE PREMIER.

Aperçu des Erreurs principales des Historiens et des Voyageurs, sur l'Etat physique des Antilles.

Fausse étymologie du nom des Antilles, de la Martinique, de la Jamaïque. — Erreurs sur la constitution de l'air, sur sa pesanteur, sur la propagation du son; — sur l'Araignée aviculaire, la Chique, le Mabouïa, les Serpens; — sur l'origine de la couleur des Nègres; — sur les mines d'or de l'Archipel caraïbe; — sur la formation de ses Iles et sur leur Minéralogie.

Ce fut l'erreur qui présida à la découverte de l'Amérique, et ce fut elle encore qui lui fit imposer un autre nom que celui de Christophe Colomb ; c'est elle qui guidait cet intrépide navigateur vers les Antilles, en lui montrant, dans une mer nouvelle, un nouveau chemin pour arriver aux Indes orientales ; c'est elle, qui le privant de l'honneur d'appeler de son nom le vaste continent qu'il avait fait connaître, donna la préférence à celui d'un heureux aventurier dont le souvenir serait à peine parvenu jusqu'à nous, si, par l'un de ses caprices, elle ne l'eût immortalisé.

Depuis ces transactions mémorables, l'erreur n'a pas laissé décliner son empire sur des lieux où elle l'avait exercé avec tant de succès ; elle a dicté, tour-à-tour, les chapitres dont s'est formée jusqu'à présent l'Histoire physique des Antilles, et le plus souvent l'Europe n'a pu voir qu'à travers son prisme, les objets dont la connaissance est nécessaire ou même indispensable aux sciences naturelles et politiques.

Il n'y a pas jusqu'au nom de ces îles dont elle n'ait envahi l'étymologie et la signification : il n'y a aucun fondement à croire, comme Dutertre et Rochefort l'ont avancé (1), et comme tous les compilateurs l'ont répété depuis, que le nom des Antilles dérive de la préposition latine *ant*, et du substantif *isle*, dont on a prétendu que la réunion signifiait que ces îles sont placées *devant* ou *avant* le continent américain. Pierre Martyr d'Angleria, dans le premier livre de sa première Décade océanique, écrite en Espagne, et datée des ides de novembre 1493, dit : « Que Christophe Colomb, après la découverte de Cuba, crut avoir trouvé l'île d'Ophir, où les vaisseaux de Salomon allaient chercher de l'or; mais, ajoute cet historien, en considérant la description des cosmographes, il semble que cette île, et celles qui en sont voisines, sont les îles d'*Antilia*. » (2). Or, à l'époque où ce passage remarquable fut écrit, il y avait seulement un mois que Colomb était parti pour son second voyage; le continent d'Amérique n'était point découvert; et puisqu'on ignorait son existence et à bien plus forte raison sa situation, on ne pouvait donner aux Antilles un nom signifiant que ces îles étaient en avant de son rivage.

Plus d'un siècle après, Corneille Wifliet, dans son His-

---

(1) Dutertre, t. II, p. 2. — Rochefort, t. I, p. 2.
(2) « *Ophiram insulam sese reperisse refert : sed cosmographorum tractu diligenter considerato, Antiliæ insulæ sunt illæ et adjacentes aliæ,* » etc.

toire universelle des Indes, désignait les petites Antilles par les noms d'*isles Antillaires* et d'*Antillarum archipelagus;* appellations qui dérivent évidemment d'Antilia, et qui n'ont aucun rapport avec le mot d'*ant-isles* et sa signification.

On sait que, long-temps avant la découverte du Nouveau-Monde, les géographes supposaient que pour balancer le poids de l'Europe et de l'Asie, il devait y avoir quelques terres entre ces deux continens, à l'occident du premier ; en conséquence, ils plaçaient sur leurs cartes des îles imaginaires destinées à établir cet équilibre ; de ce nombre était, suivant le témoignage d'Herréra (1), l'île d'*Antilia*, qu'on représentait, dit-il, dans les anciennes cartes marines, à 200 lieues à l'ouest des Canaries et des Açores, et que les Portugais appelaient l'île *de las siete Ciudades*. Il y avait en 1791, à la bibliothèque Saint-Marc, de Venise, et Formaléoni publia à cette époque une carte dressée par Andreas Biancho, en 1436, c'est-à-dire, cinquante-six ans avant le premier voyage de Colomb ; on y voit figurée, dans l'Atlantique occidentale, une grande terre insulaire découpée par plusieurs Havres, et désignée par le nom de *Isola de Antilia ;* et l'on en aperçoit près d'elle une autre appelée *la Mano Satanaxio*, dont on racontait autant de choses merveilleuses, que l'antiquité en avait imaginé sur l'Atlantide et l'Hespérie (2).

---

(1) Herréra, 1.re Déc., liv. I, chap. 2.

(2) Un allemand qu'on nommait Martin Behem et que le roi de Portugal récompensa par de hautes faveurs pour ses découvertes géographiques, traça, dit-on, avant le premier voyage de Colomb, une carte où sont dessinées les côtes de l'Amérique. Jérôme Benzoni mentionne cette

L'origine qu'on assigne communément aux noms particuliers de plusieurs des Antilles, n'est pas plus fondée que l'étymologie adoptée pour leur appellation collective : ce qu'il faut attribuer à l'ignorance des auteurs, qui depuis la colonisation de ces îles, ont voulu en écrire les Annales, et qui n'avaient aucune connaissance des ouvrages des historiens espagnols contemporains de la découverte du Nouveau-Monde.

En consultant ces autorités décisives, on acquiert la preuve que les noms de la Martinique et de la Jamaïque ne sont point, comme on l'a dit et comme on le croit généralement, des appellations patronimiques, imposées à ces îles, par les premiers navigateurs européens, en l'honneur de Saint-Martin et de Saint-Jacques. On apprend, avec certitude, que ce sont des dérivés des noms *Matinina* et *Iamaïca*, qui appartenaient à la langue des insulaires de l'Archipel des Antilles, et remontaient sans doute à celle de la race aborigène exterminée par les Caraïbes. Lorsque, dans les premiers jours de novembre 1493, Christophe Colomb découvrit la Martinique, les

---

carte, et Garcilasso prétend que ce furent les informations de son auteur qui servirent de guide à l'amiral espagnol. M. Otto a soutenu cette opinion, dans un mémoire inséré dans les Transactions Américaines. Il paraît, au reste, qu'en effet le docteur Forster présenta à l'historien Robertson une copie de cette carte, qui existait alors à Nuremberg. On y trouvait sous le nom de Saint-Brandon, une terre qui était placée sous la latitude du cap Verd, et qu'on supposait être la côte de la Guyane; mais le docteur Robertson a considéré comme fabuleuse cette île, qui se retrouve sur plusieurs anciennes cartes, et il n'y a pas ajouté plus de foi que dans la légende puérile du saint dont elle portait le nom.

habitans d'Haïti, ou Saint-Domingue, qui étaient captifs à bord de son vaisseau, lui apprirent que cette isle s'appelait *Matinina* ou *Madanina*; et leur témoignage était d'autant plus certain, qu'ils en avaient gardé de nombreux souvenirs dans leurs traditions, et qu'ils la considéraient comme le berceau de leurs ancêtres. Ce nom fut conservé par Colomb ; et pour prévenir l'erreur, qui le fait provenir d'une dédicace à Saint-Martin, il suffisait de se rappeler qu'en s'éloignant de la Martinique, l'amiral espagnol ayant découvert une île nouvelle, le jour de la fête de ce saint, il lui en donna le nom, qu'elle porte encore ; et qu'il ne lui eût point imposé, si quelques jours auparavant il en avait déja fait l'application à une autre île. Mais ce qui prouve complètement que le mot *Matinino* était étranger aux langues de l'Europe, c'est que Pierre Martyr, l'un des compagnons de Colomb, le cite, comme un exemple de la prosodie des dialectes de l'Archipel américain. « Pour la meilleure prononciation des noms, écrit-il au Pape, Votre Sainteté doit apprendre qu'ils se prononcent avec un accent sur les voyelles ; et qu'ainsi dans le nom de l'isle *Matininó*, c'est sur la dernière qu'il est placé. » (1).

Il paraît que la corruption de ce nom indigène n'eut lieu que vers le commencement du dix-septième siècle, lors de l'établissement des Français à la Martinique ; car en 1605, et même plusieurs années après, Witfliet et

---

(1) P. Martyr, Decade 3.ᵉ, chap. VII. Par une singularité qu'il convient de remarquer, l'ouvrage original et important de Pierre Martyr n'a point été traduit en français, et il est au nombre des livres les plus rares de l'Europe.

Jean Laët désignaient la Martinique, dans leurs cartes et dans le texte de leurs ouvrages, par les noms de *Matilina*, *Matinino* et *Matilino* (1), qui ne sont autres que l'appellation caraïbe légèrement modifiée ; et dans la relation que le jésuite Bouton a donnée de la fondation de cette colonie française en 1635, il désigne l'île indistinctement par les noms de Martinique ou Martinino (2).

Quant à la Jamaïque, elle porte dans tous les anciens historiens, le nom de *Iamaïca* ou *Xamaïca*, qui signifiait, dit-on, dans la langue des habitans primitifs de l'Archipel, abondant en ruisseaux. Herréra, Oviédo et Gomara l'appellent ainsi ; et ils nous apprennent que Christophe Colomb lui imposa, lors de sa découverte, le nom de *Santiago* ou *San Giacobo*, dont on fit *San Iacomo* ; mais celui des Aborigènes prévalut, et fut conservé comme celui de Cuba, que les Espagnols appelèrent successivement, et pendant peu de temps : *Alpha* et *Oméga*, *Fernandina* et *Giovana*. Lorsqu'en 1655, l'isle de la Jamaïque tomba au pouvoir des Anglais, la singulière ressemblance de l'ancien nom *Jamaïca* et de celui de *James*, qui signifie *Jacques*, et que portaient avant et après cette époque, les rois d'Angleterre, fit croire communément et par erreur, que le premier dérivait du second, ou bien qu'il était la traduction anglaise du nom de la capitale de cette colonie, appelée : San Iago de la Véga (3).

---

(1) Witfliet, p. 97. — Laët., p. 32.
(2) Bouton, Relation, etc. ; in-12, 1640.
(3) Herréra, liv. II, chap. 15. — Oviédo, liv. I.er, etc.

Les noms de la plupart des autres îles de l'Archipel américain, offrent des exemples semblables de corruption ou de fausse étymologie. Les Espagnols, qui les premiers naviguèrent dans la mer Caraïbe, prononçant le nom de Sainte-Lucie comme s'ils l'avaient écrit : *Santalousia*, les anciens colons français le traduisirent par celui de *Sainte-Alousie*, que cette île a porté pendant plus d'un siècle.

Le nom d'Antigue s'est formé de celui de *Santa-Maria de la Antiqua*, que Colomb lui donna en souvenir de l'une des Eglises de Séville.

La Guadeloupe, que les Caraïbes appelaient *Carucuéria*, ou *Quéraquiera*, fut nommée par Colomb *Guadalupea*, en l'honneur de Sainte-Marie de la Guadeloupe ; mais ce nom fut changé en celui de *Gardeloupe*, par les missionnaires, qui nous ont laissé le récit de la colonisation de cette île.

Enfin, d'après les historiens espagnols, contemporains de la découverte des Antilles, la Barboude ayant été appellée la *Barbata*, et la Barbade, *li Barbati*, sans doute par allusion aux arbres épars sur les rivages de ces deux isles calcaires, l'analogie de ces deux noms devint la cause d'une confusion singulière, et l'on pourrait citer vingt auteurs qui ont pris l'une pour l'autre, quoiqu'elles soient éloignées de près de deux cents lieues. C'est aussi le pluriel *Barbati*, qui étant traduit, même encore aujourd'hui, par *les Barbades*, fait supposer qu'il y a plusieurs îles de ce nom, tandis qu'il n'en existe en effet qu'une, et que même c'est la seule des Antilles qui soit entièrement isolée.

Il ne faut pas croire que ces étranges méprises aient été faites uniquement par les premiers colons ou par des navigateurs ignorans; on lit, dans deux documens publics du siècle de Louis XIV, revêtus du nom de ce monarque, et postérieurs de 266 ans, au premier voyage de Colomb : « Que les îles de Saint-Christophe et de la Barbade ont été découvertes depuis quelque temps par les capitaines de marine Desnambuc et Rossey ; que l'une a 55 lieues de tour et l'autre 45 ; » et, ce qui est tout aussi exact, « qu'elles sont situées, avec d'autres îles voisines, à l'entrée du Pérou (1). »

On imagine sans peine que l'erreur, qui s'est attachée d'une manière si bizarre à l'origine et à la signification des noms de ces îles célèbres, n'a pas respecté les choses plus que les mots, et qu'elle a dû sur-tout envahir ce qui appartient au domaine des sciences. En effet, l'histoire physique des Antilles n'a point encore aujourd'hui d'autres matériaux que le témoignage muet des objets naturels recueillis sur leurs rivages, et transportés dans les Musées de l'Europe; et les compilateurs qui, depuis un siècle, ont tenté d'en tracer quelque esquisse, n'ont trouvé, pour remplir cette tâche, ni données expérimentales sur la puissance des agens du climat de ces contrées, ni notions précises sur les phénomènes de la vie de leurs plantes et de leurs animaux, ni documens exacts sur les grands évènemens physiques auxquels sont liées cependant tant de destinées humaines.

Quoique la France, l'Angleterre, l'Espagne, le Dane-

---

(1) Dutertre, t. I, p. 8 et 11.

mark et la Suède se soient partagés, depuis deux à trois siècles, l'Archipel des Antilles, ce n'est pas un paradoxe que d'affirmer que ses îles, malgré leur proximité de l'Europe, sont moins connues que celles de la Polynésie. En parcourant les ouvrages des auteurs qui s'en sont occupés, on est tenté de croire qu'on n'a dit, sur aucun autre pays du globe, autant de choses inexactes, erronées, mensongères, ou même extravagantes et ridicules.

Dans un mémoire sur le climat des Antilles, inséré dans les Transactions intéressantes de la Société Médicale d'Emulation de Paris, le docteur Cassan assure gravement, « qu'à Sainte-Lucie, lorsque le baromètre est porté sur les montagnes, le mercure ne descend que d'une ligne par toise d'élévation; tandis qu'en Europe, il descend presque du double. » (1) Il serait difficile de dire, en moins de mots, plus de choses contraires à la vérité. Dans nos contrées, l'abaissement d'une ligne de mercure dans le baromètre, porté sur les hauteurs, indique, dans la région inférieure de l'air, une élévation, non pas de quatre mètres, mais d'environ trente; et si cet abaissement était, aux Antilles, d'une ligne par toise, le poids de l'atmosphère y serait quinze fois plus grand que dans nos climats, et les montagnes y seraient quinze fois moins hautes que tous les physiciens ne le croient, d'après les résultats des opérations barométriques.

Quelques années après, un autre médecin, le docteur Davidson, annonça, d'après des expériences faites à la Martinique, que l'oxygénation de l'atmosphère de cette

---

(1) Mém. de la Soc. Méd. d'Emulation, 1801, p. 60.

île était à celle de l'atmosphère de l'Europe, dans le rapport de trois à un, et qu'elle était plus grande dans la dernière couche de l'air que dans les couches supérieures ; assertion d'où l'on devrait conclure que la pesanteur et la constitution de l'atmosphère des Antilles diffèrent tellement de celles de nos climats, qu'on peut admettre qu'il n'y a pas, peut-être, à cet égard, de dissemblance plus grande entre notre globe et la plupart des corps célestes de notre système planétaire. Ne serait-ce pas, en effet, un autre monde que le nôtre, celui où l'homme serait soumis à une pression atmosphérique toute différente, et respirerait 63 pouces cubes d'oxygène au lieu de 21 ?

Il faudrait pareillement admettre qu'aux Indes occidentales, les lois de la nature sont totalement opposées à celles qui régissent immuablement tous les autres lieux de la terre, si l'on donnait croyance aux assertions de Chanvalon, qui, en 1761, affirmait à l'Académie des Sciences : « Qu'à la Martinique, le baromètre est entièrement inutile pour indiquer les variations du temps ; que sa marche n'a rien de régulier et d'uniforme, et que dans cette île le son ne se réfléchit point ; qu'il ne se répète et ne se renouvelle pas, et qu'enfin on n'y trouve aucun écho. » (1) Ces assertions sont d'autant plus bizarres, que ce voyageur donne des observations barométriques qui établissent précisément le contraire, et qu'à deux cents pas de l'habitation où il demeurait, il y a, dans la vallée de la rivière Pilote, un écho fort remarquable le soir, lorsque la brise est tombée.

L'Histoire naturelle des Antilles est bien plus riche en-

---

(1) Chanvalon, p. 20, 24, 118 et 119.

core que la physique, en observations erronées et en récits fabuleux.

Pierre Martyr, qui, dans son histoire des Indes occidentales, décrit deux fois l'espèce de Didelphe, nommée Manicou, assure positivement que cet animal est de la grosseur d'un bœuf, quoiqu'il n'ait guères, en effet, que celle d'un lapin (1).

L'exactitude des voyageurs modernes n'est pas assez grande pour donner une idée beaucoup plus juste des animaux qu'ils ont mentionnés : nonobstant les détails qu'ils offrent, comme le résultat de l'observation immédiate, les Scorpions de la Barbade ne sont point, ainsi que l'affirme Ligon, de la grosseur d'un rat (2) ; il n'y a point à Saint-Domingue, comme le prétend Descourtilz, d'araignée ayant sept pouces dix lignes d'une extrémité à l'autre du corps (3) ; ce qui, dans les proportions ordinaires des Mygales, suppose que celles de cette île sont tellement monstrueuses, qu'elles couvrent une surface de 25 à 26 pouces de diamètre. Quoiqu'en ait dit l'abbé Chappe, dans son Voyage astronomique à la Californie, l'espèce de puce, nommée Niguas, dans les colonies espagnoles, et Chique dans les colonies françaises, n'est point assez dangereuse, pour « que les plaies que fait sa » morsure deviennent mortelles quand on y laisse couler » de l'eau (4). » Malgré l'autorité respectable de Spar- » mann et les récits d'Acrélius, le Mabouïa Sputator des

---

(1) P. Martyr, Déc. 2, ch. 9.
(2) Ligon, p. 104.
(3) Descourtilz, t. II, p. 377.
(4) Chappe, p. 20.

Antilles ne crache point sur ses ennemis, et conséquemment il ne les tue point par ce moyen (1). Il n'a jamais existé à la Martinique, comme l'a dit le voyageur Robin, des Vipères de 25 pieds de long (2), et étant armées, d'après cette taille monstrueuse, de dents venimeuses aussi longues que les défenses d'un sanglier; quoiqu'il faille réduire au quart, ou au tiers tout au plus, la grandeur qu'il a donnée à ces reptiles, ils n'en sont pas moins encore, par leurs dimensions, les plus puissans et les plus redoutables de tous les serpens à crochets isolés. Cependant Bryan Edwards, dans son Histoire des Indes occidentales (3), et Tuckey, dans son ouvrage encore plus récent, sur la géographie maritime, prétendent affirmativement que dans *toutes* les Antilles il n'y a point de serpens venimeux.

Dans tous les temps et dans tous les lieux, ces reptiles ont été le sujet d'une multitude d'exagérations et de récits controuvés; mais aucune espèce, sans doute, n'en a fait naître d'aussi étranges que le Trigonocéphale, ou grande vipère fer-de-lance de la Martinique.

On lit dans les Mémoires de l'Académie des Sciences (4), sur la foi d'un voyageur nommé Blondel : « Que les serpens, qui n'étaient pas venimeux dans les autres Antilles, le deviennent à la Martinique, et que ceux de cette île transportés ailleurs, perdent leur venin. » Ce qui, comme

---

(1) Sparmann, Mém. de l'Acad. de Stockholm, 1784.
(2) Robin, Voyage aux Antilles.
(3) Bryan Edwards, t. I, p. 16. — Tuckey, t. IV, p. 202.
(4) Mém. de l'Ac. des Sc., t. I, p. 362.

on voit, attribue au séjour de la Martinique, une influence bien malheureuse sur le système dentaire de ces reptiles.

Un autre voyageur qui n'a pas pour excuse la crédulité de son siècle, puisqu'il n'est pas encore de retour des Antilles, vient d'affirmer, dans des observations dont le Moniteur a enrichi ses colonnes, « Que le Trigonocéphale de la Martinique est très-peu dangereux et très-peu multiplié, » ce qui certainement paraîtra difficile à croire, en considérant que ce reptile est long de six à huit pieds, armé de dents aiguës, canaliculées et venimeuses, de 15 à 18 lignes de longueur; que le poison qu'il injecte dans les blessures faites, avec ces dents, peut tuer dans l'espace de quelques minutes; et enfin que la portée des femelles est de cinquante à soixante petits, et même de quatre-vingts.

Mais, presqu'en même temps, un voyageur allemand écrivait, de la même île, des lettres qui ont été publiées dans le Journal littéraire de Vienne, et où l'on apprend que les serpens abondent à la Martinique, et qu'il en a très grand'peur. « Pourtant, ajoute-t-il, les indigènes ont un moyen de se préserver de leur danger; c'est d'exposer sur le chemin une terrine remplie de sang de poule; les serpens qui avalent ce sang, cessent d'être venimeux (1); » ce qui revient à dire que cet aliment agissant sur eux d'une manière merveilleuse, change à l'instant leur organisation.

L'Histoire du règne végétal n'est pas moins remplie d'erreurs, mais elles sont généralement moins frappantes.

---

(1) *Wiener Zeitschrift für kunst literatur*, etc.

Ici, c'est Raynal et le naturaliste Leblond « qui voyent des forêts aussi anciennes que le monde, sur des montagnes dont la surface n'a qu'une antiquité de quelques siècles (1), et dont, par une autre erreur, les bois vastes et épais sont disparus aux yeux de Fleurieu, qui n'a vu à leur place que des sommets arides (2). Là, ce sont des familles de plantes, étrangères aux Antilles, dont on fait se revêtir les flancs de leurs pitons (3). Ailleurs, enfin, ce sont des arbres dont l'espèce a la propriété de se pétrifier, lorsqu'on en met le bois dans la terre (4); ou bien d'autres arbres qui, atteignant une hauteur de 300 pieds, ont plus de deux fois l'élévation de la grande colonne de la place Vendôme (5).

On imagine bien que les fables dont se compose l'histoire physique de l'homme, ne le cèdent en rien à celles sur les plantes et les animaux des Antilles. Les caractères physiologiques des nègres, qui composent, comme on sait, la grande masse de la population de ces îles, ont été le sujet des assertions les plus étranges. La couleur de cette race a été attribuée par Marmol, à la malédiction que Noé donna à son fils Cham, pour lui avoir manqué de respect. Le jésuite Gumilla y a vu l'effet du crime de Caïn, dont il fait descendre directement cette variété de l'espèce humaine. L'abbé Manet, dans son Histoire de l'Afrique française, affirme que le climat, le serein et le sol sont les

---

(1) Raynal, t. IV, p. 211. — Leblond, p. 46.
(2) Fleurieu, t. I, p. 291, en signalant la Montagne pelée.
(3) Leblond, en parlant des bruyères, p. 61, 85.
(4) Raynal, en parlant de l'acomat, t. IV, p. 8.
(5) Ligon, p. 126.

causes qui noircissent la peau des nègres, et de graves et savans auteurs, La Condamine, Buffon, Raynal et beaucoup d'autres, ne diffèrent pas essentiellement d'opinion. Schérer prétend, dans ses Recherches historiques sur le Nouveau-Monde, que les nègres ayant une prédilection déterminée pour la couleur noire, et employant des remèdes astringens pour la produire, la peau de leur visage se resserre tellement, que leurs lèvres sont forcées de déborder et de devenir très-grosses. D'ailleurs, ajoute-t-il, les femmes ayant toujours des objets noirs devant les yeux, elles ont pu, à la longue, transmettre les effets de cette impression à leurs enfans, et opérer ainsi, de plus en plus, le changement de leur couleur (1).

Il n'y a pas sans doute très-loin de cette explication à celle que le médecin Tourtelle a empruntée au célèbre voyageur Volney. « Puisque, dit-il, quand nous sommes exposés à une vive lumière, les sourcils se froncent, les pommes des joues s'élèvent, la bouche fait la moue ; c'est indubitablement la proximité du soleil qui donne aux nègres cette physionomie (2). »

Plus d'un siècle avant, le missionnaire Maurile avait donné, dans sa relation de Saint Christophe, une explication tout aussi judicieuse : « Les nègres, dit-il, ont le nez camard et retroussé, parce que, comme Aristote l'a avancé, en parlant des enfans qui sont ainsi, ils ont le sang trop bouillant, et que l'excès de la chaleur empêche la matière de s'étendre (3).

---

(1) Ligon, p. 187, 192, 200.
(2) Tourtelle, t. I, p. 178.
(3) Maurile, Voyage, etc., 1652.

Ces effets merveilleux du climat sont pourtant encore moins surprenans que l'existence du Triton à queue de carangue, qu'on découvrit en 1671, près du rocher du Diamant, à un mille de la Martinique. La description de cet homme-marin, attestée juridiquement par deux blancs et quatre noirs, fut envoyée par le gouverneur Baas, à l'Académie des Sciences, et une figure très-bien gravée complète la preuve qu'il y avait alors dans l'Archipel des Antilles, des êtres fort singuliers qui tenaient le milieu entre l'espèce humaine et les poissons de la tribu des Scombres (1).

Ce serait une tâche trop longue que d'énumérer ici les erreurs dont la science d'Hippocrate est infectée aux Indes occidentales, et nous sommes dispensés d'ailleurs de les signaler, par l'obscurité de ceux qui les professent.

Mais il n'en est point ainsi des erreurs qui nous tiennent lieu de connaissances géologiques et minéralogiques sur les Antilles; elles appartiennent, pour la plupart, à des hommes célèbres, et jusqu'à présent elles ont passé pour des vérités incontestables. On en concevrait difficilement l'origine et la longue existence, si l'on ne se rappelait que la science des minéraux étant presque récente, et nul observateur ne s'en étant encore occupé, dans l'Archipel américain, tout système de géologie sur cette partie du globe, ne pouvait être qu'une théorie entièrement hypothétique. Il y a plus; c'est qu'en cherchant à deviner la vérité, il y avait encore des chances plus nombreuses de la trouver qu'en s'efforçant de la déduire des prétendues

---

(1) Mém. de l'Acad. des Sciences.

observations des voyageurs, qui, sur ce sujet, sont toutes fausses ou erronées. Les exemples se présentent en foule pour en donner la preuve.

La richesse des mines de l'Amérique espagnole avait excité si vivement l'envie et les espérances des premiers européens qui s'établirent aux Antilles, qu'ils ne renoncèrent que très-difficilement à l'idée que ces îles renfermaient des métaux précieux; ce qui supposait que leur formation était tout-à-fait différente de celle dont elles tirent leur origine.

Nous apprenons par Sloane, que dès que l'Angleterre fut en possession de la Jamaïque, le duc d'Albemarle sollicita et obtint le privilège d'en faire exploiter les mines, ainsi que celles des autres îles anglaises de l'Archipel; il fit faire, sans délai, des recherches à la Barbade et dans les montagnes de la Jamaïque, et il reçut de cette dernière colonie des échantillons d'une substance très-brillante qui se trouvait dans la terre; on reconnut que c'était seulement une marcassite qu'on prenait pour de l'argent; et il paraît que la même méprise s'est renouvelée plusieurs fois dans les Antilles anglaises, et encore dernièrement à la Trinitad (1).

Il en fut ainsi dans les îles françaises dès les premiers temps de leur colonisation : « On ne saurait douter, dit Dutertre, qu'il n'y ait des mines d'or dans la plupart de nos Antilles; et lorsque j'étais à la Guadeloupe, les habitans étaient persuadés qu'il y avait deux mines d'argent dans leur île (2). » On assurait qu'il y en avait aussi une de

---

(1) Sloane, t. I, p. 33. — Duddeley, p. 571.
(2) Dutertre, t. II, p. 74, 76. — Rochefort, t. I, p. 101.

cette dernière espèce à Saint-Christophe ; et nous savons, par le Père Labat, qu'on prétendait qu'à la Dominique il y avait une mine d'or auprès de la Soufrière (1).

En 1785, le Baron de la Borie, qui commandait à Sainte-Lucie, envoya au Ministre de la marine, un mémoire sur les mines d'or, qu'il assurait exister dans cette île ; il y joignit un échantillon de minérai, qu'on soumit à l'examen de M. Sage ; mais ce professeur trouva qu'il ne contenait que du quartz, de l'argile et du fer.

Un siècle avant, le Père Dutertre n'avait point obtenu d'autre résultat de ses expériences sur les échantillons des mines de la Guadeloupe, d'où l'on disait que le gouverneur Houel avait tiré une prodigieuse quantité d'or. Ces exemples et les progrès des connaissances physiques, n'empêchèrent pas, en 1788, M. Dupujet d'affirmer qu'il y avait à la Martinique, des indices d'une mine d'or ; et, ce qui est vraiment digne de remarque, c'est que le lieu où il crut les trouver, est précisément le cratère d'un volcan éteint, que, malgré ses formes et sa lythologie, il ne sut pas reconnaître.

C'est dans un pareil gissement qu'on a placé toutes les mines de métaux précieux qu'on a cru découvrir dans les petites Antilles, et il suffit de l'indiquer pour démontrer combien est absurde l'assertion de leur existence ; mais ce ne sont pas seulement des richesses métalliques qu'on a prétendu découvrir dans des îles formées de toutes pièces par les volcans; on indiqua à la Martinique, au voyageur Chanvalon, trois carrières de marbre, et nous fûmes en 1804

---

(1) Labat, tome IV, p. 309.

invités nous-mêmes à en visiter une située dans la vallée du Lorain, et dont on attendait un grand produit ; l'examen prouva que ce n'était autre chose que des laves porphyritiques, blanchies et décomposées par l'action d'eaux thermales sulfureuses ou de fumeroles volcaniques chargées d'acide sulfurique. Une carrière d'ardoises, qu'on se préparait à exploiter dans la même île, se trouva n'offrir, au lieu d'un lit de roche schisteuse, qu'un courant de laves cornéennes feuilletées, que leur épaisseur et leur poids ne permettaient pas d'employer à l'usage qu'on en voulait faire ; enfin, malgré le désir de ne pas troubler la satisfaction de ceux qui voulaient bien nous consulter sur des découvertes auxquelles ils attachaient un grand prix, nous fûmes forcés de ne voir dans les sables aurifères de la rivière l'Or, que des micas châtoyans, vulgairement nommés en France, *or de chat;* et il nous fallut reconnaître qu'une mine de charbon de terre, trouvée à la Cabesterre de la Martinique, n'était que du bois charbonné par les éruptions du volcan de la Montagne pelée, et enseveli sous les ponces vomis par son cratère.

L'esprit de propriété et le désir de rehausser les avantages du pays qu'on habite, ont pu provoquer ces étranges méprises, mais il en est une multitude d'autres commises par des historiens ou des voyageurs modernes, et qui n'ont pas même ces motifs pour excuse. Ce qu'elles offrent peut-être de plus étonnant, c'est la ressemblance qu'elles ont entr'elles ; on dirait volontiers que la première a produit toutes les autres, qui n'en sont que des copies plus ou moins récentes.

Dès 1775, Raynal, d'après des mémoires qui lui furent

fournis, et qui sont restés inconnus, avança, dans un ouvrage célèbre, que : « Le sol des Antilles est en général une couche d'argile ou de tuf, sur un noyau de pierre ou de roc vif (1). » Quoiqu'il n'y ait, en réalité, dans ces îles, ni un tel ordre de superposition, ni noyau de pierre, et encore moins de roc vif, puisque le granite était ce qu'on appelait alors ainsi, cette assertion fut admise comme une vérité, et depuis cette époque chacun a voulu voir et proclamer les faits minéralogiques annoncés par Raynal, sans se donner toutefois la peine d'observer s'ils avaient le moindre fondement. C'est ainsi que Dupujet, que ses connaissances devaient prémunir contre une pareille erreur, a dit, en parlant des petites Antilles, que : « Le noyau de leurs principales montagnes paraît être de granite de différentes espèces. » (2) C'est encore ainsi qu'en parcourant ces îles, Dauxion Lavaysse s'est persuadé, par l'observation du flanc de leurs montagnes, mis à nu par la mer, que : « Leur noyau est du granite surmonté de basalte prismatique. » (3) C'est sans doute à la même préoccupation qu'il faut attribuer l'erreur où sont tombés les Rédacteurs d'un mémoire relatif à l'éruption de la Soufrière de la Guadeloupe, en 1798, et où l'on trouve désignés comme des granites, les laves recueillies sur le plateau et près des bouches fumantes de ce volcan (4). Mais

---

(1) Raynal, Histoire phil. et pol. des deux Indes, t. IV, p. 6.

(2) Dupujet, Coup-d'Œil sur la minér. des Antilles. — Journ. des Mines, t. III, p. 43. Premier sem. an 4.

(3) Dauxion Lavaysse, Voyage aux Iles de la Trinitad, Tabago et la Marguerite; 2 vol. *in*-8.º Paris, 1813.

(4) Page 82.

aucun voyageur ne s'est laissé tromper plus complètement par cette déception singulière, que le docteur Leblond, décoré cependant du titre de naturaliste du Roi. Dans un volume publié en 1813, il qualifie en dix endroits, de montagnes primitives, les reliefs de la Martinique, Sainte-Lucie, Saint-Vincent et la Grenade, qui sont uniquement formées de substances volcaniques (1). Il assure, en parlant de la première de ces îles, que le Piton de l'Observatoire, qui est au sommet de la Montagne pelée, et même tout le massif minéralogique de cette montagne, sont de granite (2). Il a vu enfin « des chaînes de montagnes primitives le long des côtes de l'ouest de toutes les Antilles », quoiqu'il soit difficile d'y découvrir autre chose que des brèches et des tufs volcaniques sous lesquels sont enfouis quelques courants de laves (3).

Le nombre de ces témoignages est tellement grand, qu'ils pourraient en imposer, si leur contenu n'offrait des données suffisantes pour en apprécier la valeur. On peut douter, sans injustice, que le médecin Leblond et le botaniste Isert aient eu des connaissances minéralogiques suffisantes pour déterminer la nature des roches des Antilles, quand le premier nous annonce avoir découvert que : « L'argile provient de la pourriture des végétaux, » (4); et qu'en décrivant le cratère de Saint-Eustache, le second déclare, « Qu'il ne put y trouver aucune lave, mais qu'il y reconnut en dehors et en dedans, outre une espèce de

---

(1) Leblond, Voyage aux Antilles et dans l'Amér. mérid.; un vol. in-8° Paris, 1813, p. 23, 409, 410.
(2) Pag. 87, 96. (3) Pag. 23. (4) Pag. 407.

pierre-ponce très-pesante, des rochers de gnéis et de granite fin. » (1)

Cette multiplicité d'erreurs sur la constitution minéralogique des Antilles, excluait nécessairement toute possibilité d'arriver à quelques idées judicieuses, sur leur formation et l'ensemble de leur système géologique. Aussi cette partie de l'histoire physique de l'Archipel américain, ne le cède-t elle point à la précédente en observations inexactes, en méprises singulières, et en résultats contradictoires à la vérité. Il ne faut pas croire que ces erreurs se soient bornées au temps où la géologie n'était encore qu'une science d'hypothèses; c'est en 1793 que Dupujet écrivait : « Qu'en considérant la position géographique et l'ensemble des îles de ce vaste Archipel, depuis la Floride jusqu'à l'embouchure de l'Orénoque, en examinant avec attention la correspondance et la similitude des différentes substances composant les deux rives des canaux ou détroits qui séparent ces îles, il est impossible de ne pas les regarder comme les débris d'un grand continent, déchiré, bouleversé par une irruption de l'Océan, et dont le résultat a formé le golfe du Mexique. » (2)

C'est en 1813, que Dauxion Lavaysse affirmait que : « Les Antilles ont été détachées du continent de l'Amérique septentrionale. » (3) Si le témoignage qu'il produit à l'appui de cette assertion, est mieux fondé que celui qu'invoque Dupujet, il n'est cependant pas plus convain-

---

(1) Isert, Voyage en Guinée et dans les îles Caraïbes, en allem.; *in*-8.°, pag. 317 de la trad. française, 1793.
(2) *Loc cit.*, p. 44. (3) *Loc. cit.*, t. I, p. 41.

cant; et, parce que M. de Tussac a trouvé à la Jamaïque, dans la partie de l'île qui fait face à l'Amérique septentrionale, des *myrica*, et plusieurs autres végétaux, qui appartiennent aux contrées de ce continent (1), en induire que ces terres étaient contiguës, est un raisonnement qui pourrait prouver tout aussi bien que le Groënland était jadis réuni à la Terre de Feu.

Enfin, c'est en 1815 que l'Herminier a avancé que : « Le golfe du Mexique était jadis une Méditerranée ; que la plus grande partie des petites Antilles ont été divisées de l'est à l'ouest, et séparées du continent auquel elles se rattachaient ; et enfin, que celles d'entr'elles qui sont calcaires, sont les sommets de montagnes secondaires, dépendantes du grand continent de l'Amérique. » (2)

Ces assertions, que nous examinerons ailleurs avec le secours des connaissances minéralogiques, trouvent une autorité plus puissante dans celle de Fleurieu.

Dans les notes instructives et savantes dont cet hydrographe a enrichi le Voyage de Marchand, il dit que : « La côte orientale de l'ancien continent, principalement sur l'espace renfermé entre les tropiques, a été brisée et déchiquetée dans la succession des siècles, par le travail lent et continu de l'Océan, qu'a vraisemblablement précédé et préparé quelque grande convulsion qui opéra la première rupture des terres. Toute cette côte ne présente que des débris, que des ruines : l'immense quantité d'îles de toutes grandeurs, dont les bords n'offrent que des an-

---

(1) Pag. 41.
(2) Journ. de Phys., avril 1815. Réflexions géolo., etc., p. 262.

fractuosités, les bassins plus ou moins vastes, les détroits, etc., tout prouve que de grands affaissemens, de grandes dégradations, ont eu lieu dans cette partie dévastée de l'ancien monde. »

« A la côte orientale d'Amérique, entre le tropique et la ligne équinoxiale, une suite d'îles jetées pareillement au large, forme, avec la grande terre profondément creusée dans cette partie, la mer des Antilles, qui est située sous des parallèles qui diffèrent peu de ceux qui limitent la mer de Chine ; ainsi, dans le tableau général des deux continens, les côtes orientales du nouveau, comme celles de l'ancien, présentent sur une grande partie de leur étendue, des terrains isolés, des débris épars, lesquels attestent, d'une part, que d'anciennes irruptions de l'Océan ont abîmé des terres, et, de l'autre, que l'action continue de ses eaux, chassées vers les côtes orientales de l'un et de l'autre continens, par un mouvement général et constant d'orient en occident, attaque ces côtes, les dégrade, en disperse les parties les plus faciles à désunir, et ne laisse subsister entières, pour le moment, que les parties plus solides, qui opposeront à ses efforts une plus longue résistance. — On ne peut pas plus méconnaître ces causes que douter de leurs effets. » (1)

Ce qui est beaucoup plus certain, c'est que Fleurieu a emprunté à Buffon, sans toutefois le citer, non-seulement le fond de cette hypothèse, mais jusqu'à ses moindres détails. Après avoir établi que par son mouvement con-

---

(1) Fleurieu, Voyage autour du monde, par Marchand ; Paris, 1800 ; *in*-4.°, t. IV. Digression en note, p. 38 et suiv.

GÉOLOGIE. 31

stant d'orient en occident, la mer fait des efforts continuels
contre les terres orientales, ce célèbre naturaliste n'hésite
point à avancer que du Kamtschatka, au-delà de l'équateur, l'Océan a rongé les terres dans une profondeur de
quatre à cinq cents lieues, et que tous les Archipels, à
l'orient de l'Asie, ne sont que des pointes de montagnes
appartenant à des terrains moins élevés qui ont été submergés par l'Océan (1).

« Dans le nouveau continent, ajoute-t-il, l'Atlantique
forme un golfe de plus de cinq cents lieues d'enfoncement, tout-à-fait semblable à celui de l'ancien hémisphère; il semble que, par l'effet de son mouvement d'o-
rient en occident, l'Océan a gagné tout autant sur les
côtes orientales de l'Amérique que sur celles de l'Asie; si
l'on examine la position des Antilles, on ne peut guères
douter qu'elles ne fassent une chaîne de montagnes, et
qu'on ne puisse les regarder comme une bande de terre
non-interrompue, et comme les parties les plus élevées
d'un terrain submergé. Il paraît que tout ce qui est arrivé
aux terres orientales de l'ancien monde, est aussi arrivé,
de même, aux terres orientales du nouveau monde; et
que c'est à-peu-près dans leur milieu, et à la même hauteur, que s'est faite la plus grande destruction des terres,
parce qu'en effet c'est dans ce milieu, et auprès de l'équateur, qu'est le plus grand mouvement de l'Océan. » (2)

Cette théorie conjecturale et ingénieuse imaginée en

---

(1) Buffon, Hist. Naturelle, Théorie de la terre, t. II, p. 114 et
suiv, éd. in-8.° Paris, 1769.

(2) *Loc. cit.*, p. 145 et suiv.

1744 par l'illustre Buffon, avait été adoptée en 1775, par Raynal, un quart de siècle avant que Fleurieu eût songé à la rajeunir. L'auteur de l'Histoire philosophique des deux Indes, chercha même à l'appuyer par des faits nouveaux.

« L'Archipel des Antilles, dit-il, comme celui des Indes orientales, situé presqu'à la même hauteur, paraît formé par la même cause, c'est-à-dire, par le mouvement de la mer d'orient en occident ; mouvement imprimé par celui qui pousse la terre d'occident en orient ; mouvement plus violent à l'équateur où le globe plus élevé décrit un cercle plus grand, une zône plus agitée, où la mer semble vouloir rompre toutes les communications que la terre lui oppose, et s'ouvrant un cours sans interruption, y tracer elle-même une ligne équinoxiale. »

« La direction des montagnes des Antilles est si régulière, qu'à ne considérer que les sommets, sans avoir égard à leur base, on les jugerait une chaîne de montagnes dépendantes du continent, dont la Martinique serait le promontoire le plus au nord-ouest. Les sources d'eaux qui se précipitent des montagnes ont toutes leur cours dans la partie occidentale des îles ; tout le côté oriental, c'est à-dire, celui qui, selon nos conjectures, a été mer dans tous les temps, est privé d'eau courante. Nulles sources n'y coulent des hauteurs ; elles eussent été perdues, parce qu'après avoir parcouru un espace fort court et très-rapide, elles se seraient jetées dans la mer. »

« Enfin les observations qui paraissent prouver que la mer a détaché les Antilles du continent, sont fortifiées par d'autres d'un genre différent, mais aussi décisives, en faveur de cette conjecture. Tabago et les îles les plus sines de la Terre-Ferme, produisent, comme elle, des arbres mous et du cacao sauvage. Ces espèces ne se retrouvent plus, du moins en si grande quantité, dans les îles qui sont au nord ; on n'y voit que des bois durs ; Cuba, située à l'autre extrémité des Antilles, produit, comme la Floride, dont elle est peut-être détachée, du cèdre, du cyprès, l'un et l'autre très-propres à la construction des vaisseaux. » (1)

Le rapprochement de ces parages fait voir que cette longue série d'autorités imposantes se réduit, en dernier lieu, à une hypothèse de Buffon, imaginée, il y a 75 ans, par cet illustre naturaliste, c'est-à dire, à une époque où la géologie n'avait pas même un nom, et dont les connaissances minéralogiques étaient telles, qu'on prenait les feld-spaths des porphyres pour des pointes d'oursins.

Le défaut de matériaux, qui, maintenant encore, met des entraves aux progrès de ces sciences, imposait alors l'obligation de deviner les évènemens de l'histoire physique du globe, et l'on doit peu s'étonner que, par cette nécessité fâcheuse, le génie même n'ait été souvent conduit à l'erreur. L'état actuel des connaissances géographiques, et spécialement les résultats obtenus par une observation immédiate dans notre Exploration géologique et minéralogique des Antilles, nous permettent d'établir : que l'opinion systématique de Buffon, adoptée par Raynal et Fleurieu, ne peut avoir aucun fondement, puisque les faits généraux et particuliers sur lesquels elle repose, sont re-

---

(1) Raynal, Hist. philos. et pol. des deux Indes, tome V, p. 4 et suiv.

connus maintenant n'avoir aucune vérité, et que des faits contradictoires et décisifs sont prouvés irréfragablement. Il suffira de leur simple énonciation, pour mettre hors de doute que les Antilles ne sont point les vestiges d'un continent submergé, et que le golfe du Mexique ne doit point son origine à l'envahissement des terres américaines, par l'Atlantique équatoriale.

Il est presqu'inutile de réfuter les preuves que Raynal et Dauxion Lavaysse ont voulu tirer de la Flore des Antilles, dont plusieurs espèces appartiennent aux contrées continentales séparées de ces îles, dans leur hypothèse, par une invasion de l'Océan. Tout le monde sait que cette identité d'espèces végétales sur des points différens, résulte du transport fortuit des semences par les vents, les animaux, les hommes, et les courants fluviatiles et pélagiques. Les chances de l'effet de ces circonstances s'accroissant avec la proximité du pays, on devait trouver aux Antilles une partie des plantes du continent voisin, et il est bien moins extraordinaire qu'il en soit ainsi, qu'il ne le serait de découvrir que la Flore de ces îles ne ressemble à aucune autre, ou bien qu'elle a de nombreux rapports avec celle de quelque pays très-distant.

Parce qu'on trouve la même plante sur des rivages différens, prétendre en tirer la preuve qu'ils étaient autrefois contigus, est un raisonnement si peu judicieux, qu'en l'appliquant, par exemple, au Palmiste (1), dont les montagnes de Sainte-Hélène et de la Martinique sont égale-

---

(1) *Areca oleracea*, Lin. — Banks, herborisations à Sainte-Hélène; Histoire de cette île en angl.; et pour la Martinique, la quatrième partie de cet ouvrage.

ment couvertes, ou bien à la Commeline, graminée (1) que Plumier a recueillie aux Antilles, et Kœmfer au Japon, il faudrait croire que les îles orientales de l'Asie, et celles de l'Atlantique australe, étaient unies jadis aux terres de l'Archipel américain.

Les efforts qu'on a faits pour faire sortir des preuves analogues de la minéralogie des Antilles, ont été, s'il est possible, encore plus malheureux. Le roc vif de Raynal, le granite de Dupujet, Leblond, Isert et Dauxion Lavaysse, leurs montagnes primitives et les montagnes secondaires de l'Herminier, sont des visions fallacieuses que la plus simple observation détruit complètement. Dans un espace de près de deux cents lieues, depuis la Trinitad jusqu'aux Vierges, il n'y a pas une seule roche en place qui soit un granite ; et s'il en existait, comme on l'a dit, une chaîne entière de hautes montagnes, il serait bien étrange qu'aucun voyageur n'en eût rapporté d'échantillons, et qu'il n'y en eût aucun dans les cabinets minéralogiques de l'Europe, parmi les produits volcaniques appartenant aux Antilles.

La désignation des lieux où l'on s'est imaginé en avoir vu, ne laisse aucun doute sur cette erreur. Ce prétendu granite n'est autre que la lave porphyritique et euritique des volcans éteints de l'Archipel ; la terre argileuse, qui résulte de sa décomposition, est la couche d'argile, gissant, suivant Raynal, sur un noyau de pierre ou de roc vif, et formée, suivant Leblond, par la pourriture des

---

(1) *Commelina communis*, Lin. — Plum., gen. 48. — Kœmfer, Jap. 888, au nom Kooseki.

végétaux ; les gneiss du botaniste Isert, sont des laves cornéennes de structure fissile ; les montagnes secondaires de l'Herminier sont des bancs de corail et de madrépores, superposant des rochers volcaniques ; enfin les montagnes primitives, dont l'existence est attestée par tous ces observateurs, et a servi de base aux conjectures systématiques et aux assertions de Buffon, Raynal, Fleurieu, et de leurs nombreux copistes, sont des projections qui doivent uniquement leur origine à des volcans, et dont les matériaux ne ressemblent ni par leur ordre, ni par leur configuration, ni par leur nature, à ceux constituant l'ossature primordiale du globe.

CHAPITRE II.

Recherches géologiques sur la formation des Antilles, et sur l'origine attribuée à la mer Caraïbe et au golfe du Mexique.

Description du grand courant de l'Atlantique équatoriale. — Preuve géologique qu'il n'a point formé les Antilles; — examen des effets de son action; — son pouvoir n'est point destructeur; — il est au contraire l'agent de grandes formations alluviales; — indication de celles du Nouveau-Monde qu'il faut lui attribuer; — résultats de l'observation contradictoire à l'hypothèse, que la mer Caraïbe et le golfe du Mexique lui doivent leur origine.

Lorsque des hommes justement célèbres attribuèrent au grand courant équatorial de l'Océan, la formation des Antilles et l'origine des mers Caraïbe et Mexicaine, on ne comptait point encore, parmi les acquisitions modernes de la géographie physique, des notions justes et étendues sur le mouvement des eaux de l'Atlantique; ce phénomène n'avait été, jusqu'alors, qu'aperçu par les navigateurs; et pour en obtenir une connaissance plus parfaite, il fallait pouvoir réunir aux observations de Drake et de Dampierre, celles de Franklin, de Blagden, de Volney, du Baron de Humboldt, et de quelques autres voyageurs dont on ne peut citer les noms auprès de ceux de ces savans illustres.

Sans avoir été complètement exploré, le courant équinoxial est, du moins, connu maintenant dans ses directions, sa température, et quelques-uns des effets géologiques de son action. On sait qu'il est formé par un mouvement général de translation des eaux de l'Atlantique, d'orient en occident, et dans l'espace à-peu-près compris entre les tropiques : on l'attribuait autrefois à l'attraction des astres ; mais il ne paraît pas qu'il appartienne à cette cause, ni même qu'il dépende, comme on l'a supposé, de la rotation de la terre, autrement que par l'effet qu'elle exerce, en changeant les vents polaires en vents alisés ; c'est uniquement à l'impulsion de ceux-ci que ce courant doit son origine ; et s'il diffère assez fréquemment de leur direction, c'est qu'il est soumis à de grandes et nombreuses déviations par le gissement des terres qu'il rencontre.

C'est ainsi qu'après avoir parcouru le bassin de l'Atlantique, de l'est à l'ouest, parallèlement à l'équateur, ses eaux surgissant avec une vîtesse moyenne de 400 pieds par minute, sur la côte du Brésil, elles sont forcées de se diviser et de former deux courants qui prolongent, en des directions opposées, le littoral américain. L'un d'eux, le courant méridional, quoique refoulé par la grande rivière de la Plata, semble s'étendre, vers l'Océan austral, encore plus loin que l'autre branche vers le nord, puisque dans le détroit de Lemaire, qui gît entre la Terre des Etats et la Terre de Feu, Roggewin, Anson, et la Barbinais le Gentil, ont retrouvé ce courant portant d'abord du nord au sud, et ensuite vers l'est, et ayant toute la rapidité et la violence de celui du détroit de Bahama. Cependant, en prolongeant ainsi la côte orientale de l'Amérique, dans un espace de 40 degrés de latitude, cette vaste branche du courant équatorial n'a point produit les effets qu'on attribue à celle dirigée au nord ; elle n'a point rompu la digue que lui oppose le rivage; elle n'a point creusé de golfe, comme celui du Mexique ; et puisque, dans cette immense étendue, il n'y a point d'îles, mais seulement quelques rochers presque joints à ceux de la côte, ou ne peut déduire de l'existence des terres insulaires, celle d'un ancien continent submergé dont elles seraient les vestiges.

Il est vrai qu'en considérant que depuis son extrémité méridionale jusqu'au cap Saint Roch, ce courant n'exerce d'action que latéralement sur un rivage, qui est l'orle du plateau primordial du Brésil (1), on pourrait alléguer que ces circonstances se sont opposées au développement de sa puissance; mais sa branche septentrionale, qui, du cap Saint-Roch, s'étend jusques vers l'embouchure de l'Orénoque, n'a point trouvé d'obstacles semblables; et cependant elle n'a pas exercé davantage d'effets destructeurs sur cette vaste étendue de côtes. Depuis le grand saillant oriental du Brésil jusqu'à Maragnan, le rivage est bordé de bancs de sable qui en défendent les approches; il se change ensuite en marécages immenses qui couvrent tout le littoral jusqu'aux bouches de la rivière des Amazones, et qui continuent au-delà, le long des côtes de la Guyane jusqu'à l'Orénoque.

Il est indubitable que si le mouvement de rotation du globe, d'occident en orient, détermine, dans un sens contraire, celui de l'Océan des tropiques, c'est sous les latitudes les plus rapprochées de la ligne équinoxiale, où

---

(1) *Mawes's Travels*, etc.

le globe plus élevé décrit un plus grand cercle, que la puissance du courant atlantique doit avoir le plus de violence, et exercer son action la plus rapide sur les terres occidentales du Nouveau-Monde. Cependant il n'en est point ainsi, et pour s'en convaincre il suffit de jeter les yeux sur la carte de l'Amérique méridionale. C'est précisément sous les parallèles où le continent devrait être rétréci par cette cause, qu'il déploie sa plus vaste étendue, tandis que le golfe du Mexique, qu'on dit en être l'effet, ne s'ouvre qu'à une énorme distance du centre de son action; et que même gissant en grande partie au-delà du tropique du Cancer, il se trouve au-delà des limites de la force directe du courant équatorial.

Puisqu'il n'y a point de golfe creusé dans le littoral Américain, sous les latitudes voisines de la ligne équinoxiale; puisqu'il n'y en a point dans la partie orientale de l'Afrique, qui a le même gissement, il faudrait donc admettre, contre toute vérité, que des effets puissants résultent de la moindre action d'une cause dont l'action la plus grande n'en produit aucun.

En suivant le courant de l'Atlantique, dans l'hémisphère boréal, on n'observe rien qui ne confirme les faits négatifs que nous opposons à l'hypothèse de Fleurieu, de Raynal et de Buffon.

Les eaux portées d'orient en occident, depuis la longitude de l'Archipel du Cap verd jusqu'à celle des Antilles, se précipitent à travers les canaux qui séparent ces dernières îles; elles forment la mer Caraïbe, en se grossissant du courant qui remonte le long de la Guyane jusqu'à l'Orénoque, et qui, par l'impulsion de ce fleuve, est forcé de s'éloigner de la côte, et de s'unir au courant général. Toute cette masse, poussée par les vents alisés, dans les soixante détroits des Antilles, augmente sa vitesse de tout ce que perd son étendue, par l'obstacle des terres qu'elle rencontre; et si son développement, qui était de plus de 200 lieues, est réduit à moins de moitié, lorsqu'elle traverse les canaux, la rapidité moyenne de son courant, qui n'était au large que d'un demi-mille à l'heure, s'accroît alors généralement jusqu'au-delà du sextuple de cette quantité.

Resserrés dans le bassin de la mer Caraïbe, les flots tournoyent dans les golfes du Darien et de Honduras, et entrent dans celui du Mexique par le passage ouvert entre le Yucatan et l'île de Cuba. Dans cette nouvelle enceinte, qui forme, pour ainsi dire, une Méditerranée, ils évoluent circulairement, et cherchent une issue pour s'écouler; une partie revient vers la baie de Campêche, en prolongeant la côte du Mexique; une autre, qui s'était dirigée vers la péninsule de la Floride, est forcée de rétrograder le long du littoral jusqu'à l'embouchure du Mississipi (1). Enfin, la plus grande masse doublant l'extrémité de la péninsule, rentre dans l'Océan, par le détroit de Bahama, dont la largeur est à peine de 16 lieues; elle profile ensuite du sud vers le nord, le rivage des Etats-Unis, jusqu'au 42.e degré de latitude boréale, où ce vaste courant abandonne le Nouveau-Monde, pour se porter à travers l'Atlantique septentrionale vers les côtes de l'Europe.

En observant les rivages que heurte ou suit, dans son

---

(1) Laval, p. 90.

immense trajet, le courant des tropiques, on ne distingue aucune trace de la destruction des terres insulaires et continentales qui lui est communément attribuée.

Tous les détails de l'observation géologique concourent avec l'examen minéralogique des Antilles, pour repousser l'hypothèse de la formation de ces îles, par l'action de ce courant qui les aurait séparées du continent américain. S'il était vrai, comme on l'a dit, que ce fussent les débris de l'ancien littoral du Nouveau-Monde, on trouverait dans la nature et le gissement de leurs terrains, dans l'ordre et l'inclinaison de leurs couches, dans la nature et l'étendue des masses de leurs roches, des preuves multipliées de cette assertion. La configuration générale du sol serait semblable à celle des îles qui, comme Malte et les Orcades, ont fait jadis partie des contrées continentales; les points culminans, au lieu d'être situés au centre, le seraient vers le rivage qu'aurait formé la solution de continuité de la Terre-Ferme; il n'y aurait qu'un seul versant, et sa déclivité serait en regard de la mer extérieure; les formations de terrains seraient vastes et uniformes comme dans les régions du globe où la nature a travaillé au commencement des choses, avec toute la plénitude de sa puissance; il y aurait une direction et une inclinaison générales dans les couches inférieures du sol; on remarquerait quelque correspondance, non-seulement entre les parties latérales des vallées, mais encore entre celles des canaux qui séparent les différentes îles, et qui, dans le système que nous combattons, auraient divisé le massif minéralogique du littoral primitif des deux Amériques. Enfin, on observerait, dans l'exploration des Antilles, ce qui arriverait nécessairement au territoire des Etats-Unis, si une irruption de l'Océan venait à l'isoler et à le morceler, en couvrant les plaines du Mississipi, en inondant le Canada, et en divisant, par de grandes brèches transversales, la chaîne des monts Alléghaniens. Dans chacun des débris, qui résulteraient de cette révolution physique, on retrouverait les traits généraux, la correspondance et l'ordre antérieur des formations alluviale, primitive, transitive et secondaire, qui constituent cette contrée : on reconnaîtrait que chaque partie est un fragment, et l'on pourrait recueillir une foule de témoignages qui établiraient manifestement la corrélation de chacun avec tous.

Or, les Antilles n'offrent absolument rien de semblable : leurs points culminans sont au centre de chaque aire volcanique ; leurs versants et le cours des eaux fluviales divergent en toute direction ; il n'y a point d'inclinaison générale des couches du sol ; il n'y a point de formation géognostique qui s'étende d'une île à l'autre, ou même d'un groupe de montagnes à un groupe voisin ; non-seulement il n'y a point de corrélation entre des côtes opposées, mais chaque île présente la plus grande variété dans ses différentes espèces de terrain ; et leur disposition est constamment en zônes concentriques, comme les éjections d'un volcan, et non en zônes déployées, et sans autre solution de continuité que le passage étroit des eaux fluviales, comme dans la structure géologique dont les Etats-Unis montrent un exemple remarquable.

Les assertions contradictoires de Raynal (1) n'ont, à

---

(1) Raynal, tome V, p. 4.

aucun égard, le moindre fondement; cet écrivain célèbre est tombé dans une étrange erreur, quand il a prétendu que : « Les sources d'eau qui se précipitent des montagnes ont toutes leur cours dans la partie occidentale des îles, tandis que le côté oriental, celui qui a été mer dans tous les temps, est privé d'eau courante, et que nulle source n'y coule des hauteurs. » Précisément au contraire de ce témoignage et de l'induction qui en est tirée, par l'auteur de l'Histoire Philosophique des deux Indes, c'est la partie orientale des Antilles, qui est, sans contredit, la mieux arrosée, et dans ce territoire, où il ne coule, selon lui, aucune source des hauteurs, il y a à la Martinique 28 rivières, 19 à la Guadeloupe proprement dite, 21 à la Dominique, 16 à Saint-Christophe.

Avoir prouvé, par l'observation minéralogique et géologique, que les Antilles ne sont point, comme on l'a dit, les débris d'un continent submergé, c'est avoir ébranlé l'hypothèse qui attribue cet effet au grand mouvement des eaux de la mer d'orient en occident. Nous achèverons de la détruire en établissant, d'une manière péremptoire, qu'il n'y a pas plus de fondement à prétendre que ce mouvement des eaux attaque et détruit le littoral oriental des continens, et qu'il ait creusé, par son action violente, les vastes lits de la mer Caraïbe et du golfe du Mexique.

S'il est vraisemblable que le feu fût l'agent primitif de la formation du globe, il l'est bien plus encore de croire que ce fut l'Océan qui en féconda toute la surface. Les premières générations des êtres organisés se sont formées dans son sein; ce sont les dépouilles de ses habitans qui ont couvert les rochers arides d'une terre productive, et c'est du fond de ses abîmes que sont sorties les contrées dont le sol est le plus fertile, les Archipels les plus nombreux et les montagnes dont la Flore est la plus riche et la plus brillante. Quelques cataclysmes particls, qui ont eu lieu depuis la dernière organisation du globe, ne prouvent point contre le témoignage de presque toute sa surface, que maintenant la nature se serve des mers pour détruire leur antique ouvrage, et qu'elle fasse engloutir, par une invasion progressive et séculaire de l'Océan, le sol des contrées où ses flots ont jadis porté la vie.

Si l'on suppose un moment que les eaux atlantiques mues par l'attraction des astres, par la rotation de la terre, par les vents alisés ou par l'inégalité de leur température, acquièrent le pouvoir d'envahir progressivement les rives orientales des continents, quels doivent être les effets nécessaires de leur action ? Sans doute, ces rives sapées sans cesse par la masse de l'Océan, inclinent sur lui leurs parois hautes et menaçantes; les roches primitives découvertes d'abord, et ensuite minées par les vagues, ceignent d'un rivage vertical les îles et les continens, qui forment à l'occident le littoral des mers : les terres d'alluvions rapidement désagglomérées, sont entièrement disparues ou n'offrent que des vestiges épars, tandis que les contrées granitiques, résistant à l'effort des flots, projettent vers l'est de vastes et nombreux promontoires; l'action des eaux sur les terres orientales devant être en raison inverse de leur résistance, les îles calcaires et celles formées d'éjections volcaniques, ponceuses ou tufacées, n'ont pu résister à cette sape perpétuelle, ou du moins leurs massifs sans solidité, rongés par l'Océan, doivent être bordés au levant par de hautes falaises; enfin, si les golfes, ouverts à l'orient, ont été creusés par le mouvement de translation des mers équatoriales de l'est à l'ouest, ils doivent être certainement situés dans la partie du littoral des continens, qui est exposée d'une manière directe à l'action de l'Océan, et qui est opposée perpendiculairement au courant des tropiques.

Mais l'observation attentive des côtes orientales qui auraient dû, dans cette hypothèse, éprouver nécessairement de tels effets, n'en présentent absolument aucune trace. Les granites et les porphyres loin d'y être à découverts, sont recélés plus profondément sur ces côtes, que sur celles dont le gissement est opposé; les attérissemens pélagiques au lieu d'être dispersés et détruits, sont consolidés et accrus par de nouvelles alluvions; les caps, qui devraient appartenir à l'ossature des continens submergés, montrent, au lieu de promontoires granitiques, de vastes saillans calcaires ou sablonneux, dont l'existence récente est l'ouvrage des mers. Les îles, qui par leur situation et leur lythologie doivent subir une action plus destructive encore, que celle exercée sur les continens, au lieu d'être en butte à un envahissement progressif de leurs parties orientales, présentent, de ce côté, des terrains de formations nouvelles, qui ajoutent à leur étendue; enfin, les parties du littoral, qui reçoivent perpendiculairement l'action du courant des tropiques, et qui creusées par elle, devraient être découpées profondément, et nous montrer les golfes qu'on attribue à cette cause, sont précisément les points saillans des côtes orientales.

Ce n'est point une contrée unique, c'est le globe entier

qui confirme ces observations ; les rives occidentales des continents sont, en général, hautes, escarpées, baignées par des mers libres et profondes, tandis que celles situées à l'orient sont formées en grande partie d'alluvions fluviales et pélagiques, et n'offrent, dans presque tout leur développement qu'une faible déclivité ; des récifs nombreux et des zônes d'îles volcaniques et calcaires les ceignent à des distances diverses, et semblent bien moins les débris de l'ancien littoral des continents, que les linéamens de nouvelles contrées, qui, dans la profondeur des mers et du temps, préparent les élémens de leur sol futur.

Dans l'hypothèse, que nous essayons de confronter avec la vérité, les îles situées à l'orient des terres continentales, étant les vestiges de pays, dont les parties basses ont été submergées par l'Océan, tout devrait y porter le type d'une longue existence, et cependant il n'en est point ainsi. La Polynésie et les Archipels, qui bordent le rivage oriental de l'ancien Monde, présentent, comme les Antilles, les traces d'une antiquité peu reculée ; et sur les continens, les terreins de formation secondaire et alluviale gissent, en général, à l'est; tandis que les montagnes primitives sont reculées jusques vers l'occident.

Cette disposition se retrouve dans les deux hémisphères : si l'on considère le grand Océan et l'Océan atlantique comme d'immenses vallées qui séparent l'ancien et le nouveau Mondes, on reconnaît que c'est sur leur versant occidental que gissent tous ces terreins de formations nouvelles ; sur le prolongement soumarin de l'Australasie orientale, les volcans et les polypes ont projeté les îles innombrables de la Polynésie ; les mêmes agens ont érigé les

Archipels des Moluques, des Philippines, des Mariannes et du Japon, sur le prolongement soumarin de l'Asie orientale ; et d'immenses attérissemens, ajoutent sans cesse à l'extension des rivages de ce continent qui sont baignés par les mers de la Chine et du Japon.

Le littoral opposé ne présente rien de semblable : depuis l'entrée de Cook jusqu'au détroit de Magellan, les deux Amériques n'offrent aucune île devant leur immense rivage ; car les Archipels de Chiloë et de la côte du Nord-Ouest appartiennent au massif minéralogique continental, et n'en sont que des solutions de continuité.

Si, comme l'a fait le savant Fleurieu, on applique cette remarque aux Iles Britanniques, on peut dire qu'il en est du littoral oriental de l'Atlantique, comme de celui du grand Océan ; en effet, depuis le Cap de Bonne-Espérance jusqu'à l'extrémité de la Laponie, on n'y trouve d'autres îles que les Archipels volcaniques des Canaries, des Açores et du Cap-Vert et les terreins d'alluvion sont les produits de causes locales, et d'une puissance bornée.

L'examen du littoral américain, qui forme à l'opposé la limite de l'océan atlantique, donne des résultats précisément contraires ; et s'il fallait admettre nécessairement que les mers tendent sans cesse à reculer leurs bornes, on inclinerait à croire, par cet examen, que ce pouvoir destructeur s'exerce bien plutôt sur les rives orientales, que sur celles situées au couchant ; on pourrait même imaginer que celles-ci, loin d'être morcelées par le courant des tropiques, reçoivent de son action un accroissement perpétuel, et qu'il porte vers leur base soumarine, et y accumule les troubles, les sédimens, et tout ce qu'il enlève sans cesse aux bords opposés.

Des témoignages nombreux et concluans s'offrent de toute part à l'appui de l'une et de l'autre de ces conjectures, et semblent en prouver la vérité.

Les côtes américaines soumises à l'action immédiate et directe du courant équatorial, ne sont point déchiquetées comme l'a dit Fleurieu; elles présentent bien moins que celles situées à l'Orient, ces découpures profondes, qu'on attribue au pouvoir de ce courant. Il n'y a pas un seul golfe, depuis le tropique du Cancer jusqu'à la ligne équinoxiale, dans toute la côte du Brésil, dont le développement est de plus de mille lieues. Il n'y en a point entre l'Amazone et l'Orénoque, dans un prolongement de 500 lieues, formé par les rivages inondés de la Guyane. Tous les ports et les baies des Antilles sont situés sous le vent, c'est-à-dire, à l'opposite de la côte, qui reçoit l'action du courant équatorial; et dans les îles calcaires, dont le tuf friable semblerait devoir céder à l'érosion des flots, la puissance de cette cause n'a produit dans le rivage oriental; que des escarpemens peu considérables et des découpures peu profondes. En examinant les îles sous le vent, la Marguerite, Orchilla, Bonaire, Curaçao et Aruba, on reconnaît que leur plus grande étendue est de l'est à l'ouest, comme la chaîne calcaire à laquelle elles appartiennent, tandis que l'action immédiate et directe du courant sur leurs rivages, devrait donner à la plus grande longueur de chacune d'elles, un gissement uniforme du nord au sud.

Les deux vastes rentrans du littoral continental, connus

sous les noms de Golfes du Darien et de Honduras, ne peuvent être attribués au courant équatorial, puisque leur gissement est tel, qu'il n'y porte ses eaux que latéralement, et par cette espèce de déviation, que les navigateurs appellent Remou. En se précipitant dans le golfe du Mexique, entre le Yucatan et Cuba, ce courant est resserré par les caps de Catoche et de Saint-Antoine, et il exerce sur eux toute son action, sans toutefois fracturer ou ronger le massif de ces deux saillans. S'il exerçait un tel pouvoir, ce serait sans doute sur les rives du canal de Bahama, où doit passer toute la masse d'eau que les vents alisés ont poussée vers le continent américain, à travers les soixante canaux des Antilles. Cependant, ni la côte des Florides, ni celle de Cuba ne présentent de traces d'une effraction de ses rochers; et puisque cet effet n'est pas produit par le courant des tropiques dans le lieu où il acquiert le maximum de son impétuosité, c'est-à-dire, une vitesse de deux lieues à l'heure, il faut en conclure : qu'il n'y a point de fondement à l'hypothèse, qui lui fait creuser le golfe du Mexique et la mer Caraïbe, et ouvrir plus de 300 brèches dans la chaîne des grandes et des petites Antilles.

Il serait bien plus facile d'établir l'assertion diamétralement opposée, celle qui attribuerait au courant équatorial l'extension progressive du littoral occidental des deux Amériques.

Les côtes du Brésil et de la Guyane, dont la base devrait être creusée profondément par l'action de ce courant, sont au contraire bordées d'un glacis de sable, de gravier ou de vase molle, qui tire son origine et son accroissement des dépôts pélagiques. Ce glacis est reconnu en mille endroits par la ligne de sonde ; (1) il se prolonge au loin sous les flots de l'Atlantique ; et de sa crête s'élèvent des bancs de sable, des récifs de corail, des battures, des hauts-fonds de vase argileuse, des dunes et d'immenses marécages couverts de forêts de palétuviers. Les matériaux de ces projections nouvelles, sont en partie amenés à travers l'Océan, par le courant équatorial, et en partie apportés dans ses eaux, par les fleuves du nouveau Monde, et charriés le long de ses rives, qu'ils enrichissent de tout

---

(1) Devant l'entrée de la rivière de la Plata, par 68 brasses d'eau, à 35 lieues de la côte, et par 22 brasses à 8 lieues.

Dans le prolongement des côtes du Brésil :

Sous le 34°. 18' de lat. australe, par 17 brasses, fond de sable gris et de coquilles, à 6 lieues de terre.

Sous le 34°. 3', par 50 brasses, hors de vue de la côte.

Sous le 31°., par 25 brasses à 14 lieues.

Sous le 28°. 55', par 30 brasses fond de craie à 4 lieues.

Sous le 28°. 37', à la hauteur de l'île Sainte-Catherine, par 70 brasses à 9 lieues. (Feuillée, t. I, p. 200 et suiv.)

Sous le 27°. 22', par 55 brasses, fond de sable fin et vaseux, à 9 lieues. (Froger, p. 17.)

Sous le 22° 54', devant Rio-Janéiro, par 35 à 40 brasses, à 16 lieues.

Sous le 4°. devant le cap Roch, par 30 brasses à 5 lieues.

Sous l'équateur devant l'Amazone, par 30 brasses à 10 lieues ; à 60 les eaux de l'Océan sont jaunâtres par l'effet des troubles du fleuve et à la distance de 20 lieues, elles sont à peine saumâtres. (Froger, p. 152.)

De l'embouchure de l'Amazône jusqu'au cap Orange, par 5 à 6 brasses d'eau à 4 lieues de la côte (*Idem*.)

Devant le littoral de la Guyane, par 80 brasses à 30 lieues ; par 25 brasses à 20 lieues, et par 8 à 10 brasses, à 3 à 4 lieues.

Devant la côte de Paria, où les navires peuvent mouiller par-tout par un fond de vase de 6 à 25 brasses, quoique l'étendue du golfe soit de 30 lieues de l'est à l'ouest, et de 15 à 20 du nord au sud, etc., etc.

ce que les pluies diluviales des tropiques ont arraché aux montagnes de l'intérieur.

En suivant du sud au nord les deux branches du courant atlantique, on trouve une multitude de preuves, que ses eaux ont bien plutôt le pouvoir d'édifier que celui de détruire.

C'est son action qui élève journellement les bancs de vase, dont se comblent le port de Montevideo et l'entrée de Rio de la Plata, et l'on ne peut douter que ces dépôts ne soient étrangers aux rives qu'ils exhaussent, puisque celles-ci sont granitiques (1).

C'est le courant équatorial qui amasse des sables mouvans sur les côtes du Brésil ; il faut lui attribuer le grand attérissement du cap Saint-Roch, les récifs de corail qui règnent de Fernambuc jusqu'à l'Amazone, le vaste saillant sablonneux du Cap Nord, et les Deltas des grands fleuves, qui s'étendent jusqu'à 40 lieues de leurs embouchures actuelles et bordent l'Atlantique dans une étendue presque double. (2)

Le rivage d'alluvion de la Guyane n'a point une autre origine ; telle est la rapidité de son extension, que de 1815 à 1819, le mouillage des îles du Salut, qui est à deux lieues de la côte, s'est élevé au point d'être maintenant impraticable à toute espèce de navire. L'ancienne rade de Cayenne, où l'escadre de l'amiral d'Étrée jetta l'ancre en 1676, par sept brasses d'eau, est entièrement comblée depuis 50 ans, et l'on y voit maintenant au lieu

---

(1) Mawes, t. I, p. 17.
(2) Figuredo, Tuckey, t. IV, p. 321 ; Inst. nautique, etc.

de bâtimens de guerre, des grandes plantations de cotonniers.

L'histoire physique du golfe du Mexique, présente une foule de faits non moins frappans. « On ne peut douter, dit un voyageur célèbre (1), du retrécissement de cette mer, par l'accumulation des sables, que le tournoyement des eaux porte sur toutes les rives de son bassin ; de nombreuses observations géologiques prouvent l'accroissement du Continent ; par tout on voit l'Océan se retirer ; on trouve à dix lieues dans l'intérieur des terres des sables mouvans, remplis de coquilles pélagiques, et les côtes orientales de l'ancien et du nouveau Mexiques sont bordées de bas-fonds, qui se prolongent à une grande distance ».

Au rapport de Thierry, une grande partie du Yucatan a la même origine ; en s'approchant de cette péninsule, les sondes du banc qui l'environne diminuent d'une brasse par lieue ; en sorte qu'à 60 lieues, on ne trouve que 60 brasses, et qu'il n'y en a guères qu'une à deux de profondeur à une lieue du cap Catoche. (2)

Laval a fait des observations semblables sur le rivage septentrional du golfe ; « Devant Pensacola il y a à peine 90 brasses d'eau à 26 lieues de la côte ; à 12 lieues, il n'y en a plus que 50, et à 3 lieues, on ne trouve que 14 brasses ; le long de la Floride occidentale, ajoute ce voyageur, le fond de la mer n'est que sable ; à l'île Dauphine il n'y a pas une pierre de la grosseur d'une noisette, et il en est ainsi de toute cette côte, que la mer a augmentée

---

(1) M. de Humboldt.
(2) Thierry, Voy. à Guaxaca.

à ses dépens, puisqu'à 30 lieues, dans l'intérieur, il n'y a que du sable mêlé à un peu de terre, que les inondations y ont apportée. » (1)

La basse Louisiane montre le même phénomène. Le Mississipi, dont la profondeur est de 50 à 70 brasses à 10 lieues de son entrée, n'en a que 4 à trois lieues de distance; M. de Vaudreuil affirmait que le sol de ses rives s'était élevé de 3 pieds en 15 ans, vers son embouchure, et M. Frasans assure que, dans un demi-siècle, son lit s'est exhaussé de 30 brasses. La vieille balise, construite en 1754 à l'entrée du fleuve, en est aujourd'hui à plus de deux milles, et l'on calcule que de 1720 à 1800, dans une période de 80 ans, les alluvions charriées par le Mississipi et repoussées par le courant atlantique, ont avancé de 15 milles ou 26,000 mètres, le comblement du golfe du Mexique. (4)

La Péninsule de la Floride, dont une exploration géologique manque encore à la science, semble être un banc de sable et d'alluvions, d'une longueur de 250 lieues sur 30 à 40 de large. Quoique jusqu'à présent on l'ait considéré comme le prolongement de la chaîne des Antilles, et son point de rattachement aux montagnes de l'Amérique septentrionale; elle semble n'avoir réellement aucun rapport de gissement ni avec les unes, ni avec les autres : elle ne leur est pas moins étrangère par sa minéralogie, puisqu'elle paraît entièrement formée de terrains de transport, et qu'on y trouve à peine une pierre de 2 à 3 livres, même

---

(1) Laval, p. 93, 132.
(2) Liancourt, t. IV, p. 189. — Frasans, p. 24. — *Pintard's account of Louisiana*, etc.

à 40 milles de ses rivages. Il n'est pas sans vraisemblance qu'une investigation de cette grande péninsule montrerait qu'elle était autrefois traversée par le courant équatorial, et qu'elle est l'ancienne barre élevée par ses eaux à leur débouquement dans l'Atlantique, entre la Georgie et Cuba (1).

Cette conjecture est autorisée par des effets non moins prodigieux qui résultent de la même cause ; c'est la formation du littoral des États-Unis et celle des Bancs de Terre-Neuve.

Il est reconnu, par les recherches minéralogiques, entreprises dans les provinces de l'Union, que la zône alluviale qui s'étend de Long-Island aux Florides, dans une longueur de 10 degrés, et dans une largeur de 20 à 70, est entièrement l'ouvrage du courant des tropiques, et que jadis la mer baignait le pied des montagnes, qui maintenant en sont éloignées de 60 à 200 milles (2) ; ce qui prouve incontestablement que la formation de ces terrains est le résultat de l'action du courant et qu'on ne peut se refuser de lui attribuer leur origine, c'est qu'on en retrouve de semblables par tout où il existe, et qu'il n'y en a point le long des côtes qu'il n'a jamais parcourues. Ainsi, depuis le 42.me degré de latitude boréale, la formation granitique est à découvert sur le rivage américain jusqu'au Labrador, et c'est exactement de ce même point de départ, que le courant équatorial commence à s'éloigner de

---

(1) On prétendait même du temps d'Herréra, qu'on pouvait éviter le détroit de Bahama, en traversant la Floride de l'est à l'ouest, par la grande rivière de Iocobaja, d'où on passait sans portage dans celle de Saint-Mathieu.

(2) Volney, Beauséjour, Mittchill, Maclure, Morse, Hale, etc.

la rive du Nouveau-Monde, pour se diriger bientôt à l'Orient, et traverser la mer Atlantique.

Après la formation de l'immense littoral des États-Unis, celle des Bancs de Terre-Neuve est sans doute le phénomène le plus frappant qu'ait produit le courant équatorial; ces attérissemens qu'il a élevés à son extrémité septentrionale, sont les plus vastes que nous connaissions au-dessous de la surface de la mer; ils s'étendent du 41°, 20 ou 30', jusqu'au 46° de latitude boréale. D'après Fleurieu, le grand banc a 185 lieues dans sa longueur du S. S. E. au N. N. E.; dans sa largeur, au milieu, sur la ligne E. et O., y compris les bancs Jacquet, et aux Baleines, il a 86 lieues; sur d'autres lignes, il en a même 120 et 160. On trouve sa surface à une profondeur de 25 à 40 brasses; il n'y a point de fond à 200 brasses, au-delà des Açores du Banc (1); ce qui suppose, en prenant un terme moyen, que l'élévation des attérissemens est de plus de 1000 pieds au-dessus du fond de la mer. Leur longueur excède de 119 lieues, la plus grande étendue des bancs de la mer d'Allemagne qui n'est que de 110 milles, et leur hauteur est 12 à 13 fois plus grande que la leur, dont le terme moyen est de 78 pieds au-dessus de la surface du fond. (2)

Ces grands dépôts pélagiques sont, comme l'a dit un observateur célèbre (3), la barre que le courant équatorial a formée à son embouchure dans l'Atlantique septentrionale. Il y a plusieurs rapports dans ce rapprochement ingénieux : car, ce fleuve marin dépose ses troubles,

---

(1) Fleurieu, t. I, p. 511.
(2) Stevenson, Société Wernérienne, 1820.
(3) Volney, t. 1, p. 230.

comme les grandes rivières, au terme où son cours éprouve la force répulsive de l'Océan ; ses eaux changent de lit comme les leurs, et abandonnent les terres alluviales élevées dans son sein ; son immense courant est comme celui des fleuves, le moyen qu'emploie la nature pour disséminer les espèces végétales et animales ; c'est lui qui a transporté sur les rochers basaltiques des Antilles, les semences des plantes de l'Afrique occidentale, du Brésil et de la Guyane : c'est lui qui fait surgir sur les côtes de l'Irlande, des Orcades et de la Norwège, les graines de la Zône Torride, et qui les porte souvent jusqu'aux Canaries (1) ; enfin, c'est la température de ses eaux et tout ce qu'elles charrient de matières organiques, propres à servir d'alimens aux poissons, qui attirent et rassemblent à son extrémité boréale, les deux tribus fécondes dont la pêche pourvoit à la subsistance d'une grande partie de la population du littoral de l'Europe et de l'Amérique (2).

Par cette longue suite de faits géologiques, nous sommes conduits aux résultats suivants :

1.° Le massif minéralogique de chacune des îles de l'Archipel des Antilles, ayant été formé primitivement par les éruptions soumarines d'un ou plusieurs foyers volcaniques, il est diamétralement opposé à l'observation, de prétendre, comme l'ont fait plusieurs auteurs célèbres, et ceux qui

---

(1) *Abrus precatorius ; Guilandina bonduc ; Hymenea courbaril ; Mimosa scandens ; Erythrina corallodendrum*, etc.

(2) L'Angleterre et les États-Unis emploient annuellement à la pêche de la morue et du hareng, 3,000 navires et 10,000 marins.

les ont copiés, que ces îles sont les débris d'un grand continent; qu'elles sont les parties les plus élevées d'un territoire submergé par le mouvement de translation de l'Atlantique d'orient en occident; et qu'elles ont été détachées et séparées, par cette cause, des contrées dont se forment les deux Amériques.

2.° Depuis la Trinitad jusqu'à Saba, il n'y a, dans aucune de ces îles, ni granites, ni schistes, ni aucune autre roche appartenant aux terrains primitifs ou de transitions; ce qui est directement contradictoire aux hypothèses de Buffon, répétées par Raynal et Fleurieu, ainsi qu'aux observations minéralogiques de Le Blond, Dupujet, Isert, Lavaysse et autres, qui ont pris, pour ces roches, des laves lithoïdes, des genres porphyre, eurite, basamite, trachite, vakite et argilophyre.

3.° L'exploration géologique des Antilles prouve que leurs côtes orientales ne sont point attaquées, morcelées et détruites par l'action du courant de l'Atlantique équatoriale; que les vallées de ces îles n'ont point été creusées par cette action; que les rentrants de leur littoral n'en sont point les effets; qu'il est rendu manifeste par la ligne de plus grande pente du versant des montagnes, que les rivages, bordés des falaises les plus hautes, n'ont pas été rongés dans une étendue excédant deux cents mètres; que cette destruction partielle ne s'exerce même que sur la berme des côtes formées de ponces ou de tuffas volcaniques et calcaires; qu'elle n'est pas plus grande, par l'effet du courant des mers que par celui des torrens les plus rapides; ce que prouvent l'examen des sables et la comparaison de leur quantité. Enfin, que l'ossature des Antilles, étant formée de laves basaltiques et porphyritiques de la plus grande dureté, la seule considération de l'action faible et bornée du courant atlantique, sur les matériaux de leurs rivages, exclut toute vraisemblance de l'hypothèse, qui attribue à la puissance de ce courant, l'effraction de leur chaîne en soixante endroits, et son irruption dans la mer Caraïbe et le golfe du Mexique, par autant de brêches, larges de plusieurs lieues.

4.° Cette hypothèse, adoptée sans autre fondement que des conjectures, et cependant considérée, d'après l'autorité de plusieurs noms célèbres, comme l'un des faits les plus incontestables de l'histoire physique du globe, est, ainsi que beaucoup d'autres assertions récentes, une tradition des Caraïbes et même des habitans aborigènes de l'Archipel. Selon les premiers, » c'était le déluge de »l'ouragan qui avait séparé les îles de la Terre ferme; » et d'après Oviédo, les indigènes des Lucayes, qui appartenaient à la plus ancienne race des Antilles, croyaient que » ces îles étaient autrefois jointes au continent, et que la » mer les en avait séparées, en envahissant leurs parties » basses. » (1)

5.° L'observation ne confirme ni ces traditions fabuleuses, ni les hypothèses, dont elles sont l'origine ; elle prouve contradictoirement que les rivages du continent, ainsi que ceux des îles, ne montrent point les effets de la puissance qu'on attribue au courant atlantique, de détruire et de submerger le littoral des contrées qui éprouvent son action; que les côtes du Brésil et de la Guyane

---

(1) Laborde; p. 7. — Oviédo, 7.ᵉ Déc., chap. I.ᵉʳ

n'ont point de golfes, quoiqu'elles soient exposées directement et immédiatement à cette action ; et que la force doive en être plus grande et plus constante près de l'équateur qu'au-delà des tropiques, où sont situés les Méditerranées dont elle a, dit-on, creusé les immenses bassins.

6.° Précisément au contraire de cette assertion, l'exploration du littoral des deux Amériques fait connaître qu'au lieu de morceler et de détruire les rivages, sur lesquels il exerce son action, le courant équatorial les étend graduellement par les alluvions fluviales, qu'il repousse vers eux, par les troubles et les sédiments qu'il charrie, et par les travaux des polypes coraligènes, qu'il favorise d'une manière inconnue, mais dont les résultats sont évidents, puisque c'est dans ses eaux que se forment les plus vastes et les plus nombreux de tous les récifs, qui doivent leur origine à ces zoophytes.

7.° Par l'action de cette triple cause, le courant équatorial ajoute sans cesse à l'extension du littoral de la mer Caraïbe et du golfe du Mexique ; et il tend perpétuellement à rétrécir le bassin de l'une et de l'autre ; ce qui est exactement l'inverse du fait supposé et généralement reçu, de l'extension progressive de ces mers et de la submersion de leur littoral, par l'action de cette même cause.

8.° Et enfin, s'il était vrai, ainsi qu'on le suppose, que les golfes, ouverts à l'Orient, comme ceux du Mexique et du Kamtschatka, eussent pour origine les conquêtes progressives de l'Océan sur les terres continentales, il faudrait admettre que, puisque l'impulsion qui porte les mers du levant au couchant, tient aux lois de la mécanique céleste, cette invasion n'aurait d'autres bornes, dans l'espace, que la submersion finale du globe, et dans la durée que l'étendue de son existence. Tandis que les faits diamétralement opposés, et fondés sur l'observation, conduisent par la connaissance de l'extension graduelle des continents et de la diminution des eaux, au système bien plus rationel de la siccité, qui fait passer progressivement tous les êtres, de l'état de vie à celui de mort, et semble faire arriver également au terme de leur destruction, les corps planétaires et les insectes microscopiques.

CHAPITRE III.

Monographie géologique des Antilles volcaniques.

Description géologique de la chaîne volcanique des Antilles ;— la Trinidad, — la Grenade, — Saint-Vincent, Éruptions de sa Solfatarre, — Sainte-Lucie, — la Martinique, ses six volcans éteints, — la Dominique, — la Guadeloupe, sa soufrière ; — Monserrat, — Saint-Christophe. — Détails caractéristiques de la formation pyrogène de ces îles. — Foyers principaux et secondaires de leurs volcans, leurs pitons, leurs coulées de laves. — Influence hydrographique et militaire des structures volcaniques. — Origine des ports. — Direction identique des principales formations pyrogènes du globe. — Vestiges de l'activité des feux souterrains. — Tremblemens de terre. — Résultats de l'histoire de leurs phénomènes. — Tableau chronologique de ceux des Antilles.

L'histoire physique des Antilles a consisté jusqu'à présent, en deux grandes erreurs : l'une est l'opinion qui attribue à toutes les îles de cet Archipel une origine semblable et simultanée ; l'autre est celle qui donne pour cause à leur formation, l'effraction du littoral américain par le mouvement actuel de l'Atlantique équatoriale d'orient en occident. Nous avons prouvé que cette dernière opinion est sans aucun fondement ; il nous sera plus facile encore de démontrer que la première est en tout contraire à la vérité.

L'observation minéralogique et géologique établit que

les Antilles ne sont point identiques entre elles ni même entre leurs différentes parties, soit à l'égard de la nature ou de l'antiquité du massif de leur territoire ; les unes sont volcaniques, les autres calcaires, et il y en a plusieurs qui sont de formation primitive.

Les îles volcaniques sont les plus grandes et les plus nombreuses ; elles constituent une chaîne, qui s'étend dans un espace de deux cents lieues depuis la Trinitad, jusqu'aux Vierges, dont l'Archipel les rattache aux grandes Antilles ; elles sont d'une formation pyrogène, partielle, successive, plus ou moins récente ; tous les foyers, auxquels elles doivent leur origine, furent primitivement soumarins ; et c'est dans la direction du sud vers le nord, que l'incendie qui les alluma, s'est propagé, du 10.me degré de latitude boréale jusqu'au 18me.

Ces îles sont : Saba, Saint-Eustache, Saint-Christophe, Monserrat, Nièves, la Guadeloupe, les deux Saintes et leurs îlets, la Dominique, la Martinique, Sainte-Lucie, Saint-Vincent, les Dix Grenadins, la Grenade et la Trinitad.

Les îles calcaires sont situées à l'Orient des îles volcaniques ; elles doivent primordialement, comme celles-ci, leur origine à des foyers soumarins ; mais sur les projections des volcans, gît une grande superposition calcaire, dont l'épaisseur varie de 25 pieds à 1200. On peut compter onze îles principales, appartenant à cette formation ; il faudrait toutefois décupler ce nombre, si l'on y comprenait les Vierges, et les Archipels situés au nord de Cuba et de Saint-Domingue, et désignés sous les noms d'îles Lucayes et de Bahama.

Les Antilles calcaires de la bande orientale sont : Sainte-Croix, Saint-Thomas, l'Anguillé, Saint-Barthélemi, la Barboude, Antigue, la grande Terre de la Guadeloupe, la Désirade, Marie-Galante, la Barbade et Tabago.

Plusieurs de ces îles ne sont que partiellement calcaires, et dans presque toutes les reliefs volcaniques de leur base s'élèvent à travers le banc de chaux carbonatée, qui les recouvre, et apparaissent en plusieurs endroits, à la surface du sol.

Les îles qui n'ont point été formées originairement par des foyers volcaniques soumarins, sont celles désignées sous le nom de grandes Antilles; savoir : Cuba, Saint-Domingue, la Jamaïque et Porto-Rico. La surface de chacune des deux premières est mille fois plus étendue que celle de la plus vaste des îles volcaniques, et leurs montagnes sont presque la moitié plus hautes; leur noyau paraît être granitique, et environné de terrains de transition, calcaires et pyrogènes.

Nous tracerons succinctement d'après nos recherches et nos observations, le tableau de chacune des trois formations de l'Archipel des Antilles, en commençant, dans ce chapitre, par celle qui doit son origine aux volcans.

Nos connaissances, sur la géographie physique des Indes occidentales, sont tellement imparfaites et bornées, qu'on a cru jusqu'à présent, que les volcans n'avaient exercé sur les petites Antilles, qu'une action locale et circonscrite; on a méconnu l'origine phlégréenne du sol de ces îles, qui depuis deux siècles, fournit à l'Angleterre et à la France de si riches moissons; chaque jour on élève des édifices et des remparts, avec des laves et des basaltes sans reconnaître en eux, les produits des feux souterrains ; quelques foyers encore fumans, sont, dans l'opinion commune, les seuls volcans des Antilles ; et si l'on soupçonne que quelques autres ont existé, ce sont uniquement ceux dont l'extinction est assez récente pour avoir laissé à leur cratère, toute l'intégrité de son ancienne structure. Il y a loin de ces idées à celles qui résultent de l'investigation géologique de l'Archipel Américain.

Toutes les îles de la chaîne des Antilles, ont été formées en entier, et pour ainsi dire, de toutes pièces par les volcans ; et les terreins calcaires et d'alluvions, qu'on trouve dans quelques unes d'entre elles, reposent sur une base dont l'origine phlégréenne est incontestable. Nous allons indiquer rapidement les traits principaux de la constitution géologique de chacune de ces îles.

1.° La *Trinitad* a été nommée ainsi par Christophe Colomb, à cause des trois groupes de montagnes, qui constituent son massif minéralogique, et qu'Anderson a reconnus pour des volcans éteints. Le groupe central qu'on appelle Tamana, paraît offrir, dans le lac qui se trouve près de son sommet, les vestiges de son ancien cratère ; les neuf chaînes, qui partent de sa région moyenne, divergent dans tous les sens exactement comme les coulées de laves ; elles sont couvertes de forêts presqu'impénétrables. La montagne d'Aripo est le centre de la partie septentrionale de l'île ; elle projette vers le port d'Espagne, plusieurs reliefs, où l'on reconnaît encore des cratères, et ses torrens roulent des laves basaltiques ; elle est séparée du groupe de Tamana, par les vallées où coulent, à l'orient, l'Oropuche, et à l'occident le Caroni. Le pic est le point culminant de la partie méridionale ; c'est dans le territoire, qui s'étend irrégulièrement à sa base, que gissent, vers le golfe de Paria, le lac de Braie et les volcans de boue de la pointe Icaque ; les grandes vallées du Guaraca et du Guaturo le séparent des montagnes centrales. Les rivières qui marquent la limite de l'aire d'action de chacun des trois foyers, ont une pente si peu considérable depuis leur source, jusqu'à leur embouchure dans la mer, qu'elles sont navigables, et qu'on a formé le projet de faire communiquer ensemble, par la partie supérieure de leur cours, celles qui se dirigent, en sens opposés, vers l'une et l'autre côtes. La possibilité d'exécuter ce dessein suppose une profondeur singulière dans les vallées, qui séparent les trois groupes de ces montagnes; et elle permet de conjecturer, avec vraisemblance, que la Trinitad, comme la plupart des autres Antilles, est formée de plusieurs systèmes de volcans, divisés primitivement par des bras de mer, et réunis en un seul massif minéralogique, par les formations calcaires et alluviales qui ont comblé leurs intervalles jusqu'au-dessus du niveau actuel de l'Atlantique.

2.° *La Grenade* s'élève à environ 30 lieues du rivage de l'Amérique méridionale, dans le prolongement septentrional du cap des Trois-Pointes. Elle paraît être l'ouvrage de deux volcans principaux, dont l'aire est séparée par la double vallée où coulent, en sens contraire, la grande Rivière et la rivière Goyave. Le foyer du nord a projeté le morne Saint-Simon; celui du sud avait son cratère dans le vaste entonnoir du grand Étang, qu'environnent les mornes Sinaï, Saint-Georges et Beau-Séjour. Une péninsule étroite et très-alongée termine l'île au midi ; elle offre une analogie remarquable de configuration, avec la presqu'île Sainte-Anne de la Martinique, la pointe des Châteaux de la Grande Terre, et celle des Salines de Saint-Christophe. Il y a lieu de croire que, comme ces péninsules, elle est formée de terrains calcaires.

3.º *Les Grenadins* sont un archipel de dix îles volcaniques et d'un grand nombre d'îlots et de rochers, disséminés dans un espace de 15 lieues, entre la Grenade et St. Vincent ; ils portent les noms de Young, Becouïa ou l'île aux Crabes, Maillereau, Baleseau, Canneovan, Moustique, Mayero, l'Union, l'île Frégate, et la petite Martinique. Ils sont remarquables, sous le rapport minéralogique, par leurs basaltes columnaires.

4.º *Saint-Vincent* est l'île où se sont déployés le plus récemment les phénomènes volcaniques, et depuis la découverte des Antilles, il n'en est aucune où leur puissance se soit montrée plus redoutable.

En 1718, dans la nuit du 6 au 7 mars, un grand tremblement de terre se fit sentir à St. Vincent ; il fut accompagné d'un ouragan furieux, quoiqu'à cette époque de l'année, l'atmosphère ne soit ordinairement troublée par aucune perturbation violente. Un gros morne situé à l'extrémité occidentale de l'île, s'enfonça tout-à-coup dans la terre et disparut. Les Caraïbes étant alors les seuls possesseurs de St. Vincent, les détails de cet événement sont demeurés inconnus, et l'on avait même oublié ceux que nous rapportons, au point qu'en 1812, lors d'une nouvelle éruption volcanique, on affirma sur les lieux, dans tout l'Archipel et même en Europe, qu'il n'y avait aucun sou-

venir, que depuis la colonisation des Antilles, il y eût eu
à St. Vincent la moindre manifestation de l'activité des
foyers ignivômes, dont les traces s'y voyaient encore.
Cependant, une lettre adressée au comte de Toulouse,
amiral de France, par le père Laval, jésuite, chargé de
faire des observations astronomiques aux Indes occidentales, fait connaître, outre ce que nous venons de rapporter, des circonstances qui établissent une grande ressemblance entre l'éruption de 1718, et celle de 1812.
Le navire sur lequel était ce voyageur, étant par le 14° 29'
de latitude et le 310° de longitude, c'est-à-dire, à peu-
près sous le parallèle de la Martinique et à six degrés 41
minutes à l'Est de cette île, il se trouva enveloppé dans
un nuage fort épais de poussière très-fine, sèche, couleur
de cendre, dont les grains vus au microscope, étaient
irréguliers, poreux, les uns calcinés et les autres vitrifiés
et luisans. Quoique le navire fit deux lieues à l'heure, il
en demeura douze au milieu de ce nuage, qui couvrit de
cendres, d'une hauteur de trois doigts, le pont, les ver-
gues et les manœuvres. Au moment où cette pluie obscurcit l'air, l'équipage vit dans l'Ouest et dans la direction de
St. Vincent, quoique cette île fût à une distance de 130
lieues, trois grands éclairs fort rouges, qui s'élevèrent
bien au-dessus de l'horison de la mer, et l'on entendit
aussi trois tonnerres forts lointains (1).

Dans ce récit, deux choses sont extrêmement remarquables : l'une est la simultanéité de l'ouragan, du trem-

---

(1) Réflexions sur une brume de cendres. — Lett. du P. Laval à
l'amiral de France. — Journal de Trévoux, juillet 1719.

blement de terre et de l'éruption volcanique ; l'autre est le transport des cendres à 150 lieues au vent des Antilles, lorsque les brises alisées étaient assez fortement établies pour faire filer deux lieues à l'heure à un navire. Il est également surprenant qu'à une aussi énorme distance, on ait pu voir les explosions du volcan et entendre leurs détonations, lors sur-tout que le vent était contraire. Ces derniers phénomènes sont difficilement explicables, si l'on n'admet qu'une propagation électrique n'ait prolongé fort loin du volcan, les flammes et les bruits qui en sortaient.

Il semble qu'à St. Vincent, comme à la Martinique, l'action des feux souterrains s'est propagée du sud vers le nord. La partie méridionale de l'île montre quantité de courants de laves ; mais ce sont des tuffas qui forment les reliefs de l'autre extrémité. C'est là que se projette la montagne de la Soufrière, qui fut le centre de l'éruption du 30 avril 1812. Quoiqu'une végétation vigoureuse couvrît toutes les surfaces de cette montagne, elle conservait intacte sa structure volcanique, qui annonçait que l'extinction de son foyer ne remontait pas à une époque reculée. Aux deux tiers de sa hauteur, qui est d'environ 1000 mètres, on voyait un cratère d'une profondeur de plus de 150 ; il formait un bassin elliptique, dont la circonférence pouvait avoir 900 mètres ; sa capacité contenait deux grandes flaques d'eau, dont l'une était alimentée par une source thermale et alumineuse. Entre ces deux flaques, situées au Nord et au Sud du cratère, à une centaine de mètres l'une de l'autre, s'élevait un piton conoïde, dont la hauteur était plus grande d'un tiers que sa base ; la circonférence de celle-ci était de 220 mètres. Des Mélastomes, qui couvraient cette grande projection presque jusqu'à son sommet, permettaient de l'escalader, en s'accrochant à leurs branches ; cependant cette opération n'était pas sans quelque danger, à cause des fissures, qui divisaient le massif minéralogique du piton, et qui de temps à autre, servaient d'issues à des fumeroles plus ou moins abondantes.

Lorsqu'en 1805, nous visitâmes ces lieux, nous ne pûmes y recueillir aucun souvenir historique des événemens, auxquels ils devaient les détails de cette configuration ; ce silence et les témoignages que donnaient l'épaisseur de l'humus végétal et la hauteur des arbres qui ombrageaient le cratère, nous firent conjecturer que les dernières révolutions de ce volcan étaient antérieures à la colonisation de l'île, et remontaient conséquemment au delà d'un siècle.

Dans cet état, cette solfatare ressemblait à celles de la Guadeloupe et de Sainte Lucie, et elle paraissait devoir bientôt s'éteindre entièrement, comme celles de la Dominique et de la Martinique ; cependant, il n'en fut point ainsi. Le 27 avril 1812, on entendit à St. Vincent, vers le milieu du jour, une forte explosion, qui fut accompagnée d'une secousse de tremblement de terre ; aussitôt une immense colonne de fumée se projeta du sommet de la montagne, et s'éleva perpendiculairement à une grande hauteur, avec un bruit semblable aux détonnations du tonnerre ; l'air s'obscurcit, et le sable que vomissait le volcan remplit l'atmosphère, couvrit la terre et les eaux, et fut porté par les vents à la Barbade, à la Martinique et même à la Guadeloupe, à une distance de 75 lieues.

Ces phénomènes durèrent pendant quatre jours avec peu de variations, et ce fut seulement dans la nuit du 30 avril au 1.ᵉʳ mai, que des flammes s'élancèrent du cratère, et formèrent au milieu de la colonne de fumée, une grande pyramide d'où sortaient des feux électriques. Quelques heures après, la lave incandescente fut projetée par dessus l'orle du cratère ; elle s'écoula vers le nord-ouest de la montagne, et se divisa en deux courants dont la rapidité fut si grande, que dans la même journée ils atteignirent le rivage de l'Atlantique ; au moment où un autre courant descendait de la Soufrière, dans une direction opposée, un tremblement de terre se fit sentir, et la pluie de sable volcanique redoubla ; elle dura sans interruption depuis trois heures jusqu'à six heures du matin ; elle était mêlée de pierres ponces dont la chute aurait exterminé toute la population de l'île, si leur pesanteur avait correspondu à leur volume.

Deux heures après le lever du soleil et la cessation de cette pluie, l'air était encore obscurci par les sables, et ce ne fut que dans l'après-midi du premier mai, que les détonnations du cratère devinrent plus éloignées et s'affaiblirent progressivement.

Cette éruption, qui a changé la configuration géologique de la partie septentrionale de Saint-Vincent, fut précédée, dans le cours de l'année où elle éclata, par plus de 200 tremblemens de terre, et elle eut lieu un mois après l'effroyable catastrophe de Cumana.

5.° *Sainte-Lucie*, qui gît, après Saint-Vincent, dans le

prolongement septentrional de la chaîne des Antilles, n'a encore été visitée par aucun minéralogiste ; cependant les détails géognostiques qu'offrent ses reliefs, et les laves basaltiques dont ils sont formés, éloignent toute espèce de doute sur sa volcanicité ; si l'on en croit diverses données vraisemblables, cette île est l'ouvrage de quatre foyers principaux qui ont eu pour centres :

1.° La montagne de la Sorcière, dont la hauteur est de plus de 700 mètres, et dont la base est environnée d'un grand nombre de projections secondaires;

2.° Le piton du grand Cul-de-sac ;

3.° Le piton du Saint-Esprit, qui occupe le milieu de l'île ;

4.° Le groupe des montagnes de la Soufrière, qui en forment l'extrémité méridionale : on estime que ses pitons, qui passent pour inaccessibles, ont une hauteur de 800 mètres : on les distingue de plus de 20 lieues ; on reconnaît encore une partie des orles de l'ancien cratère ; il en sort des fumeroles très-abondantes, et il en jaillit des eaux dont la chaleur élève le thermomètre au 52.me degré centésimal.

Des faits mieux et plus complètement observés fixeront d'une manière certaine, la constitution géologique de l'île la plus voisine de Sainte-Lucie, et qu'on aperçoit de son rivage, au-delà d'un détroit dont la largeur est de six lieues.

6.° *La Martinique* est la plus vaste de toutes les Antilles volcaniques ; elle est aussi celle dont les points culminans ont la plus grande élévation ; sa surface est de cinquante-huit lieues carrées de 2,280 toises ; et les sommets de ses plus hautes montagnes ont 15 à 1700 mètres

GÉOLOGIE. 73

au-dessus du niveau de la mer. Elle a été formée par six grands foyers, dont les éjections diverses constituent son territoire; les limites de chacun d'eux sont très-distinctes; elles sont marqués par des vallées profondes, et par les rentrans du rivage, dans lesquels on reconnaît des vestiges des anciens détroits, qui séparaient autrefois les différentes aires volcaniques.

Ces foyers, dont la description détaillée se trouvera dans la partie topographique de cet ouvrage, sont:

1.º Le volcan de la Montagne pelée, qui a formé la partie septentrionale de l'île; la circonférence de son territoire est de près de 60,000 mètres; ses plus hauts sommets ont une élévation de 16 à 1700 mètres au-dessus de l'Atlantique; les foyers secondaires ont projeté, au sud et nord-ouest de ses cratères principaux, les mornes Callebasse, Balata et Montconil.

2.º Le volcan des Pitons du Carbet, qui occupe le centre de l'île, et dont la puissance a excédé celle de tous les autres foyers; le grand diamètre de sa sphère d'action a plus de 30,000 mètres; et si, dans la mesure de son périmètre, on comprend les nombreux saillants, que les coulées de laves ont formés en s'avançant dans la mer, sa circonférence est au moins de vingt-six lieues; la hauteur des Pitons, qui environnent son cratère, est de plus de de 1700 mètres.

3.º Le volcan des Roches carrées. C'est le moins étendu de tous les anciens foyers de l'île, et celui dont les reliefs sont les moins élevés; il gît entre les volcans du nord et ceux du sud, et il lie, l'une à l'autre, les deux vastes péninsules, qu'ils ont formées. Le grand diamètre de son aire est de 18,000 mètres, et sa circonférence de 64,000, attendu les sinuosités du rivage; les mornes Pitaud et des Roches carrées, qui paraissent avoir été successivement les centres différents de ses éruptions, n'ont pas une élévation de 1400 pieds au-dessus du niveau de la mer.

4.° Le volcan, dont le morne Jacques et la montagne du Vauclin ont été tour à tour les foyers, paraît avoir été le plus puissant de tous ceux de la péninsule méridionale. Le grand diamètre de son aire est de 16 à 18,000 mètres, et sa circonférence de 80,000, en y comprenant les grands saillants du littoral. La hauteur des deux montagnes, qu'il a projetées, est approximativement de 700 et de 900 mètres.

5.° Le volcan du Marin. Son aire forme la partie sud-est de l'île; il est difficile d'en fixer les limites; son cratère s'est ouvert dans un banc calcaire, qui superpose des rochers volcaniques d'une origine antérieure. Ses laves, dont l'effusion semble remonter à une antiquité reculée, recouvrent partiellement ce même banc, qui offre le phénomène curieux d'une vaste stratification de chaux carbonatée, gissant entre deux massifs minéralogiques pyrogènes : l'un s'enfonçant dans les profondeurs de l'Océan et constituant la base de la presqu'île Sainte-Anne, l'autre constituant les reliefs de ce territoire, et se formant, soit de laves porphyritiques et mélaphyriques, en courants indivis, soit de laves fragmentaires accumulées, en quantité prodigieuse.

6.° Le volcan du morne la Plaine. La péninsule, qui termine la Martinique au sud-ouest, a été formée, comme l'île Santorin, par plusieurs volcans adjacens; leurs foyers gissaient dans les mornes du Diamant, du Goamab, du Constant, de la Croix, de la Plaine et du Beau-Séjour; leurs aires réunies ont environ 64,000 mètres de circonférence, quoique le diamètre le plus grand de leur territoire n'en ait que 14,000.

Des vallées, qui ont un double versant, séparent ces six foyers : on trouve, entre le premier et le second, celle où coulent, en sens contraire, la rivière Roxelane et la Grande Capote; entre le deuxième et le troisième, est la vallée des Roches carrées, que parcourent, en une direction opposée, la petite Rivière et la rivière du Robert; la vallée du François gît entre le troisième et le quatrième foyer; celles du Vauclin et de la grande Pilote servent de limites au quatrième et au cinquième; enfin, entre ce dernier et le sixième, est la vallée des Côteaux, qui marque les bornes du périmètre de l'un et de l'autre.

7.° *La Dominique* est séparée de la Martinique par un détroit large de 23 milles; elle a été formée par deux volcans principaux, dont les centres d'éruption ont été environnés de plusieurs foyers secondaires. Le volcan du nord est connu sous le nom de montagne du Diable; celui du sud est appelé Soufrière, parce qu'on y trouve, comme dans tous les cratères des Antilles récemment éteints, du soufre et de l'alun en grande abondance. Il paraît que quelques années avant l'époque de notre séjour dans l'Archipel, ce volcan avait encore des fumeroles noires et brûlantes; on reconnaît leur action sur les laves du pourtour de son cratère; elles sont totalement blanchies, poreuses et incrustées de soufre très-pur; il sort par trois issues qui sont peut-être les anciennes bouches de la solfatare, des sources thermales dont les eaux jaillissent avec bruit, violence et dégagement de gaz ; elles déposent de l'ocre sur les rochers de leur lit ; la source la plus basse élève le thermomètre, en une minute, au 96.e degré centésimal, et celle qui est à 100 mètres au-dessus, le fait monter au 54.e Ce cratère, qui est entouré de hautes projections, gît à deux milles de la mer et à 300 mètres au-dessus de son niveau. Une double vallée sépare le volcan du nord de celui du midi ; elle s'ouvre à l'est sus l'anse Pagoua, et à l'ouest sur celle de l'Ajoue.

8.° *Les Saintes*, qui gissent entre la Dominique et la Guadeloupe, sont un petit Archipel formé de huit îlots ou rochers volcaniques, provenant de deux foyers principaux, dont l'extinction a été trop prompte, pour laisser leurs éjections combler les intervalles qui les séparent. Le mouillage, où les vaisseaux trouvent un hâvre excellent, paraît être le cratère démantelé du foyer oriental ; il est environné de pitons conoïdes, qui ont une élévation de 100 à 300 mètres. Le morne central de l'île, désigné sous le nom de Terre d'en bas, a une hauteur de près de 1000 pieds au-dessus du niveau de la mer. Le détroit, qui sépare ces îles de l'extrémité méridionale de la Guadeloupe, ayant une profondeur de 20 brasses, le point le plus élevé des Saintes a une hauteur de 538 mètres au-dessus du fond, d'où s'élève le massif de ces îles.

9. *La Guadeloupe*, proprement dite, offre la plus grande ressemblance avec la Martinique, dans sa constitution géologique. Sa surface est d'environ 69 lieues carrées, et la hauteur du sommet le plus élevé de ses

GÉOLOGIE.

volcans est de 14 à 1500 mètres au-dessus de l'Atlantique. Son massif minéralogique paraît avoir été formé par quatre vastes foyers ; savoir :

1.° Celui de la grosse Montagne, qui a éructé les éjections, constituant la partie septentrionale de l'île. Son aire circulaire a un diamètre de près de 20,000 mètres.

2.° Le volcan des deux Mamelles, dont les sommets passent pour inaccessibles. Il occupe le centre de l'île ; son rayon n'a pas moins de 12,000 mètres.

3.° La montagne de la Soufrière, dont les éruptions ont formé la plus grande partie du territoire méridional de l'île. C'est un cône oblique et tronqué, dont la hauteur est de 1437 mètres au-dessus du niveau de l'Atlantique. Le rayon de sa base est de 10 à 12,000 mètres. Une immense fissure divise toute sa région supérieure et donne naissance, dans son prolongement, au sommet de la montagne, à l'une des bouches par où s'échappent des fumeroles abondantes. Vers la fin du 16.° siècle, en 1778 et 1797, cette partie de la montagne fut le théâtre de phénomènes volcaniques, qui en changèrent la configuration. Des explosions violentes et des commotions renversèrent ou changèrent de place les pitons qui couronnent cette cîme nébuleuse. Ces signes de l'activité du volcan furent accompagnés de la projection d'une immense quantité de sables qui remplirent l'atmosphère, absolument, comme à Saint-Vincent, en 1812.

4.° Au midi de la Soufrière est un groupe de hauts reliefs qui portent le nom de Houel-Mont ; ils forment à l'extrémité méridionale de l'île une péninsule ou plutôt un vaste promontoire sémi-circulaire, identique dans son gissement, sa configuration et sa constitution minéralogique, avec celui du gros Morne du Diamant à la Martinique. Son élévation est d'environ 800 mètres.

Les foyers, qu'on vient de désigner, s'étant ouverts beaucoup moins loin les uns des autres que ceux de la Martinique, ils ont confondu leurs éjections et comblé presque entièrement les intervalles qui séparaient leurs aires ; il en est résulté un massif minéralogique plus compacte et moins découpé dans son périmètre et dans la chaîne de ses groupes de montagnes. C'est pourquoi il n'y a point à la Guadeloupe proprement dite, de ports et de vallées d'une étendue considérable.

10.° *Monserrat* gît à 8 lieues au nord-ouest de la Guadeloupe, et à 7 lieues au S.-E. du rocher de Redondo ; ses reliefs sont formés en grande partie de laves porphyritiques à grands crystaux, de feld-spath. Au sommet de la montagne centrale qui porte le nom de Soufrière, on trouve un cratère démantelé, dont l'aire elliptique peut avoir une longueur de 500 mètres, sur une largeur moindre d'un tiers ; des pitons aigus et boisés s'élèvent sur ses orles, qui sont très-hauts, excepté au sud, où leur paroi est fracturée, décomposée et dépouillée de verdure. C'est par cette partie que s'échappe du cratère, un torrent dont les bords sont escarpés, comme ceux de la falaise de la Montagne pelée, et présentent plutôt l'aspect d'une immense fissure que du lit d'une rivière. Un grand nombre de crevasses s'ouvrent au fond du cratère ; elles donnent passage à de fortes exhalaisons sulfureuses qui rendent difficile d'examiner ces lieux. Ces vapeurs déposent du soufre sur le bord des bouches qui leur donnent issue ; elles blanchissent les laves qui sont à leur portée, et les décomposent. On en trouve de semblables au sommet de l'une des montagnes qui sont dans le prolongement du volcan principal, et qui semblent devoir leur origine à des foyers secondaires. Il faut au moins trois heures pour faire les deux lieues, qui sont comptées depuis la ville de Plymouth, au pied de la montagne, jusqu'à la source du torrent qui sort du cratère.

11.° *Redondo*, qui gît entre Monserrat et Nièves, est une très-petite île, ou plutôt un rocher très-élevé, pyramidal, dont il semble que le sommet doit être aigu, mais où il y a cependant une plate forme de près d'un hectare de surface; on ignore quelle est la constitution minéralogique de ce rocher, mais il y a lieu de croire qu'il est volcanique, non-seulement par son gissement et sa configuration, qui ne diffèrent que peu de celle du Diamant de la Martinique, mais encore par cette particularité qu'on y trouve une source abondante d'eau fraîche. Il est habité par des oiseaux marins et par des Iguanes qu'on assure être noirs.

12.° *Nièves* ne diffère pas essentiellement de Monserrat dans sa configuration géologique; c'est également une grande montagne volcanique, projetée brusquement de la mer, et à laquelle sont accolés au nord et au sud, des reliefs moins hauts, provenant de foyers secondaires. A son sommet est un vaste cratère où l'on voit sourdre des eaux sulfureuses.

13.° *Saint-Christophe* est une île plus considérable et d'une formation plus compliquée; elle n'est séparée de Saint-Eustache et de Nièves que par des détroits, l'un de deux lieues, et l'autre d'une lieue de large; elle a été formée par trois foyers principaux, dont l'aire est limitée par de profondes vallées; le plus septentrional a projeté le mont Miséry, dont l'élévation est de 567 mètres au-dessus du niveau de la mer; son cratère offre une surface de 20 hectares ou 39 arpens, dont une partie est envahie par les eaux d'un lac qui couvrent 3 hectares, ou près de 6 arpens, dans leur hauteur moyenne. Le reste est ombragé par un bois de Palmistes; il sort des fissures de la montagne plusieurs sources thermales et sulfureuses. Le volcan de Saint-Patrick occupe le centre de l'île, et ne le cède point en hauteur et en étendue au foyer précédent. Le territoire méridional est formé par une grande péninsule qui prend le nom de Salines, et que lie un isthme étroit, au massif des volcans du nord; il y a des raisons de présumer qu'elle est volcano-calcaire, comme la presqu'île Sainte-Anne de la Martinique, et que son exploration détaillée ne serait pas moins intéressante.

14.° *Saint-Eustache* se compose de deux montagnes séparées par une vallée; celle qui gît au sud est beaucoup plus élevée que l'autre; on trouve à son sommet un cratère couvert d'arbres, et dont la profondeur est si grande, que sa surface est, dit-on, de niveau avec le sol de la ville haute, qui domine celui de la mer de soixante pieds environ.

15.° *Saba* se projette à 3 lieues au N.-O. de Saint-Eustache; c'est un rocher volcanique escarpé dans une partie de son pourtour; quoiqu'il paraisse avoir été formé par un seul foyer, des bouches secondaires ont étendu son massif dans la direction des progrès de l'incendie sous-marin; et des projections inférieures en élévation, prolongent au nord et au sud sa montagne principale.

16.° *L'Archipel des Vierges* termine sous le 18.ᵐᵉ parallèle, la chaîne des petites Antilles, ou plutôt il la rattache à celle que forment de l'est à l'ouest, Porto-Rico, Saint-Domingue, la Jamaïque et Cuba. C'est un groupe de 40 à 50 îles, îlots et rochers, partiellement calcaires, partiellement volcaniques, les uns rocailleux, stériles et abandonnés, les autres habités et cultivés, mais tous également inconnus, sous les rapports minéralogiques et géologiques.

Après avoir esquissé, par des traits rapides et généraux, le tableau géologique des îles de l'Archipel des Antilles, il nous reste à tracer les détails qui caractérisent leur origine, et rendent manifeste leur constitution volcanique. Cette tâche est d'autant moins difficile, qu'il n'en est point des reliefs élevés par les feux souterrains, comme des montagnes primitives et secondaires ; celles-ci, soit par l'effet immédiat des grandes causes auxquelles elles doivent leur formation, soit par les résultats des révolutions postérieures à cette époque, n'offrent point cette identité de structure, cette régularité d'aggroupement, qu'on découvre dans les montagnes volcaniques, lorsqu'en se livrant à l'étude de leurs formes, on cherche quelles sont les lois auxquelles la nature s'est asservie dans la projection de leurs pics nébuleux.

Une légère connaissance des phénomènes qui accompagnent les éruptions des volcans, et dont plusieurs exemples ont eu lieu, de nos jours, dans la mer des Açores et dans celle d'Islande, suffit pour faire saisir, avec certitude et facilité, l'origine des détails et de l'ensemble de la configuration des Antilles, dont les montagnes présentent, au premier coup-d'œil, l'aspect du chaos.

On sait que dans des parages où la ligne de sonde ne trouvait point de fond, on voit tout-à-coup la mer s'agiter, et les flots donner passage à une colonne immense de fumée, de sables et de laves incandescentes, en fragments arrondis; bientôt un récif circulaire apparaît au-dessus de la surface des eaux; il s'exhausse et s'accroît par l'accumulation des éjections qui continuent de s'élancer du centre de son massif minéralogique; la montagne qu'il forme, est un cône tronqué, évidé à son sommet intérieurement, et dont la hauteur atteint dans l'Archipel des Antilles, jusqu'au-delà de 1700 mètres, au-dessus du niveau de l'Altantique.

Si les éjections sont pulvérulentes ou en masses erratiques, elles se répandent avec une sorte d'égalité sur toutes les surfaces du cône, qui ne sont alors que peu ou point accidentées, et qui présentent un seul versant concentrique et général, dont le point culminant et central est le sommet de la montagne. Telle est la grande projection qui constitue presqu'entièrement la masse de l'île de Nièves; telle est encore la Montagne pelée, qui forme la partie septentrionale de la Martinique.

S'il sort, au contraire, du foyer une grande quantité de laves fluides, ces substances soumises aux lois de l'hydrodynamique, coulent comme des torrents embrasés; elles forment, en se refroidissant, de hautes collines, attenant par leur extrémité ascendante au cône du volcan, qui est leur centre commun, et projetant par l'autre de vastes saillants, qui dépassent le périmètre de sa base, les flancs de la montagne sont alors sillonnés par ces grandes arêtes, et son cratère est communément environné par ces reliefs conoïdes ou pyramidaux, qu'on désigne aux Antilles sous le nom de *Pitons*. Cette appellation correspond à celle de *Pic*, dont on se sert aux Indes Orientales, et à celle de *Puy*, qui est en usage dans les parties volcanisées de la France méridionale; tels sont à la Martinique, les Pitons du Carbet, à Sainte-Lucie, les Pitons de la Soufrière, etc. Lorsque dans ses dernières éruptions, le volcan n'a lancé que des éjections arénacées et fragmentaires, ses versans ne présentent qu'une pente déclive, sans autre solution de continuité que les tranchées où roulent les torrens, et sa masse étant alors plus compacte et moins découpée, que s'il eût projeté des laves fluantes, sa vaste étendue lui fait conserver le nom de *Mont* ou de *Montagne*: tels sont à St. Christophe les Monts Miséry, et St. Patrick; à la Martinique, la Montagne pelée; à la Guadeloupe, la Montagne de la Soufrière; à Ste. Lucie, celle de la Sorcière, etc.

Quand l'élévation du volcan met obstacle à l'issue des coulées basaltiques, des bouches secondaires s'ouvrent sur ses flancs ou sur sa base, et suppléent au cratère principal; les éjections qu'elles accumulent autour d'elles, forment de nouvelles montagnes, d'où partent également, comme autant de rayons, des courants de laves divergens et ramifiés; ces projections sont semblables aux premières dans leur structure et souvent même dans leurs élémens lithologiques : mais elles leur sont inférieures en dimensions, et les versans d'une partie de leur base se confondent avec ceux de la montagne principale, dans l'aire de laquelle leur massif s'est élevé; elles sont ordinairement groupées circulairement autour du volcan primitif, et leur nombre est généralement, en raison de sa puissance, et de l'élévation de ses cratères au-dessus de l'Océan. Elles couronnent par fois la crête et l'extrémité des coulées de laves, sorties immédiatement du foyer central, et c'est de leur flanc que se détachent en divergeant, les coulées auxquelles nous donnerons l'épithète de secondaires : tels sont à la Martinique, le gros Morne des bois, le Palmiste, le St.-Gilles, le Jacob, la Petite Montagne, le Piton gelé et le Morne Fumée, tous groupés autour du foyer du Carbet ; la Callebasse et les Pitons pierreux, Montconil et Balata, groupés autour du foyer de la Montagne pelée ; le Goamab, le Beau-séjour, le gros Morne du Diamant, groupés autour du Morne la Plaine ; la Tête du Palmiste, la grande Découverte et la Magdeleine, groupés autour de la Soufrière de la Guadeloupe, etc.

Les courants de laves, partis de chaque centre d'éruption, offrent aujourd'hui l'aspect de collines très-hautes, couvertes par des bois et des cultures; ils constituent l'ossature des Antilles, et les amoncellemens de substances erratiques, qui les recouvrent souvent, ont modelé leur configuration ; on leur donne en général le nom de *Mornes ;* celui de *Barres* appartient particulièrement aux coulées dont la crête étroite porte en Sicile la dénomination de *Schiena d'Asino* (1), et en Islande celle de *Steena*, c'est-à-dire : Rivière de pierres. Telle est à la Martinique, la Barre du gros Morne, celles du Vert-Pré, celle du Baldara, etc.

---

(1) Echine d'âne.

La plupart des courants de laves, pris dans leur plus grande étendue, qui est de 15 à 16,000 mètres, descendent de la région des nuages vers le niveau de l'Océan, par une pente rapide qui diminue progressivement, en raison de l'éloignement des cratères ; de brusques différences de niveau interrompent par fois la déclivité régulière de leur plan supérieur. Ces ressauts, qu'on nomme *Étages* à la Guadeloupe, semblent être des cataractes de la lave fluide, ou provenir de la suspension subite de son cours, par l'effet du refroidissement.

Près de leur point de rattachement au foyer qui les a projetés, les courants de laves ont une élévation de 6 à 800 mètres ; mais la largeur de leur crête est par fois réduite à 2 à 3 pieds, et même à 15 à 18 pouces au Pas de la mort des Pitons du Carbet. Souvent dans cette partie, leur ligne de plus grande pente est de 45 à 60 degrés ; en s'avançant vers le périmètre de l'aire volcanique, ils gagnent dans la dimension de leur largeur, ce qu'ils perdent dans celle de leur hauteur, et il en est beaucoup terminés par de vastes plateaux, semblables aux *planèses* de l'Auvergne, et désignés à la Guadeloupe, par l'appellation de *Plainiers*. Tels sont à la Martinique, le Plateau l'Archer, le morne aux Bœufs, le Cheval blanc, la pointe des Nègres, etc. La croupe des courants s'élève encore de 100 à 150 mètres au-dessus de la berme des rivages formée de leurs débris.

D'une extrémité de la chaîne des Antilles jusqu'à l'autre, chacun des anciens foyers des feux souterrains forme un système de projection semblable à celles qui viennent d'être décrites. Le désordre et la confusion que semble présenter aux regards de l'observateur le premier aspect des montagnes de ces îles, ne sont qu'une apparence trompeuse; on conçoit sans peine qu'il en doit être ainsi, puisque les substances qui les constituent, n'ont pu dans leur arrangement s'écarter des lois constantes de la dynamique auxquelles elles étaient soumises. En effet, soit que les éjections fussent erratiques ou bien fluides, elles sont sorties des cratères par un mouvement de projection dont la puissance s'est combinée avec celle de leur force de gravité, quand elles ont coulé ou roulé sur la pente des cônes volcaniques. De là, cette ressemblance de structure qu'on trouve entre tous les reliefs des îles de l'Archipel, appartenant à la même formation, ce qui permet d'employer des traits généraux pour les décrire.

Depuis la Trinitad jusqu'à Saba, et peut-être même jusque parmi les grandes Antilles, chaque foyer volcanique a érigé, au centre de sa sphère d'activité, une montagne conique ou pyramidale, presque toujours environnée de projections secondaires. L'aire, où sont circonscrits ces reliefs, est bornée par l'Atlantique, ou par le périmètre de quelques foyers limitrophes; sa figure est un cercle ou plutôt un ellypsoïde, dont le grand diamètre gît constamment du sud au nord, quelques degrés vers l'ouest.

Ces configurations géologiques, qui se retrouvent identiquement dans chaque île, exercent sur l'art militaire et sur celui de la navigation, une influence qu'on n'a point reconnue, quoiqu'elle soit aussi manifeste qu'importante.

L'histoire de la guerre n'est, pour ainsi dire, aux Antilles que celle des effets de cette influence singulière; il faut sans doute compter parmi les élémens des revers et des succès, la puissance du climat et du gissement hydrographique de ces îles, mais il faut en chercher principalement les causes, dans celle qu'exerce la configuration du sol, sur les opérations offensives et défensives.

Dans toutes les îles, le théâtre de la guerre est le segment plus ou moins étendu de l'aire d'activité d'un ancien volcan, qui forme une cycloïde, dont l'arc est décrit par le rivage, et dont le centre est occupé par des montagnes. A la Martinique, il a, pour point culminant, les Pitons du Carbet; son périmètre, qui est d'environ 120 degrés, est compris, entre le port de la Trinité à l'orient, et la Case-Pilote au sud-ouest. A la Guadeloupe, il s'étend circulairement autour de la base de la Soufrière, depuis le port Sainte-Marie de la Cabesterre jusqu'à la pointe des Vieux-Habitans, située sous le vent. A Sainte-Lucie, il forme, avec le rivage, un angle de 50 à 60 degrés, compris entre le Gros-Cap au nord et le Marigot des Roseaux à l'ouest. A Saint-Christophe et à Antigue, il en est à peu près ainsi. C'est dans cette aire circonscrite, que le sort de chaque colonie est décidé : au pied des montagnes, où gissaient autrefois les foyers volcaniques, les défenseurs trouvent des repaires fortifiés naturellement par l'accès le plus difficile, et connus sous le nom de *Réduits*, depuis les premières années de l'établissement des Européens dans l'archipel. Les Coulées basaltiques, qui forment de hautes collines parallèles ou perpendiculaires aux lignes d'opérations de l'assaillant, présentent d'excellentes positions défensives. Ces positions ont des points d'appui, dans les ressauts des coulées de laves, dont la structure est telle qu'il ne reste que peu de choses à faire pour qu'ils deviennent des postes inexpugnables. Quand ces ressauts se projettent sur la croupe des courans basaltiques, près des rentrans de la côte, qui servent de ports, ils présentent un emplacement avantageux pour les citadelles destinés à protéger les établissemens maritimes ; et s'ils ne s'élèvent qu'au delà du rivage, les îlots qu'ils forment sont susceptibles d'être armés de batteries de côtes propres à la défense des rades et des mouillages ; tels sont : l'îlet à Ramiers du Fort royal et le gros îlet de Sainte-Lucie.

Il en est ainsi des opérations offensives : c'est sur l'extrémité des coulées de laves que sont situés les forts et les batteries qu'il faut assiéger ou enlever; c'est sur leur crête que sont les camps retranchés, les redoutes et les autres ouvrages, qu'il faut tourner ou prendre de vive force ; c'est au pied des cônes volcaniques qu'il faut aller chercher les défenseurs dans leurs réduits ; et la ligne d'opération, qu'on suit, dans cette entreprise, comme dans toutes les autres, est déterminée par les considérations qui résultent de ce que promettent d'avantageux à l'assaillant, soit le gissement, soit la configuration des reliefs, que les feux souterrains ont élevés.

Toutes les côtes de l'Archipel ayant été soumises, dans leur formation, aux mêmes lois que les reliefs de ses îles, la connaissance de l'enchaînement des phénomènes géologiques n'est pas moins nécessaire au navigateur. La configuration du rivage décèle, à des yeux exercés, ce qu'on doit espérer ou craindre dans le mouillage où l'on doit jeter l'ancre ; les accidens abrupts de la côte, ou ses formes adoucies offrent une image fidèle de son prolongement sous les flots ; et ces indices peuvent guider plus sûrement les vaisseaux, que les cartes fautives de l'Archipel. On peut juger du plan plus ou moins déclive des mouillages, par celui des montagnes qui les dominent ; on doit induire de l'aspect d'une terre haute et escarpée, que la mer, qui en baigne la base, est libre et profonde ; on ne peut trop redouter, dans la direction des grands saillans de la côte, les écueils dangereux que forme l'extrémité soumarine des courans basaltiques qui les ont élevés ; le gissement des ports est presque toujours indiqué, dans la longue chaîne des Antilles volcaniques, par la solution de continuité que montre la perspective lointaine des montagnes ; il est enfin une foule d'autres corollaires géologiques qui peuvent s'appliquer utilement à l'hydrographie de la plupart des Archipels du globe, et servir aux progrès de l'art des reconnaissances maritimes.

La différence frappante qui existe entre les côtes orientales et les côtes occidentales de chaque île, s'explique facilement par l'observation ; et sans rendre nécessaire l'hypothèse de la submersion d'un continent, dont, selon Raynal, les Antilles sont seulement les débris. Cette différence a son origine dans la situation des bouches volcaniques, qui se sont ouvertes les dernières, et dont le gissement est bien moins distant de la côte occidentale que de celle du Vent. Celle-ci étant moins rapprochée des points culminans, elle présente moins d'élévation dans la coupe de son rivage, et moins de déclivité dans les versans qui viennent y aboutir. La côte occidentale, au contraire, plus voisine du centre de la conflagration, est plus tourmentée ; ses reliefs sont plus élevés et plus abruptes ; ils sont formés, en grande partie, des substances erratiques et pulvérulentes que lançaient les volcans et que les brises de l'Est portaient sous le vent des cratères. Les tuffas produits par ces éjections, ont enfoui les anciennes coulées de laves; mais elles en ont modelé la structure, excepté vers la croupe de leurs hautes collines, où n'opposant point aux vagues de l'Atlantique une résistance égale à celle des Basaltes, leurs éboulemens ont formé et forment encore des escarpemens, dont les parois verticales s'élèvent, comme un mur, du fond des eaux, et montrent, dans leur coupe effrayante, la constitution minéralogique de ces rives phlégréennes.

L'amoncellement des matières arénacées sous le vent des cratères, prouve que, dans les temps reculés de l'activité des volcans de l'Archipel, et lors de la formation du massif minéralogique des montagnes de ses îles, cette partie du globe était soumise à l'action des vents alisés, et que leur direction était la même qu'aujourd'hui.

Une autre observation, dont la certitude et l'intérêt ne sont pas moindres, est celle qui explique l'origine de ces ports des Antilles, où chaque année, depuis deux siècles, abordent plusieurs milliers de vaisseaux, sans toutefois que le secret de leur formation soit demeuré moins inconnu à l'Europe savante.

Dans toute la longue chaîne de l'Archipel, c'est constamment dans l'intervalle de deux anciens volcans, dont les aires d'activités sont jointes seulement par un point de leur circonférence, qu'on trouve les hâvres les plus sûrs, les plus vastes et les plus commodes. De la figure circulaire du périmètre de chaque foyer, sont résultés, dans la jonction de ceux qui étaient limitrophes, deux effets remarquables : l'un est l'accumulation des éjections volcaniques, qui forme, au point d'intersection de deux aires voisines, le double versant des eaux, et qui partage en deux la vallée unique, servant primitivement de bornes aux deux systèmes. L'autre est l'intervalle soumarin que laisse à l'ouverture de cette vallée, la courbure concentrique du rivage de chaque foyer. C'est là que sont situés des ports plus ou moins profonds, selon que l'abondance des éjections a plus ou moins rapproché du niveau de la mer la base submergée et réunie des deux volcans.

C'est ainsi que sur la côte orientale de la Martinique, la baie du Robert, qui peut recevoir des vaisseaux du premier rang, s'ouvre à la limite de l'aire des volcans du Carbet et de ceux des Roches carrées. Dans la même île, on trouve la baie du Marin, dans l'intervalle qu'ont laissé entre eux les courants de laves d'un foyer postérieur à l'émersion pélagique, et ceux d'un volcan soumarin couverts d'une superposition calcaire. La rade de Saint-Pierre n'est autre chose que l'entrée de la vallée Roxelane, qui séparait jadis le volcan de la Montagne pelée de celui du Carbet. Le bassin de la baie du Fort-Royal, où le navigateur trouve le plus beau port de l'Archipel, est formé par une immense vallée qu'environnent cinq foyers différens, dont les éjections n'ont pu faire leur jonction, que plusieurs brasses au-dessous de la surface de l'Atlantique. Telle est enfin, à Saint-Christophe, la baie Frégate, qui sert de rade à la ville de la Basse-Terre, et que forme le rentrant de la côte occidentale de l'île au point de jonction du périmètre du volcan des Salines et de celui de Saint-Patrick, etc.

Les rentrans des rivages, qui sont peu considérables, ont généralement une autre origine. Ils doivent leur formation aux courans de laves, qui, descendant des cônes volcaniques dans des directions presque parallèles, se sont avancés au milieu des eaux de l'Océan, et dont les hauts promontoires laissent entre eux des anses et des ports quelquefois assez profonds. Tels sont, à la Martinique, ceux de la Trinité et du Galion. Dans la partie la plus reculée de ces rentrans, on trouve constamment une plage de sable ou de galets volcaniques, ou bien un marais couvert de palétuviers (1). Dans le premier cas, il y a presque toujours un marigot à l'embouchure de la rivière, qui vient mêler ses eaux à celles de l'Atlantique ; dans le second, au-delà des palétuviers, s'ouvre une vallée, dont le fond est formé de terres d'alluvions, inondées, ou marécageuses, dans la saison des pluies ; mais quelle que soit la nature du terrain, partout où il y a un rentrant du rivage, il y a un mouillage, une plage, et une vallée arrosée par une rivière, ou plutôt un torrent.

La théorie géognostique qu'établissent ces recherches, rend raison du défaut de ports dans les îles volcaniques, qui, comme Saba, Nièves et Saint-Vincent, ont été formées par les éruptions d'un seul foyer. Les intervalles des caps projetés par les courants basaltiques, peuvent y présenter quelques mouillages, mais c'est seulement dans les îles, qui, telles que la Martinique et Sainte-Lucie, se

---

(1) On comprend sous ce nom tous les arbres qui croissent dans les lieux inondés des Antilles : *Rhizophora mangle*, Pers.; *Conocarpus erecta*; *C. racemosa*; *C. procumbens*; *Anona paludosa*, etc., etc.

composent de la réunion de plusieurs volcans, qu'on trouve entre les limites de leurs aires d'activité, des ports capables de recevoir des armées navales.

Quoique ce gissement soit celui des havres principaux de l'Archipel, il ne suppose pas nécessairement l'existence d'un port, parce que deux circonstances géologiques, mais accidentelles, effacent parfois l'intervalle primitif des foyers; on ne trouve point de havres, par exemple, dans l'espace qui existait autrefois entre deux volcans limitrophes, lorsque des rivières considérables y ont leurs embouchures, car alors les troubles qu'elles charrient, comblent les bassins et les changent en de vastes plaines d'alluvions. L'île de la Trinitad n'offre aucun port à l'entrée des grandes vallées qui séparent ses groupes des montagnes; d'immenses marais les remplacent; tel est celui d'Oropuche, formé par les dépôts du Muro; celui de la grande Savane, que les eaux du Caroni ont élevé à l'embouchure de cette rivière; celui du Branche, qu'on trouve à l'ouvert de la vallée du Guaturano, et le grand Lagon, dont les inondations occupent la place de la baie, qui, sans doute, existait primitivement à l'entrée de la vallée de la Guaraca. A la Martinique, les plaines d'alluvions formées dans la baie du Fort-Royal, à l'embouchure de la rivière Monsieur, de l'Acajou, de la Jambette, du Lamantin, du Lézard, de la Manche et de la Rivière salée, annoncent, par leur extension rapide, qu'il ne faut qu'un petit nombre de siècles pour produire l'effet qu'on observe à la Trinitad.

L'autre cause, qui prévient également l'existence des ports, dans l'intervalle des volcans des Antilles, est la proximité où la grande puissance des foyers limitrophes.

Dans ces deux cas, les éjections lancées par chaque bouche ignivome se joignant et se confondant, elles font disparaître la vallée qui leur servait de limite, ou du moins elles prolongent le rivage, de manière à ne point offrir ces vastes rentrans où les vaisseaux trouvent un abri. C'est à la puissance des deux volcans voisins de la Montagne pelée et des Pitons du Carbet qu'est dû le peu d'étendue de la Rade de St.-Pierre, et c'est de la proximité du Miséry et du St.-Patrick, de St.-Christophe, que résulte le médiocre enfoncement de la vieille rade de cette île.

Une observation attentive démontrerait qu'il en est ainsi dans toutes les îles volcaniques des deux hémisphères. Il est vraisemblable, par exemple, que l'île de Bourbon ne doit le défaut de port qui est si incommode à son commerce, qu'à la grande puissance de deux volcans dont elle tire son origine. Ces deux foyers, dont les cratères s'ouvrent à près de 3000 mètres au-dessus de l'Océan, n'ont laissé dans l'intervalle qui les séparait, ni les vallées, ni les havres qu'on trouve presque toujours aux Antilles, dans un gissement semblable. Cependant on peut en remarquer quelques traces dans le rentrant que les côtes N. E. et S. O. de l'île présentent en l'endroit où les deux volcans ont joint l'aire de leur action ; comme dans l'Archipel américain, deux rivières coulant dans une direction opposée marquent la limite de deux foyers, et si l'aspect lointain des montagnes n'annonce point leur division par une grande solution de leur chaîne, on la reconnaît néanmoins à l'abaissement de leur crête intermédiaire, dont la hauteur est moitié moins grande que celle des Salaises et du volcan de la Fournaise.

On conçoit aisément comment des configurations géologiques absolument semblables, se retrouvent sur des points du globe diamétralement opposés; mais l'identité des causes qui explique celle de ces effets, ne donne point raison de l'identité qu'on observe dans le gissement géographique de la plupart des îles volcaniques, formées de toutes pièces par les feux souterrains. Non-seulement, on n'a point encore dit pourquoi ces îles ne gissent pas tout aussi bien de l'est à l'ouest que du nord au sud; mais encore, c'est tout au plus si l'on a remarqué qu'elles ont été projetées sur des lignes parallèles, dont le prolongement tend vers l'un et l'autre pôles, et que conséquemment l'incendie souterrain auquel elles doivent leur existence, s'est propagé sous les mers, dans une direction identique.

Cette propagation, dont on peut remarquer les effets dans le gissement des Antilles, des Philippines, des Moluques, des Kourilles, des Sandwich, et généralement dans celui de toutes les grandes chaînes insulaires, offre un singulier trait d'analogie entre la puissance magnétique et celle qui les éleva. Sans prétendre rechercher s'il existe quelques rapports entr'elles, et si les phénomènes de l'électricité, qu'on observe dans les éruptions des volcans, ne sont pas moins liés à l'existence des feux souterrains qu'à celle de la foudre, nous nous bornerons à réunir des faits géologiques inédits, dont la méditation peut un'jour éclaircir cette question.

Ce n'est pas seulement le gissement général des Archipels volcaniques du globe, qui présente une direction identique presque parallèle aux méridiens; on peut faire, dans chacune de leurs îles, la même observation, et remarquer que presque tous les volcans s'y sont projetés sur une ligne semblable, dont la déviation, lorsqu'elle existe, est généralement occidentale, et comme soumise à une sorte de similitude et de régularité.

Le grand diamètre du massif minéralogique de l'Ile-de-France, git du nord au sud; d'où l'on doit induire que les volcans qui l'ont formée étaient situés dans cette direction; et en effet, telle est la situation relative des divers pics, qui sont les vestiges des projections de leurs foyers.

La plus grande étendue de l'île de Bourbon est du N.-O. au S.-E., et cette déviation occidentale de la ligne méridienne est exactement identique avec celle que présentent la Martinique et Otahiti. Non-seulement les deux volcans de Bourbon ont projeté leurs hauts reliefs dans cette direction, mais les foyers secondaires qui ont élevé des cônes dans leur aire d'activité, n'ont point une situation différente.

Otahiti, formée, comme la Martinique, par des volcans soumarins, présente, comme elle, deux péninsules, dont le gissement relatif est semblable. Elles s'étendent dans une ligne droite du S.-E. au N.-O. La moins considérable et la moins tourmentée est pareillement au sud; le volcan septentrional, qu'on aperçoit à 20 lieues de distance, a, comme la Montagne pelée, un lac considérable à son sommet, et l'on dirait que l'une de ces îles a été formée sur le modèle de l'autre, si l'isthme, qui joint les deux péninsules, n'était, à la Martinique, l'aire d'action d'un ancien volcan, tandis qu'à Otahiti, c'est seulement un terrain d'alluvion, encore marécageux, élevé sur la base jadis immergée de deux foyers limitrophes.

Amboine est formée comme Otahiti et la Martinique, par deux péninsules montagneuses et volcaniques, qu'un isthme joint ensemble.

L'île Howe, située entre la nouvelle-Hollande et la nouvelle-Zélande, a la même configuration géologique ; et il y a identité dans le gissement de ses deux groupes de montagnes volcaniques, dont les péninsules sont unies par un banc de corail.

Les particularités qu'ont offertes aux navigateurs, ces îles lointaines, se retrouvent toutes, dans l'examen des Antilles, et surtout cette tendance de la conflagration volcanique, vers le pôle nord, comme si elle était soumise à la même loi que la puissance magnétique.

Si pour éviter la multiplication des citations, nous choisissons dans l'Archipel, une île formée d'un grand nombre de foyers, la Martinique, par exemple, nous y observerons ce fait intéressant et inédit : l'aire de tous les volcans y décrit, sans aucune exception, un ellypsoïde, dont le grand diamètre est dirigé du nord au sud ; les massifs minéralogiques de leurs points culminans sont formés par les éjections, qu'ont vomies des cratères ouverts successivement ou simultanément dans cette direction invariable. Une exploration détaillée en fournit des preuves nombreuses : les foyers du morne La Plaine et du Beau-Séjour sont dans le prolongement septentrional de la méridienne du Gros Morne, volcan qui paraît beaucoup plus ancien. La baie du Marin qui semble offrir les vestiges d'un cratère antérieur à l'immersion pélagique, est au midi d'une autre bouche ignivome, dont l'existence est comparativement très-moderne. Au nord du volcan du morne Jacques, on trouve la montagne du Vauclin, qui présente encore les segmens de l'orle d'un cratère ouvert postérieurement au premier. Le Morne Pitaud et celui des Roches Carrées sont dans un gissement relatif exactement semblable. Les feux souterrains qui se sont fixés si long-temps dans l'enceinte des pitons du Carbet, ont porté leur action à des époques diverses, au nord de leur bouche principale; et ils ont ouvert dans cette direction, un longue suite de soupiraux, dont les éjections ont projeté, sur deux lignes parallèles, les montagnes conoïdes et pyramidales de la vallée du Lorrain. Enfin la Montagne pelée, qui forme la partie septentrionale de l'île, offre également entre le nord et le nord-ouest de son aire, plusieurs grands pitons, qui étaient évidemment des volcans secondaires.

On trouverait des détails absolument semblables, dans l'exploration de chacune des Antilles ; et comme nous avons vu qu'il est prouvé, par une observation constante, que chaque espèce de structure volcanique résulte d'un phénomène lié intimement à l'action des feux souterrains, il est naturel d'en conclure que ce n'est point par l'effet du hasard, mais bien par celui d'une cause géologique encore inconnue, que les formations volcaniques affectent une direction générale, identique avec celle que la puissance magnétique donne à l'aiguille aimantée.

Il est une autre particularité, échappée pareillement jusqu'aujourd'hui à l'observation, et dans laquelle on distingue aussi les traces d'un ordre régulier, qui repousse l'idée du hasard et fait naître celle de quelques rapports cachés, avec les lois des formations géologiques. C'est le gissement qu'occupent, dans la chaîne des volcans éteints de l'Archipel, les foyers qui conservent, jusqu'à nos jours, quelque vestige de leur ancienne activité. Il n'en est aucun situé au centre des îles ; tous gissent à l'une ou à l'autre de leurs extrémités, et terminent leur territoire au nord ou au sud.

A l'extrémité septentrionale des îles sont :

1.° La Soufrière de Saint-Vincent ;

2.° La Montagne pelée de la Martinique ;

3.° Le Morne Misèry de Saint-Christophe.

A l'extrémité méridionale, sont :

1.° La Soufrière de Sainte-Lucie ;

2.° Celle de la Dominique ;

3°. Celle de la Guadeloupe ;

4.° Celle de Monserrat.

Les vestiges de l'activité des anciens volcans des Antilles, sont, outre les éruptions que nous avons signalées :

1.° Les fumeroles plus ou moins abondantes qu'exhalent leurs derniers cratères, et d'où résulte continuellement la formation d'une quantité de soufre considérable.

2.° Les eaux thermales qui sourdent, dans tous les groupes de leurs montagnes, et dont nous offrirons une nomenclature dans la troisième partie de cet ouvrage.

3.° Les tremblemens de terre, qui, presque chaque année, agitent avec plus ou moins de violence le sol de ces îles.

Ce dernier phénomène, parfois si désastreux, se réduit ordinairement aux Antilles, depuis près de trois siècles, à quelques secousses, variant légèrement dans leur durée, leur force et leur nombre; souvent on ne s'en aperçoit que par le bruit que font, dans l'intérieur des maisons, les choses mal assujetties. On cite pourtant des tremblemens de terre, qui, de notre temps, ont lézardé des murs, abattu des cheminées, ou fait rouler dans les vallons d'énormes blocs de basalte suspendus sur le versant des collines; les grands éboulemens, dont on observe la trace, le long des côtes occidentales, ont principalement cette origine. Ces effets bornés ne rassurent point les habitans de l'Archipel; leur effroi est entretenu par la tradition des désastres du Port-Royal de la Jamaïque, du Port-au-Prince de Saint-Domingue, et surtout de Caracas et de Cumana. Aussitôt qu'une oscillation du sol se fait sentir, la population abandonne les maisons, se précipite dans les rues et dans les places publiques, et fait retentir l'air de ses cris d'épouvante et des prières qu'elle adresse à Dieu.

En faisant de ce sujet, l'objet de nos observations et de nos recherches, nous sommes arrivés aux résultats suivans :

1.° Les tremblemens de terre appartiennent essentiellement aux phénomènes des éruptions volcaniques, qui ont lieu aux Antilles; les montagnes où gissaient les principaux foyers, portent des marques de leur puissance; ce sont eux qui ont produit les immenses fissures de la Soufrière de la Guadeloupe et de la Montagne pelée de la Martinique; ils ont toujours précédé et accompagné les éruptions des volcans. Labat rapporte (1) qu'il y en eut

---

(1) Labat, t. V, p. 434.

un à la fin du dix-septième siècle , « quand une quantité prodigieuse de cendres soufrées et de pierres brûlées, fut jetée par une nouvelle ouverture, qui se fit au sommet de la Soufrière de la Guadeloupe. » Il en fut ainsi, dans la même île, en 1798 et 1799, et à Saint-Vincent, en 1718 et 1812.

2.° Il n'y a point eu d'éruption volcanique, aux Antilles, sans tremblemens de terre ; mais il y a journellement des tremblemens de terre sans aucun signe d'éruption volcanique, soit dans le lieu où ils se font sentir, soit dans quelqu'autre au-delà de leur sphère d'action ; et en admettant que ces deux espèces de phénomènes sont produites par la même cause, on peut présumer que les oscillations du sol sont seulement le minimum de sa puissance.

3.° Considérés dans les circonstances qui les constituent essentiellement, les tremblemens de terre de l'Archipel sont un ébranlement du sol, formé par soulèvement ou par oscillation, borné à un mouvement unique, ou composé de mouvemens consécutifs de l'une ou de l'autre espèce, ou de toutes deux ensemble, et circonscrit totalement au territoire d'une seule île, ou propagé dans une partie plus ou moins étendue de la chaîne des Antilles, ou même dans toute l'étendue de cette chaîne.

4°. Toute rapide qu'elle paraît être, la propagation du tremblement de terre est dans le rapport des distances ; dans les secousses qui sont éprouvées également à la Martinique et à Sainte-Lucie : c'est cette dernière île qui les ressent la première ; mais, toutefois, l'éloignement de ces deux points n'étant pas assez considérable pour laisser facilement apprécier le temps nécessaire à la transmission de l'ébranlement du sol, il faut avoir recours, pour y parvenir plus sûrement, à l'exemple qu'offrit, en 1755, le tremblement de terre de Lisbonne.

Ce grand phénomène agit jusque sur les Antilles ; à la Martinique, le 1.er novembre, dans l'après-midi, lorsque le temps était calme, et la mer tranquille, les flots s'élevèrent tout-à-coup, se précipitèrent sur la côte orientale de l'île et inondèrent, à trois reprises consécutives, le bourg de la Trinité, qui gît à plus de dix pieds au-dessus du niveau des plus hautes eaux. A la Barbade, le même jour, à deux heures vingt minutes, la mer s'enfla soudainement, devant Bridgetown, s'éleva de deux pieds au-dessus des plus grandes marées, s'abaissa ensuite, et continua, de cinq minutes en cinq minutes, jusqu'à neuf heures du soir, ces singulières fluctuations. Ce fut le retour de la marée qui y mit un terme. Là, comme à la Trinité, une partie considérable du port fut laissée à sec, dans les intervalles du mouvement de flux des eaux atlantiques.

Ce fut le même jour qu'eut lieu, à neuf heures quarante-cinq minutes, le tremblement de terre qui détruisit Lisbonne ; mais la secousse la plus violente, celle qui agita la mer le plus puissamment, arriva à dix heures vingt minutes du matin ; or, la distance entre Lisbonne et Bridgetown est de 3,400 milles ; et la différence de temps de près de 3 heures et demie, auxquelles il faut ajouter les 4 heures de la différence d'époque ; d'où il suit que le mouvement fut propagé à travers une masse d'eau d'une étendue de 1133 lieues, en un espace de sept heures trente minutes ; ce qui fait à l'heure 45 mille trois quarts, ou 7 milles et demi par minute (1).

5.° Cette rapidité de plus de 200 mètres par seconde, est sextuple de celle du vent pendant l'ouragan ; quelques données, qui paraissent exactes, permettent de croire qu'elle est infiniment moins grande, quand au lieu de s'exercer à travers l'Océan, la propagation des tremblemens de terre s'établit dans la base soumarine des îles de l'Archipel ; le massif minéralogique qu'alors ils prolongent, n'est qu'à une profondeur de 20 à 30 brasses, entre Saint-Vincent et Sainte-Lucie, et il ne paraît pas ailleurs excéder généralement le double de cette quantité.

6.° Plusieurs événemens laissent supposer que la propagation de l'ébranlement de la terre est favorisée ou empêchée par des circonstances locales, géologiques ou minéralogiques. Par exemple, dans les désastres qui eurent lieu, le 31 mars 1803, dans l'Indoustan, il n'y eut point de différence de tems, dans les oscillations qui se firent sentir à Calcutta et à Miraun-Ka-Seray, à 900 lieues de distance (2), tandis qu'un court intervalle de trente lieues suffit pour mettre obstacle à ce que les fréquentes secousses, qui ébranlent l'île de Bourbon, s'étendent jusqu'au massif minéralogique de l'île de France (3). Les tremblemens de terre des Antilles présentent les mêmes anomalies, mais elles sont éventuelles et non permanentes. Souvent la même oscillation du sol se propage dans une

---

(1) Hillary.
(2) Valentia, t. I, p. 283.
(3) Cossigny, t. I, p. 187.

grande partie de la chaîne des îles volcaniques, et non moins souvent encore, celle qu'on éprouve dans l'une de ces îles, n'est point ressentie dans celle qui en est la plus voisine. Par exemple, lors de l'éruption de la Solfatare de Saint-Vincent, aucun des deux cents tremblemens de terre, qui menacèrent tous les édifices de cette colonie d'une entière destruction, ne s'étendit jusqu'à la Martinique, dont la distance est si peu considérable, que de l'une des deux îles, on voit les montagnes de l'autre. Le désastre de Vénézuelle, qui arriva le 26 mars 1812, et dans lequel cinq villes considérables furent renversées, ne s'étendit point aux Antilles ; et l'éruption de Saint-Vincent ne peut y être rattachée, puisqu'elle eut lieu plus d'un mois après, et que les lieux intermédiaires, tels que la Grenade, n'en éprouvèrent aucun effet. Tout au contraire, les tremblemens de terre de 1771 et 1772, dont l'un détruisit le Port-au-Prince, ébranlèrent une grande partie des petites Antilles.

7.° Il n'y a pas plus de simultanéité entre les tremblemens de terre de l'Amérique septentrionale et ceux des Antilles qu'entre ceux-ci et les plus violentes commotions qu'éprouve l'Amérique méridionale ; d'après Volney, de 1628 à 1782, on n'a compté aux États-Unis dans cette période de 154 ans, que 45 tremblemens de terre, ce qui en restreint le nombre à un par trois ans, tandis que dans l'Archipel, ils sont au moins trois fois plus fréquens. Il y a plus, c'est qu'en consultant l'histoire de la Caroline, dont le territoire doit servir d'intermédiaire à la transmission du mouvement qui se communiquerait des Antilles aux États septentrionaux de l'Union, on trouve qu'il n'y a aucun récit bien attesté, qu'avant 1811, il y ait eu des tremblemens de terre dans cette partie de l'Amérique.

8.° Les faits se refusent donc entièrement à soutenir l'opinion commune, adoptée par les voyageurs et quelques physiciens, qui ont supposé que les tremblemens de terre se transmettent nécessairement le long de la chaîne des Antilles ; qu'ils se propagent également du continent de l'Amérique méridionale, au massif minéralogique des îles l'Archipel, et de celles-ci au territoire des États-Unis ; et enfin qu'ils résultent de communications souterraines, prolongées dans cet espace qui est de 6 à 700 lieues, et au moyen des galeries qu'on suppose avoir été ouvertes par les feux souterrains.

9.° Il est établi contradictoirement, par le Tableau chronologique des tremblemens de terre des Antilles, joint à ce chapitre, que ces phénomènes sont tantôt bornés à une seule île, et tantôt étendus à une grande partie de l'Archipel ; que des deux extrémités de sa chaîne, ils ne se propagent point au continent, et qu'ils ne sont simultanés ni avec ceux des États-Unis, ni avec ceux de l'Amérique méridionale ; ce qui exclut toute idée de l'existence des galeries qu'on croit avoir été creusées par les feux souterrains, et qu'on suppose servir à la communication de l'ébranlement de cette partie du globe ; puisque dans cette hypothèse, la propagation des tremblemens de terre, aurait toujours lieu infailliblement dans toute la chaîne, lorsqu'ils seraient violens dans quelques-unes de ses parties, ce qui serait tout l'opposé des faits.

10.° Si l'on considère les tremblemens de terre des

Antilles, sous le rapport du dégré de puissance de leurs secousses, il faut reconnaître qu'ils ont égalé plusieurs fois tout ce que ce phénomène a de plus terrible ; et qu'excepté les désastres de Lisbonne et de Messine, l'histoire physique de l'Europe n'a pas d'exemples qu'on puisse comparer à leurs effets destructeurs. Ils ont renversé à St.-Domingue, en 1691, la ville d'Azua ; en 1751 et en 1770, celles du Port-au-Prince et de Léogane ; en 1692, le Port Royal de la Jamaïque, et en 1791, ils ont exercé de grands ravages à Cuba. Par une singularité très-remarquable, aucune des villes des Antilles, construites sur le sol des volcans, n'a été attaquée avec violence par ces agens formidables, et dans leur retour annuel et presque périodique, ils ne causent aucun malheur dans les îles, qui s'étendent de la Trinitad jusqu'à Saba. C'est uniquement aux deux extrémités de la chaîne qu'ils deviennent désastreux, lorsqu'ils ébranlent au sud, les villes de Caracas et de Cumana, et au nord celles des grandes Antilles.

11.° En les considérant sous les rapports de leur nombre, nous pouvons en compter au moins 114, dans une période de 164 ans ; savoir :

6 dans le 17.me siècle.

65 dans le 18.me

43 dans la première partie du 19.me ;

mais, ces nombres ne présentent aucune exactitude ; car on n'a conservé seulement que le souvenir des tremblemens de terre désastreux ; et nos observations faites à la Martinique, sont avec celles faites à la Guadeloupe, par La Chenaie, les seules qui fassent connaître exactement le nombre de ces phénomènes, pendant une période assez étendue, pour en tirer un terme moyen.

12.° D'après ces observations, il y a eu :

A la Martinique.	A la Guadeloupe.
En 1802. — 1 Trembl. de terre.	En 1796. — 1.
1803. — 3.	1797. — 6.
1804. — 2.	1798. — 7.
1805. — 2.	1799. — 5.
1806. — 1.	1800. — 4.
1807. — 7.	
1808. — 1.	
1809. — 1.	

Ce qui faisant 18 tremblemens de terre à la Martinique en huit années, et 23 à la Guadeloupe en cinq ans, établit : que ce phénomène est la moitié moins commun dans la première de ces îles, que dans la seconde ; résultat qui s'accorde avec l'observation géologique, puisque le principal volcan de la Guadeloupe donne encore des marques d'activité, tandis que les foyers de la Martinique sont entièrement éteints.

13.° Les tremblemens de terre ont lieu aux Antilles à toutes les époques de l'année indistinctement ; le mois de juin est celui pendant lequel nous en comptons le plus, ensuite mai, octobre et avril ; il y en a un nombre approximativement égal pendant les autres mois, d'où l'on peut conclure que l'influence des saisons est étrangère à ce phénomène, ce qui est contradictoire à l'assertion qu'il appartient à la saison des pluies.

14.º On suppose communément aux Indes occidentales, que la lune exerce une grande puissance sur les perturbations de l'atmosphère et du sol, et c'est une opinion fort répandue que celle qui considère, comme établie, la coïncidence des tremblemens de terre et de la nouvelle lune. Nous avons, en effet, trouvé qu'il en était parfois ainsi ; mais, comme le plus souvent il en est tout autrement, on ne peut tirer aucune induction rationnelle du rapport accidentel des époques.

15.º La marche ordinaire des instrumens météorologiques n'est point affectée par le tremblement de terre; nous n'avons aucun exemple, qui prouve que les mouvemens journaliers du baromètre soient le plus légèrement altérés par les secousses du sol.

16.º La température de l'atmosphère n'agit pas davantage que sa pesanteur sur ce phénomène ; car, il y a aussi souvent des tremblemens de terre dans la saison froide, que dans la saison chaude, et ils ont lieu non moins fréquemment, lors du minimum thermométrique que lors du maximum.

17.º Le calme et un ciel pommelé, dont les nuages blancs et réguliers sont très-élevés, sont les circonstances qui accompagnent avec le plus de constance l'ébranlement du sol; cette relation est reconnue aux Antilles généralement, et lorsque les nuages sont ainsi distribués, on dit populairement : Voilà un ciel à tremblement de terre.

18.º Mais la relation la plus remarquable et la plus certaine, entre les perturbations géologiques et celles de l'atmosphère, c'est la simultanéité du tremblement de terre et de l'ouragan. Fort fréquemment, au milieu des désastres de ce dernier fléau, on éprouve des secousses du sol plus ou moins violentes.

19.° C'est un fait singulier et incontestable, que l'ouragan des Antilles et les tremblemens de terre sont annoncés l'un et l'autre par les mugissemens des troupeaux, l'inquiétude des animaux domestiques, et cette sensation qu'éprouvent en Europe, aux approches d'un violent orage, les personnes d'une constitution très-sensible, aux effets d'un appareil électrique.

20.° Il est remarquable que des phénomènes, qui manifestent le concours ou peut-être même l'action essentielle de l'électricité, se retrouvent pareillement dans les ouragans des Indes occidentales, dans les éruptions des volcans des Antilles et dans leurs tremblemens de terre. Ces trois fléaux sont constamment précédés du calme profond de l'atmosphère; ils sont accompagnés d'éclairs et de météores lumineux très-multipliés, et leurs désastres sont annoncés par les détonnations de la foudre, par des explosions ou par des bruits souterrains, qui se ressemblent tellement, qu'il est difficile de les distinguer, et plus encore de pouvoir leur assigner une autre origine, qu'une cause commune et identique.

TABLEAU CHRONOLOGIQUE

DES

TREMBLEMENS DE TERRE DES ANTILLES.

1530. 1.er Septembre. A la côte de Vénézuelle ; il dura trois quarts-d'heure, et renversa la forteresse de Cumana. (*Oviédo*, liv. 9, ch. 7.)

1657. A la Martinique ; les secousses durèrent deux heures. (*Dutertre*, t. 1, p. 498.)

1664. A Saint-Christophe.

1684. A Santo-Domingo.

1688. 19 Février ; à la Jamaïque et dans toutes les petites Antilles.

1691. A Saint-Domingue ; il renversa la ville d'Azua.

1692. 7 Juin ; à la Jamaïque, il détruisit la ville du Port-Royal ; on lui attribua une maladie contagieuse. Les secousses durèrent deux mois, et il y en eut deux à trois en une seule heure.

1701. A Saint-Domingue ; il fut désastreux.

1702. A la Martinique et à la Guadeloupe ; il abattit des maisons ; il fut pronostiqué, par l'inquiétude des animaux domestiques, et le mugissement des troupeaux. (*Labat*, t. 5, pag. 433.)

1704. A la Jamaïque.

1713. A Saint-Domingue; il fut désastreux.

1718. Dans la nuit du 6 au 7 Mars, grand tremblement de terre à Saint-Vincent, accompagné d'un ouragan furieux; le gros Morne situé à l'extrémité ouest de l'île, s'enfonça tout à coup dans la terre et disparut; une immense quantité de cendre fut projetée dans l'atmosphère, et portée jusqu'à cent trente lieues à l'ouest. A cette distance, on vit des éclairs et l'on entendit des bruits semblables à celui de la foudre. (Lett. du P. *Laval*, Journal de *Trévoux*, juill. 1719, pag. 1555.)

1722. 28 Août; A la Jamaïque, tremblement de terre, pendant un ouragan et un raz de marée, qui détruisit la ville de Port-Royal.

1727. A la Martinique; on lui attribua la mortalité des Cacaotiers.

1734. A Saint-Domingue.

1751. 18 Octobre; à Saint-Domingue, il détruisit la ville du Port-au-Prince; les secousses eurent lieu de l'est à l'ouest.

A la Martinique; 15 septembre, à 11 h. 30 m. du soir.

1er. Octobre; à 8 h. du matin.

18 Octobre; à 3 h. 30 m. du matin. (*Chanvalon.*)

1755. 1er. Novembre; jour de la destruction de Lisbonne, l'Atlantique équatoriale éprouva des mouvemens extraordinaires, à la Barbade, à la Martinique et à Antigue.

1757. A la Barbade.

1766. A Cumana, qui fut presqu'entièrement détruite.

1767. 27 Décembre; à Saint-Domingue.

1768. 20 Janvier, *id.*
10 Octobre, *id.*
1770. 12 Avril à Saint-Domingue.
3 Juin, à sept heures du soir, dans la même île et dans la plupart des Antilles; Léogane, le petit Goave et le Port-au-Prince, furent détruits; les secousses eurent lieu lieu de l'est à l'ouest. Pendant un mois, il n'y eut pas de jour que l'on ne ressentit de pareilles secousses.
1771. 16 Avril, à 8 h. du soir, à la Martinique, à Ste.-Lucie, à Saint-Domingue; il y eut douze tremblemens de terre, dans le cours de cette année.
1772. A Saint-Domingue, 14 Février.
28 Avril.
12 et 17 Mai.
13, 14 et 17 juin. (*Nicholson.*)
1773. Juin; A Saint-Domingue, on lui attribua une épidémie.
1776. A la Martinique.
1778. A Cumana.
1779. *Idem.*
1780. 7 Janvier, à la Jamaïque.
1783. 11 Février, à Saint-Domingue.
1784. Juillet. *Idem.*
1785. Juillet. *Idem.*
1786. Août. *Idem.*
1787. Janvier. *Idem.*
23 Juillet, à la Martinique.
1788. A Ste.-Lucie.
10 Mai, à Saint-Domingue.

6 octobre, *idem* ; il s'écoula 19 ans sans aucun tremblement de terre, dans cette île.

1791. 21 Juin ; à Cuba ; il y périt beaucoup de monde.

1796. 24 Novembre ; à la Guadeloupe, le matin et le soir.

1797. A Cumana, dont presque toutes les maisons furent détruites.

15 Février ; à la Guadeloupe, le matin.
8 Avril ; le soir, *idem*.
15 Juillet ; le matin, *id.*
28 Septembre ; le soir, *id.*
14 Novembre ; le matin, *id.*
26 Décembre ; le matin, *id.*

1798 15 Janvier ; le soir, *id.*
31 Janvier ; le soir, *id.*
15 Juin ; le soir, *id.*
13 et 14 Août ; le soir, *id.*
6 Novembre ; le soir, *id.*
7 Novembre ; le matin, *id.*

1799. 6 Juin ; le soir, *id.*
23 Août ; le soir, *id.*
28 Septembre ; le matin, *id.*
11 Octobre ; le matin, *id.*
8 Novembre ; le matin, *id.*

1800. 11 Avril ; le soir, *id.*
14 Juillet ; midi, *id.*
2 Décembre ; le soir, *id.*
15 Décembre ; le soir, *id.*

1802. Il y eut trois tremblements de terre à Cumana,

dans le cours de cette année et un à la Martinique, au mois de Septembre.

1803. A la Martinique, trois tremblemens de terre.
1804. A la Martinique, le 21 Octobre à 5 h. du matin.
23 Décembre, à 11 h. 45' du soir.
1805. — *Idem.* — 20 Mars, à 8 h. 30' du matin.
26 Mai, à 10 h. 30' du soir.
1806. — *Idem.* — 12 Juillet, à 4 heures du matin.
1807. — *Idem.* — 20 Février, à 4 h. 25' du matin.
13 Mars, à 3 h. 30' du matin.
26 Mars, à midi 40'.
29 Mars, à 4 h. du matin.
15 Avril, à 3 h. 30' du matin.
24 Mai, à 7 h. 30' du matin.
27 Juin, dans la matinée.
1808. — *Idem.* — 23 Mai, à 8 h. 30' du matin, et à 9 h. 45' du soir.
1809. — *Idem.* — 3 Janvier, à 8 h. du soir.
1810. — *Idem.* — 2 Août, à 3 h. du matin; il se fit sentir à la Guadeloupe, et y causa beaucoup de dommage.
1812. A Kingston, Jamaïque.

26 Mars; à la Guayra, Caracas, Barquisimento, St. Philippe et Mérida, dans le Vénézuelle; ces villes furent presque entièrement détruites; à Caracas, il périt 10,000 personnes.

30 Avril; éruption de la solfatarre de St.-Vincent, après 200 tremblements de terre; les secousses ne cessèrent qu'après le premier mai.

1816. Nuit du 3 au 4 juillet, la Martinique.

Nuit du 14 au 15 août, dans la même île; les deux secousses, qu'on y ressentit, furent plus fortes qu'aucune autre depuis quarante ans.

1818. Depuis décembre 1817, jusqu'au mois de mai suivant, il y eut un tremblement de terre chaque mois; il se fit toujours sentir le soir, de 9 à 11 h. Ce fut seulement en avril qu'il y eut deux tremblemens de terre, et qu'alors l'une des secousses fut éprouvée, quand le soleil était sur l'horizon; il y en eut encore une autre à la Martinique, le 21 mai à 9 h. 30 du soir.

1819. 13 Août. A la Trinitad, la Grenade et St. Vincent; les trois secousses, qu'on ressentit, furent très-violentes.

16 Octobre; à une heure du matin, à la Martinique et à Ste.-Lucie; dans cette dernière île, il y eut des éboulemens désastreux, qui engloutirent plusieurs habitations; ils arrivèrent immédiatement après de grandes pluies. Il s'était écoulé 18 mois depuis les derniers tremblemens de terre à la Martinique; les secousses de celui-ci furent faibles mais prolongées.

1820. 29 Janvier, à 3 h. après-midi à la Martinique; il y eut deux secousses de peu de durée.

19 Octobre, à 4 h. du matin, dans la même île.

17 Novembre à 8 heures 15' du soir, à Antigue; il y eut une autre secousse à 7 h. 40 m. du matin; la durée de la première fut très-longue.

1821. 5 Mars, à 3 h. du matin, à la Martinique.

8 Juin, à 3 h. du matin, à la suite d'un grain violent.

CHAPITRE IV.

Monographie géologique des Antilles calcaires.

Différence de gissement et de configuration entre les Antilles volcaniques et calcaires. — Contrastes de leur aspect. — Identité de l'origine phlégréenne des unes et des autres. — Description géognostique des îles calcaires. — Aggroupement de leurs montagnes. — Leurs terrains pyrogènes. — Découverte de leur base volcanique. — Recherches sur l'antiquité de leurs diverses formations secondaires. — Traces d'une inondation, qui leur est postérieure. — Aperçu sur la Géologie du Nouveau-Monde. — Révolution physique de l'Archipel américain. — Pluralité des cataclysmes, qui sont les agens de ses formations calcaires. — Résultats de l'Exploration des Antilles.

L'ÉPOQUE où l'on a reconnu que des îles vastes et nombreuses étaient l'ouvrage des polypes coralligènes, est encore peu éloignée ; ce sont nos célèbres contemporains Banks, Forster et la Pérouse qui ont découvert que la moitié des Archipels équatoriaux du grand Océan, ont été érigés par ces zoophytes ; mais par une singularité remarquable, tandis que le secret de la formation de ces rivages lointains nous a été dévoilé, par ces habiles explorateurs, celui de l'origine des Antilles calcaires est demeuré caché aux voyageurs, dont les recherches ont eu pour objet l'Histoire physique des Indes occidentales ; et personne n'a dit encore qu'une partie de l'Archipel américain a été formé de toutes pièces par les volcans, et l'autre par les dépouilles des mollusques testacés et des polypes lithophytes.

Cependant, les différences et même les contrastes qui existent entre les îles appartenant à l'une et à l'autre de ces deux formations, sont tellement frappans qu'il semble étrange qu'on les ait méconnus, et qu'il ait été possible d'observer la nature du sol, la structure des reliefs, les variétés des productions, sans remonter par la liaison des effets aux causes, à la connaissance de la diversité d'origine que présentent entre elles les Antilles. Cette découverte n'a sans doute été si tardive, que parce que la minéralogie a toujours été sacrifiée aux autres branches de l'Histoire naturelle, et qu'on ne soupçonnait point que la science des fossiles, long-temps réduite à la métallurgie, servirait un jour à dresser les Annales du globe.

Les Antilles calcaires diffèrent des Antilles volcaniques par leur gissement et leur configuration géologique ; la chaîne de ces dernières forme à l'Orient, l'enceinte de la mer Caraïbe ; elles sont projetées du nord au sud, à des distances presque régulières, dans un espace de 200 lieues ; tandis que les îles calcaires sont toutes situées extérieurement à cette chaîne, du côté de l'Atlantique équatoriale : ce sont elles qui montrent, au navigateur européen, les premiers linéaments du Nouveau Monde, et ce furent les premières terres que Christophe Colomb découvrit dans les deux mémorables voyages, qui firent connaître le vaste Archipel de l'hémisphère américain.

Le gissement des îles et des terrains calcaires *à l'Orient* des îles et des terrains volcaniques, est un fait inédit, important et incontestable. Tabago et la Barbade, dont le massif minéralogique est en grande partie de chaux carbonatée, s'élèvent à 25 lieues à l'Est de la Grenade et de St.-Vincent, qui doivent entièrement leur origine à des volcans. A la Martinique, les terrains calcaires de Sainte-Anne et du Vauclin gissent au vent des terrains pyrogènes ; l'île calcaire de Marie-Galante se projette à 4 lieues à l'Orient des rochers volcaniques des Saintes ; la grande Terre occupe une situation semblable, relativement à la Guadeloupe proprement dite ; il en est ainsi d'Antigue, à l'égard de Monserrat, et de la Barboude à l'égard de St.-Christophe ; enfin, le long de la chaîne des grandes Antilles, les formations calcaires continuent de se trouver extérieurement à la mer Caraïbe et de prolonger du côté de l'Océan atlantique, sous le nom d'îles Lucaye et de Bahama, les grands massifs minéralogiques de St.-Domingue et de Cuba.

Les traits, qui caractérisent, dans leur configuration, les Antilles volcaniques et les Antilles calcaires ne sont pas moins remarquables que la différence du gissement des unes et des autres. Les premières sont de hautes montagnes insulaires, conoïdes, pyramidales, dont les sommets se perdent dans les nuages. Les secondes sont des plateaux ondulés, divisés en larges terrasses et atteignant à peine, dans leur plus grande élévation, la moindre hauteur des reliefs volcaniques. Dans les îles projetées par les feux souterrains, le sol est argileux, arrosé par une multitude de torrents et couvert en grande partie de bois impénétrables. Dans les îles calcaires on trouve à peine quelques ruisseaux ; la terre est sans cesse altérée, il n'y a point de forêts, et la sécheresse qui y favorise la santé des hommes, nuit à la richesse des cultures.

Ces diversités s'étendent sur mille autres objets; elles fournissent des données générales, qui peuvent mieux guider le militaire et le navigateur que ne le font les cartes de l'Archipel, où l'un cherche en vain le tracé des accidens du sol et l'autre la vraie configuration des rivages. Le premier retrouve dans toutes les Antilles calcaires un terrain ouvert, accessible sur tous les points, traversé par des chemins faciles, et laissant à l'assaillant le pouvoir de déployer ses forces supérieures. Les îles volcaniques lui présentent au contraire un sol boiseux et haché, coupé de ravins profonds et hérissé de montagnes, où la défense peut créer une multitude de ressources. Le navigateur acquiert des indications non moins utiles par une simple détermination géologique : tandis qu'autour des îles projetées par les volcans, il trouve des havres nombreux et commodes, une mer libre et profonde, des côtes escarpées, qu'il peut approcher sans crainte, et des mouillages qu'il peut atteindre sans peine, les Antilles élevées par les zoophytes, ne lui offrent, au lieu de ces avantages, que des ports sans abri, des récifs et des brisans redoutables, et presque par tout un attérage aussi difficile que dangereux.

Le naturaliste et le médecin peuvent également tirer une foule d'inductions utiles aux sciences, de la différence d'origine des Antilles volcaniques et calcaires. La double influence de la nature du sol et de sa configuration s'étendant sur la température, les eaux, la salubrité de l'air, les plantes, les animaux et par toutes ces choses, sur tout ce qui concerne l'espèce humaine, il en résulte des diversités, dont l'observation ne manquerait pas de fournir des rapprochements et des contrastes également curieux et instructifs.

Si malgré les traits différents que présentent les deux formations volcanique et calcaire, on n'avait point encore reconnu que cette dernière constitue dans l'Archipel un système de terrains, dont le gissement, la configuration et les éléments lithologiques offrent entre eux une parfaite identité, il était impossible qu'un secret bien plus profondément caché, n'échappât point aux investigations fugitives des voyageurs. En effet, aucun observateur n'ayant arrêté son attention sur la formation des Antilles étrangères aux volcans, personne n'avait encore signalé le gissement des formations calcaires de ces îles, sur des terrains pyrogènes, quand en 1816, nous communiquâmes à l'Académie des Sciences cette découverte géologique.

C'est un fait important dans l'Histoire physique du globe, que cette existence des roches volcaniques, sous le plateau des îles calcaires de l'Archipel américain, depuis la Trinitad jusqu'aux Vierges et même jusqu'aux grandes Antilles ; nous en établirons la certitude par les détails de nos observations et de nos recherches.

A *Tabago*, la montagne centrale du Réduit est le sommet d'un cône volcanique, dont la base et les flancs sont enfouis sous une grande superposition calcaire.

A la *Trinitad*, les trois groupes de volcans qui occupent l'intérieur de l'île et couvrent le tiers de sa surface, sont environnés de terrains calcaires et de terrains argileux ; les premiers appartiennent à la plus ancienne des deux formations, celle où se sont ouvertes des bouches ignivomes ; et les seconds sont produits par la décomposition des laves porphyritiques, et par le transport des dépôts de l'Orénoque.

A la *Barbade*, la base volcanique du massif calcaire de l'île se montre dans plusieurs endroits de sa surface, notamment dans les paroisses de St.-Jean et de Ste.-Lucie ; elle gît à une profondeur qui varie de 50 à 200 pieds, et qu'on reconnaît par celle des puits, attendu que les eaux souterraines ne sont trouvées dans toutes les parties ponceuses et calcaires des Antilles, que lorsqu'on est parvenu, en creusant jusqu'aux couches argileuses, produites par les laves décomposées. Sloane rapporte que lorsqu'on fit le puits de l'habitation Colleton, il se remplit d'eau quand il eut une profondeur de 47 pieds ; mais la saison sèche l'ayant tari, on creusa de nouveau jusqu'au-delà d'un banc de coquillage, sous lequel il y avait de l'eau, où l'on assure que vivaient des poissons. Quoiqu'il en soit de cette circonstance, ce puits n'a jamais cessé, dès-lors, d'être abondamment alimenté par la source souterraine. (1) Dans plusieurs autres endroits de la Barbade et spécialement à l'habitation Mac-Mahon, ces sources gissent à 200 pieds au-dessous de la surface du sol ; l'élévation du plus haut rocher calcaire de l'île étant de 915, on peut porter à 1100, l'épaisseur la plus grande du banc calcaire, qui superpose le massif minéralogique projeté par les volcans sousmarins.

A la *Martinique*, cette superposition est moins consi-

---

(1) Sloane, p. 63, 61.

dérable et plus évidente. Dans cette île, la formation calcaire constitue un vaste terrain adjacent aux terrains pyrogènes; elle comprend toute la presqu'île Sainte-Anne, qui décrit un grand saillant, dans le détroit de Sainte-Lucie, et se prolonge le long de la côte orientale, par les territoires du Marin, et du Vauclin, jusque vers la Tartane; elle forme, dans cet espace, le plateau aride des Salines, le piton conoïde du Pain-de-Sucre, les mornes à Cype, Bataille, Flambeau, et autres, dont le sommet est couronné de blocs de chaux carbonatée, parallélogrammatiques; elle compose le sol des vallées et des versans des collines, et couvre jusqu'aux sommités des rochers insulaires, séparés de la côte, par les vagues de l'Océan. Elle descend, en beaucoup d'endroits, jusqu'au dessous du niveau de la mer, particulièrement dans le prolongement du rivage oriental de l'île; mais, vers son extrémité méridionale, on découvre presque partout la base volcanique sur laquelle elle repose. On reconnaît cette base dans les rochers insulaires de la Table-au-Diable et des Portes-d'Enfer. La première de ces projections est semblable à un cippe, qui s'éleverait d'un amas énorme de rochers prismatiques; le fût qui les surmonte est sillonné de fissures parallèles, comme les cannelures d'une colomne; et la régularité du plan, qui le coupe au sommet, ajoute à l'illusion que fait naître la perspective de ce monument de la nature.

Les Portes-d'Enfer sont pareillement des îlots inabordables dont les flancs, qui ont été creusés par les flots, laissent apercevoir les indices de leur double origine; mais, dans l'impossibilité de traverser les brisans redoutables dont ils sont environnés, et d'interroger leurs rochers avec le marteau du mineur, on peut, en saisissant l'instant du calme de la mer, visiter les escarpemens du rivage, qui se projettent vis-à-vis d'eux; leur constitution minéralogique est tout-à-fait semblable. En examinant leur haute berme, nous avons reconnu que le plateau calcaire, qui forme le sol de la presqu'île Sainte-Anne, au sud-est de la Martinique, est posé sur un massif de roches, dont la nature est certainement volcanique. La lave porphyritique de ce massif est à gros feldspaths blancs empâtés dans une base rouge de brique, rendue friable et stéatiteuse par l'action corrosive de l'eau de mer; elle appartient à un courant, puisqu'elle est sans solutions de continuité, autres que des fissures verticales et parallèles, analogues aux ébauches prismatiques des basaltes de Sainte-Marthe et de l'anse Paradis, dans la même île. La superposition calcaire a une épaisseur de vingt-cinq à trente pieds ; elle se délite par feuillets horisontaux, quoiqu'on ne remarque rien de semblable dans les carbonates de chaux des mornes de Sainte-Anne, qui n'offrent d'ailleurs, dans leur examen, aucune différence.

Le même fait géologique s'est présenté, en d'autres lieux de la presqu'île, à notre observation. Dans une carrière, au nord de l'habitation La Rougerie, nous trouvâmes, à la profondeur de vingt-cinq pieds, à laquelle les ouvriers avaient arrêté leurs travaux, que le banc de pierres calcaires, qu'ils exploitaient, cessait tout-à-coup, et qu'on rencontrait partout une lave compacte, semblable à celle des Portes-d'Enfer, mais contenant, de plus, beaucoup de pyroxènes et des fragmens irréguliers de laves recuites, éminemment dures et vitreuses. Cette porphyrite diffère de la précédente, seulement par sa couleur et sa structure ; elle est terne et grisâtre, et se divise en masses tabuliformes superposées, et dont l'intervalle est rempli d'un tuffa argileux et friable.

La profondeur médiocre à laquelle la base volcanique de la presqu'île se trouve enfouie, et le peu d'exhaussement des reliefs de ce territoire ne laissent supposer qu'une épaisseur d'environ 150 pieds, au banc qui constitue la formation calcaire à la Martinique.

A *Marie-Galante,* il est moitié moins considérable, mais à la Grande-Terre de la Guadeloupe, les dépôts marins ont atteint le maximum de leur puissance, dans l'Archipel, et ils n'ont pas moins de 1000 à 1200 pieds. Cependant, en plusieurs endroits et notamment dans les quartiers des Abîmes et du Morne à l'eau, la base volcanique projetant ses éminences, à travers la superposition calcaire, vient, à sa surface, former, par la décomposition des laves, des terrains argilophyres ; elle paraît s'enfoncer fort au-dessous du niveau de la mer, sur plusieurs point du quartier des Abîmes, puisqu'il a fallu creuser jusqu'à cent dix pieds, pour faire arriver l'eau des couches argileuses souterraines, dans le puits de l'ancienne habitation Claveau.

Les mêmes phénomènes géologiques se montrent le long des côtes septentrionales des grandes Antilles, et dans les îles qui s'élèvent devant elles, comme une digue, pour les préserver de l'action de l'Océan.

L'innombrable Archipel des Lucayes et des îles Bahama, qui semble, au premier coup-d'œil, formé de rochers entièrement calcaires, offre cependant, au centre des Caïques, des terrains argileux, que la plus forte analogie fait présumer être des produits volcaniques (1).

Enfin, à Saint-Domingue, on pourrait rassembler une multitude de preuves de l'alternative des formations pyrogènes et pélagiques, dans la création géologique des Antilles.

Près du môle Saint-Nicolas, il y a, au milieu des terrains calcaires de la Plateforme, des basaltes lamelleux et scorifiés, des laves porphyritiques qu'on a prises pour du granite, des morceaux de jayet et des pétrifications (2). Dans les escarpemens, qui forment les quatre gradins du morne Saint-Nicolas, on observe une succession de lits formés de tuf calcaire coquiller, de tuf pulvérulent, et d'argile dont on fait de la poterie (3).

Dans les montagnes des Gris-Gris, près de Jacquemel, Robert Coëls a trouvé des coquilles et des polypiers, dans des terrains argileux (4).

La montagne du Bonnet-à-l'Evêque, qui s'élève près de la petite Anse, et dont le prolongement se rattache au Cibao, présente un exemple de superposition calcaire, sur une roche indéterminée, mais que la ressemblance qu'on lui a trouvée avec le granite, indique comme une lave porphyritique (5).

Enfin, le morne du Cap français, qui a une élévation

---

(1) Mackinnon, *Tour through the british West Indies.*
(2) M. de St. Méry, t. II, p. 57. (3) *Id.*, p. 43. (4) T. II, p. 521.
(5) T. I, p. 283.

de 1785 pieds, montre, dans sa coupe, des bancs de sable, de coquilles, de madrépores, de poudingue calcaire, et d'une roche désignée par le nom de granite imparfait. Les couches en sont inclinées et brisées comme celles des terrains avoisinant le cratère du Marin à la Martinique; l'on y trouve, comme sur ses versans, des jaspes variés (1).

Il n'y a aucune différence de configuration et de composition géologique, entre les parties calcaires de St.-Domingue et les îles Caraïbes appartenant à la même formation. L'île de la Tortue et la Péninsule, que termine le môle Saint-Nicolas, sont divisées, comme la Barbade et la Grande-Terre, en terrasses superposées et bordées de hautes falaises; la moins élevée est une roche qu'on a prise pour du granite; elle est couverte par un banc calcaire et de grandes masses de pierre à ravets, qui ont une épaisseur telle que la plate-forme supérieure est élevée d'environ 400 pieds, au-dessus du niveau de la mer. La côte de Jean-Rabel est aussi en gradins; il en est ainsi du môle Saint-Nicolas; la première assise, qui n'est que de 10 à 20 pieds de haut, est formée de sable; la seconde, qui varie de 60 à 120, est de tuf et de roche indéterminée; elle est escarpée, comme la pointe des Châteaux de la Guadeloupe, et celle des salines à la Martinique; et comme leur surface, la plate-forme de son sommet est aride et privée d'eau.

Enfin, d'après un mémoire manuscrit de Giroud, qui

---

(1) *Idem*, tome I; p. 598.

voyagea, en 1796, à Saint-Domingue, par ordre du Gouvernement, la grande vallée, par laquelle sont séparés les groupes des montagnes du Cibao et du Monte-Christo, offre des substances calcaires et des vestiges du séjour de l'Océan, absolument semblables à ceux qu'on trouve dans les vallées des petites Antilles.

Une investigation attentive des terrains calcaires de tout l'Archipel, multiplierait les preuves que nous venons de rassembler, et qui déjà suffisent pour établir que, comme à Cérigo, c'est sur des rochers volcaniques que se sont formés les dépôts marins qui constituent les terrains calcaires des Antilles. Cette origine complexe rend raison de plusieurs faits demeurés jusqu'à présent inexplicables ; elle fait connaître comment il y a des laves cornéennes et porphyritiques, dans les îles de Sainte-Croix, Saint-Thomas, Saint-Martin, Saint-Barthélemi et Marie-Galante, dont cependant le sol est calcaire ; comment à Antigue, les montagnes de Shekerly peuvent être volcaniques, quoiqu'à leur base il y ait des collines de chaux carbonatée ; et comment à la Barbade, les environs du mont Hillougby montrent des terrains argileux, au milieu de vastes terrains calcaires. Dans la dernière de ces îles, la cause obscure d'un phénomène étrange et désastreux s'éclaircit, par cette découverte géologique, et lui-même, à son tour, explique l'extension que reçoivent, dans quelques lieux, les terrains argilophyres. C'est le déplacement soudain, qu'éprouvent des plateaux d'une étendue considérable, qui, minés par les eaux souterraines, dont les courans s'établissent sur la base volcanique où ils reposaient, glissent, changent de place avec leurs arbres, leurs cultures et leurs habitans, et découvrent ainsi les terrains argileux qu'ils superposaient.

Ces événemens ont lieu communément à la fin de la saison pluvieuse. En 1784, le 16 octobre, plusieurs plantations de la Barbade, très-belles et très-vastes, furent ainsi éloignées du lieu où elles gissaient primitivement ; et cet exemple vient d'être renouvelé à Sainte-Lucie, le 16 octobre 1819, après des pluies extraordinaires. Il est assez commun pour qu'il y ait un nom qui l'exprime (1).

Si déjà l'existence des produits volcaniques dans les îles calcaires, donne lieu de croire qu'elles ne sont point étrangères aux formations pyrogènes, les traits généraux de leur configuration géologique, et leur ressemblance remarquable et pourtant inobservée, avec les îles projetées de toutes pièces, par les volcans, complète la preuve manifeste de l'intervention de la puissance de ces agens, dans leur origine primitive. Il y a une exacte parité dans le gissement des reliefs des îles calcaires et ceux des îles volcaniques. Dans les unes comme dans les autres, les montagnes s'élèvent au milieu d'une aire dont le périmètre est elliptique ou circulaire ; et leurs groupes sont situés sur la même ligne méridienne, direction que les feux souterrains ont suivi constamment dans la projection des massifs de chaque foyer, et encore dans celle de chaque île de l'Archipel des Antilles.

Ainsi, quoique le sol de la Barbade soit formé de carbonate de chaux, provenant des dépouilles des mollusques testacés et des polypes coralligènes, la structure de son

---

(1) *Runaway Estates.*

plateau ne diffère point de celle des îles volcaniques. Six vastes terrasses s'élevant en gradins, comme les *étages* des coulées basaltiques de la Guadeloupe, servent de bases à deux groupes de rochers calcaires; elles ont une largeur de 6 à 800 mètres, et se terminent par des escarpemens d'une vingtaine de pieds; leurs massifs sont fendus, en beaucoup d'endroits, par des fissures profondes, qui, comme celles des montagnes volcaniques, suivent des lignes irrégulières. Le massif de l'île s'exhausse en raison de l'éloignement de la côte, mais il est divisé par la vallée de Bridgetown et celle de Saint-Georges, en deux parties aussi distinctes que le sont, dans les Antilles de formation pyrogène, les projections appartenant à des foyers différens; les points culminans de chaque aire sont aussi, comme dans ces îles, dans la direction du N. au S.-E.; ils portent les noms de mornes Hillougby et Haketon, et leur plus grande hauteur est d'environ 300 mètres.

La grande Terre, qui n'est séparée de la Guadeloupe proprement dite, que par un canal étroit nommé la Rivière salée, présente, dans l'observation de son territoire, les mêmes circonstances géologiques. Ses reliefs sont deux groupes de rochers calcaires qui dominent des plateaux légèrement ondulés; ils gissent à cinq lieues l'un de l'autre, et une diagonale tirée à travers le massif minéralogique de l'île, dans la direction du N.-O. au S.-E., passerait par le sommet de ces points culminans, et serait parallèle avec une ligne semblable sur laquelle sont rangés les cônes volcaniques des quatre grands foyers de la Guadeloupe proprement dite. Le groupe septentrional prend le nom de Hauteurs de l'anse Bertrand, et celui du sud est appelé morne de Sainte-Anne. La rivière des Coudes et celle du Nord-ouest coulent dans l'intervalle qui les sépare, et qui forme la vallée marécageuse des grands Fonds; les alluvions qui l'ont comblée en partie, n'ont point encore élevé son niveau suffisamment pour empêcher les eaux de la mer d'y pénétrer. Il est impossible de méconnaître, dans ces localités, les limites de l'aire d'action des deux volcans soumarins, dont les éruptions ont formé la base de cette île. La figure que présente le périmètre de la partie septentrionale, est exactement celle que les volcans donnent à leur aire; c'est une cycloïde alongée du sud au nord, dans la direction de la propagation des feux souterrains; il est moins facile de reconnaître la figure primitive de l'aire méridionale, à cause des appendices que forment des terrains d'alluvions, dont l'origine a été favorisée par le concours de plusieurs causes; mais ce qui contribue sur-tout à l'altérer, c'est la projection vers l'orient, d'un grand saillant, qu'on désigne sous le nom de Pointe des Châteaux, et qui, sans sa superposition calcaire, montrerait vraisemblablement une Chaussée de géants. Cette sorte de jetée, dont la longueur est d'une lieue et demie, et la largeur seulement de 6 à 800 mètres, offre une singulière ressemblance avec la presqu'île de la Tartane à la Martinique, la pointe des Salines de Saint-Christophe et celle de la Grenade, terminées, comme elle, par des rochers isolés, d'une élévation et d'une structure très-remarquables.

On est d'autant plus frappé de l'analogie que présente la configuration des Antilles calcaires, avec celles d'origine volcanique, qu'on n'observe rien de semblable dans les îles de l'Europe appartenant à la première de ces formations. Les îles de l'Archipel américain sont divisées en massifs distincts et séparés, affectant une structure pyramidale, et leur base peut constamment être inscrite dans un cercle ou dans un ellypsoïde, dont le grand diamètre gît du sud au nord. Depuis la Trinitad jusqu'à Saba, les points culminans s'élèvent par-tout au milieu de chaque aire, ou du moins à des distances presqu'égales des côtes opposées; enfin les versans sont concentriques et les eaux fluviales parcourent des lignes, qui comme autant de rayons, partent du centre de chaque foyer et aboutissent à la circonférence. Les îles calcaires de l'Europe ont une configuration toute différente; les Orcades, Malte et l'île de Wight, par exemple, n'ont qu'un seul versant. Dans les premières, les terrains les plus élevés sont situés sur le bord du rivage occidental, et leur surface entière s'abaisse vers l'Orient (1); à Malte, l'inclinaison générale du sol, qui est de près de 400 mètres, se dirige au nord vers la Sicile (2); et la déclivité de l'île de Wight, qui est de 792 pieds anglais, s'étend du nord au sud vers les marais du Hampshire dans tout son territoire (3). Dans chacun de ces exemples, c'est l'une des parties de la côte, qui forme le point culminant de la surface de ces îles calcaires, et conséquemment celui d'où partent les eaux fluviales.

Parmi les configurations géologiques qui appartiennent

---

(1) Walker's, *Account of the Orkney*. 1805.
(2) Boisgelin, Malte anc. et moderne, t. I, p. 121.
(3) Opér. trigonométr. du col. Mudge.

spécialement au volcanisme, il en est une qu'on retrouve dans les Antilles calcaires, et que les navigateurs ont signalée comme très fréquente dans les Archipels du grand Océan équatorial. Au nombre des îles basses de cette mer, il en est plusieurs qui consistent uniquement en une chaîne circulaire de rochers de corail, renfermant un lac d'eau salée. On ne peut méconnaître, dans cette structure, le sommet d'un cône volcanique, dont le cratère est inondé, et dont les orles se sont couverts d'une superposition de madrépores et d'autres zoophytes. Telle paraît être entr'autres, d'après les détails rapportés par Cook et Anderson, celle des îles des Amis, qu'on appelle Annamoka : le lac qu'enferme la crête circulaire a trois à quatre mille mètres de largeur, ses bords sont formés de coraux ; mais dans les parties les plus élevées, on trouve des argiles rouges, que des yeux exercés reconnaîtraient vraisemblablement pour des produits de la décomposition des laves porphyritiques (1). Parmi les Antilles calcaires, l'Anguille présente une configuration semblable, et dans tout l'Archipel on donne le nom de *Salines*, aux vestiges des cratères démantelés, dont se sont emparées les eaux de l'Atlantique. On a jusqu'à présent ignoré, quoiqu'il soit très-remarquable, que les lieux qu'on désigne ainsi, parce qu'il s'y forme du sel naturellement, ne se trouvent que dans les Antilles calcaires, ou dans la partie calcaire des Antilles volcaniques. Il y a deux salines dans la petite île de la Désirade ; on en trouve une à Saint-Martin, où toutes les Colonies voisines venaient autrefois

---

(1) Cook, 2.e Voyage, t. I, p. 258. — Anderson, Édition angl.

s'approvisionner de sel ; le Havre de Saint-Barthélemi est une saline, ou plutôt un cratère, que la rupture de son orle, dans une étendue de 50 mètres, fait communiquer maintenant avec la mer. Il y a quelques raisons de croire qu'il en est ainsi de l'un des Ports de Sainte-Croix. A la grande Terre de la Guadeloupe, il y a deux salines près de la pointe des Châteaux, dont le vaste saillant se projette entre le levant et le midi. Ce gissement est également celui des Salines de la Martinique, de la Grenade et de Saint-Christophe, qui toutes sont situées vers l'extrémité des grands promontoires volcano-calcaires, dans la partie méridionale de ces îles ; les autres points de leur périmètre n'offrent rien de semblable, et quand on considère que les mêmes localités se retrouvent dans sept ou huit îles différentes, il est impossible de ne pas imaginer qu'elles ont une origine commune, et qu'elles sont le résultat de l'action d'une même cause géologique.

La situation qu'affectent exclusivement les bancs de coraux, fait naître des idées analogues ; tandis que sur les côtes occidentales, les écueils sont tous volcaniques et appartiennent au prolongement soumarin des reliefs du rivage, ceux des côtes opposées sont l'ouvrage des zoophytes, et ce sont ces animaux qui, par de grands récifs, bordent d'une double ou d'une triple chaîne toute cette partie des Antilles ; telle est à la Martinique cette muraille de coraux gigantesques, qui embrasse le vaste espace, compris entre le cap Ferré et la Tartane : elle se prolonge parallèlement à la côte fermant ou défendant l'entrée des ports, dont les volcans ont projeté l'enceinte, et laissant entr'elle et les saillans du rivage, un chenal que les navires peuvent parcourir sans danger, quoiqu'à quelques toises seulement des brisans les plus redoutables. Les passes, par lesquelles on peut pénétrer dans ce chenal, sont plus ou moins difficiles selon les vents régnans; ce sont de grandes brêches, que les zoophytes n'ont point encore fermées, sans doute à cause de la profondeur de la mer, dans ces endroits qui paraissent les intervalles des courans basaltiques soumarins.

A Saint-Christophe, et à la Grande-Terre, ce sont aussi les côtes orientales que les polypes coralligènes enveloppent de leurs digues, tandis qu'il ne s'en trouve point sous le vent. D'autres Archipels du globe présentent la même observation ; à Otahiti, par exemple, qui est située sous une latitude correspondante à celle de la Martinique, quoique la chaîne des coraux ceigne l'île plus complètement, elle s'ouvre néanmoins sous le vent d'une manière semblable, et disparaît depuis la baie de Matavai jusqu'à Bourons, dans toute cette partie, qui, eu égard au gissement d'Otahiti, au-delà de l'équateur, répond, quant à l'action des vents alisés et des courants pélagiques au rivage qu'on désigne sous le nom de Basse-Terre, dans l'Archipel des Antilles.

Les récifs formés par les polypes lithophytes, montrent partout ces animaux à l'état de vie, aggrandissant perpétuellement par de nouveaux travaux leurs immenses constructions; mais dans les petites îles qui les avoisinent, et jusque sur divers points du littoral, on retrouve à l'état fossile, l'ouvrage des espèces les plus fécondes. On y voit même les polypiers en place, sans autre changement que leur dessication, dominant aujourd'hui de plusieurs pieds le niveau de l'Atlantique qui les forma dans son sein.

Toutefois ces formations, dont un seul coup-d'œil fait connaître les agens, sont d'une étendue très-bornée ; ce sont des appendices ajoutés par des causes, dont la puissance dure encore, à des formations beaucoup plus anciennes et plus vastes, dont les causes ont cessé dès long-temps, et sont, pour ainsi dire, perdues dans l'antiquité du globe. Il est essentiel, dans l'histoire géologique des Antilles, de distinguer de ces appendices formés en place par les zoophytes, et découverts par la diminution des eaux de l'Océan, le massif calcaire de ces îles, dont l'origine est évidemment tout-à-fait différente. Il suffit de voir la composition des escarpemens, de leurs côtes, pour s'assurer de l'erreur, qui fait considérer généralement leur plateau minéralogique, comme un banc de corail, et qui conséquemment leur assigne une formation récente produite simultanément par une seule espèce d'agens. Loin qu'il en soit ainsi, l'on peut dire qu'il y a peu d'exemples dans les annales physiques des terres insulaires, d'évènemens plus multipliés, embrassant une aussi longue période, et constituant une origine aussi complexe que celle des Antilles calcaires.

En effet, la découverte de la base volcanique de ces îles prouve que, dans les temps les plus reculés, les premières assises de leur massif furent élevées par la puissance des feux souterrains; la hauteur de ces projections soumarines varia considérablement; les unes, comme à Marie-Galante, restèrent, en grande partie, au-dessous du niveau actuel de la mer; les autres, comme à Sainte-Anne de la Martinique, s'exhaussèrent à plus de 30 pieds au-dessus de sa surface; à Tabago, et sur-tout dans les grandes Antilles, il y en eut plusieurs qui atteignirent à une élévation beaucoup plus grande. Les éjections, dont ces projections sont formées, ne diffèrent en rien de celles qui constituent la chaîne des Antilles volcaniques, quoique celles-ci appartiennent à des temps postérieurs à la dernière organisation du globe, tandis que les autres remontent à une époque antérieure à l'origine de la plupart des races animales.

Cette haute antiquité des premières projections pyrogènes de l'Archipel trouve une preuve complète, dans l'examen de la formation calcaire, qui, dans les profondeurs de l'Océan, couvrit ces formations volcaniques. C'est un carbonate de chaux sonore, très-dense, éminemment dur, d'un grain fin et serré, contenant un petit nombre de coquilles fort peu variées, parmi lesquelles nous n'avons déterminé avec certitude, que des Térébratules (1). Il contient aussi fréquemment des cristaux de Spath, soit isolés, soit réunis en géodes; il n'offre dans ses parties aucune trace de stratification, et semble s'être formé en masses par précipitation. Sa surface est toujours rêche et sinuée; les trous dont elle est perforée, servent d'asile aux Blattes américaines, ce qui fait donner vulgairement à cette pierre, le nom de Roche à Ravets. On a supposé que ces cavités avaient été produites, par les Pholades, et quelques voyageurs les ont attribuées à l'effet d'une sorte de retrait; mais ni l'une ni l'autre de ces hypothèses ne peut soutenir un examen. Quoiqu'il en soit de leur cause, il faut ranger ce carbonate de chaux, parmi ceux apparte-

---

(1) *Terebratula*, genre de testacés de la famille des Bivalves.

nant aux contrées calcaires de première formation ; il est analogue à celui qu'on trouve sur les flancs des grandes chaînes de montagnes du globe, et il lui ressemble par le défaut de stratification, par ses cristallisations nombreuses, par le peu de coquilles qu'il contient, et par la nature de celles que nous y avons reconnues, et qui sont presque les seules qu'on observe dans les couches calcaires les plus anciennes après les primitives. Cette formation n'est point bornée aux seules Antilles calcaires ; on la retrouve à Saint-Domingue et sur le littoral de l'Amérique méridionale, sur des points éloignés les uns des autres de six cents lieues ; elle est manifestement plus ancienne que le massif des îles volcaniques de l'Archipel, car, dans plusieurs lieux et notamment au Vauclin de la Martinique, les foyers sous-marins, qui ont projeté les montagnes, s'étant allumés dans des plateaux calcaires de cette même formation, leurs cratères en ont lancé des débris ; et l'on rencontre fréquemment, sur des coulées de laves, des blocs énormes de carbonate de chaux, appartenant à la même espèce de roches, que les reliefs les plus anciens des îles calcaires.

Il a fallu certainement dans les voyageurs, la plus singulière incurie pour confondre la formation que nous venons de décrire avec celles qui la superposent et qui lui sont postérieures de toute l'étendue d'une ou même de plusieurs des grandes époques de la nature. Ces dernières sont des dépôts pélagiques, qui ont eu lieu successivement et partiellement ; on les trouve bornés à une seule couche, dans quelques endroits, comme au Macabou de la Martinique ; tandis qu'à Saint-Domingue, dans la plaine des Cayes, ils forment des reliefs d'une hauteur de vingt pieds seulement, mais, où l'on distingue douze lits différens, composés en grande partie de coquilles des genres Vénus et Bucarde. Dans quelques localités, ces dépôts reposent sur le calcaire le plus ancien; dans d'autres comme dans la presqu'île Sainte-Anne, les Volcans ayant projeté de nouvelles montagnes sousmarines, dans l'intervalle de la première à la seconde formation calcaire, celle-ci s'est emparé de leurs sommets, et elle recouvre immédiatement leurs laves. Partout, elle se montre sous des traits fort différens de ceux du calcaire antérieur. Le carbonate de chaux qui la constitue est généralement stratifié, tendre, et formé d'un mélange de Madrépores en fragmens, et de coquilles souvent brisées. On reconnaît, par leur inspection : des Astroïtes, des Coralines, des Méandrines et autres Lythophytes ; des Patelles, des Huitres d'un demi-pied de diamètre, des Jambonneaux, des Moules, des Bénitiers, des Nérites, des Vis et de nombreux Cardiacés appartenant aux genres Bucarde et Vénus. Nous avons trouvé en place des individus de toutes ces tribus, dans les pierres calcaires de la Martinique, la Guadeloupe et Marie-Galante, et d'autres ont été recueillis à la Barbade et Saint-Domingue par Moreau de Saint-Méry, Nicholson et Hughes. Le botaniste Isert avait avancé qu'on trouvait à la grande Terre des Ammonites ; mais nous n'avons pu en découvrir, non plus que des Bélemnites et des Echinites. Cependant, il paraît que ce dernier genre de fossiles existe dans les couches calcaires les plus anciennes, et il a été signalé à la Barbade par Hughes, et à Saint-Domingue, dans le quartier du grand Goave, par Nicholson.

La surface des plateaux appartenant à cette formation,

abonde ordinairement en fragmens de substances lythologiques, qui semblent annoncer une dissolution immense d'élémens antérieurs, une révolution violente, et par suite de nouvelles combinaisons moléculaires, d'où sont résultés des produits secondaires très-remarquables. Ce sont : des Zéolytes, des Stalactites creuses, coniques et en longs morceaux, des Jaspes rouges, jaunes, bruns, violets, rubanés; des Silex résinites, des Agates onix, des Calcédoines laiteuses, nébuleuses, mammelonnées, comme celles de l'Auvergne; enfin, une multitude de végétaux à l'état de pétrification siliceuse, appartenant généralement aux Phytolythes et aux Rhizolytes. La partie combustible du bois est entièrement disparue, mais son tissu, ses fibres ligneuses, ses trachées sont exactement représentées, et l'on peut reconnaître qu'un certain nombre de spécimens sont des fragmens de Palmifères, de Polypodes, de Cyathea, de Pteris, et que d'autres appartiennent à des végétaux dicotylédons qui ressemblent beaucoup au Gayac et à l'Immortel (1).

Ces minéraux se trouvent exclusivement dans les terrains calcaires de l'archipel; on en rencontre cependant dans les grandes vallées qui séparaient jadis, par des bras de mer, l'aire des différens volcans; mais, ils sont ici, disséminés et en petit nombre, et paraissent y avoir été transportés par les flots.

C'est avec raison que le célèbre Dolomieu a remarqué que l'existence de chaque pierre tient à l'histoire physique

---

(1) Les Palmifères semblent être : *l'Areca oleracea*, le *Cocos aculeatus*; les Fougères : les *Pteris aculeata*, *Polypodium armatum*, et *Cyathea arborea*; le Gayac, *Guaiacum officinale*. *G. Sanctum*; l'Immortel, *Erythryna corallodendrum*.

du globe, et peut révéler, par son témoignage, des faits dont l'antiquité remonte bien au-delà des premières générations de l'espèce humaine. En examinant le massif minéralogique des Antilles calcaires, nous y trouvons la preuve d'une série de révolutions géologiques qui embrassent une prodigieuse durée, et qui rattachent la formation de ces îles aux grandes époques des annales de la terre. A leur surface, nous reconnaissons les traces d'un cataclysme récent, violent et passager : il est récent, car, lorsqu'il advint, le niveau de la mer n'était pas plus élevé qu'aujourd'hui ; le grand courant de l'Atlantique avait la même direction ; le massif des Antilles calcaires avait la même hauteur que maintenant, et leur surface était couverte de végétaux appartenant à des classes d'une organisation compliquée ; ce cataclysme fut violent, car il a brisé l'ancien rivage, déchiré ses rochers, et formé entre le sud et le levant des îlots escarpés dont la constitution ne diffère point de celle du littoral voisin ; il faut bien enfin que ce cataclysme ait été passager, puisqu'il n'a donné lieu à aucune formation de dépôts calcaires, et que mettant seulement en solution les élémens de la surface du sol, il a fait naître les combinaisons d'où sont résultés des produits secondaires. Les phénomènes qui caractérisent principalement sa puissance, sont : les escarpemens des îles et des terrains calcaires, entre l'orient et le midi, la rupture, en blocs parallélogrammatiques, des lits de chaux carbonatée, superposant les mornes de l'Archipel, les traces de l'inondation des vallées, et l'existence des pétrifications siliceuses à la surface des plateaux calcaires, en un nombre qui étonne l'imagination.

Ce cataclysme, tout récent qu'il paraît être, quand on le compare à ceux que nous allons mentionner, est cependant plus ancien que les races animales vertébrées, et que la formation d'une partie des reliefs actuels des Antilles volcaniques; mais il est postérieur à la dispersion des familles de plantes les plus parfaites.

En continuant l'investigation des îles calcaires, une seconde époque bien plus reculée montre son ouvrage dans le carbonate de chaux coquiller dont se forme leur sol; les dépôts pélagiques dont il tire son origine sont évidemment antérieurs à la végétation, et appartiennent à des époques où le règne animal se composait seulement de mollusques testacés et de polypes lythophytes. Cette formation étant composée de couches qui se superposent et s'élèvent jusqu'au nombre de douze, il y a lieu de croire qu'elle est le produit de révolutions successives, et peut-être séparées les unes des autres par de longues périodes.

Quelque prodigieuse que soit l'antiquité des temps, où il n'existait que des animaux sans vertèbres, cette époque peut être supposée encore très-éloignée de la naissance de ces êtres, puisque déjà leurs tribus étaient extrêmement multipliées, leurs formes complexes et perfectionnées, et que leurs analogues vivent encore dans les mêmes lieux, ou bien se retrouvent dans d'autres parages; mais jusqu'où faut-il reculer, dans le passé, la date de la formation des couches d'un calcaire inférieur, dense, dur, sonore, cristallin, contenant seulement un petit nombre de coquilles, qu'on ne découvre plus sur le globe qu'à l'état fossile, et qu'on ne reconnaît que parmi les terrains de chaux carbonatée les plus anciens? Il semblerait, en voyant les vestiges rares et dispersés de ces premiers habitans de l'Océan, qu'on est près d'atteindre le commencement des choses; et pourtant, alors et depuis long-temps, les volcans bouleversaient le fond des mers, et projetaient, vers leur surface, tous les sommets de ces montagnes, que les mollusques testacés ont exhaussées de leurs dépouilles.

Tous ces faits sont écrits sur le massif même des Antilles calcaires; on en peut recueillir la preuve dans l'état géognostique de la surface de ces îles, dans l'investigation de leur formation de calcaire coquiller, dans celle de leur calcaire ancien et dans la découverte que nous avons faite, de leur base volcanique. Mais pour rattacher l'origine de tout l'Archipel à la géologie des deux Amériques, il est nécessaire d'en exposer rapidement les traits principaux.

On sait que le grand massif des Andes du Pérou est le point central et culminant des montagnes de l'Amérique méridionale; et qu'il projette, comme les Alpes d'Europe et du Thibet, des chaînes immenses qui forment l'ossature du Nouveau-Monde. Parmi celles qui se dirigent vers le nord, il en est deux remarquables, surtout par leur immense étendue: la première, en se détachant du plateau de Quito, s'incline vers le couchant, forme l'isthme du Darien, traverse parallèlement aux méridiens l'Ancien et le Nouveau Mexique, et s'avance vers l'Océan polaire, sous les noms de Sierra-Verde et de Montagnes pierreuses. La seconde, qui est d'une longueur infiniment moins grande, si on ne la considère que dans son prolongement continental, diverge, à Popayan, de la première chaîne, en s'abaissant vers l'orient; elle parcourt la Nouvelle-Grenade, passe entre l'Orénoque et la rivière de la Madeleine, projette au nord les vastes rameaux de la Sierra de Abibé et de la Sierra Névada; et se dirigeant d'abord vers le nord-nord-est, et ensuite de l'ouest à l'est, elle s'approche de la côte de Vénézuelle qu'elle borde jusqu'au golfe de Paria. Ici, ses sommets, qui, d'une élévation égale à celle du Mont-Blanc, se sont abaissés par une gradation rapide, descendent jusqu'au dessous du niveau des eaux de l'Atlantique; mais sa continuité soumarine semble indiquée par les petites Antilles, que les feux souterrains ont érigées sur son prolongement dans une étendue de 200 lieues. Il est très-remarquable que, par sa direction, son abaissement, le volcanisme de sa région supérieure, et même par sa constitution minéralogique, cette chaîne est presque exactement semblable à la grande Cordilière du continent. En effet, celle-ci gît premièrement du sud au nord, comme les îles de l'Archipel; bientôt, comme elles encore, et sous les mêmes parallèles, elle dévie progressivement vers l'ouest; et c'est sous la même latitude où l'on voit décroître sa hauteur prodigieuse et sa base se retrécir tout-à-coup pour former l'isthme du Darien, que les montagnes de Caracas et de Cumana, cessant d'être assez élevées pour dominer la surface de l'Océan équatorial, ne manifestent plus leur prolongement que par les cônes volcaniques qui surmontent leurs cîmes submergées. C'est encore sous un parallèle identique que les deux chaînes, s'exhaussant par degrés, l'une projette, au-dessus de la mer, le massif minéralogique des grandes Antilles, et l'autre déploie, au pied de ses ramifications nombreuses, les vastes campagnes du Nouveau-Mexique. Enfin, quoique, presque partout, les volcans y aient laissé leurs traces, c'est principalement dans leur partie méridionale, qu'elles paraissent avoir été soumises toutes les deux, à l'action de ces agens puissants, dont les foyers gissent pareillement dans l'une et dans l'autre, au milieu des porphyres décomposés. L'extrémité de la chaîne insulaire ne semble pas avoir entièrement échappé à leurs effets; mais il y a lieu de croire que ce sont seulement les hautes régions de ses montagnes, qui, comme celles des Andes, en ont éprouvé l'action. Le petit nombre d'observations, que nous avons sur les grandes Antilles, jointes aux inductions qu'on peut tirer de la configuration de ces îles, donne lieu de croire que la constitution de leur base est en grande partie primitive. S'il en est ainsi, on doit les considérer comme le prolongement de la Cordilière, qui, descendant sous les eaux, au cap des Trois-Pointes, se relève à Porto-Rico, et projette alors au-dessus du niveau de l'Atlantique, ses propres sommets au lieu de ceux des volcans dont les groupes ont formé les petites Antilles.

Ces rapports nombreux et singuliers entre la chaîne continentale et la chaîne atlantique des montagnes du Nouveau-Monde, semblent prouver qu'elles appartiennent au même système géologique, et qu'elles doivent leur origine aux mêmes causes primordiales. Quelque opinion qu'on ait sur celles des inégalités du globe, et soit qu'on les attribue aux irruptions de l'Océan, ou avec plus de vraisemblance, à des affaissemens qui ont changé la position des couches de la terre, et produit, entre ses diverses parties, d'énormes différences de niveau, il faut reconnaître que ces causes, malgré toute leur puissance, sont loin d'avoir pu détruire entièrement les rapports géologiques que des causes encore plus anciennes avaient établis, et qui, maintenant encore, existent entre les régions les plus distantes. Ainsi la formation simultanée des deux Amériques, dont la preuve semblait devoir échapper à notre génération tardive, trouve un témoignage important dans les rapports de composition, de configuration et de gissement des montagnes de l'un et de l'autre de ces vastes continens; et cette unité d'origine paraît même s'étendre jusqu'à l'Archipel des Antilles, quand on ne considère que sa base; mais l'observation minéralogique met hors de doute que le massif même de ces îles n'ait été formé par des volcans sousmarins; et elle établit pareillement que les plus anciennes de ces îles ont été recouvertes par des dépôts calcaires, que la mer a charriés aux grandes époques des différens cataclysmes du Globe.

Il est presque superflu de remarquer que cette intervention de la puissance de l'Océan, dans la formation des Antilles, n'est en rien semblable à celle qu'ont supposée les auteurs, dont nous avons réfuté les hypothèses, dans le premier chapitre de cet ouvrage. D'après leurs assertions, le mouvement des eaux d'orient en occident aurait séparé ces îles des contrées continentales, en divisant le littoral américain, et en inondant, par des progrès qui n'ont point de terme, l'espace que couvrent le Golfe mexicain et la Mer caraïbe. D'après notre observation, ce mouvement des eaux, loin de morceler les rivages, ajoute à leur étendue par d'immenses alluvions et en facilitant les travaux des zoophytes ; mais si l'on en excepte ces appendices, il est étranger à la formation et à la constitution du territoire des Antilles ; et dans l'une et dans l'autre, quand on reconnaît l'intervention pélagique, il demeure évident qu'elle n'a point eu lieu par l'effet du courant de l'Atlantique d'orient en occident ; et il semble certain qu'elle est résultée de grandes marées australes, qu'une cause temporaire et inconnue a reproduites à différentes époques de l'enfance du globe.

En considérant la forme du vaste bassin de l'Atlantique, d'illustres observateurs, Reinhold Forster et M. de Humboldt, ont cru y trouver la preuve que cette mer n'est qu'une vallée de quinze cents lieues de large, creusée par la puissance des eaux. Ils ont supposé que la masse de l'Océan, mue par une ou plusieurs impulsions soudaines et violentes, s'était précipitée du sud au nord, et qu'il fallait attribuer à son action, non-seulement la configuration de l'extrémité méridionale des continens, qui se terminent tous par un immense promontoire (1), mais encore les grandes sinuosités du littoral de l'Afrique, de l'Europe et de l'Amérique. Ils ont admis, comme une hypothèse vraisemblable, qu'ainsi que le courant des fleuves, celui des mers avait formé, dans les unes ou les autres de ces irruptions, les angles saillans et rentrans de

---

(1) L'Amérique se termine vers le pôle Antarctique, par le groupe volcanique des îles de la Terre de Feu et le grand saillant du cap Horn ; l'Australasie, par l'île volcanique de Van Diémen et le cap du même nom ; l'Afrique, par le cap de Bonne-Espérance ; l'Asie, par le cap Comorin ; et le Groënland, par le cap Farewell.

l'Ancien et du Nouveau-Monde ; que, repoussé par les rivages granitiques du Brésil équatorial, il s'était porté vers la côte opposée et y avait creusé le golfe de Guinée ; que rejeté bientôt vers les rives américaines, il avait formé le golfe Triste, et déchiré la côte de Vénézuelle ; qu'arrêté par la chaîne des Monts Alléghaniens, ce courant s'était détourné une autre fois vers l'ancien monde, attaquant et divisant les côtes occidentales de l'Europe, s'ouvrant un passage entre les colonnes d'Hercule, séparant de la France les Iles Britanniques, morcelant les rivages de la Norwège, et pénétrant peut-être jusqu'au fond des bassins reculés, qui maintenant appartiennent à la mer Baltique.

Cette hypothèse ingénieuse, qui lie entre eux un si grand nombre de faits géologiques, trouve de nouvelles preuves, dans ceux que l'observation nous a fait découvrir aux Antilles ; le secours qu'elle en reçoit, est d'autant moins suspect que ses premiers auteurs ignoraient qu'elle serait confirmée par l'exploration de l'Archipel Américain ; et que nous-mêmes, éloignés de la patrie des sciences par la guerre et les contagions, nous ignorions l'existence de cette théorie, lorsque nos recherches nous conduisaient à des résultats, qui concourent à en établir la vérité.

C'est par un premier cataclysme, que les plus anciens rochers volcaniques des Antilles ont été couverts de dépôts marins, qui en se consolidant, ont formé un carbonate calcaire, dense et cristallin, dont la haute antiquité se manifeste, dans le nombre borné et la nature des coquilles qu'il contient.

C'est par un cataclysme très-postérieur, que ce premier lit calcaire et les rochers volcaniques, projetés dans l'intervalle d'une époque à l'autre, ont été couverts par une grande superposition d'un carbonate de chaux contenant de nombreuses familles de lythophytes et de coquilles, et dont la formation semble avoir été soumise à des variations locales et temporaires.

Enfin, c'est par un troisième cataclysme, qui ne remonte pas au-delà du développement de la végétation sur les plateaux calcaires, qu'avaient formés les dépôts pélagiques, qu'il faut expliquer les phénomènes qu'offre l'observation de leur surface et de leur périmètre. Les escarpemens de leurs rivages, le gissement des îlots qui en ont été détachés, la division de leur massif en hautes terrasses, et les traces de l'inondation de leur sol, prouvent que toutes les îles calcaires, depuis Tabago jusqu'aux Lucayes, ont été en butte à une irruption violente de l'Océan; que les flots se sont élevés à une hauteur excédant 250 mètres; qu'en se précipitant sur les Antilles, ils se dirigeaient entre le nord et le couchant; qu'ils n'ont point laissé sur ces îles, de dépôts marins, comme dans les cataclysmes antérieurs, mais qu'il faut peut-être leur attribuer la formation de la Floride, qui semble n'être qu'un vaste banc élevé à l'extrémité de leur cours, avec les débris de l'Archipel de Bahama.

Les Antilles volcaniques ne montrant aucunes traces de cette révolution, il faut reconnaître que, lorsqu'elle arriva, leur massif minéralogique n'existait point encore, et que la formation de ces îles appartient à la période la plus récente de l'histoire physique des Indes Occidentales.

En comparant ces résultats de l'observation avec les théories, hasardées jusqu'à ce jour, sur la géologie de l'Archipel Américain; il est facile de voir combien on était resté loin de la vérité des choses, sans nulle idée de cette complexité de l'origine des Antilles, de leurs formations successives d'espèces ou de genres divers, de l'analogie de leurs révolutions physiques avec celles de nos contrées, et surtout de cette prodigieuse durée des phénomènes de ces révolutions dont l'étendue embrasse tous les âges du globe.

Si l'on récapitule les faits géologiques, établis par l'observation immédiate, et déduits dans les chapitres précédens, on est conduit aux résultats ci-après :

1.º Les îles de l'Archipel des Antilles n'appartiennent point, comme on le croit communément, à une formation identique, générale et simultanée; tout au contraire, leur origine est variée, partielle et successive.

2.º Les unes sont calcaires et les autres volcaniques.

3.º Celles-ci forment l'enceinte de la mer Caraïbe; celles-là sont situées, en dehors, à la limite de l'Océan Atlantique équatorial.

4.º Les Antilles volcaniques constituent une chaîne d'îles, qui s'étendent depuis la Trinitad jusqu'à Saba.

5.º Leur territoire a été formé entièrement, et comme de toutes pièces, par des foyers primitivement soumarins.

6.º Le massif minéralogique de leurs montagnes ne forme point, comme on l'a dit, une chaîne continue; il est divisé en divers groupes, projetés par autant de volcans principaux, qui formaient anciennement autant d'îles séparées.

7.º Les grandes vallées, qui gissent de l'est à l'ouest, à travers les îles, sont les vestiges des canaux qui divisaient primitivement le territoire des différens foyers volcaniques.

8.º Les principaux ports des Antilles sont l'entrée de ces anciens canaux, qui, maintenant, comblés par des alluvions et des éjections volcaniques, ont cessé de former des détroits, mais dont les deux extrémités forment encore sur les deux côtes opposées, ces baies profondes que les premiers colons ont appelées : Cul-de-sacs.

9.º Les ports d'une étendue moins considérable ont pour origine, l'intervalle soumarin, que laissent entre eux, deux courans de laves sortis du même foyer.

10.º L'action des feux souterrains s'étant propagée du sud vers le nord, identiquement avec la direction magnétique, ce gissement est non-seulement celui de l'Archipel Américain, en général, mais encore, dans chaque île, celui de la plus grande étendue des diamètres de chaque aire volcanique, d'où il suit que la figure de leur périmètre est un ellypsoïde et non un cercle.

11.º Par un effet de la propagation constante des feux souterrains, dans cette direction, c'est au sud et au nord de leur bouche principale que gissent les volcans secondaires de chacun des grands foyers.

11.º Dans le déclin de leur puissance, les volcans des Antilles ont cessé de projeter des laves fluantes, et comme les solfatares d'Italie, ils lancent seulement des éjections arénacées, et laissent échapper sous la forme de fumeroles, des vapeurs sulfureuses plus ou moins abondantes.

13.º Les tremblemens de terre sont liés essentiellement

avec les éruptions volcaniques, et ne semblent pas étrangers aux ouragans furieux des Indes occidentales.

14.º Les fouilles des volcans secondaires n'ont pénétré que dans les roches dont la fusion a produit les laves trachitiques, vakitiques et cornéennes, tandis que les foyers dont la grande puissance est manifestée, par l'étendue de leur aire et la hauteur de leurs projections, ont éructé des ponces et des laves porphyritiques.

15.º Les volcans d'une puissance médiocre ont laissé fluer leurs courans basaltiques, par dessus les orles de leurs cratères, tandis que, dans les foyers principaux, les coulées de laves se sont frayé un passage à travers des fissures ou des bouches latérales, ouvertes à 1000 ou 1,200 mètres au-dessus de l'Atlantique.

16.º Du gissement des substances pulvérulentes, à l'occident des cratères, on peut induire que les vents alisés avaient la même direction qu'aujourd'hui, à l'époque des éruptions qui ont soumis ces substances à leur action, dans les hautes régions de l'air.

17.º Et en effet, la formation des Antilles volcaniques, constitue la dernière période des annales physiques de l'Archipel Américain, tandis que celle des Antilles calcaires semble en composer la plus ancienne et la plus étendue.

18.º Ces dernières îles ont pour base et leur montagnes pour ossature, des roches volcaniques, semblables ou analogues aux laves éructées par les principaux foyers des Antilles, dont l'origine est entièrement phlégréenne.

19.º Cette base pyrogène est recouverte par deux grandes superpositions calcaires : l'une de calcaire ancien, contenant un petit nombre de coquilles dont les familles sont éteintes ; l'autre de calcaire très-postérieur, contenant une multitude de débris de mollusques testacés, dont les espèces vivantes, habitent encore les mêmes mers ou se trouvent dans d'autres parages.

20.° Cette dernière superposition n'a pas été formée d'un seul jet, comme la plus ancienne ; et les dépôts pélagiques qui la constituent, ont eu lieu à plusieurs reprises différentes.

21.° La surface et le périmètre des plateaux calcaires élevés par ces deux formations, portent des traces qui manifestent un cataclysme très-postérieur à l'une et à l'autre, puisqu'alors la végétation couvrait les terres insulaires de l'Océan tropical.

22.° Les Antilles volcaniques sont d'une origine moins ancienne que la seconde formation calcaire, puisque plusieurs de leurs foyers se sont ouverts, au milieu des terrains de chaux carbonatée, qui superposaient des plateaux pyrogènes d'une antiquité encore plus reculée que la leur.

23.° L'origine de ces îles est même postérieure au cataclysme, dont la puissance s'est exercée sur les Antilles calcaires, lorsque leur sol était déjà couvert de plantes ; car on ne trouve point de traces de cette révolution physique, dans les Antilles formées par les volcans.

24.° L'activité, que conservent plusieurs solfatares, les quatre éruptions mémorables, qui ont lieu dans le cours du dernier siècle, et la conservation des cratères, d'où sont sorties les coulées de laves, constituant les reliefs actuels des Antilles volcaniques, prouvent que l'action des feux souterrains, dont ces îles tirent leur origine, s'est étendue jusqu'à nos jours, à travers une longue suite de siècles.

25.° La découverte de la base volcanique des Antilles calcaires, établit que l'existence des formations pyrogènes et conséquemment de leur cause, remonte au-delà de celle des dépôts pélagiques, qui ont eu lieu quand l'Océan n'était encore habité que par un petit nombre de tribus de mollusques testacés ; ce qui prouve que la puissance volcanique ne se forme point, comme on l'a cru long-temps, d'une série de phénomènes partiels et presque récens, mais qu'au contraire ceux qui la constituent, appartiennent aux agens primitifs et généraux de l'organisation du globe.

26.° Et enfin, par l'ensemble de tous ces résultats de l'observation, on est conduit à cette conclusion, qui contient en quelques mots, toute la matière d'un chapitre inédit de l'histoire physique de la terre :

Sur le prolongement sousmarin de l'une des chaînes de montagnes primitives du Nouveau-Monde, la puissance volcanique a projeté, dans l'enfance du globe, les reliefs qui forment la base des Antilles calcaires.

Dans un cataclysme qui eut lieu, lorsque l'Océan n'était encore habité que par des familles peu nombreuses et maintenant éteintes de mollusques testacés, la base volcanique de ces îles fut couverte d'une superposition calcaire.

Une autre superposition y fut formée par un ou plusieurs autres cataclysmes, lorsque les mers se furent peuplées d'une multitude de tribus testacés dont les analogues existent encore.

La végétation ornait déjà ces terrains, formés dans le sein des eaux, quand une nouvelle irruption de l'Océan, balaya leur surface, fractura leurs rivages, et divisa leur massif minéralogique.

Enfin la puissance volcanique, qui avait élevé les premières assises de l'Archipel, vint en multiplier les îles; et ses phénomènes dont l'existence avait précédé, dans cette partie du globe, celle de la plupart des races animales, déployent encore de nos jours, les mêmes effets que dans cette antiquité profonde, ou plutôt incommensurable, puisqu'elle est séparée du présent, par toute la durée du passé.

TABLEAU DES HAUTEURS des principales Montagnes de l'Archipel des Antilles.

NOMS des ILES.	NOMS des MONTAGNES.	HAUTEURS		OBSERVATEURS.
		En toises.	En mètres.	
Saint-Domingue	L'Anton-Sepo, ou Pic de la g.de Serriana............	1400	2,728	Giroud, 1796.
	Montagne de la Selle.	1155	2,251	Moreau du Temple, 1766.
	Montagne de la Hotte	1143	2,228	Idem.
	Piton du g.d Pierrot, par. du Borgne....	620	1,209	M. de S.t-Méry.
	Tapion du P.t-Goave	355	692	Godin.
	Mont. du H.t-Moustique, près le Port à Piment...........	250	488	»
	Morne du Cap.....	297	580	»
La Jamaïque.......	Pic des Montagnes bleues........	1136	2,215	Edwards.
	Cold-Spring.......	642	1,252	Mac-Farlane.
Saint-Christophe...	Mont Misery......	567	1,150	Tuckey.
Guadeloupe........	La Soufrière......	737	1,437	M. de J. et Cortés.
	Le Morne Goyavier.	491	957	Idem.
Îles des Saintes. Terre d'en haut.	Gros Morne........	151	295	Cortés.
	Morne Morel.......	82	160	Idem.
	Petit-Morne	73	155	Idem.
	Marne à Mire.....	46	90	Idem.
Islet Cabrit....	Morne Cabrit......	48	94	Idem.
Terre d'en bas...	Gros Morne	156	305	Idem.
	M.ne de la gr. Ance.	149	291	Idem.
Martinique	Pitons du Carbet...	900	1,755	M. de J.
	Montagne pelée	800	1,560	Idem.
	Le Diamant........	100	295	Idem.
	La Calebasse......	411	812	Idem.
Sainte-Lucie......	Pitons de la Soufrière	410	800	Pugnet.
	Mont.e de la Sorcière	371	700	Idem.
Saint-Vincent......	Morne Garou	772	1,504	Tuckey.
Barbade..........	Rocher de Vaughan.	140	293	

On ne doit point considérer ces nombres comme absolus, mais seulement comme plus ou moins approximatifs, les opérations par lesquelles ils ont été obtenus n'ayant pu être confirmées par d'autres, ou les détails de celles qui nous sont étrangères n'ayant point été publiées.

DEUXIÈME PARTIE.

CLIMAT.

TABLEAU DU CLIMAT DES ANTILLES.

Lu à l'Académie des Sciences de l'Institut, dans ses séances du 23 octobre 1820, 22 mai 1821, et 15 Avril 1822.

Après avoir tracé le tableau géologique des Antilles, et montré quelles sont l'ossature de ces îles, les formes et la constitution de leurs montagnes, la structure de leurs rivages, et les causes dont elles tirent leur origine, leur gissement et leur configuration, nous allons faire connaître dans les chapitres suivans, le climat auquel sont soumises les plantes et les races animales, que nous aurons ensuite à décrire.

La tâche que nous entreprenons, de donner des idées justes et positives sur la puissance qu'exercent les agens climatériques dans l'une des parties de la zône torride, qui est liée à l'Europe par les rapports les plus nombreux, présente dans son exécution, des difficultés d'autant plus grandes, qu'on n'en a point encore tenté l'essai; mais, c'est bien moins encore la nouveauté de cette entreprise que son utilité, qui peut nous mériter quelque indulgence. La connaissance du climat des Antilles, n'est pas seulement une acquisition pour l'histoire physique du globe, c'en est une pour les sciences médicales et administratives, puisque pour combattre avec succès ou mieux encore pour prévenir les maux qui naissent de l'action de ce climat sur l'espèce humaine, il faut savoir également ce qui est dangereux et ce qui pourrait être salutaire, et n'ignorer ni les temps, ni les lieux, ni les circonstances, qu'il faut craindre, ou dont on n'a rien à redouter.

Cette partie de notre ouvrage est donc la base des recherches hygiéniques et médicales, qui nous ont obtenu déja d'honorables suffrages, et dont nous consignerons les résultats, dans le volume où nous traiterons de la physiologie des habitans des Antilles.

Dans ce Tableau du climat de l'Archipel Américain, nos recherches porteront principalement :

1.º Sur la Température des Antilles.
2.º Sur l'État hygrométrique de leur atmosphère.
3.º Sur les Vents.
4.º Sur l'Ouragan des Indes occidentales.
5.º Sur les Phénomènes barométriques, électriques et lumineux.

Enfin, nous présenterons dans un dernier chapitre, le Tableau des phénomènes chimiques, physiologiques et météorologiques, dont la puissance du climat est l'origine, la cause ou la condition nécessaire.

CHAPITRE PREMIER.

Recherches sur la température des Antilles.

Influence de la température sur tout ce qui intéresse l'espèce humaine. — Ses variations journalières. — Causes de leurs perturbations. — Chaleur solaire. — Sensations produites par les divers degrés du chaud. — Variations mensuelles de la température. — Leur observation à la Martinique, à la Guadeloupe, à la Barbade. — Variations annuelles ; leur tableau. — Détermination de la température moyenne. Chaleur des sources. — Refroidissement des eaux proportionnel à l'élévation des lieux. — Variations locales. — Influence des positions géographiques. — Tableaux de leurs températures différentes. — Influence de l'élévation du sol. — Détermination de l'abaissement graduel de la chaleur sur les montagnes. — Tableaux de cet abaissement aux Antilles et sur les plus grandes Hauteurs du globe. — Effets de la configuration du sol, de sa nature et de son état superficiel. — Influence de la direction des vents et de la présence des eaux. — Résultats de ces phénomènes.

La température est le principal agent de la puissance du climat et ses divers degrés d'abaissement et d'élévation sont les conditions nécessaires de la plupart des modifications et même de l'existence des êtres organisés. Ainsi, pour le naturaliste, il suffit de connaître quel est le terme moyen de l'échelle thermométrique d'un lieu quelconque, et il sait si la terre y donne à ceux qui la cultivent, du Raisin, du Houblon ou du Maguey (1), du Froment ou du

---

(1) Le Maguey, *Agave mexicana*, Lam. Il fournit aux Mexicains une boisson enivrante.

Manioc (1); si les montagnes y sont couvertes de noirs Sapins ou de riants Mélastomes (2) ; et si les hommes peuvent y vivre une année, du travail de quinze jours, ou bien s'ils sont forcés d'aller périlleusement demander aux flots de l'Océan, la nourriture qu'un sol ingrat refuserait à leurs labeurs.

Cette liaison importante de la météorologie et de tout ce qui intéresse l'espèce humaine, semble avoir été méconnue par presque tous les voyageurs qui ont visité les pays lointains; et lorsque, dans ces derniers temps, un observateur célèbre a voulu comparer les températures des diverses contrées du globe, il n'a pu recueillir sur les pays situés au-delà des limites de l'Europe, que des matériaux peu nombreux et la plupart imparfaits.

Quoique les Antilles soient peuplées depuis trois siècles par les nations auxquelles les sciences doivent leurs plus grands progrès, il n'a encore été publié sur aucune de ces îles de travaux météorologiques qui fassent connaître avec certitude et précision les agens de leur climat. Les seuls qui aient été imprimés avec des détails, sont les observations faites à la Martinique, il y a soixante-dix ans, par Chanvalon (3). Malgré l'imperfection des méthodes et des instrumens à une époque aussi éloignée, ces observations n'eussent pas été sans utilité, si leur série s'était étendue au-delà de six mois; mais cette période étant trop

---

(1) Le Manioc, *Jatropha manihot*, L. Sa racine sert de pain aux habitans des Antilles.

(2) Les Mélastomées, famille d'arbrisseaux élégants, qui couvrent les déclivités des montagnes de l'Amérique tropicale.

(3) Thibault de Chanvalon, Voyage à la Martinique; un vol. *in*-4.°

bornée pour qu'on pût en tirer quelques résultats généraux, elles ont été perdues pour la science, et n'ont jeté aucune lumière sur la constitution du climat des Antilles.

Nous allons essayer de remplir cette lacune et de tracer l'histoire météorologique de cet archipel, d'après le recueil des observations que nous y avons faites, de 1802 à 1815, et dont le nombre s'élève à plus de 14,000. Ces observations ont eu lieu à la Barbade, Saint-Vincent, Sainte-Lucie, Marie-Galante, la Guadeloupe et la Martinique. C'est dans la dernière de ces îles que leur plus grande masse a été rassemblée avec une persévérance dont les contrées équatoriales n'offrent que peu d'exemples. Le choix des instruments météorologiques et leur comparaison, la longue période et la multiplicité des observations, le soin apporté à les faire, et la vérification de leurs résultats, par les bonnes méthodes, le double avantage d'avoir pu suivre leur série la plus nombreuse au milieu de la chaîne des Antilles et presqu'au niveau de la mer, enfin le succès de nos recherches pour trouver dans quelques travaux analogues, des données qui permissent de confronter celles que nous avions obtenues, forment un ensemble de circonstances favorables que, jusqu'à présent, on n'avait pu réunir, et dont nous devons nous prévaloir pour esquisser le tableau le plus exact et le plus étendu qu'on ait encore pu faire du climat des contrées de la zône torride.

Nous considérerons successivement les variations temporaires et les variations locales de la température des Antilles :

1.º Sous le rapport de la durée, nous examinerons

quelles sont les variations journalières, mensuelles et annuelles ;

2°. Sous le rapport des lieux, nous chercherons quelles modifications sont apportées, dans la distribution de la chaleur, par les positions géographiques, la hauteur du sol, sa configuration, sa nature, son état superficiel, la direction des vents, et la présence et l'étendue des eaux fluviales et pélagiques.

SECTION PREMIÈRE.

Variations temporaires.

Les variations de la température des Antilles sont soumises dans leur durée à des lois différentes de celles qui les régissent dans notre climat ; elles sont plus régulières, plus rapides et moins grandes ; elles suivent, avec exactitude, le cours du soleil, et se rapprochent beaucoup de celles qu'éprouve l'atmosphère pélagique.

1.° *Variations journalières.*

Ces variations sont à-peu-près renfermées à l'ombre et au soleil dans l'étendue d'une échelle de dix degrés centésimaux ; il est très-rare qu'elles la dépassent, et le plus souvent, elles n'en parcourent que la moitié. Par exemple, lorsque dans le mois de Janvier, le thermomètre indique, le matin au soleil, le 21.ᵉ ou le 22.ᵉ degré, il marque le 26.ᵉ ou le 27.ᵉ dans la plus grande élévation, à laquelle le mercure atteint dans la journée ; et lorsqu'au mois de septembre il monte au 33.° et même au 35.° il est communément le matin au 26.°

Le terme moyen de la variation journalière du thermomètre est à peu près de cinq degrés ; elle est moindre dans la saison froide ; elle est plus grande, dans la saison chaude ; en France, cette variation a moins d'étendue dans les temps humides, elle en a plus dans les jours sereins, où elle est communément de dix degrés.

Le minimum de la température a lieu au lever du soleil. Le maximum change d'heure selon la saison ; il a lieu à deux heures, deux heures et demie ou trois heures, suivant que le soleil est au tropique du capricorne, à l'équateur, ou au tropique du cancer. Il est évident, par l'époque du jour, qui le présente, qu'il ne résulte pas de l'action immédiate des rayons solaires, mais bien de l'accumulation de la chaleur dans les corps qui y sont exposés.

Cette accumulation ne se fait point par une progression régulière. Elle est lente, quand le soleil commence à s'élever sur l'horizon ; vers dix heures du matin, sa marche devient rapide ; elle se ralentit à midi ; mais cependant elle continue de se rapprocher du maximum que doit atteindre la température. Dans le décroissement de la chaleur, le refroidissement de l'atmosphère est d'abord peu sensible ; mais il acquiert une très-grande vitesse aussitôt que le soleil est sous l'horizon ; pendant la nuit, il prend plus de régularité et de lenteur qu'il en ait jamais ; et c'est seulement une heure ou deux avant le jour, qu'il éprouve assez ordinairement une accélération qui fait ressentir alors une sensation de froid plus ou moins pénible.

L'ordre d'accroissement et de décroissement de la

température est soumis, aux Antilles, à de nombreuses perturbations. Les principales ont pour causes :

1°. L'action de la brise, qui est plus ou moins forte et rapide, et à laquelle les lieux sont plus ou moins exposés selon les variations que les courans d'air éprouvent dans leur direction.

2.° L'interposition des nuages denses et rembrunis, qui souvent voilent tout-à-coup le soleil ;

3.° L'agitation tumultuaire des flots qui sont presque de niveau avec la plupart des villes des Indes occidentales.

4.° La chûte des pluies diluviales et subites, qui, dans un seul orage, couvrent le sol de plus de cinq pouces d'eau.

5.° La projection de l'ombre des mornes et des montagnes, dont la hauteur et le gissement sont tels, que la moitié des habitans des Antilles ne voyent jamais le lever du soleil, et que les autres n'en voyent pas le coucher.

6.° La transpiration des grandes forêts de l'intérieur et les brouillards qui s'élèvent des forêts marécageuses des palétuviers.

7.° La condensation des nuages autour des pitons de l'Archipel et leur abaissement dans la moyenne région de l'air.

8.° Enfin, les débordemens des torrens, qui dans l'hivernage couvrent les vallées et s'étendent sur les plaines d'alluvions.

Tandis qu'à Rome, le mercure du thermomètre s'élève assez souvent à l'ombre au 37° 50 C. — 30 R., et qu'il demeure stationnaire à ce point pendant huit à dix jours, il varie instantanément aux Antilles par les causes qu'on vient d'énoncer, et soit dans son maximum, soit dans son minimum, il ne demeure jamais au même terme que quelques heures.

La température que produit l'action immédiate des rayons du soleil, est soumise à des modifications semblables; elle est extrêmement haute pendant les calmes qui précèdent les vents du sud; et lorsque son intensité est augmentée par la disposition des nuages de la région basse de l'atmosphère, elle produit sur le corps humain les mêmes effets qu'un miroir ardent. Elle varie dans son minimum du 20° au 24°, et dans son maximum du 37.° au 52.°; elle se tient aux premiers termes dans le commencement du jour, lorsque l'action solaire n'a lieu qu'obliquement à travers l'étendue la plus grande des vapeurs terrestres; elle arrive aux seconds termes vers le milieu de la journée, et selon la saison, de midi à deux heures ou à trois. On peut placer approximativement son terme moyen au 35.° C. — 28.° R. Pendant l'hivernage, elle monte fréquemment au 37.° et au 40.° degrés centésimaux ; ce qui indique une chaleur atmosphérique égale à celle du sang humain. Il n'est pas même rare de voir le thermomètre s'élever quelques instans au 46° et même au 55.° C. — 36.° 80 et 44.° R. ; mais dans ce dernier cas, il y a généralement une influence accidentelle ou locale.

Néanmoins, en admettant ce terme comme le maximum de la chaleur solaire, et en fixant au 20° la plus faible chaleur qu'elle répande à l'ombre, on trouve que l'échelle thermométrique qui indique, à l'air libre, la température telle que l'éprouvent les plantes, est formée de 35 degrés.

A Moscow, où le mercure descend dans les années les plus froides, jusqu'au 31° 25 centésimal au-dessous de zéro, il s'élève à l'ombre, dans l'été, jusqu'au 33.° 75, et la chaleur solaire le fait monter d'après l'observation de Van-Swinden, jusqu'au 58° 50 : ce qui donne à l'échelle thermométrique, une étendue de plus de 90 degrés.

La plus grande chaleur que produise aux Antilles l'action immédiate des rayons du soleil, est donc à peine aussi forte qu'au milieu de la Russie, entre les 55° et 56° parallèles; elle est plus variable qu'en Italie, dans la durée de son maximum; et ce qui constitue son caractère principal est bien moins son élévation ou sa fixité, que sa singulière limitation dans un très-petit nombre de degrés.

Si l'on cherche quelle est la plus grande différence thermométrique d'un jour de l'année comparé à un autre, et si l'on prend pour point de départ le 27° 24°, qui est au Fort-Royal, le terme moyen de la température annuelle, on trouve que le mercure ne s'élève que de 7° 76 dans le maximum de son ascension à la Martinique, et que dans cette île, son plus grand abaissement n'est que de 6° 68.

L'échelle thermométrique est un peu plus étendue dans les îles septentrionales; elle l'est un peu moins dans celles qui sont situées au sud du Fort-Royal, et plus rapprochées de l'équateur.

Les rapports existans entre l'indication thermométrique et l'effet que produit la température sur les organes, ne peuvent être déterminés avec une grande précision, parce qu'ils varient selon la constitution des individus, les habitudes de leur vie et leur degré d'acclimatement : on manque d'ailleurs d'un moyen propre à mesurer leur différence. Toutefois, une observation attentive et prolongée permet de donner les termes suivans, comme exprimant approximativement ce que le corps humain éprouve par la variation de la chaleur tropicale.

Quand le thermomètre est au 25° C. — 20° R., le froid relatif commence à être remarquable; au 23°75 — 19° R. il devient très-vif, et l'on est transi même dans l'intérieur des maisons, sur-tout s'il fait du vent. Dans les années les plus froides, telles que celles de 1799, 1801, 1806 et 1808, pendant lesquelles le mercure descendit vers le point du jour au 18° 50 et au 20° 56, les créoles sont soumis aux mêmes effets qu'on éprouve dans les contrées méridionales de la France, quand le thermomètre est au-dessous de zéro. Lorsqu'en 1806 cet instrument indiqua le 16° 25 sur le sommet des pitons du Carbet, la différence entre cette température et celle du pied de ces montagnes, produisit sur mes compagnons et sur moi, les mêmes phénomènes, qui résultent en Europe de l'action d'un froid excessif sur l'économie animale.

Lorsqu'au contraire, le mercure est entre le 28° et le 30° C. — 23° et 24° R., la chaleur est douce et agréable, la transpiration modérée et les digestions faciles, l'exercice du corps et celui de la pensée peuvent être supportés, et il n'y a ni maladies catarrhales, ni maladies inflammatoires. Au-dessus du 30° C. — 24 R., la chaleur est forte et commence à devenir pénible; au 33.°75 C. — 27° R. elle est étouffante, à moins d'une brise salutaire; au 35° C. — 28 R., le malaise que produit cette température ardente, a tous les symptômes d'une maladie véritable; et lorsqu'on est exposé quelque temps au soleil, à la chaleur du 55° C. — 44° R., qui est de 15° plus forte que celle du sang, le corps humain est prêt à éprouver, par l'effet d'un passage rapide à une température plus basse, tout ce que les Indes occidentales ont de maux redoutables, la plupart sans remèdes et même sans espoir.

2.° *Variations mensuelles.*

Les variations mensuelles de la température suivent à-peu-près aux Antilles, le même ordre que dans nos climats.

Les mois les plus chauds sont: juillet, août et septembre; les plus froids sont: décembre, janvier et février; les plus variables sont: mars, mai, juin et octobre; avril et novembre sont ceux dont la température moyenne se rapproche le plus du terme moyen de la température annuelle.

A la Martinique, en 1808, la température moyenne de novembre n'excéda celle de l'année entière que de 42 centièmes; en avril, cette différence n'avait été que de 37 centièmes; à la Guadeloupe, en 1798, elle fut d'un centième en avril et de 29 en novembre : les observations faites à la Barbade, par le docteur Hillary, présentent plusieurs exemples de ce rapprochement.

La progression que suivent l'accroissement et la diminution de la température mensuelle, est semblable à celle de la chaleur de chaque jour; elle est lente lorsque la température s'approche de son maximum ou de son minimum; elle est accélérée, lorsque devenant rétrograde, elle commence à marcher de l'un de ces deux termes vers l'autre.

La chaleur la plus constamment égale entre des mois différens, est celle du matin pendant le mois de mai et les trois suivans. Elle est souvent identique, à la même heure pendant 80 jours. C'est seulement dans son maximum de midi à 3 heures qu'ont lieu toutes ses variations.

La différence entre la température moyenne de deux mois qui se suivent, n'est parfois que de 8 centièmes ; dans le passage d'une saison à une autre elle est de 2 à 3 dégré centésimaux. Cette différence est moins considérable à la Barbade qu'à la Martinique, ce qui résulte sans doute, de ce que la première de ces îles est moins grande et moins élevée que la seconde, et conséquemment moins susceptible d'exciter des perturbations dans l'atmosphère pélagique dont elle est environnée.

On trouvera dans les tableaux suivans, des exemples inédits de la distribution de la chaleur entre les différens mois de l'année, selon des localités et des expositions différentes dans l'Archipel des Antilles.

TABLEAU

De la Température atmosphérique de la Martinique, observée au Fort-Royal, sur la côte occidentale de l'Ile, pendant les années 1807 et 1808, le thermomètre centigrade étant exposé à l'Est, à deux mètres au-dessus du niveau de la mer.

1807. MOIS.	Plus grande chaleur.		Moindre chaleur.		Chaleur moyenne.		Température moyenne de chaque mois.
	Matin.	Midi.	Matin.	Midi.	Matin.	Midi.	
Janvier....	25.°	29° 44	23° 33	27° 78	24° 16	25° 61	24° 63
Février....	26 67	30 56	24 44	27 78	25 55	29 17	27 36
Mars......	27 22	30 56	25	29 44	26 11	30	28 5
Avril......	28 89	33 33	27 78	28 89	28 33	31 11	29 72
Mai.......	28 89	33 33	28 33	28 89	28 61	31 11	29 86
Juin......	28 89	31 34	27 78	29 44	28 33	30 39	29 36
Juillet.....	28 89	31 67	27 78	29 44	28 33	30 55	29 44
Août......	29 44	32 78	27 78	30	28 71	31 39	30 5
Septembre.	28 29	33 33	27 78	28 89	28 3	31 11	29 57
Octobre...	27 78	31 67	26 67	29 44	26 95	29 16	28 5
Novembre.	27 22	30	26 11	28 33	26 66	29 16	27 92
Décembre..	24 44	28 89	20 89	23 89	22 66	26 59	24 52
Résultats extrêmes et moyens.	29.° 44	33° 33	20° 89	23° 89	26° 86	29° 59	28° 22

CLIMAT.

1808. MOIS.	Plus grande chaleur.		Moindre chaleur.		Chaleur moyenne.		Température moyenne de chaque mois.
	Matin.	Midi.	Matin.	Midi.	Matin.	Midi.	
Janvier....	22° 78	27° 78	20° 89	25° 56	21° 83	26° 67	24° 25
Février....	25 56	28 33	20 56	25 56	23 6	26 95	25
Mars......	24 44	30	22 50	26 67	23 47	28 33	25 90
Avril......	26 67	31 67	25	27 78	25 83	29 72	27 77
Mai.......	26 67	30	25	27 78	25 83	28 89	27 36
Juin.......	26 67	33 33	25	28 89	25 83	31 11	28 47
Juillet....	26 67	35	25	27 78	25 83	31 39	28 61
Août......	27 78	34 34	25 56	30	26 67	32 17	29 42
Septembre.	27 78	35	23 89	30 56	25 93	32 78	29 35
Octobre...	26 67	34 44	23 89	28 33	25 28	31 38	28 33
Novembre.	26 67	31 67	24 20	28 33	25 43	30	27 72
Décembre.	26 11	30	23 89	27 22	25	27 11	26 5
Résultats extrêmes et moyens.	27° 78	35°	20° 56	25° 56	25°	29° 70	27 35

TABLEAU

De la *Température atmosphérique de la Guadeloupe*, observée à Sainte-Rose, à l'extrémité septentrionale de l'Ile, pendant les années 1797, 1798, 1799 et 1800, le thermomètre centigrade étant exposé au nord, presqu'au niveau de la mer.

1797. MOIS.	Plus grande chaleur.		Moindre chaleur.		Chaleur moyenne.		Température moyenne de chaque mois.
	Matin.	Midi.	Matin.	Midi.	Matin.	Midi.	
Janvier....	23° 75	31° 25	20° 63	26° 25	22° 19	27° 75	24° 97
Février....	21 88	27 75	20	21 25	20 94	24 50	22 72
Mars......	25 50	27 50	21 25	26 25	23 37	26 87	25 12
Avril.....	21 88	30	20 38	23 75	21 13	26 87	24
Mai....	22 50	30	20	24 38	21 25	27 19	24 22
Juin......	22 50	32 50	21 25	22 50	21 87	27 50	24 68
Juillet....	23 13	31 25	21 25	25	22 19	28 12	25 15
Août......	23 75	30	21 25	24	22 50	27	24 75
Septembre.	24 38	31 88	21 88	25	23 13	28 44	25 76
Octobre...	24 38	31 25	22 88	25	23 63	28 13	25 88
Novembre.	25 63	31 25	22 50	26 25	24 6	28 75	26 40
Décembre.	23 13	29 38	20 63	23 13	21 88	26 25	23 68
Termes extrêmes et moyens.	25° 50	32° 50	20°	21° 25	22° 34	27° 11	24° 77

CLIMAT.

1798. MOIS.	Plus grande chaleur.		Moindre chaleur.		Chaleur moyenne.		Température moyenne de chaque mois.
	Matin.	Midi.	Matin.	Midi.	Matin.	Midi.	
Janvier....	21° 88	30°	20°	20° 63	20° 94	25° 63	23° 28
Février....	22 50	30 63	20 50	23 75	21 50	27 19	24 34
Mars......	23 75	30 75	20	26 75	22 87	27 75	25 31
Avril......	22 50	31 25	20 63	26 50	21 57	27 87	24 72
Mai.......	25	35	21 25	23 75	23 37	29 57	26 37
Juin......	25 63	32 50	21 25	23 50	23 44	28	25 72
Juillet....	25	35	22 50	23 75	23 75	29 37	26 56
Août......	25 63	31 88	23 13	25	24 38	28 44	26 41
Septembre.	25 63	31 88	22 50	24 38	24 6	28 13	26 9
Octobre...	25 63	33 75	22 50	26 25	24 6	0	27 3
Novembre.	25	30	20 63	24 38	22 81	27 19	25
Décembre.	23 75	30	20 50	25	22 13	24 50	24 81
Termes extrêmes et moyens.	25° 63	35°	20°	20° 63	22° 94	27° 81	25° 40

1799. MOIS.	Plus grande chaleur.		Moindre chaleur.		Chaleur moyenne.		Température moyenne de chaque mois.
	Matin.	Midi	Matin.	Midi.	Matin.	Midi.	
Janvier....	23° 13	26° 75	18 50	21° 25	20 81	24°	22° 40
Février....	21 25	28 13	18 75	23 13	20	25 63	22 81
Mars......	21 88	30	18 75	21 88	20 31	25 94	23 13
Avril......	22 50	30	18 75	21 88	21 62	25 94	23 78
Mai.......	23 75	31	20	23 75	21 87	27 37	24 62
Juin.	22 50	30	20 63	23 13	21 56	26 56	24 6
Juillet.....	25	31 25	21 25	25	23 12	28 12	25 62
Août......	25 63	30 75	21 25	26 25	23 44	28 50	25 97
Septembre.	25	30 88	21 25	23 75	23 12	27 31	25 21
Octobre...	26 25	31 25	21 88	23 75	24 6	27 50	25 78
Novembre.	24 38	31 25	20 63	25	22 50	28 12	25 31
Décembre.	22 75	29 38	21 13	25	21 94	27 19	24 56
Termes extrêmes et moyens.	26° 25	31° 25	18° 50	21° 25	22° 2	26° 85	24° 43

CLIMAT.

1800. MOIS.	Plus grande chaleur.		Moindre chaleur.		Chaleur moyenne.		Température moyenne de chaque mois.
	Matin.	Midi.	Matin.	Midi.	Matin.	Midi.	
Janvier....	23° 75	30°	21° 13	26° 25	22° 44	28 12	25° 28
Février....	25 13	30 63	20	26 25	22 55	28 44	25 49
Mars......	25	31 88	21 13	27 50	23 6	29 84	26 45
Avril.....	25	39 30	20 63	27 88	22 81	33 59	28 20
Mai......	27 50	32 50	22 50	27 50	25	30	27 50
Juin......	27 50	33	23 75	27 50	25 62	30 25	27 93
Juillet....	27 50	37 50	22 25	26 13	23 87	31 81	27 84
Août......	27 75	38 88	23 75	28 75	25 75	33 81	29 78
Septembre.	26 25	30 50	24 63	28 75	25 44	29 62	27 53
Octobre...	27 13	30 38	25	27 50	26 6	28 94	27 50
Novembre.	26 13	31 75	23	27 50	24 56	29 62	27 9
Décembre.	24 75	30 25	19 58	25 63	22 6	27 94	25
Termes extrêmes et moyens.	27° 75	39° 30	20°	25° 63	24° 13	30° 16	27° 15

3.° *Variations annuelles.*

Les variations de la température, sont, aux Antilles, très-peu considérables, et il ne paraît en être autrement que par les effets des perturbations locales, de l'imperfection des instrumens, ou du défaut de soin des observateurs. A la Martinique, dans les années les plus chaudes, le mercure du thermomètre exposé à l'est, à l'ombre, à l'air libre, et seulement à deux mètres au-dessus des eaux de la baie du Fort-Royal, s'est élevé au 35.° C.—28.° R., pendant la période comprise entre le mois de juin et celui d'octobre. Dans les années les plus froides, il est descendu jusqu'au 20.° 56 C. — 16° 44 R., pendant la période comprise entre la fin de novembre et les premiers jours de février.

En éliminant des observations de Chanvalon, faites à Saint-Pierre, celles pour lesquelles il s'est servi d'un thermomètre à l'esprit de vin, on trouve qu'en 1751, le 35.° fut également dans cette ville le terme le plus élevé de la température; mais que, dans son plus grand abaissement, le mercure descendit, en novembre, au 20.°, et en décembre au 19.° 44. C.—15.° 56. R. Ce froid, dont nous n'avons eu aucun exemple au niveau de la mer des Antilles, pendant un séjour de dix ans dans ces îles, résultait vraisemblablement de l'élévation du lieu où l'observation fut faite. On doit dire cependant que sur la côte septentrionale de la Guadeloupe, à Sainte-Rose, La Chenaie a observé une température encore plus basse, presqu'au niveau de la mer, et que, pendant la saison

froide, le mercure y descendit plusieurs fois, en 1799,
jusqu'au 18.°50C. — 15.° R.

Dans le même lieu, et suivant le même physicien, le
maximum de la chaleur à l'ombre atteignit, en 1800, les
37.°50, 38.°88, et 39.°30.

Des observations faites anciennement à la Basse-Terre,
par Le Gaux, appuient celles de La Chenaie; elles portent
au 38.°38 le maximum de la température, dans cette
ville, et placent le minimum au 19.°38.

D'après ces données, l'échelle thermométrique, que
parcourt le mercure, serait de 20.°80 à la Guadeloupe et
14.°44 au Fort-Royal de la Martinique. Ce dernier
terme ayant été obtenu par des observations, dans lesquelles on avait soigneusement évité les effets des perturbations locales, il semble être le moins suspect d'erreurs.

A Paris, l'étendue des variations annuelles de la température est triple de celle qui a lieu aux Antilles. En
décembre 1788, le thermomètre y descendit jusqu'au
21.°88 C.—17.°5 R. au-dessous de zéro. En juillet 1793,
il monta jusqu'au 38.°38 C. — 30.°7 R. au-dessus du
même terme; ce qui donne une différence de 60.°26 sur
la première de ces échelles, et de 48.°2 sur la seconde.

A Londres, le terme de la plus grande chaleur est le
35.°56; celui de la moindre chaleur est le 20.°56 au-
dessous de zéro, ce qui donne à l'échelle thermométrique une étendue de 56.°12 cent.

Mais la connaissance des termes extrêmes de la température ne donne qu'une idée imparfaite du climat des contrées, parce que ces termes résultent de variations temporaires ou locales, tellement irrégulières et momentanées

qu'elles n'exercent qu'une faible influence. C'est par ce motif qu'une masse considérable d'observations météorologiques, faites avec la patience la plus grande, n'offrent souvent que peu d'instruction, et qu'on ne peut apprendre, par leur secours, quelle est la véritable température des lieux.

Afin d'arriver à ce résultat, il faut obtenir, par le calcul, le terme moyen des variations journalières de la chaleur, et trouver celui de chaque mois en divisant la totalité des observations, par le nombre des jours; les termes moyens de la température mensuelle étant eux-mêmes ainsi divisés, donnent la température annuelle avec une exactitude dont on ne pouvait approcher par les opérations auxquelles on avait recours autrefois. Par exemple, si l'on déduisait cette température du terme moyen qu'offrent le maximum et le minimum de la chaleur annuelle, le nombre qu'on obtiendrait, par la division de leur différence, serait presque toujours plus grand que celui qui exprime réellement la température moyenne. Il le serait d'autant plus, et conséquemment plus éloigné de la vérité, que l'échelle thermométrique serait plus étendue. A Paris, où les termes extrêmes du froid et du chaud sont à peu près à 60.° centésimaux l'un de l'autre, la température moyenne serait au-delà du 30.°, c'est-à-dire trois fois plus considérable qu'elle ne l'est en effet. Mais à la Martinique, où le maximum et le minimum thermométrique sont, le 35.° et le 20.° degrés centésimaux, la différence de 15 degrés, répartie entre les deux termes extrêmes de la température, donnerait le 27.° 50, pour terme moyen, et cette indication ne serait, au-delà de la vérité, que de quelques centièmes de degré.

En remontant à la température moyenne de l'année par la détermination de celle de chaque jour, et en comparant ensemble les observations de plusieurs années consécutives, nous avons obtenu les résultats consignés dans le tableau ci-joint. Il montre quels sont les termes extrêmes et moyens de la température du Fort Royal de la Martinique, observée à l'ombre, à l'orient et à une élévation de deux mètres au-dessus du niveau de l'Atlantique. Le tableau suivant contient les résultats obtenus par La Chenaie, au bourg de Sainte-Rose, à l'extrémité septentrionale de la Guadeloupe proprement dite, à l'ombre, et presqu'au niveau de la mer, mais sous l'influence de l'exposition boréale et de l'humidité des vagues agitées du canal d'Antigues, ainsi que du voisinage des palétuviers du Lamentin. Les résultats de l'observation, dégagée de cette double influence, sont exprimés au bas des colonnes de ce tableau. Enfin, nous avons joint à ces documens météorologiques entièrement inédits, des observations faites à Bridgetown de la Barbade, par le docteur Hillary. Quoiqu'elles aient été publiées depuis long-temps, en Angleterre, on n'en avait encore fait aucun usage, sans doute parce qu'elles se trouvent dans un ouvrage peu connu (1), et surtout parce qu'elles y sont éparses : nous les avons rassemblées et calculées, en rapportant à l'échelle centigrade celle du thermomètre de Fahrenhet, dont l'observateur s'était servi.

---

(1) Hillary, *On the changement of air*, in the treatise on the diseases in Barbadoes. — London, 1766. Un vol. in-8.º

TABLEAU

Des *Températures annuelles de la Martinique, observées au Fort-Royal, sur la côte occidentale de l'Ile, de 1806 à 1808.*

		1806.	1807.	1808.	Termes extrêmes et moyens.
Plus g.de Chaleur.	Matin à l'ombre.	29° 44	29° 44	27° 78	29° 44
	Midi, *idem*.	35	33 33	35	35
	Soir, *id*.	30 56	31 15	29 44	31 15
	A midi au soleil.	47 22	46 67	52 78	52 78
Moindre chaleur.	Matin à l'ombre.	20 56	20 89	20 56	20 56
	Midi, *id*.	23 33	23 89	25	23 33
	Soir, *id*.	21 67	24 13	23	21 67
	A midi au soleil.	24	23 88	22	22
Chaleur moyenne.	Matin à l'ombre.	25	26 86	25	25 62
	Midi, *id*.	29 16	29 59	29 70	29 48
	Soir, *id*.	26 30	28 21	27 28	27 24
Température moy. du jour à l'ombre.		26 82	28 22	27 28	27 44
— Au soleil.		34	35	36	35

Les observations météorologiques, faites à la Martinique, de 1802 à 1805 inclusivement, n'ont pu être ramenées, au modèle de ce tableau, dans l'ensemble de tous leurs détails ; néanmoins, en les calculant avec soin et en tenant compte des perturbations apportées par les localités, on est arrivé aux résultats suivans :

Termes moyens de la température, au Fort-Royal de la Martinique, à deux mètres au dessus du niveau de la mer, pendant une période de six ans.

$$\left.\begin{array}{l}1803. - 27.°\ 52.\\ 1804. - 26.°\ 88.\\ 1805. - 26.°\ 66.\\ 1806. - 26.°\ 82.\\ 1807. - 28.°\ 22.\\ 1808. - 27.°\ 28.\end{array}\right\} \text{Moyenne des 6 années.}\ 27.°\ 24.$$

TABLEAU

Des Températures annuelles de la Guadeloupe, observées à Sainte-Rose, à l'extrémité septentrionale de l'Ile, au niveau de la mer, de 1797 à 1800.

		1797.	1798.	1799.	1800.	Termes extrêmes et moyens.
	Au nord.					
Plus g.de chaleur.	Matin.........	25° 50	25° 63	26° 25	27° 75	27° 75
	Midi..........	32 50	35	31 25	39 30	39 30
	Soir...........	26 25	28 13	27 50	29 75	29 75
	Au soleil à midi.	46 25	46 25	51 25	47 50	51 25
	Au nord.					
Moindre chaleur.	Matin.........	20 20	20	18 50	20	18 50
	Midi..........	21 25	20 63	21 25	25 63	20 63
	Soir...........	20	20 63	18 75	21 88	20
	Au soleil à midi.	21	20 63	21 25	23 75	20 63
Chaleur moyenne au nord.	Matin.........	22 34	22 94	22 2	24 13	22 86
	Midi..........	27 11	27 86	26 85	30 16	27 99
Température moyenne au soleil.........		33 68	34 2	36 3	36 69	35 20
— Au nord...........		24 77	25 40	24 43	27 15	25 44
— Au nord et au sud..		26 97	27 44	27 37	28 88	27 51

TABLEAU

Des Températures annuelles de la Barbade, observées à Bridgetown, sur la côte occidentale de l'Ile, de 1753 à 1755.

		1753.	1754.	1755.	Termes extrêmes et moyens.
Plus g.de Chaleur.	Matin	27° 78	27° 78	27° 22	27° 59
	Midi	30	30	30	30
Moindre chaleur.	Matin	22 22	22 22	21 11	22 18
	Midi	25 56	24 44	25	25
Chaleur moyenne.	Matin	25 20	25 8	24 98	25 8
	Midi	27 77	27 48	27 75	27 67
Température moyenne de l'année.		26 48	26 28	26 36	26 37

En considérant, dans ces Tableaux, la température moyenne comme elle a été obtenue dans chaque île, on peut reconnaître quelles sont ses variations d'une année à l'autre. En voici le sommaire :

Martinique............ ⎧ Année la plus chaude. 28° 22.
Six ans d'observations.. ⎨ — La plus froide.... 26° 66.
　　　　　　　　　　　　DIFFÉRENCE..... 1° 56.

Guadeloupe............. Année la plus chaude. 28° 88.
Cinq ans d'observations. — La plus froide.... 26 97.

DIFFÉRENCE..... 1° 91.

Barbade................ Année la plus chaude. 26° 48.
Trois ans d'observations. — La plus froide..... 26° 28.

DIFFÉRENCE..... 0° 20.

La plus grande variation, qui ait eu lieu, est celle observée à la Guadeloupe; elle est d'un degré 91 cent. La moins considérable est celle de la Barbade, qui n'est que de 20 c.

A Paris, en 1816, la température moyenne ne s'éleva qu'au 9° 3; en 1806, elle avait eu pour terme le 11° 9, ce qui fait une différence de 2° 6, dans la comparaison de 10 années (1); tandis qu'aux Antilles celle de 14 ans d'observations n'a donné pour maximum qu'un degré 91.

Si l'on cherche, dans les tableaux précédens, des données propres à établir quelle est la température moyenne des petites Antilles, on y trouve celles que voici :

Le terme moyen de la température annuelle de la Guadeloupe est porté, par quatre ans d'observations à . . . . 27° 51.

Six ans d'observations donnent pour résultat, qu'à la Martinique ce terme s'élève au. . . . . 27° 24.

Trois années d'observations le portent, à la Barbade, au. . . . . 26° 37.

---

(1) A Londres, la variation de la température moyenne, dans une période de plusieurs années, s'élève pareillement à 2° 72 cent.

Donc le terme moyen de treize ans d'observations, dans ces trois îles, gissant du 13° de latitude au 16° 27, est le . . . . 27° 4.

Par une suite d'inductions tirées d'un calcul général, Kirwan avait porté ce terme au 26.° 67 ; M. de Humboldt, dans son beau travail sur les Lignes isothermes, a admis le 27° 5, comme la vraie moyenne de la température des Antilles, prises en général ; nos observations faites à la Martinique, pendant cinq ans, coïncident d'une manière remarquable avec cette détermination, puisqu'ils fixent au 27° 3 la moyenne température de cette période, ce qui ne fait qu'une différence de deux centièmes, avec le terme adopté par M. de Humboldt ; mais l'addition des observations de 1808, année dont la chaleur fut très-forte, élève notre résultat jusqu'au 27° 24.

Plusieurs déterminations expérimentales de la moyenne température des contrées de la zône torride se rapprochent de ce dernier résultat :

On a fixé à 27° 25 celle de Madras. (*Kirwan*, p. 159.)
à 27° 22 celle de la Jamaïque. (*Blagden.*)
à 27° 7 celle de Cumana. (*M. de Humboldt.*)

Les déterminations qui, comme nos premiers résultats, sont sans doute trop faibles, soit parce que l'observation n'a pas été suffisamment prolongée, soit par l'effet de l'exposition ou des localités, portent :

A 26° 67 la tempér. de la Sénégambie. (*Tr. phil.* 1780.)
A 26° 67 celle de la Jamaïque. (*Hunter, id.* 1788.)
A 26° 37 celle de la Barbade. (*Hillary.*)
A 26° 25 celle de Léogane, à St.-Domingue. (*M. St.-Méry.*)
A 26° 25 celle de Madras. (*Roxburgh*, Tr. phil., t. 70.)
A 25° 7 celle de la Havane. (*Ferrer*, C. des Temps. 1816.)

Nous savons que ce dernier terme est celui donné par trois années d'observations ; mais on a vu par notre propre expérience que cette période n'est pas suffisante, même entre les tropiques, pour faire obtenir un résultat exempt de toute erreur. Toutefois, la variation la plus étendue, qui puisse avoir lieu dans un nombre d'années plus grand, n'ajouterait vraisemblablement point assez à ce terme, pour le mettre en rapport avec la température reconnue des autres points de l'Archipel ; par exemple, celle de la Jamaïque, qui en diffère, d'après les observations de Blagden, de 2° 5. Pour expliquer cette fixation extraordinairement basse, il faut supposer que la position géographique de la Havane, sur la côte septentrionale de l'île de Cuba, exposant cette ville à l'action immédiate des brises du nord, y produit un abaissement considérable de la température ; ou bien il faut croire que le thermomètre qu'on consultait était fort élevé au-dessus du niveau de la mer, ou bien qu'il était appendu sur une surface exposée directement au nord et à l'influence de l'évaporation du canal de Bahama.

Cette dernière supposition est d'autant plus admissible, qu'à la Guadeloupe proprement dite, dans une situation géographique, parfaitement analogue, la température moyenne correspond à celle que D. Ferrer assigne à la ville de la Havane. L'un des tableaux précédens montre que, dans cette exposition, le thermomètre varie seulement du 24° 43 au 27° 15, et que le 25° 44, qui est le terme moyen de cinq années d'observations, diffère uniquement de 37 centièmes du résultat obtenu à la Havane, comme étant le vrai terme de la température moyenne de 1810, 1811 et 1812.

Les observations faites à la Barbade, par Hillary, portent la température moyenne de cette île à 26° 37, terme inférieur de 87 centièmes à celle de la Martinique, à l'orient et seulement supérieur de 93 centièmes à celle de l'exposition boréale à la Guadeloupe. La position des thermomètres pouvant différer à Bridgetown, de manière à donner des résultats très-variés, soit par l'effet de l'exposition ou celui de l'élévation verticale du sol, il eût fallu qu'elle fût indiquée avec précision, par l'observateur, pour donner la possibilité d'apprécier les causes des perturbations, qui agissaient sur la température atmosphérique, et qui la tenaient plus basse, qu'elle ne semble devoir l'être.

On manque également de détails suffisans pour discuter la détermination de la température moyenne de plusieurs autres lieux de la zône torride, qui a été fixée au-delà du 28.ᵉ degré, telle que

Celle de Manille portée au 28° 92, par Le Gentil.
Celle de Pondichéry, au 28° 75, par Cossigny.
Celle de la Basse-Terre (Guadeloupe) au 28° 38, par Legaux.

Il y a cependant tout lieu de croire que ces termes, qui semblent dépasser le véritable, ont été donnés par l'observation de thermomètres à l'esprit de vin, qu'on sait maintenant avoir une marche irrégulière et une élévation exagérée, quand ils tendent vers leur maximum.

Les variations étendues, que présentent les résultats météorologiques, quand on veut en tirer la connaissance de la température moyenne, et la difficulté de réunir des observations, embrassant une période de plusieurs années, ont fait chercher quelque autre moyen d'arriver au même but.

On sait que Mairan, ayant dressé une table des plus grandes chaleurs et des plus grands froids observés à Paris, pendant cinquante-six ans, il trouva que le terme moyen de la température de cette ville était le 10.° 10 de Réaumur. Ce même terme étant à peu près celui de la température des caves de l'Observatoire de Paris, qui sont à 27 mètres ou environ 84 pieds au-dessous du sol, on induisit de ce rapport que la connaissance du terme moyen de la température annuelle d'une contrée pouvait être donnée par l'observation de la température à une profondeur assez grande au-dessous de la surface du sol, pour empêcher les variations journalières et n'en offrir que la somme totale; mais, comme dans beaucoup de pays, il serait difficile de trouver des excavations qui pussent permettre d'observer la température intérieure de la terre, on se sert communément pour atteindre le même objet, de l'eau des sources et des puits profonds, dont le degré de chaleur fait connaître approximativement celui des couches inférieures du sol.

Jusqu'à présent, Hunter semble être le seul observateur qui ait songé à employer ce moyen, pour déterminer la température moyenne des Antilles, et l'on ne trouve nulle part d'expérience qui fasse connaître celle des eaux souterraines de la Martinique ou de la Guadeloupe. Dans ces îles, où le pied des montagnes est au bord du rivage de la mer, il ne suffirait pas de savoir seulement quelle est la température de ces eaux, il faudrait encore connaître positivement quelle est l'élévation du sol où elles sourdent; car elle se refroidissent progressivement comme l'atmosphère ; et la température moyenne de la couche inférieure de l'air ne peut être donnée par les eaux des montagnes, soit qu'elles y jaillissent ou qu'elles en proviennent immédiatement. C'est pour ne pas s'être arrêté suffisamment à cette considération que Hunter a supposé que la température annuelle de la Jamaïque, n'excédait pas à Kingston, au niveau de la mer, le 26° 67.

D'après les observations de ce physicien, dans cette ville, pendant la saison chaude, le thermomètre s'élève à l'air libre, du 29° 44 au 32° 22 ; il atteint rarement le 32° 78 C. — 26° 22 R., et il demeure conséquemment plus bas de 2° 22, qu'au Fort-Royal de la Martinique. Dans la saison froide, il descend du 25° au 21° 11, et même jusqu'au 20° 56 C. — 16° 44 R., ce qui est le minimum thermométrique que nous ont donné nos propres observations. L'échelle entière que parcourt le mercure à Kingston, est conséquemment de 12° 22, dont la moitié, formée de 6° 11, ajoutée au minimum 20° 56, a donné à Hunter le terme 26° 67, qu'il a considéré comme la moyenne de la température annuelle de cette ville ; mais cette opération, comme nous l'avons déjà dit, ne produit que des résultats inexacts, et elle est entièrement proscrite des méthodes adoptées aujourd'hui.

Les observations que fit le même physicien, sur la température des sources, loin de confirmer sa détermination de la température atmosphérique, prouvent combien elle s'éloigne de la vérité. Les eaux d'un puits de soixante pieds de profondeur, situé dans un terrain bas, près la maison du gouverneur Penn, se trouvèrent au 26° 36; celles d'un puits de deux cent quarante-trois pieds, situé à *Halfway-Trees*, à deux milles de Kingston, dans un terrain moins bas, n'excédèrent pas le 26° 11; et il reconnut que ce terme était encore celui de la température d'une source abondante, qui jaillit au pied de la montagne de *Rockfort*.

Ces puits, dit-il, sont très-peu élevés au-dessus du niveau de la mer; mais, par ce qu'il rapporte de leur gissement, on ne peut douter qu'ils ne soient alimentés par les eaux des montagnes, et qu'ils n'aient la température des sources situées à une élévation considérable. Il lui était d'autant plus facile de le reconnaître, que le terme moyen de leur température, atteignant seulement le 26° 25, il ne correspond même pas avec celui qu'une méthode empirique lui avait donné, comme le *medium* de la température atmosphérique; mais telle était la préoccupation de cet observateur, et le désir de sanctionner, par des expériences, le résultat inexact qu'il avait obtenu, qu'ayant trouvé dans la partie basse de la ville, des puits dont la température s'élevait au 27° 78, il rejeta l'indication qu'ils lui donnaient, et qui pourtant s'est trouvée en rapport avec les observations d'Edwards et de Blagden.

Les résultats que nous a donnés l'étude de ce sujet à la Martinique, concourent à établir que le terme rejeté par Hunter, est précisément celui qu'il devait adopter. En cherchant quelle est la température des puits profonds, gissant au pied des montagnes, nous avons reconnu que leurs eaux descendues rapidement d'une hauteur considérable, entre les lits de laves porphyritiques qui se sont superposés dans les différentes éruptions des volcans, sont à la basse température des eaux de la région supérieure de l'atmosphère. Il est vrai que les puits creusés dans le littoral, aussi loin des montagnes qu'il est possible, et dont la profondeur est au dessous du niveau de la mer, sont soumis aux grandes variations de la température ; mais l'indication qu'on en peut tirer, n'en a pas moins d'exactitude, puisque ces variations se bornent généralement à celles d'une année comparée avec une autre.

Ainsi, au Fort-Royal, la température des puits s'éleva à la fin de septembre 1807, jusqu'au 28° 75, sans que cette indication, toute élevée qu'elle est, pût conduire à l'erreur, puisque, par une corrélation très-remarquable, l'observation de la température atmosphérique, pendant le cours de cette année, et jusqu'à l'époque de l'expérience, donne exactement le 28° 67, pour terme moyen. Il n'y avait donc qu'une légère différence de huit centièmes entre l'indication donnée par la température des sources et l'observation faite à l'air libre, de l'ensemble des températures mensuelles.

En 1808, au mois de septembre, la température des mêmes puits se trouva plus basse d'un degré et demi ; mais l'ensemble des températures moyennes des neuf mois de l'année, s'élevait seulement au 27° 34, et conséquemment la différence n'était que de neuf centièmes.

D'où il faut conclure que les puits des villes des Antilles, qui gissent presqu'au niveau de la mer, et dont les eaux, quelquefois saumâtres, sourdent d'une profondeur de moins de trente pieds, donnent néanmoins très-approximativement, par leur température, le terme moyen de la température annuelle de l'atmosphère.

La rapidité des versans des montagnes de l'Archipel, et l'inclinaison identique des couches formant leur massif minéralogique, accélèrent tellement le cours des eaux supérieures, souterraines ou découvertes, que souvent leur température est plutôt celle des régions élevées d'où elles descendent, que celle du littoral où elles se montrent. Mais on ne peut apprécier rigoureusement la puissance de cette cause ; et nous avons été forcés de n'en pas tenir compte dans les observations suivantes, que nous avons faites ou recueillies, dans l'objet de connaître le décroissement de la température des hautes couches de l'atmosphère, par le décroissement de la température des sources, suivant l'élévation des montagnes.

A la Martinique, au niveau de la mer, la température des sources étant fixée, en 1807, au 28° 75, par des observations multipliées, celle d'une source abondante, sortant de la croupe du morne Balata, fut trouvée s'élever seulement au 25° 63, ce qui faisait une différence de 3° 12 à une hauteur de 326 mètres.

Au niveau de la mer, en 1808, la température des puits du Fort-Royal étant reconnue au 27° 25, une source qui sort d'un rocher de laves porphyritiques, et grossit les eaux de la rivière de Case-Navire, près le plateau de la Fontaine thermale, fit descendre le mercure au 23° 38, ce qui faisait une différence de 3° 87 à une hauteur de 367 mètres.

Au niveau de l'Atlantique, la température des puits de la Basse-Terre, Guadeloupe, étant au 27° 25, celle de la caverne de la Soufrière, à environ 150 mètres dans l'intérieur, fut reconnue, en 1802, n'être qu'au 14° 38, ce qui faisait une différence de 12° 87, à une hauteur de 1257 mètres.

A Kingston, de la Jamaïque, la température des puits s'élevant, d'après Hunter, au niveau de l'Atlantique, au 27° 78, et la source de Cold-Spring, dans les Montagnes bleues, abaissant le thermomètre jusqu'au 15° 36, il y a une différence de 12° 22 dans la température de ces eaux, qui sourdent à une hauteur de 1252 mètres au-dessus de la surface de la mer.

Dans chacun de ces exemples, le refroidissement de la température des eaux souterraines est à très-peu-près d'un degré centésimal pour chaque centaine de mètres de l'élévation du sol.

L'ensemble des différences entre les températures supérieures et inférieures des eaux, s'élève à 32° 8'. L'ensemble des différences de niveau monte à 3,222 mètres; ce qui, à cela près de 14 centièmes de degrés, présente une correspondance exacte.

On verra, par les recherches contenues dans la seconde section, que ce refroidissement des eaux est semblable à celui de l'atmosphère des Antilles dans sa région inférieure, et qu'il est plus rapide que celui des couches supérieures de l'air, puisqu'au delà de 1,500 mètres, il en faut 175 pour opérer un décroissement de température d'un degré centésimal.

Nos efforts pour ajouter au nombre des exemples que nous avons cités, ont été rendus plusieurs fois inutiles, par une circonstance qui, se retrouvant assez communément dans la haute région des montagnes des Antilles, doit être notée ici, pour prévenir les erreurs des voyageurs, dans la détermination de la température des sources de ces lieux élevés.

Sur l'orle du grand cratère des Pitons du Carbet, à une hauteur d'environ 1500 mètres, coule une source abondante qui forme un ravin; le 17 avril 1810, sa température fit monter le thermomètre au 23° 89; et le 4 septembre 1811, elle fixa le mercure au 22° 78; mais il fut reconnu que la température atmosphérique était moins haute de 7° 78 dans la première expérience, et de 4° 45 dans la seconde, et que conséquemment cette source n'avait un tel degré de chaleur, que parce que ses eaux étaient thermales.

En 1815, nous trouvâmes également en gravissant les déclivités méridionales de la Soufrière de la Guadeloupe, un ravin d'eaux thermales, descendant du nord vers l'habitation Frogier, à environ 250 mètres au-dessus du niveau de la mer. La température de ses eaux s'élevait au 35° centésimal, et excédait de 10° celle de l'atmosphère.

Au contraire de ces deux cas, ceux qui les précèdent ont offert constamment une chaleur plus grande dans la température atmosphérique que dans celle des sources. La différence en plus était ainsi qu'il suit :

Température des puits du Fort-Royal......	28° 75
Temp. atmosphérique.................	32° 50
DIFFÉRENCE.................	3° 75
Temp. de la source près la fontaine thermale.	23° 38
Temp. atmosphérique.................	26° 88
DIFFÉRENCE.................	3° 50

Temp. de la source du Balata............ 25° 63
Temp. atmosphérique................. 27 88

DIFFÉRENCE................... 2° 25

Temp. intér. de la caverne de la Soufrière.. 14° 38
Temp. atmosphérique à l'extérieur........ 18° 75

DIFFÉRENCE................... 4° 37

On ne voit, dans aucun de ces exemples, que la différence entre la température de l'atmosphère et celle de l'eau des sources, ou de l'air des cavernes, se soit élevée à 5 degrés; mais on peut en citer un autre, dans lequel cette différence s'est trouvée plus grande de moitié. Dans la paroisse de Torbec, au sud de Saint-Domingue, il y a un groupe de montagnes volcaniques et calcaires nommées les Platons. A la base de l'une d'elles est un puits naturel et sans eau, dont la profondeur est de 230 pieds, et dont la circonférence est de 72 à l'ouverture et de 120 dans sa partie inférieure. Le 21 août, lorsque la température de l'atmosphère s'élevait, à l'air libre, sur la montagne, au 26° 63, le mercure descendit au 16° 63, au fond de cette grande excavation.

La sécheresse du sol, qui est couvert de sable fin, repoussant le soupçon que cet abaissement de la température soit l'effet de l'évaporation rapide des eaux, il faut l'attribuer au refroidissement que l'air éprouve dans les cavernes profondes. Le résultat qu'il présente, éclaircirait d'une manière très-utile la question qui nous occupe, si l'on connaissait l'élévation de l'ouverture de cette excavation, au-dessus du niveau de la mer; mais elle est totalement inconnue ; et l'on ne peut même la présumer par la température de l'atmosphère, puisque l'indication qu'on en a, résultant d'une observation faite au mois d'août, est, indubitablement, un maximum dont on ne peut rien inférer. Si, toutefois, au lieu d'appeler ce fait à l'appui de ceux qui précèdent, on se servait de ceux-ci, pour en obtenir la connaissance de la hauteur des Platons, au-dessus de l'Atlantique, on arriverait à un résultat approximatif, auquel il est possible d'avoir recours à défaut d'opérations barométriques. La température moyenne ayant pour terme, à Saint-Domingue, au niveau de la mer, le 27° 25, et celle du fond de l'excavation ne s'élevant qu'au 16° 63, cette différence laisse supposer, d'après les exemples précédens, que l'élévation de ce lieu, au-dessus de l'Atlantique, est de 1062 mètres — 545 toises ; et cette détermination ne semble pas éloignée de la vérité, puisqu'on sait que les Platons sont à mi-côte du versant méridional des montagnes de la Hotte, dont Moreau du Temple a reconnu trigonométriquement que la hauteur était de 2,228 mètres ou 1143 toises.

SECTION II.°

Variations locales.

La distribution de la chaleur à la surface du globe est soumise à des lois bien plus compliquées que ne l'imaginaient les physiciens du dernier siècle, et que ne le soupçonnent encore maintenant la plupart des voyageurs.

Par une singularité dont l'histoire de l'esprit humain offre plusieurs exemples, il a fallu que la théorie devançât l'observation, ou du moins qu'on parvînt à l'établir sur des faits peu nombreux, à force de science et de génie. Mais tels sont les travaux qui viennent d'éclairer ce sujet important et si difficile que, comme ceux de Newton, leurs résultats sont confirmés par chaque expérience nouvelle, et que des recherches entreprises loin de l'Europe savante, sans connaître aucun de ces travaux, semblent avoir pour but d'étendre les applications qu'ils présentent, et d'ajouter quelques preuves à celles des vérités qu'ils enseignent.

On sait aujourd'hui que les températures varient régulièrement, dans leur intensité, selon les positions géographiques, la hauteur du sol, sa configuration, sa nature, son état superficiel, la direction des vents, la présence des eaux fluviales et la situation des mers voisines ou environnantes.

Toutefois, l'étendue de ces variations n'est encore connue qu'assez vaguement; et, jusqu'à présent, leur étude était restée entièrement étrangère aux îles nombreuses de l'Archipel des Antilles. On ne s'était point encore occupé, dans ces contrées insulaires, de reconnaître quelles modifications éprouve la température atmosphérique, par l'effet des causes qu'on vient d'indiquer; et si la nouveauté des observations répand quelque intérêt sur cette esquisse, elle ajoute bien plus encore à la difficulté d'en tracer tous les traits, avec une vérité rigoureuse.

I.° *Influence des positions géographiques.*

La position des Antilles, entre le 10.° et le 19.° parallèles, soumet ces îles au climat de la zône torride; elles ont deux fois, chaque année, le soleil au zénith ; et il ne s'en faut que d'environ trois degrés de latitude que cet astre ne soit, dans son plus grand éloignement, aussi proche du centre de l'Archipel, qu'il l'est du centre de la France, dans sa plus grande proximité ; d'où il semble devoir résulter que la température de la saison froide des Antilles ne diffère que peu de celle de nos étés, ce que cependant l'observation contredit.

En considérant sous un même point de vue les grandes et les petites Antilles, on reconnaît que cette chaîne d'îles de 800 lieues de développement, occupe une zône de plus de 15 degrés de latitude, dont le climat, s'il était déterminé par la seule position géographique, serait le même que celui des pays suivans ; savoir :

Dans le Nouveau-Monde, une partie du Vénézuelle, et les vastes contrées de la Costa-ricca, de Honduras, du Yucatan et du Mexique.

En Afrique, les îles du cap Vert, la Sénégambie, le Soudan, le Bournou, le Darfour, l'Abyssinie et la Nubie.

En Asie, l'Yémen, la presqu'île de l'Inde, Siam et la Cochinchine ; et dans le grand Océan, les Philippines, les Mariannes et les Sandwich.

Le tableau placé à la fin de cette section montre combien les températures diffèrent, même entre les tropiques, sous des parallèles identiques ou peu distants ; il donne conséquemment pour chacune des contrées, qui y sont indiquées, la somme totale des effets perturbateurs, dont la puissance modifie la température primitive, et change le climat que comporte la position géographique.

Dans un second tableau, on a réuni les résultats des

observations faites dans les différentes îles de l'Archipel des Antilles, ce qui permet de comparer leurs températures extrêmes et moyennes, soit dans les diverses parties de leurs chaînes, soit avec les points du globe, qui sont situés sous des latitudes identiques, correspondantes ou rapprochées.

Les lieux indiqués dans ces tableaux étant situés à quelques pieds seulement au-dessus du niveau de la mer, les variations de leur température ont d'autres causes que l'élévation du sol; et la connaissance des localités nous permet d'expliquer la plupart d'entre elles par l'influence de la position géographique.

La température moyenne semble être la même pour tous les lieux situés entre les tropiques, quelle que soit leur distance de l'équateur. Par exemple, l'observation nous apprend qu'elle est identique, à Cumana, sous le 10.e parallèle; à Madras, sous le 13.e; à la Martinique, sous le 14.e; dans la Sénégambie, sous le 15.e; à la Guadeloupe, sous le 16.e; et à la Jamaïque, sous le 18.^{e}

Mais sous le tropique, ou seulement à quelques minutes au-delà, il paraît y avoir un abaissement subit et considérable de la température moyenne. Ainsi, à la Havane, les observations de D. Ferrer en fixent le terme au 25° 7, et celles consignées dans les travaux de la Société royale de Londres, portent seulement au 24.e la température moyenne de Canton, qui gît également sous le 23.e parallèle; elle est également basse au Brésil, sous une latitude correspondante.

Il y a des motifs suffisans pour admettre qu'à une même distance de l'équateur la température est plus élevée dans l'hémisphère boréal que dans l'hémisphère austral. Ainsi, d'après Blagden, elle doit être fixée au 27° 22 sur les côtes de la Jamaïque et de Saint-Domingue, tandis qu'à l'île de France, Cossigny ne la porte qu'au 26° 9.

Si la côte orientale de la presqu'île de l'Inde et celle de l'Amérique équatoriale n'ont pas la même température sous les mêmes parallèles, c'est par l'effet de causes locales et non par l'influence des positions géographiques. A la côte Coromandel, le mercure a pour maximum les 37.° et 38.° degrés ; et la température moyenne est entre le 27° et le 28° ; sur les rivages du Brésil, de la Guyane et d'une partie du Vénézuelle, il n'excède pas le 31° dans son maximum, et le 26° dans son terme moyen. A Rio Janéiro, par le 22° 54' de latitude australe, on calcula même, en 1782, que la chaleur moyenne ne s'éleva, pendant cette année qu'au 23° 67 (1). A Cayenne et à Surinam, sous les 4.° et 5.° parallèles, le 25° 38 est le terme moyen de la température annuelle; à la Guayra, dans le Vénézuelle, sous le 10.° parallèle, et à la Véra-Cruz du Mexique, sous le 19.°, les observations recueillies par M. de Humboldt, la portent au 26° 5 et au 25° 4. Cette différence entre la chaleur des contrées de l'Inde et celles d'Amérique, n'a point pour cause les grandes influences qui servent de base au système des Lignes isothermes ; elle paraît dépendre uniquement de l'état superficiel du sol ; sur la côte orientale de la presqu'île indienne, des sables vitreux déterminent un accroissement

---

(1) *Memorias de l'Academia das Sciencias de Lisboa*, tom. I, p. 304.

dans les hauteurs thermométriques ; tandis que sur les côtes de l'Amérique équatoriale, il y a un grand abaissement produit par les forêts noyées de palétuviers, qui bordent les rivages et qui absorbent la chaleur de l'atmosphère, par la couleur rembrunie de leur feuillage, et bien plus encore par leur immense évaporation, dont l'air est continuellement chargé.

On soupçonne que toutes choses égales d'ailleurs, il y a une différence de température entre les îles qui gissent au milieu de l'atmosphère pélagique, et qui en sont entièrement environnées, dans tous les temps, et celles dont la situation est assez rapprochée des rives continentales pour qu'elles soient soumises alternativement, selon les vents, aux effets de l'atmosphère pélagique et de l'atmosphère terrestre. Il y a quelques raisons de croire qu'à la limite de l'un et de l'autre, il s'opère des phénomènes d'absorption, qui abaissent la température. Ainsi, dans les îles situées aux deux extrémités de la chaîne des Antilles, près des rivages de l'Amérique méridionale et de l'Amérique septentrionale, la chaleur est moins grande, dans son maximum et dans son terme moyen, que dans les îles gissant au centre de l'Archipel, et soumises uniquement à l'influence pélagique. A la Martinique, qui est dans cette dernière position géographique, le thermomètre a pour terme le plus élevé le 35°, et pour moyenne annuelle le 27° 24. A la Barbade et à la Havane, qui ne sont séparées que par des bras de mer, de la Terre-Ferme et de la Floride orientale, le maximum thermométrique ne s'élève qu'au 30°, et la température moyenne est plus basse d'un à deux degrés que dans les îles de la Martinique et de la Guadeloupe.

La chaleur moyenne de l'été est, à Cuba, du 26° au 28° degrés centésimaux ; elle passe rarement le 30° et le 31°. Celle de l'hiver varie du 18° 33 au 21° 11 ; et, dans quelques cas, elle descend jusqu'au 7° 22 (1). On sait également, par Lorimer, que, dans la Floride occidentale, le mercure s'abaisse jusqu'au 8° 33.

Toutefois, les phénomènes qui caractérisent l'atmosphère pélagique n'ayant attiré l'attention des physiciens que très-récemment, il faudrait soumettre à une observation attentive les faits dont s'appuie la conjecture qui vient d'être déduite.

---

(1) John Wharton, consul des Etats-Unis. *Med. Repository*, t. VI, p. 208.

TABLEAU

De la Température des différens lieux de la Zône torride, gissant sous des parallèles identiques ou correspondans à ceux des Antilles.

LIEUX d'observation.	Contrées.	Latitudes.	Termes extrêmes de la température. Maximum.	Minimum.	Terme moyen de la Température annuelle.	Observateurs ou Autorités.
Cumana	Vénézuelle	10°27'	32° 7	21°11	27° 7	M. de Humboldt.
Pondichéry	Inde	11 55'	37 50	25	28 75	Cossigny.
Madras	Idem	13 13'	38 89	17 78	27 25	Kirwan.
Manille	Philippines	14 36'	43 50	19 38	28 92	Le Gentil, therm. à l'esp. de vin.
Saint-Louis	Sénégal	15 53'	41 70	22 50	»	Golbéry.
Antongil	Madagascar	15 27ˢ	56 20	25	»	Le Gentil.
Foulepointe	Idem	17 40'	34	19	»	Rochon.
Bombay	Inde orient.	18 56'	32 78	20	27 9	Trans. de la Soc. de Bombay.
Ile de France	Mer d'Afriq.	20 9ˢ	31 25	20 38	26 9	Cossigny.
Surinam	Guyane	5 8ˢ	31 88	21 25	25 38	Holl. mag., t. I.
Cayenne	Idem	4 56ˢ	31 25	23 75	»	L'Escalier.
Canton	Chine	23 8'	31 67	10 56	24	Soc. roy. de Lond.
La Guayra	Vénézuelle	10 36'	»	»	26 5	M. de Humboldt.
La Véra-Cruz	Mexique	19 11'	»	»	25 4	Idem.

DEUXIÈME PARTIE.

TABLEAU

De la Température des différentes Iles de l'Archipel des Antilles, au niveau de la mer.

LIEUX d'observation.	CONTRÉES.	LATITUDES.	Termes extrêmes de la température. Maximum.	Minimum.	Termes moyens de la Température annuelle.	OBSERVATEURS ou Autorités.
Port d'Esp..	Trinitad....	10° 39'	33°89	25°37	»	Lavaysse.
Bridgetown..	Barbade.....	13 5	27 59	22 18	26°37	Hillary.
Fort-Royal..	Martinique..	14 36	35	20 56	27 24	Mor. de Jonnès.
Roseau......	Dominique..	15 18	33 33	26	»	Clarke.
Sainte-Rose..	Guadeloupe.	16 29	39 30	18 50	27 51	Hapel Lachenaie.
Basse-Terre..	Idem......	15 59	38 38	19 38	28 38	Legaux.
Porto-Rico..	Porto-Rico.	18 29	35	18 75	»	Le Dru.
Kingston....	Jamaïque...	18	32 78	20 56	26 67	Hunter.
Côtes de la Jamaïque....	Idem......	18	32 22	20 56	27 22	Blagden et Edw.
Léogane.....	St.-Doming.	19 52	35	20	26 25	Moreau de St.-M.
Cap-Français.	Idem......	19 46	35	20	27 22	Moreau de St.-M. Blagden.
Havane.....	Cuba......	23 10	33	21	25 7	D. Ulloa et D. Ferrer.

II.° *Influence de l'élévation du sol.*

On sait que l'élévation du sol produit un abaissement gradatif de la température atmosphérique, et que le climat des lieux varie, non seulement selon leur latitude, mais encore selon leur hauteur au-dessus de l'océan. Toutefois, cet abaissement n'est pas exactement proportionnel aux divers degrés de l'élévation des terrains ; il éprouve par leurs formes géologiques, leur étendue, leur exposition et la nature de leurs surfaces, de très-grandes modifications, que des exemples nombreux nous permettront d'apprécier ; mais avant d'arriver à examiner leur influence, il fallait connaître quel est le terme du décroissement de la température des Antilles, par l'effet de l'élévation du sol, et déterminer sur des points divers quelle est l'épaisseur des couches de l'atmosphère, dans lesquelles s'opère un refroidissement susceptible d'abaisser d'un degré centésimal le mercure du thermomètre. La complexité des élémens nécessaires à chaque observation, nous a limité à ce que nous avons expérimenté nous-mêmes, attendu que les montagnes des Antilles n'ont point été mesurées, et que personne encore n'a tenté de comparer la température de leurs sommets à celle du littoral de ces îles ; quelques données nous ont été fournies cependant par Cortès, Edward et Macfarlane, et nous espérons, en offrant le tableau placé à la fin de cet article, exciter les voyageurs à diriger leur attention sur ce sujet intéressant.

Dans un second tableau, qui se trouve à la suite, nous avons réuni les observations, faites sur les plus hautes montagnes du globe par les physiciens modernes les plus célèbres; il résulte de leur ensemble qu'une colonne d'air haute de 1066 mètres à 6,979, est soumise à un décroissement de température, tel qu'il y a un refroidissement d'un degré centésimal, pour chaque tranche ou couche horizontale d'une épaisseur de 176 mètres.

Les observations faites sur les montagnes des Antilles à des hauteurs diverses, conduiraient à croire que dans l'atmosphère de ces îles, le refroidissement est beaucoup plus rapide, et qu'il y a une diminution de chaleur d'un degré, pour chaque couche d'air de 143 mètres; mais, en examinant ces observations, on voit qu'elles n'embrassent que des lieux, dont l'élévation est considérablement inférieure à celle des grandes montagnes, dont l'atmosphère se refroidit plus lentement; on y reconnaît évidemment qu'il y a deux proportions dans le décroissement de leur température; l'une très-rapide pour les plateaux dont la hauteur est au-dessous de 1500 mètres; l'autre bien moins considérable pour les pics, dont l'élévation dépasse ce terme. Ainsi, en séparant en deux séries les observations du tableau des hauteurs de l'Archipel, on trouve que pour la première qui se compose des montagnes de 1550 à 2200 mètres, le refroidissement d'un degré centésimal correspond à 171 mètres, tandis que pour les hauteurs de 400 à 1200 mètres, l'accélération du refroidissement est si grande, qu'un degré centésimal correspond à une couche d'air de 116 mètres seulement.

Les causes de cette différence considérable, sont l'évaporation plus abondante des plateaux inférieurs, et surtout la présence presque continuelle des nuages dans la région des montagnes, dont l'élévation est de 400 à 1200 mètres au dessus du niveau de la mer. Ce qui prouve que l'abaissement rapide de la température, sur ces plateaux, est l'effet de leur situation hydrographique et de leur état superficiel, c'est que sur ceux de Vénézuelle et du Mexique, M. de Humboldt a expérimenté que le décroissement de la chaleur est d'un degré centésimal par 258 mètres, tandis qu'il est de 191, dans l'atmosphère qui environne les pics les plus élevés de ces contrées.

La comparaison de ces nombres établit jusqu'à quel point la température peut être modifiée par la nature des surfaces et la présence et l'étendue des eaux; elle prouve que le décroissement de la chaleur atmosphérique est la moitié plus rapide sur les plateaux des îles couvertes de hautes forêts que sur les plateaux des continents où le sol est dépouillé entièrement, ou bien revêtu par la culture de plantes herbacées et jaunissantes. Elle fait connaître qu'aux Antilles l'influence de l'état superficiel et celle de la position pélagique entretiennent sur les montagnes de la première région, une température plus basse que ne laisse supposer celle qu'on éprouve sur les plus hauts sommets des pitons de l'Archipel.

En partant des données, fournies par l'observation, sur les deux groupes de montagnes les plus élevées de la Martinique, le décroissement de la chaleur de l'atmosphère est d'un degré centésimal pour chaque couche d'air de 174 mètres d'épaisseur; d'où il suit que la température moyenne, ayant pour terme, au niveau de la mer, le 27.° 24, le point de la congélation doit être approximativement à 4,655 mètres, c'est-à-dire, à une élévation de 2,900 mètres au-dessus de celle des pitons du Carbet et de 3,097 mètres au-dessus du plus haut sommet de la Montagne pelée.

Quoique ce dernier volcan n'ait que le tiers de l'élévation qu'il lui faudrait, pour que les eaux du lac qui occupent l'un de ses cratères, fussent soumis à la congélation, tels sont les effets de l'évaporation pélagique, de la rapidité des brises, et surtout du passage subit d'une chaleur ardente à une température plus basse de 9 degrés, que l'observateur s'étonne, en parvenant à son sommet, de n'y pas trouver de glace.

La Condamine fut frappé de ce phénomène; il remarque dans la relation de son voyage à l'Amazone, qu'étant à Zaruma, par le 3.°4' de latitude australe, à une hauteur d'environ 1358 mètres, — 700 T. au-dessus du niveau de la mer, il ressentit une très-grande chaleur, quoiqu'il n'y fut guères moins élevé que sur le plateau de la Montagne pelée, où il avait éprouvé un froid très-piquant (1).

Ce résultat des causes, que nous avons indiquées, est la source d'une multitude d'exagérations et de récits controuvés, parmi lesquels il faut placer celui du missionnaire Labat qui assure, d'après de graves témoignages, qu'en 1664, un combat ayant été livré sur le sommet de la Montagne pelée, on trouva, trois mois après, que les cadavres de ceux qui y avaient été tués, étaient demeurés dans un état de conservation parfaite, ce que l'historien attribue à l'effet du froid excessif de ces lieux élevés (2).

---

(1) La Condamine, p. 21. (2) Labat, t. I, p. 191.

Il n'y a, sans doute, pas plus de fondement dans l'assertion du voyageur Ledru, qui prétend qu'à Porto-Rico on voit de la neige dans la saison froide, sur les montagnes de Loquillo. Si l'on admet que dans cette île située sous les mêmes parallèles que la Jamaïque, la température moyenne de l'année est au niveau de la mer, au $27.°25$, comme Edward et Blagden l'ont trouvée au Port-Royal, et si l'on considère, comme très-vraisemblable, que le décroissement de la chaleur est identique pour les pitons de Loquillo et pour les Montagnes bleues, le terme moyen de la congélation ne peut-être, sur ces montagnes, au-dessous d'une hauteur de 4,385 mètres; or, la plus grande variation que nous avons trouvée entre les termes extrêmes de la température des régions gissant au-delà de 1500 mètres, n'est que de six degrés, ce qui borne à la moitié de ce nombre les variations de la température hivernale; ces trois degrés correspondent, d'après les données déduites précédemment, à une élévation de 492 mètres qui, étant retranchée de la hauteur totale, laisserait encore celle de 3,893 mètres, aux montagnes de Loquillo, s'il était vrai que leurs sommets se couvrissent de neige pendant la saison froide des Antilles. Il est presque superflu de remarquer qu'une telle élévation est extrêmement invraisemblable, puisqu'elle rangerait ces montagnes presqu'inconnues, parmi les premières du globe, qu'elle les ferait appercevoir à une distance de 40 lieues, et qu'elle leur donnerait presque deux fois la hauteur du pic des Montagnes bleues de la Jamaïque, et des montagnes de la Selle et de la Hotte à St. Domingue.

Ces aperçus sont confirmés par un exemple remarquable; les monts Salazes de l'île de Bourbon s'élèvent, sous le 20.° 51' de latitude australe, à une hauteur de de 3,313 mètres — 1700 T. D'après le rapport de Cossigny, (1) leurs sommets présentent quelquefois de la neige, mais seulement dans les hivers les plus froids. Le même observateur, nous ayant appris que le 26.° 9 centésimal est le terme moyen de la température annuelle des îles de France et de Bourbon, si l'on admet que le décroissement de la chaleur de leur atmosphère est comme à la Jamaïque sous le 17.° 50' de latitude boréale, d'un degré pour 164 mètres, le point de la congélation est à 4,246 mètres; et il descend à 3,754 mètres, par l'effet des variations hivernales, en supposant qu'elles sont renfermées dans une échelle thermométrique de trois degrés, comme sur les pitons des Antilles méridionales. Mais, une différence de 6.° 16' entre la latitude de ces montagnes et de celles de l'île de Bourbon, doit déterminer dans ces variations un accroissement qu'augmente encore l'abaissement plus grand de la température dans l'hémisphère austral. On conçoit, que par cette double cause, les variations de la température hivernale peuvent, dans certaines années, s'augmenter de 2.° 69, et qu'alors le point de la congélation, descendant jusqu'à une hauteur de 3,313 mètres, qui est celle des Salazes, au-dessus de la mer, les sommets de ces montagnes doivent en effet se couvrir de neige momentanément.

---

(1) Tome I, p. 149.

CLIMAT.

TABLEAU

Des Décroissemens de la Température, observés à diverses hauteurs des Montagnes des Antilles.

LIEUX D'OBSERVATION.	LATITUDES.	Hauteur de la colonne d'air. En mètres.	Hauteur de la colonne d'air. En toises.	Températ. inférieure.	Températ. supérieure.	Différence entre ces Temp.	Elévation pour un degré cent. de refroidissement.
Pic des mont. bleues. Jamaïque.	17°50	2,215	1,136	27°	8°	19°	164 mèt.
Pitons du Carbet. Martinique.	14 36	1,755	900	26	16	10	175
Montagne Pelée. Idem.	14 44	1,558	798	28 50	19 50	9	173
Plateau de la Soufrière. Guadel.	16 15	1,404	720	30	18	9	122
Entrée de la caverne. Idem.	16 15	1,257	645	28 13	18 75	9 25	136
Cold-Spring. Jamaïque.	17	1,252	642	27	15	12	104
Base de la Soufrière. Guadel.	16 15	1,092	560	28 12	19 13	9	122
Morne Goyavier. Idem.	16 14	957	491	30 38	21 88	8 50	112
Savane des Pères. Martinique.	14 35	489	251	30	26	4	122
Tivoli. Saint-Domingue.	18 35	463	237	27	23	4	116
Plateau Mont-Rose. Martin.	14 34	431	221	30	26	4	108
Camp Savary. Idem.	14 34	407	209	30	26	4	102

TABLEAU

Des Décroissemens de la Température, observés à diverses hauteurs des Montagnes du globe.

LIEUX D'OBSERVATIONS.	Contrées.	Hauteur de la colonne d'air mesurée.	Températ. inférieure.	Températ. supérieure.	Épaisseur de la couche d'air pour un degré de refroidiss.	OBSERVATEURS.
Ascension aérostatique à Paris....	France...	6,979 mèt.	+30°8	— 9°5	174 mètr.	M. Gay-Lussac.
Chimborazo......	Am. mér.	5,879	25 3	— 1 6	201	M. de Humboldt.
Pic de Ténériffe...	Canaries..	3,729	24 9	+ 8 4	226	M. Cordier.
Pic de Ténériffe...	Idem....	3,729	22 8	2 7	184	M. de Humboldt.
Mont-Blanc......	Suisse....	4,374	8 3	— 2 9	140	Saussure.
Etna............	Sicile....	3,237	23 1	+ 4 4	178	Idem.
Mont-Perdu......	Pyrénées.	3,117	25 6	6 9	167	M. Ramond.
Pic du midi.......	Idem....	2,613	27 5	11 6	164	Idem.
Puy-de-Dôme.....	France...	1,066	21 3	14 4	154	Idem.

IV°. *Influence de la configuration du sol.*

La configuration du sol est l'une des causes de l'irrégularité qu'on observe, soit dans la distribution de la chaleur sur les surfaces de chaque contrée, soit dans le décroissement de la température, selon l'élévation des lieux.

Les contrées volcaniques étant celles où les accidens du terrain sont, en même-temps, et les plus nombreux et les plus variés, les Antilles sont soumises à toute la puissance de cette cause de perturbations.

Les montagnes qui interceptent la brise de l'est ou celle du nord, produisent une élévation de la température dans les lieux abrités ; celles qui arrêtent l'action des vents chauds, humides et malsains, soufflant du sud pendant l'hivernage, maintiennent une fraîcheur salutaire ; il fait une chaleur étouffante dans les vallées resserrées, terminées en cul-de-sac, et s'ouvrant dans une direction différente de celle des brises alisées ; au pied des grands escarpemens qui réfléchissent les rayons solaires, on dirait que l'air est près de s'embrâser ; la température s'élève, dans les villes, où par l'action prolongée de la chaleur du soleil, les murs et les pavés deviennent brûlans ; elle s'abaisse dans les campagnes, où toutes les surfaces sont couvertes de plantes revêtues d'une verdure éternelle ; elle est bien moins haute dans les endroits exposés aux courans de l'atmosphère, que dans ceux où des causes quelconques les empêchent de pénétrer ; dans les montagnes elle semble glaciale, à l'entrée des gorges, que traversent les brises carabinées de la haute région de l'air ; elle varie enfin, dans son intensité, sur les plateaux étendus, comparés aux pitons aigus et isolés, qui ont la même élévation.

Il est impossible de fixer l'influence qu'exerce chaque espèce de configuration géologique sur la température, parce qu'elle est toujours combinée avec celle de plusieurs autres causes; mais il est essentiel d'indiquer, dans les observations, les circonstances qui peuvent s'y rapporter et servir à expliquer les anomalies qu'offrent dans leur comparaison, les termes extrêmes et moyens de la température d'une même contrée.

IV.° *Influence de la nature du sol et de son état superficiel.*

La nature du sol et son état superficiel, ajoutent beaucoup aux effets de la configuration des terrains.

Dans les Antilles calcaires, le sol est blanchâtre, et souvent dépouillé de végétaux : il y a réflexion de la chaleur et accroissement de la température; dans les Antilles volcaniques, la terre est d'un brun rouge obscur, et toutes les surfaces ombragées de plantes : il y a décroissement comparatif de la chaleur. Dans les premières de ces îles, les pluies rares dont elles sont arrosées, ne font que traverser le tuf poreux, qui forme leur plateau ; et les eaux coulent souterrainement sur les couches argileuses que recouvre la superposition calcaire : il n'y a point d'évaporation, ni conséquemment d'absorption du calorique par des eaux stagnantes ou fluviales. Au contraire, dans les Antilles volcaniques, la décomposition des laves donnant une terre argileuse difficilement pénétrable aux pluies, le séjour de leurs eaux, à la surface du sol, produit une abondante évaporation, et déterminé un abaissement proportionnel dans la température de l'atmosphère ; D'où il suit, que toutes choses étant égales d'ailleurs, les îles calcaires sont plus chaudes que les îles volcaniques.

En comparant les pics et les plateaux, on reconnaît que la même cause agit sur leur température relative; les eaux pluviales glissent sur les versans rapides des pitons, et il n'en résulte qu'une faible évaporation, tandis qu'elles s'arrêtent sur les plateaux de la région moyenne des montagnes, et qu'elles ajoutent sans cesse à la transpiration de leurs immenses forêts. Cette différence est la cause de celle que nous avons observée dans le décroissement de la chaleur atmosphérique, qui est bien plus rapide, sur les plateaux inférieurs des Antilles, que sur les sommets de leurs pics les plus élevés. Sur les premiers, ce décroissement est d'un degré centésimal pour 102 à 122 mètres ; pour les seconds, il est d'un degré pour 164 à 175 mètres.

La compensation, que produirait dans d'autres contrées, l'état superficiel des plateaux qui seraient soumis à la culture, ne peut avoir lieu dans l'Archipel, où leur surface n'est pas moins couverte de bois que les versans des pitons, ce qui ne permet pas que le rayonnement du calorique y soit plus considérable.

Il faut qu'il y ait parité de circonstances, quant à la position géographique et à l'élévation du sol, pour déterminer quel est le degré d'influence de la nature des terrains et de leur état superficiel sur la température de l'atmosphère. En admettant, comme terme moyen de cette température, celui qu'on observe au milieu des terrains cultivés où le sol est communément argileux et couvert de plantes ligneuses, mais d'une hauteur médiocre, on reconnaît qu'il y a un accroissement de chaleur de cinq à six degrés centésimaux, dans les terrains tufeux, ponceux et calcaires, dont la surface souvent dépouillée, réfléchit la lumière et le calorique. Ainsi à la Martinique, dans la presqu'île Sainte-Anne, et à Saint-Domingue, au Port-à-Piment, le thermomètre s'élève à l'ombre, au-delà du quarantième degré.

Il y a un décroissement considérable de la température, sur les grands plateaux boisés, situés dans le voisinage, ou à la lizière des vastes forêts de l'intérieur des îles. La verdure intense de leurs arbres et leur transpiration abondante absorbent beaucoup de chaleur atmosphérique. Ainsi, à Saint-Domingue, sur les montagnes de Banique, détachées du Cibao, le mercure descend jusqu'au 17.° 50; il atteint le 15.° sur celles du Borgne, dans la vallée Josaphat; sur celles de Marmelade, il va jusqu'au 11.° 25; et au Dondon, il tombe quelquefois jusqu'à 8°, 75; ce qui est la température du pic des Montagnes bleues dont l'élévation est à celle du Dondon, comme quatre et demi sont à un.

La température est encore modifiée par plusieurs autres circonstances locales, dont toutefois l'influence est moins grande. Il y a accroissement de la chaleur, dans les villes bâties régulièrement, sans solution de continuité, dans les édifices de leurs rues, surtout lorsque, comme à la Pointe-à-Pitre, les maisons sont construites en pierres calcaires, d'une blancheur éclatante; il y a décroissement dans les habitations environnées d'arbres, dans les savanes herbeuses, dans les plantations de caféyers, et sous l'ombre épaisse de la cîme des Tamarins; il y a au contraire, une élévation de la température de plus de deux degrés centésimaux, dans les champs, dont les cannes à sucre ont été coupées, dans les lieux dominés au vent par des mornes, et dans ceux dont l'air s'est échauffé, en traversant des plages de sable vitreux ou bien en prolongeant les hauts escarpemens de la côte occidentale qui concentrent et réfléchissent la chaleur solaire.

Des observations, qui viennent d'être publiées, nous apprennent qu'à Londres, la température moyenne varie dans les diverses parties de cette capitale; par le seul effet de la plus ou moins grande quantité d'individus, qui y demeurent. Dans la partie la plus habitée, elle a pour terme, le 10.° 50; et dans celle qui l'est le moins, le 8.° 89, ce qui donne une différence de 1.° 61. Aucune influence semblable n'est appréciable, dans les villes des Antilles où la population est dispersée sur des surfaces étendues, et où d'ailleurs il n'y a d'autres foyers que ceux qui servent aux préparations des alimens.

V.° *Influence de la direction des Vents.*

La direction des vents et leur vélocité ne produisent pas des modifications moins considérables. La température est constamment plus élevée dans les lieux, qui toutes choses égales d'ailleurs, ne sont pas soumis aux influences boréales, ou exposés à l'action immédiate de la brise de l'est.

Il y a une différence de près de deux degrés centésimaux dans les observations faites sur la côte orientale des Antilles, qui reçoit, sans intermédiaire, les courans alisés, et celles faites sur la côte occidentale, où ils ne parviennent qu'après avoir franchi les montagnes et parcouru les sinuosités des vallons.

Dans un même lieu, la seule différence d'exposition en produit une dans l'élévation du mercure, qui altère tellement les résultats des observations thermométriques, qu'on ne doit pas s'étonner des variations qu'on remarque dans la détermination de la température moyenne des lieux identiques ou peu distans. Cette différence donne celle de la température des vents exerçant leur action immédiate sur les rivages des Antilles. En voici un exemple remarquable : De 1797 à 1800, La Chenaie, qui observait, à Sainte-Rose, au nord de la Guadeloupe, obtint les résultats suivans de deux thermomètres, dont l'un était exposé sur une surface regardant le nord, et soumis conséquemment à l'influence boréale, et l'autre suspendu de manière à être exposé en même temps au nord et au sud.

	1797.	1798.	1799.	1800.	t. moy.
Au nord et au sud.	26° 97	27° 44	27° 37	28° 88	27° 51.
Au nord.	24° 77	25° 40	24° 43	27° 15	25° 44.
DIFFÉRENCE.	2° 20	2° 4	2° 94	1° 73	2° 7.

On peut regarder cette différence de 2° 7, produite dans la température d'un même lieu par la seule différence des expositions, comme exprimant à peu près le maximum de cette influence aux Antilles. On en trouve la preuve dans l'examen des localités, où ce résultat a été obtenu ; le bourg de Sainte-Rose, où les observations ont été faites, gît sur la côte du canal d'Antigue, qui, par ses flots tumultueux, ajoute encore à l'évaporation, dont les vastes marais du Lamentin chargent l'atmosphère. C'est l'humidité, que fait naître cette double cause, qui, par son action immédiate, abaisse ainsi les thermomètres exposés au nord. Cette humidité est moins grande, lorsqu'il y a un courant d'air, au milieu duquel l'instrument est suspendu, subissant l'effet simultané des températures australe et boréale ; les hauteurs thermométriques présentent alors un terme moyen, et c'est ce que nous nous sommes efforcés d'obtenir à la Martinique, en choisissant, pour lieu d'observation, un endroit où les courans atmosphériques étaient parfaitement libres et agissaient de toutes parts sur le mercure.

Lorsque tout est égal d'ailleurs, les effets des brises sont augmentés par leur vélocité ; et quoi qu'il y ait peu de différence entre la température du vent et celle des surfaces qu'il frappe, la perte du calorique qu'éprouvent les hommes et les animaux est très-considérable, parce que la chaleur qu'il leur enlève est rapidement dispersée dans l'espace, et que des particules d'un air plus frais remplacent sans cesse celles qui se sont échauffées. Les vents du nord, surtout, qui soufflent avec une vitesse accélérée, produisent ainsi une évaporation et un dégagement de calorique fort rapides ; le froid qu'ils causent paraît très-vif ; ils ne font descendre le mercure au Fort-Royal de la Martinique, que jusqu'au 20° 56, parce que cette ville est située sur la côte occidentale de l'île et garantie de leur action par des mornes élevés. Mais à Sainte-Rose, à l'extrémité septentrionale de la Guadeloupe proprement dite, ils abaissent le thermomètre jusqu'au 18° 50 ; et à Saint-Domingue, dans le canton de Tourraine, au pied du versant boréal des montagnes de la Selle, on a vu, en 1788, les 12 et 13 mars, le mercure tomber durant un coup de vent de nord, jusqu'au 6° 88 (1), ce qui est le terme le plus bas où il ait été jamais observé, dans l'Archipel des Antilles, même sur le sommet des plus hautes montagnes.

En effet, il est demeuré stationnaire :

Au 8° 33 sur le Pic des Montagnes bleues de la Jamaïque, au soleil levant, à 2,215 mètres ;

Au 17° 88 sur le Piton méridional des montagnes du Carbet, à deux heures après-midi, le 21 février 1806 à une hauteur de 1755 mètres ;

Au 16° 25, sur le même Pic, à 11 heures, le 17 avril 1810 ;

Au 22° 22, sur le Piton de l'Est, à onze heures et demie, le 4 septembre 1811 ;

Au 19° 38, sur le Piton de l'Observoire, de la Montagne pelée, à 1558 mètres, vers deux heures après-midi, le 21 avril 1807 ;

Au 18°, sur le plateau de la Montagne, à midi, le 5 mars 1815.

Au 21° 25, sur le même plateau, le 30 octobre 1751, lorsque le mercure était au 34° 38, au niveau de la mer,

---

(1) Moreau de Saint-Méry, t. II, p. 412.

à Saint-Pierre, ce qui donne une différence de 13° 13.

Au 22° 50, le 24 décembre même année, à neuf heures du matin, au sommet du Morne Calebasse, quand il était au niveau de la mer, à Saint-Pierre, au 29° 50, ce qui donne une différence de 7 degrés. Ces deux observations appartiennent à Chanvalon;

Au 20° 75, sur le plateau de la Soufrière de la Guadeloupe, à 1404 mètres, à midi, le 28 mars 1815;

Au 18° 75, à l'entrée de la caverne de la Soufrière, à 1243 mètres, à onze heures et demie, le 28 février 1798;

Au 13° 89, à Cold-Spring de la Jamaïque, à 1252 mètres, au soleil levant, en décembre 1788.

VI.° *Influence de la présence des eaux.*

Enfin, la présence d'une grande étendue d'eau modifie considérablement la température originelle; elle tend par deux effets contraires, à rapprocher les termes extrêmes de l'échelle thermométrique, puisqu'elle refroidit l'air lorsqu'il est très-chaud, et qu'elle l'échauffe, lorsqu'il est très-froid; elle donne des résultats différens à l'action du même degré de chaleur, et change jusqu'aux lois des variations de l'atmosphère.

C'est l'ensemble de ces phénomènes, qui constitue ce que les physiciens modernes nomment le climat des îles; l'application de la chaleur solaire à la surface de l'Océan est la cause d'une évaporation continuelle, qui entretient, soit par elle-même, soit par les pluies qu'elle produit, une grande humidité atmosphérique, d'où résulte principalement la différence entre cette espèce de climat et celui des régions continentales; ses effets hygrométriques devant être examinés dans le chapitre suivant, on se bornera à énoncer ici, les résultats de l'influence pélagique sur la température des Antilles.

En comparant les observations thermométriques, faites sous un même parallèle, dans des îles, et dans des contrées continentales, on trouve, avec surprise, que quelque grande que soit, sous la zône torride, la différence de leur maximum et de leur minimum, leur température moyenne est, sinon identique, du moins très-rapprochée. Ainsi, dans la Sénégambie, d'après Golberry, le thermomètre s'élève jusqu'à 41° 70, et cependant les Transactions philosophiques nous apprennent que le terme moyen de la température annuelle n'y dépasse pas le 26° 67. A Madras, d'après l'observation de Roxburgh, le mercure monte au 40.me degré, et néanmoins la moyenne de l'année est fixée au 26° 25. On voit par ce double exemple, que sur les côtes d'Afrique et d'Asie, sous des latitudes correspondantes, quoique le mercure ait une élévation plus grande, au moins de 5 degrés dans son maximum, néanmoins le terme moyen de la température annuelle n'excède pas celui des Antilles. D'où il semble résulter que la situation de ces îles, au milieu d'une vaste mer, a seulement pour effet de distribuer la chaleur avec plus d'égalité dans toute l'étendue de l'année, et qu'elle n'en diminue pas la quantité.

L'abaissement de la chaleur, dans ses termes extrêmes, n'est pas produit uniquement par l'évaporation lagique; il l'est encore par la présence des eaux stagnantes, découvertes ou cachées sous les ombrages des palétuviers. Ainsi, à Cayenne et à Surinam, le maximum thermométrique n'excède guères le 31.°; à la Martinique, dans les plaines marécageuses du Lamentin et de la Rivière salée, et à St. Domingue, dans celles des Cayes, le mercure ne s'élève qu'au 28.° 75, au lieu d'atteindre le 35.° dans son maximum ; et dans son abaissement, il descend jusqu'au 19.° 5., au lieu du 20.° 56, ce qui fait une différence de 6° 25 dans son ascension, et d'un degré 51, dans sa marche rétrograde.

Cette influence de l'évaporation s'étend sur la température des lieux très-élevés, où il existe des amas d'eaux ; le trente octobre 1751, lorsqu'au niveau de la mer, à Saint-Pierre, le thermomètre indiquait le 30.° 38 centésimal, il descendit au 21.° 25 sur les bords du Lac, qui couvre en grande partie le plateau de la Montagne pelée, à 1466 mètres au-dessus de la surface de l'Océan. Cette différence de 13° 13 entre les termes des deux extrémités de la colonne d'air, donne à peu près une hauteur de 113 mètres, pour un degré de refroidissement, tandis que sur a pointe du Piton qui se projète des bords du Lac, et dont la hauteur est d'environ 92 mètres, le terme de la température est tel, qu'un degré de refroidissement suppose une couche d'air de 173 mètres.

On voit ici que l'évaporation des eaux du lac, par la forte brise qui règne à cette hauteur, équivaut dans son effet sur la température de l'air, à ce que produirait une élévation plus grande de 60 mètres.

Cette longue suite de faits météorologiques donne ce qui suit pour résultats principaux :

1.° Les variations journalières de la température sont, aux Antilles, moindres de moitié qu'en France.

2.° Leur maximum n'a lieu que deux à trois heures après le passage du soleil au méridien ; leur minimum a pour époque l'instant le plus éloigné du coucher de cet astre.

3.° Les variations mensuelles suivent le même ordre que dans nos climats.

4.° La température moyenne des mois de novembre et d'avril est celle qui se rapproche le plus de la température moyenne de l'année.

5.° La différence de la température moyenne de deux mois qui se suivent, n'est parfois que de 8 centièmes ; dans le passage d'une saison à une autre, elle est seulement de 2 à 3 degrés.

6.° L'échelle totale des variations annuelles est moindre des deux tiers aux Antilles qu'à Paris.

7.° La plus grande variation de la température moyenne de plusieurs années, est moins considérable de près de moitié à la Martinique qu'à Londres.

8.° La température moyenne de l'année ayant pour terme aux Antilles le 27.° 24, et à Paris le 10.° 6, elle est deux fois trois quarts plus élevée au centre de l'Archipel américain que dans la capitale de la France.

9.° La température des sources du littoral des Antilles confirme ce résultat.

10.° Au pied des montagnes, les sources ont la température des eaux supérieures, dont le refroidissement est gradatif et analogue à celui des couches de l'atmosphère.

11.° Ce refroidissement est à très-peu près d'un degré centésimal pour chaque centaine de mètres de l'élévation du sol où gissent les sources.

12.° La position géographique des Antilles est telle qu'il ne s'en faut que de quelques degrés de latitude dans son plus grand éloignement, que le soleil ne soit aussi proche de l'Archipel, qu'il l'est de la France, dans sa plus grande proximité.

13.° La température moyenne semble être la même pour tous les lieux situés entre les tropiques, quelle que soit leur distance de l'équateur; mais elle paraît éprouver un abaissement subit sous le tropique même, ou à quelques minutes au-delà.

14.° On soupçonne qu'à la limite de l'atmosphère pélagique et de l'atmosphère terrestre, il s'opère des phénomènes d'absorption qui abaissent la température.

15.° Le refroidissement des couches superposées de l'atmosphère est plus rapide sur les montagnes des Antilles que sur celles des continens.

16.° Le décroissement de leur température présente deux proportions : l'une très-rapide pour les plateaux, dont la hauteur est au-dessous de 1000 mètres; l'autre moins considérable pour les pics, dont l'élévation dépasse ce terme.

17.° Ce phénomène et le froid piquant qu'on éprouve sur les plateaux boiseux des Antilles, ont pour cause l'abondance de l'évaporation.

18.° La configuration accidentée du sol des Antilles

fait naître une multitude d'irrégularités dans la distribution de la chaleur à la surface de ces îles.

19.° Les effets de cette cause sont augmentés par la diversité qu'offrent la nature du sol et son état superficiel.

20.° L'influence de la direction des vents produit dans la température moyenne du même lieu, une différence qui s'élève parfois à 3 degrés centésimaux.

21.° La seule accélération des vents abaisse la température bien au-dessous de ce que produit dans l'Archipel des Antilles la plus grande élévation du sol.

22.° Enfin, la présence des eaux pélagiques et leur influence constituent ce que les physiciens modernes nomment le climat des îles; leur effet, quelque puissant qu'il soit, semble, non pas diminuer, comme on le croit communément, la quantité absolue de la chaleur atmosphérique; mais seulement la distribuer avec plus d'égalité, dans toute l'étendue de l'année.

CHAPITRE II.

Recherches sur l'Etat hygrométrique de l'atmosphère des Antilles.

Influence vivifiante de l'humidité atmosphérique sur les contrées du globe ; — Son action sur leur température ; — Ses causes multipliées aux Antilles ; — Ses variations journalières, mensuelles et annuelles ; leurs lois générales. — Variations de l'humidité par l'évaporation des eaux de la mer, par celle des pluies et des marais, et par la transpiration des forêts. — Effets des vents dominans et de l'élévation des lieux. — Tableaux hygrométriques mensuels et annuels. — Recherches sur la quantité de pluie qui tombe aux Antilles ; — Sur ses variations journalières, mensuelles et annuelles. — Sur la grêle des contrées équatoriales. — Variations locales de la quantité de pluie, par l'effet des positions géographiques, par l'élévation du sol, par l'influence des forêts, par la direction des vents et par la proximité des mers. — Tableaux annuels et mensuels de la quantité de pluie qui tombe aux Antilles.

L'HUMIDITÉ atmosphérique tient le premier rang parmi les agens dont l'action constitue la puissance du climat. L'influence qu'elle exerce sur les corps organisés, modifie celle de la température, et même en change entièrement les effets ; c'est elle seule, qui fait différer en toutes choses, la Louisiane de la Perse, et les Savanes américaines, des déserts de l'Afrique. C'est la diminution de la sécheresse de l'air, par l'évaporation des sources, qui fait naître la végétation et la vie dans les Oasis, que la Providence semble avoir formés pour le voyageur au milieu des sables arides de la Lybie ; et c'est par le défaut d'humidité des hautes couches de l'atmosphère, non moins que par l'abaissement de leur température, que les plateaux élevés des deux hémisphères sont frappés d'une éternelle stérilité.

L'observation de ces phénomènes, ayant fait reconnaître aux physiciens modernes, l'influence puissante qu'exerce l'humidité de l'atmosphère sur les plantes, les animaux et les hommes, ils en ont fait la base de la distinction lumineuse, qu'on admet maintenant entre le climat des îles et celui des continens.

C'est en effet l'humidité dont l'air est chargé par l'évaporation des eaux de la mer, qui produit les différences de climat qu'on trouve sous la zône torride, entre des lieux situés sous le même parallèle, mais appartenant les uns aux contrées continentales, et les autres aux contrées insulaires. Ainsi, à Foulepointe, dans l'île de Madagascar, sous le 17.e degré de latitude, les variations thermométriques sont renfermées entre les 19.e et 34.e degrés centésimaux, tandis qu'à Saint-Louis du Sénégal, sous un parallèle correspondant, mais sur la côte occidentale de l'Afrique, les limites de la chaleur sont les 23.e et 42.e degrés (2) ; ce qui fait une différence de huit degrés, entre leurs termes les plus élevés, et une de quatre degrés, entre ceux du plus grand abaissement du mercure.

---

(1) Rochon, t. I, p. 263. — Golbéry, t. I.

A la Martinique, qui ne diffère pas d'un degré de latitude avec le Sénégal, la température a pour termes extrêmes les 21.ᵉ et 35.ᵉ degrés ; d'où il suit que le mercure y descend de deux degrés plus bas et y monte de sept degrés moins haut que sur le rivage du continent Africain intersecté par le même parallèle.

Cette différence de température entre des lieux gissant l'un vis-à-vis de l'autre sur les deux rives opposées de l'Atlantique équatoriale, ne tient point à l'organisation primordiale du Nouveau-Monde, comme l'imaginait l'auteur des Recherches philosophiques sur les Américains. C'est la nature de la superficie des régions du globe qui change ainsi sur des points situés sous le même parallèle, la température atmosphérique, et fait varier le climat des contrées, qui ont une part égale dans la distribution de la chaleur solaire. Si le mercure s'élève à l'ombre, dans la Sénégambie, jusqu'au 44° (1) centésimal, c'est par la réfraction du sable des déserts ; et si, dans sa plus grande hauteur, il ne parvient qu'au 35.ᵉ degré, dans les îles tropicales de l'Amérique, c'est que les flots de l'Océan absorbent la chaleur, au lieu de la réfléchir, et que, par leur évaporation, l'atmosphère est perpétuellement saturée d'humidité.

Aux Antilles, cette humidité a spécialement pour causes :

1.° La situation hydrographique de cet Archipel, sous le vent d'une vaste mer, dont l'évaporation est journelle-

---

(1) Journal d'observations de la corvette française, qui, en 1819, a remonté le fleuve du Sénégal.

ment de près de 50 millions de tonnes d'eau par degré carré.

2.º La proximité, à laquelle sont, les unes des autres, les soixante îles de la chaîne des Antilles, qui, dans un espace de 200 lieues, coupent à angle droit la ligne de direction des vents dominans.

3.º L'étendue du massif minéralogique de ces îles, qui est assez considérable pour exercer sur l'atmosphère une influence que n'ont point les terres insulaires très-circonscrites et entièrement isolées, comme Sainte-Hélène, l'Ascension et l'île de Pâques.

4.º La hauteur générale du massif de ces îles et l'élévation des sommets de leurs montagnes, qui ont de 12 à 1700 mètres, au-dessus du niveau de mer, et qui, pendant la saison pluvieuse, se projettent de plus de la moitié de cette hauteur, au delà de la limite inférieure des nuages.

5.º La structure conoïde ou pyramidale de ces montagnes qui augmente l'action qu'elles exercent sur les nuées électriques.

6.º Les bois, qui les couvrent depuis leur base jusqu'à leur cime aigue, et qui, absorbant le calorique au lieu de le réfléchir, comme les sables et les rochers du rivage, ou les terrains dépouillés de la région des cultures, ont pour effet de condenser les vapeurs atmosphériques, par un abaissement local de la température.

7.º Et enfin, les variations, que de grandes causes astronomiques et géologiques font éprouver annuellement aux vents, dans leur direction, et d'où il résulte : que des courans opposés et d'une intensité de chaleur différente, viennent à se rencontrer fréquemment, surtout pendant l'hivernage ; et que, par la tendance du calorique à se mettre en équilibre, les vapeurs de l'atmosphère, dont il vient à se dégager, se condensent aussitôt en nuages épais et pluvieux.

Le degré de puissance de chacune de ces causes ne pouvant être apprécié que par leurs effets, nous en avons fait l'objet des recherches suivantes, dans lesquelles nous examinerons, avec le secours des méthodes expérimentales :

1.° Quelles sont les variations temporaires et locales de l'humidité atmosphérique, dans l'Archipel des Antilles ;
2.° Quelles sont les variations temporaires et locales de la quantité de pluie qui tombe dans ces îles.

I.° RECHERCHES

SUR LES VARIATIONS TEMPORAIRES ET LOCALES DE L'HUMIDITÉ ATMOSPHÉRIQUE, DANS L'ARCHIPEL DES ANTILLES.

Nous examinerons, dans la section suivante, quelles sont les variations temporaires de l'humidité atmosphérique, dans l'Archipel des Antilles, et nous chercherons à déterminer quelle est leur étendue journalière, mensuelle et annuelle.

Dans la seconde section, nous essayerons de faire connaître quelles sont les variations locales produites par la nature des surfaces géologiques et par l'effet de leur gissement.

Première Section.

Variations temporaires de l'humidité atmosphérique.

L'hygrométrie est une science trop nouvelle pour qu'on puisse attendre de ses instrumens et de ses méthodes d'observation, des résultats aussi rigoureux que ceux auxquels on parvient dans plusieurs autres branches de nos connaissances physiques. Jusqu'à présent, elle n'a dû ses progrès qu'aux seuls travaux d'un petit nombre de savans, qui s'en sont occupés en Europe, et l'on manque entièrement de données expérimentales sur les faits, dont elle pourrait s'enrichir dans les contrées de la zône torride. De longues recherches, appuyées par l'observation immédiate, nous permettent de remplir cette lacune, et de déduire d'une série étendue de faits hygrométriques recueillis aux Antilles, et la plupart inédits, les lois auxquelles est soumise l'humidité atmosphérique dans les îles équatoriales.

Pour arriver à la connaissance des variations temporaires de cette humidité, nous nous sommes servis de l'hygromètre à cheveu de Saussure, comparé à celui de Lambert, et renouvellé chaque année. On sait que sur l'échelle de cet instrument les extrêmes du sec et de l'humidité sont exprimés par zéro et par cent, ce qui semblerait placer au 50.ᵉ degré le terme moyen ; mais il paraît qu'au niveau de la mer, dans toutes les contrées du globe, l'aiguille ne parcourt que la seconde moitié de l'échelle hygrométrique, c'est-à-dire, celle qui indique les divers degrés entre l'humidité moyenne et l'humidité radicale. C'est seulement à une grande élévation dans l'atmosphère que l'instrument marque des degrés au-dessous de 50. Sur les Alpes, Saussure ne l'a pas vu outrepasser le 40.°, et sur les Pyrennées, où l'air est très-sec, M. Ramond n'a jamais eu d'observation bien sûre au-dessous du 39.me

L'hygromètre, dont nous avons suivi le plus long-temps la marche pour déterminer les variations temporaires de l'humidité était placé dans un lieu ouvert, aéré, exempt d'influence locale, à l'abri de l'eau des pluies, et seulement à deux mètres au-dessus du niveau de la baie du Fort-Royal, à la Martinique, entre les 14.° et 15.° parallèles et à peu près au centre de l'Archipel des Antilles.

Nous allons tracer, aussi rapidement que possible, les résultats journaliers, mensuels et annuels que nous a donnée l'observation de cet instrument.

1.° *Variations journalières.*

Il faut distinguer dans ces variations, celles qui sont ordinaires et celles qui résultent de quelques phénomènes perturbateurs.

Lorsque l'état hygrométrique de l'atmosphère n'est soumis à aucun trouble, la plus grande sécheresse a lieu, chaque jour, de deux à trois heures après midi. Vers trois ou quatre heures, l'aiguille de l'instrument devient retrograde, d'abord d'une manière presqu'insensible, puis avec une rapidité accroissante, qui marque l'augmentation progressive de l'humidité de l'air. Au point du jour, vers six heures du matin, elle arrive au maximum de cette augmentation, et bientôt après elle retourne vers le terme de la sécheresse.

D'où il suit, qu'elle emploie environ neuf heures à parcourir les degrés qui la ramènent de l'humidité extrême au terme du sec le plus élevé, et qu'elle en met quinze pour revenir en sens contraire jusqu'au même point. Ce résultat prouve que, dans l'état ordinaire des choses, l'accroissement de l'humidité de l'air est encore moins rapide aux Antilles, que ne l'est la puissance de la chaleur et des vents alisés, dans l'action de dissoudre et de diminuer les vapeurs aqueuses de l'atmosphère.

Quand il y a interruption de la marche ordinaire des phénomènes atmosphériques, les variations temporaires de l'hygromètre changent dans leur étendue et leur rapidité.

Les brises carabinées du nord portent la sécheresse à son maximum ; les vents du sud produisent un effet contraire ; l'aiguille de l'instrument s'approche du terme de l'extrême humidité immédiatement après les grandes pluies, quand la terre couverte d'eau est frappée des rayons brûlans du soleil, qui produisent une évaporation abondante. Quand les pluies sont diluviales, prolongées et accompagnées d'une forte chaleur, l'hygromètre reste stationnaire pendant plusieurs jours au terme de l'humidité radicale.

Il arrive souvent que les ondées, qu'on appelle *Grains*, et même des pluies abondantes n'apportent aucun changement dans la marche de l'hygromètre, et qu'au contraire son aiguille devient rétrograde par les effets de la brume et de la rosée. Cette anomalie paraît résulter de l'action du vent, qui n'a point lieu pendant ces derniers phénomènes, tandis qu'il souffle avec force pendant les pluies partielles, et qu'il chasse rapidement de l'atmosphère les vapeurs aqueuses.

Au soleil levant, l'humidité de l'atmosphère varie du 75.° au 100.me De midi à trois heures, elle est indiquée par les degrés compris entre le 62.° et le 94.° Le soir, elle fait parcourir à l'aiguille hygrométrique, les mêmes degrés où elle se trouve stationnaire au point du jour ; avec cette différence, qu'elle se rapproche moins souvent de l'humidité radicale.

En cherchant quels sont les termes moyens de l'état hygrométrique de chaque jour, l'année entière offre les résultats suivants :

A la Martinique, le matin — 94.°
      à midi — 80.° 2.
      le soir — 89.°
A la Guadeloupe, le matin — 90.°
      à midi — 82. 2.
      le soir — 86. 1.

On peut donc établir sur huit ans d'observations, faites dans des îles différentes, mais rapprochées par leur situation du centre de l'Archipel, qu'aux Antilles, l'humidité moyenne de chaque jour est indiquée :

Le matin par le 92.me degré de l'hyg. de Saussure,
A midi par le 81.°
Et le soir par le 87.° 5.

Ce qui porte l'humidité moyenne de chaque jour entre le 86.me et le 87.me degrés.

2.º *Variations mensuelles.*

La moindre humidité de l'air, a pour époque aux Antilles, les mois de janvier, février, mars et avril; dans nos climats, ce sont ceux de mai, juin, juillet et août qui forment la saison sèche.

L'humidité la plus grande règne dans l'atmosphère des Antilles pendant les mois d'août, septembre et octobre. C'est au contraire à la fin de cette période qu'elle commence sa domination dans l'atmosphère de l'Angleterre et de la France, pour ne cesser qu'au mois de mars.

En général, aux Indes occidentales, depuis juillet jusqu'en décembre, l'air est chargé constamment d'une telle quantité de vapeurs aqueuses, que l'aiguille de l'hygromètre ne parcourt que les dix ou quinze derniers degrés de l'échelle, qui sont les plus rapprochés du terme de l'humidité extrême; pendant les six autres mois, elle s'éloigne davantage de ce terme, et varie dans sa marche jusques vers le 70.me degré.

On voit par cette observation, que la moindre étendue de l'échelle hygrométrique a lieu pendant l'hivernage, et la plus grande pendant l'autre partie de l'année. Dans le cours de la première, les variations sont à peine de 15 degrés ; pendant la seconde leur étendue est moitié plus considérable.

Il y a une irrégularité plus grande dans l'accroissement et le décroissement de l'humidité atmosphérique, que dans l'augmentation et la diminution mensuelle de la température. Cependant, il est établi, par l'examen des termes moyens, que du mois de novembre à celui d'avril, il y a une tendance générale et progressive vers la sécheresse, et que depuis mai jusqu'en octobre cette tendance est inverse. Il en est autrement dans nos climats : l'humidité atmosphérique commence en octobre à s'augmenter ; elle atteint son plus haut terme en janvier et en février ; elle diminue ensuite jusqu'en mai, juin ou juillet, qui sont ordinairement les plus secs de de l'année ; à Londres, le maximum de l'humidité moyenne de janvier est indiqué par le 74.° de l'hygromètre de Saussure ; la moindre humidité mensuelle, qui a lieu souvent en juillet, a pour terme moyen le 56.° degré.

3.° *Variations annuelles.*

Nous considérerons les variations annuelles de l'état hygrométrique de l'air dans l'Archipel des Antilles, sous le triple rapport de l'étendue de leur échelle, de leur terme moyen et de leur comparaison avec les variations thermométriques ainsi qu'avec celles de la quantité de pluie qui tombe dans ces îles. Nous essayerons d'arriver par les résultats des faits, à la connaissance des lois qui régissent cet ordre de phénomènes importans.

Il est établi par trois années d'observations faites au Fort-Royal de la Martinique, à deux mètres seulement au-dessus de l'Atlantique, que dans cette île, sous le 14.° 35' de latitude boréale, les variations annuelles de l'état hygrométrique de l'air sont renfermées entre le 61.° et le 100.me degré.

Des résultats presque semblables sont donnés par cinq

années d'observations, faites à Ste.-Rose de la Guadeloupe, sous le 16.° 29' de latitude boréale. En cette île, l'échelle hygrométrique s'étend du 61.° 1 au 97.° 5.

Six années d'observations à Londres, sous le 51.° 30' de latitude, font connaître que dans cette ville, les variations sont limitées vers le sec au 31.°, et vers l'humidité au 95.°

A Paris, sous le 48.° 50', et à 73 mètres au-dessus de la mer, l'aiguille de l'hygromètre atteint quelquefois le 100.me degré, pendant les mois de septembre, octobre et novembre; et il arrive que dans son mouvement rétrograde, elle s'arrête seulement au 39.°, quand l'atmosphère est soumise à l'action desséchante des vents du nord-est. (1)

D'où il résulte que l'étendue des variations hygrométriques de l'air est à la Martinique de 39.°; à la Guadeloupe de 36.° 4.; à Londres de 64.°; à Paris de 61.°

La comparaison de ces nombres établit :

1.° Que l'étendue des variations hygrométriques de l'air diffère comme les latitudes, et qu'elle s'accroît comme elles ;

2.° Que comme l'échelle des variations thermométriques, cette étendue est presque moitié moins grande dans les

---

(1) D'après les observations de M. Bouvard, en 1807, le terme extrême de l'humidité fut celui de l'hygromètre de Saussure, et l'extrême sécheresse ne fit pas atteindre à l'aiguille de l'instrument la moitié de son échelle; elle ne varia que du 100.° degré au 53.° En 1818, d'après les observations de M. Arago, elle eut pour maximum le 100.° degré, et pour minimum le 38.° Le terme moyen de l'année entière fut indiqué par le 76.°

îles de la zône torride, qu'au milieu de la zône tempérée.

D'où il suit conséquemment, que les alternatives du sec et de l'humidité sont bien moins considérables aux Antilles, qu'à Londres et à Paris, ce qui explique, par l'intensité de leur influence sur les hommes et sur les plantes, plusieurs phénomènes nosologiques et de physiologie végétale.

La détermination du terme moyen de l'humidité atmosphérique nous conduira à des résultats également dignes de l'attention des physiciens et des naturalistes.

En calculant les observations faites à la Martinique pendant trois années, et à la Guadeloupe pendant cinq, et en procédant par la connaissance des moyennes hygrométriques journalières et mensuelles, pour arriver à celle du terme moyen de l'humidité pendant l'année entière, nous avons trouvé que ce terme est pour la Martinique le 87.°7, et pour la Guadeloupe, le 86.°3.

Plusieurs années d'observations faites à Paris et à Londres donnent pour la première de ces villes, le 76.me, et pour la seconde, le 74.me degré.

La comparaison de ces nombres établit :

1.° Que la différence entre l'humidité moyenne de la Martinique et celle de la Guadeloupe est en rapport direct avec les différences que présentent les latitudes des lieux d'observations et la quantité de pluie qui y tombe annuellement; puisque la Guadeloupe est plus élevée vers le pole boréal d'un degré 54', que ne l'est la Martinique; que la quantité de pluie qui y tombe annuellement, est moindre de 49 millimètres, ou à peu près d'un pouce dix lignes, et que le terme moyen de l'humidité atmosphérique y est également moindre d'un degré 40 centièmes.

2.° Que l'existence de ce rapport direct entre la quantité de vapeurs condensées, précipitées sous la forme de pluie, et la quantité de vapeurs aqueuses, libres dans l'atmosphère et indiquées par l'hygromètre, est confirmée par les observations faites à Paris et à Londres, puisque dans ces deux capitales, il tombe la même quantité de pluie, et que l'état hygrométrique de l'air est manifesté par le même terme, ou par des termes très-rapprochés.

3.° Que pour apprécier la différence de dix degrés qui se trouve entre la moyenne hygrométrique des Antilles et celle de Londres et Paris, il faut se rappeller que le froid diminuant la tendance de l'air à dissoudre les vapeurs aqueuses, la température fait singulièrement varier leurs quantités correspondantes à chaque degré de l'hygromètre.

Ainsi, aux Antilles où le terme de la chaleur moyenne n'est guères au-dessous du 27.me degré et demi du thermomètre centigrade, le terme moyen de l'état hygrométrique de l'atmosphère étant le 86°, chaque mètre cube d'air contient près de 24 grammes, (ou 6 gros 20 grains) de vapeurs aqueuses; tandis que dans nos climats, par une température moyenne, qui ne s'élève pas au 12.°5 du thermomètre centigrade —10.° R., l'hygromètre ayant pour terme moyen le 75.°, il indique dans l'atmosphère la présence d'une quantité de vapeurs aqueuses estimée peser seulement un peu plus de 9 grammes, (ou 2 gros 25 grains.)

D'où il suit que, eu égard à la différence de température existant entre les Antilles et notre climat, l'humidité atmosphérique qui règne dans ces îles, et qui n'est que de 10 degrés plus grande que celle de Londres et de Paris, excède cependant presque de deux fois l'humidité de l'air de ces capitales, puisque chaque mètre cube d'air y contient en plus, une quantité de vapeurs aqueuses, pesant 15 grammes, ou près de 4 gros.

Le rapport numérique entre l'humidité de l'air, dans l'Archipel des Antilles et dans notre climat, est donc comme huit sont à trois.

Le rapport de la température est comme 9. 8. sont à 3. 4.

La proportion qui est donnée par la comparaison de la quantité de pluie, est comme quatre sont à un; et celle de la quantité d'évaporation déduite des expériences de Hapel-la-Chenaie, faites à la Guadeloupe, présente une différence de moitié avec les observations faites à Greenwich le plus récemment.

Nous récapitulerons ces différens termes dans le tableau suivant :

Terme moyen de	A Paris et Londres	A la Martinique et à la Guadeloupe.
L'humidité atmosphérique	3	8.
La température	3. 4	9. 8.
La quantité de pluie	1	4.
La quantité d'évaporation	1	4.

La comparaison de ces nombres établit :

1.° Que l'humidité est proportionnelle à la température des lieux ;

2.º Qu'elle s'accroît, comme la chaleur atmosphérique, selon le décroissement d'élévation des latitudes;

3.º Que dans les contrées insulaires de la zône torride, elle est presque trois fois plus grande que dans les contrées continentales et insulaires du milieu de la zône tempérée.

4.º Qu'en déterminant sa quantité numérique, selon les méthodes rationnelles, qui apprennent à la déduire du terme moyen des observations hygrométriques et thermométriques, on trouve qu'elle est formée aux Antilles de 24 grammes de vapeurs aqueuses, par mètre cube d'air, tandis qu'elle n'est produite que par environ 9 grammes de ces vapeurs, sous le climat de la France et de l'Angleterre;

5.º Qu'à la Martinique et à la Guadeloupe, la quantité de pluie annuelle, comparée à la quantité d'humidité atmosphérique est dans un rapport plus grand que l'une ne l'est à l'autre, soit en France, soit en Angleterre.

6.º Qu'il faudrait qu'il tombât seulement dans ces îles 60 pouces de pluie au lieu de 80, pour que la proportion de l'humidité de l'air et de la quantité de pluie annuelle y fût la même que dans nos climats.

7.º Que cette différence paraît être une anomalie locale, résultant, dans les Antilles volcaniques, de l'influence des forêts qui couvrent les montagnes, et qui, par l'humidité qu'elles entretiennent dans les hautes régions de l'air, mettant obstacle à ce qu'il ait, comme dans nos contrées, un décroissement gradatif et régulier des vapeurs aqueuses de l'atmosphère, produisent une quantité de pluie excédant même celle que comporte l'état hygrométrique de l'air, au niveau de l'Océan.

8.° Que cette conjecture est fortement appuyée par l'observation des îles calcaires de l'Archipel, où ces forêts montagneuses n'existent pas, et où il ne tombe, en effet, annuellement qu'environ 60 pouces de pluie.

9.° Qu'il paraîtrait, par les observations de la Chenaie, que l'évaporation est seulement moitié plus grande aux Antilles qu'en Angleterre; tandis qu'il résulte de celles faites antérieurement, par Gaux, à la Basse-Terre de la Guadeloupe, que, dans cette île, l'évaporation moyenne est, à celle qui a lieu à Londres, comme 6 sont à un, ce qui ne donnerait de rapport proportionnel ni dans l'un ni dans l'autre cas, soit avec la quantité de pluie annuelle, soit avec la quantité d'humidité atmosphérique.

10.° Et enfin, qu'en réunissant les résultats obtenus par ces deux observateurs, et en cherchant à compenser l'une par l'autre, leurs erreurs en défaut et en excès, ou plutôt leur manière défectueuse de calculer l'évaporation, tantôt à l'ombre, tantôt au soleil, on arrive à un terme moyen, qui fait connaître que l'évaporation est, aux Antilles, quatre fois plus grande que dans nos climats.

Ce terme paraît d'autant plus exact, qu'il ne diffère pas essentiellement de celui que fixe M. de Humboldt, comme indiquant la véritable quantité de l'évaporation à Cumana; et qu'il se trouve en rapport direct avec la quantité de pluie qui tombe annuellement aux Antilles.

SECTION II.

Variations locales de l'humidité atmosphérique.

L'état hygrométrique de l'atmosphère varie non-seulement selon les temps mais encore selon les lieux; dans le premier cas, ses changemens résultent de la présence du soleil sur l'horison et de sa proximité plus ou moins grande qui, par l'élévation ou l'abaissement de la température, accroît ou diminue l'évaporation des eaux fluviales et pélagiques. Dans le second cas, les variations hygrométriques sont produites par les différences qu'offrent dans leur nature et leur gissement, les surfaces d'où s'élève l'évaporation.

Par l'effet de la nature des surfaces, il y a variations, dans l'état hygrométrique, quand l'humidité résulte :

1.° De l'évaporation des eaux de la mer;
2.° De celles des pluies;
3.° De celles des marais;
4.° De la transpiration des forêts.

Par l'effet du gissement des surfaces, il y a variations dans l'état hygrométrique :

1.° Selon l'élévation des lieux au-dessus du niveau de la mer;
2.° Selon la direction des vents dominans.

1.° *Evaporation des eaux de l'Atlantique équatoriale.*

On sait que l'évaporation de cette mer est la principale cause de l'humidité du climat des Antilles, mais on ignore entièrement quelle est la quantité de cette évaporation, et jusqu'à présent les conjectures dont elle a été l'objet, ne se sont appuyées que sur des données incomplètes.

Des expériences, faites en Europe, ont établi que l'eau qui contient une quantité de sel marin égale à celle des mers tropicales, perd en deux heures, par l'évaporation, un 60.ᵉ de pouce, lorsqu'elle est exposée à un degré de chaleur pareil à celui de nos étés. Cette température ayant semblé ne pas différer essentiellement de celle de l'Archipel américain, on a cru pouvoir admettre, comme vraisemblable, que la mer Caraïbe perd, en douze heures, une superficie d'un 10.ᵉ de pouce, et que son évaporation est, chaque jour, par degré carré, de 33 millions de tonnes d'eau. Ces résultats, tout élevés qu'ils paraissent être, sont fort au-dessous de la vérité, parce que les calculs, dont on les fait sortir, ne comprennent pas tous les élémens qu'il faut faire entrer dans l'évaluation de l'évaporation pélagique.

Les expériences de Halley et de Richeman ne laissent point douter que plus la profondeur de l'eau est considérable, et plus grande est la quantité des vapeurs qui s'en élèvent, ce qui rend l'évaporation des mers incommensurable comme leurs abîmes. Il n'est pas moins impossible d'apprécier quels effets produisent les hautes vagues élevées par les vents, le mouvement constant et tumultuaire du courant équatorial, les lames qui viennent déferler sur les plages sablonneuses, et celles qui heurtent les rochers ou se dressent sur les brisans, les trombes qui projettent vers les nuages d'immenses colonnes d'eau, et les raz de marée qui semblent soulever la masse entière des flots atlantiques. Mais en se soumettant à l'impossibilité d'évaluer d'une manière quelconque l'augmentation que reçoit l'évaporation par ces circonstances, on peut, du moins, établir approximativement l'étendue des accroissemens qui résultent de quelques autres, et rectifier, à leur égard, les aperçus défectueux dont se forment les seules données qu'on ait encore sur cette matière.

Lorsque, pour les expériences indiquées ci-dessus, on a supposé la température moyenne de nos étés, égale à la température moyenne des mers équatoriales, on est resté fort au-dessous de la vérité. D'excellentes observations météorologiques prouvent que le terme moyen de la saison la plus chaude est, à Paris, le 18 degré centésimal, et nos recherches thermométriques ont établi qu'il faut fixer au-delà du 27.° celui de la température moyenne des Antilles. La différence de ces deux nombres étant comme celle de 2 à 3, et l'évaporation étant proportionnelle au degré de chaleur appliquée à la surface des mers, il est évident qu'il faut élever de 33 millions de tonnes d'eau à près de 50, la quantité journalière d'évaporation produite par un degré carré de la mer Caraïbe.

En portant ainsi, de 5 à 8 mill. 1/2 par jour, l'évaporation pélagique, pour tenir compte de la différence de température, on n'a cependant encore que le résultat de ce phénomène à l'ombre. Or, ce n'est point de cette manière qu'il a lieu naturellement, du moins pendant toute la durée de sa période ; dans la mer des Antilles, cette évaporation n'est ainsi que pendant les douze heures qui s'écoulent entre le coucher et le lever du soleil ; pendant les douze autres, la présence de cet astre sur l'horizon, triple la quantité des vapeurs qui s'élevaient à l'ombre ; et celles-ci étant portées, d'après les données déduites ci dessus à 3,102 millimètres par an, l'évaporation pélagique au soleil, semble devoir monter à 9,306 mm. Si donc, pour connaître l'évaporation totale de cette mer, pendant le cours de l'année entière, nous joignons au nombre exprimant l'évaporation diurne, celui de l'évaporation nocturne, qui se forme de la moitié de l'évaporation à l'ombre, il en résulte que, sans tenir compte de la profondeur des eaux et des effets de leur agitation tumultueuse, par les courans, les vents, les trombes, et leurs efforts contre les rochers, on peut, par ces divers aperçus et comparaisons, dont, jusqu'à présent, plusieurs élémens essentiels avaient été négligés, estimer à 10,857 millimètres l'évaporation annuelle de la mer qui baigne les Antilles. Ainsi, d'après ces calculs, il faut porter à plus de 33 pieds l'épaisseur de la couche d'eau enlevée annuellement, par l'évaporation diurne et nocturne, à l'Atlantique équatoriale.

La considération de ces données approximatives et des expériences qui prouvent que l'eau en vapeur prend un volume 1700 fois plus grand que lorsqu'elle est à l'état liquide, permet d'imaginer quelle immense masse d'eau vaporisée surcharge sans cesse l'atmosphère de la mer Caraïbe.

Pendant tout l'hivernage et même long-temps après, l'air est saturé des vapeurs aqueuses, qu'élève de l'Océan la température ardente de cette saison. On les voit apparaître sous la forme d'un brouillard léger et blanchâtre, qui donne sa teinte uniforme à tous les objets, borne l'espace à des distances rapprochées, ternit la perspective aérienne, et efface surtout cette bande azurée, qui, sous les zônes tempérées, orne l'horison de l'Atlantique;

la condensation de ce brouillard, dans la moyenne région de l'air, donne naissance à des nuages qui, par la pénétration uniforme de la vive lumière du soleil au zénith, sont presque toujours d'une couleur unique; leur gris monotone est également la nuance des eaux de la mer entre les tropiques, et il n'y a, pour ainsi dire, point d'autres variations que celles du degré d'intensité. Le bleu indigo, qui semble être la couleur réelle de l'Océan, ne s'offre presque jamais à la vue dans l'Atlantique équatoriale, ou du moins sous des nuances aussi prononcées que dans les mers d'Europe; la perpendicularité des rayons du soleil produisant une plus grande pénétration de la lumière, il en résulte un mélange de blanc plus ou moins abondant, suivant que cette pénétration est plus ou moins favorisée par les circonstances. C'est sans doute à cette cause qu'appartient la couleur pâle et blanchâtre de la mer, au milieu de laquelle s'élève l'archipel Caraïbe, et c'est à l'affaiblissement de l'azur des flots qu'il faut attribuer le défaut de ces nuances d'un beau verd qu'on remarque près du rivage de l'Océan boréal. Toutefois, la profondeur des eaux au pied des côtes, la couleur rembrunie des rochers basaltiques, et l'absence des fucus, qu'on voit pulluler sur le littoral des mers européennes, concourent aussi à empêcher aux Antilles qu'aucune nuance de jaune ne fasse naître, par son mélange avec la couleur bleue des flots, ce verd glauque dont ils se teignent ordinairement près des rivages.

On ne peut, sans l'avoir vue, peindre la perspective aérienne de la zône torride; non seulement les tons sont différens; mais tous ces nuages épars, errans sur le fond appâli du ciel équatorial, sont étrangers par leurs formes et par leurs mouvemens, à ce qu'offre ordinairement aux regards la moyenne région de l'air au-delà des tropiques ; soumis dans les Indes occidentales aux vents alisés, dont les courans supérieurs ont une très-grande vélocité, ces nuages se meuvent presque sans cesse avec une rapidité singulière ; on les voit s'avancer vers l'Occident, sous la forme de vastes taches isolées, irrégulières en leur limbe de tout autre côté que celui d'où vient la brise qui les chasse devant elle sur une ligne droite : l'indication que donne cette ligne, fait connaître, avec précision, la direction du vent dans les couches les plus élevées de l'atmosphère.

Au lieu de cet aspect, le ciel du midi de l'Europe montre, à moins d'un orage, des nuages souvent stationnaires, nuancés vivement et avec une agréable variété ; ils divisent l'horizon en longues zônes rubanées, ou s'accumulent en flocons nombreux et uniformes, qui font ressortir, par leur blancheur argentée, l'azur des airs, dont l'Océan réfléchit la couleur brillante. Ce ne sont point ici les teintes douteuses ou maculées du ciel équatorial, ni les nuées épaisses, sombres et menaçantes qui couvrent de leurs ombres les contrées boréales ; ce sont des jeux multipliés de la lumière frappant les vapeurs vésiculaires de l'atmosphère, sous une foule d'angles différens, d'où résultent d'innombrables variétés.

Quoique ces beautés soient étrangères au ciel des Antilles, et quoique la transparence de l'atmosphère de ces îles soit fréquemment altérée par l'évaporation de l'Atlantique et par la transpiration des forêts, ce serait une erreur de croire que le voile diaphane dont les objets sont enveloppés, ressemble aux brouillards qui s'élèvent de la terre dans les contrées marécageuses; ici c'est une brume grossière, qui souille les vêtemens, obscurcit le ciel, rembrunit l'horizon, dérobe à la vue l'aspect des campagnes, et répand dans l'air une odeur infecte et des miasmes dangereux; là, c'est une vapeur légère et comme éthérée, qui ne laisse après elle aucune trace, et qu'on ne peut distinguer à moins que les regards n'embrassent un vaste espace : on la voit alors étendue sur tous les objets lointains, adoucissant les rayons lumineux qui les éclairent, diminuant l'effet pittoresque de la diversité de leurs plans, mais respectant la vérité de leurs contours, et jetant seulement dans l'air une teinte blanchâtre, qui atténue les nuances de la perspective et semble en reculer les limites, alors même qu'elle les restreint. (1)

2.º *Évaporation des eaux pluviales et fluviales.*

Si l'humidité atmosphérique résultait uniquement de l'évaporation de l'eau des pluies, des marais et des rivières, on pourrait directement en déterminer la quantité, au moyen du gazomètre, et arriver à connaître l'étendue des effets par celle de leur cause; mais, les fluctuations perpétuelles de l'atmosphère, surtout dans les îles

---

(1) Ces observations ont été faites en Amérique, en Angleterre, et dans le cours de six traversées transatlantiques; elles ont été écrites sous l'influence produite par la présence des objets, et pour ainsi dire d'après nature.

qui s'élèvent au milieu de l'Océan, ajoutent aux vapeurs aqueuses que fournissent les lieux, celles qui sont produites par l'évaporation de la mer, et dont les vents se chargent plus ou moins dans leur cours, selon leur température et leur vitesse.

La preuve de cette combinaison des vapeurs pélagiques et terrestres existe dans la nature de l'humidité de l'air des Antilles et dans la quantité de cette humidité. L'influence que ces vapeurs exercent sur les corps organisés, donne la preuve que l'atmosphère maritime s'étend au-delà des rivages ; on la trouve dans la multiplicité des plantes alkalescentes, dans la disposition des hommes aux affections scorbutiques, dans le développement de la fièvre jaune, et dans une foule d'autres phénomènes, tels que la corrosion des métaux par l'air salin, l'odeur des varecs qui se répand à une grande distance des côtes, la crystallisation de l'hydrochlorate de soude sur des rochers éloignés du bord de la mer, etc, etc.

Lorsqu'on vient à comparer la quantité moyenne de l'évaporation terrestre, à la quantité de pluie qui tombe annuellement aux Antilles dans la région du littoral, et surtout dans celle des montagnes, et lorsqu'on y joint la masse d'eau dont se forment les vapeurs condensées en rosées et en brouillards, et celles que les torrents portent à la mer, on trouve que l'étendue des effets est plus considérable que leur cause ; ce qui prouve que l'humidité de l'atmosphère n'est pas seulement produite par l'évaporation des eaux pluviales et fluviales ; mais encore qu'elle résulte aussi de l'évaporation pélagique.

Si l'on ne peut soumettre qu'à une expérience imparfaite cette dernière espèce d'évaporation, attendu la complication des circonstances qui l'accroissent, il est du moins possible de se rapprocher davantage de la vérité, dans la recherche de la quantité d'eau, dont les pluies, les marais et les rivières saturent journellement l'atmosphère des Antilles.

Par des expériences inédites, faites de 1797 à 1801 à Ste.-Rose de la Guadeloupe, sous le 16.° 29' de latitude boréale, on a obtenu les résultats ci-après :

L'évaporation moyenne de chaque jour varie à l'ombre de 64 centièmes de lignes à 1 ligne 95.

Au soleil, elle varie d'une ligne 19 centièmes à 4 lignes 75.

Les termes moyens des années de la plus grande et de la moindre évaporation, diffèrent entr'eux de 39 centièmes de ligne à l'ombre, et de 62 au soleil.

A l'ombre, le terme moyen de l'évaporation annuelle s'élève à 379 lignes 60 centièmes ou 856 millimètres.

L'évaporation au soleil est presque triple ; elle est de 1095 lignes par an, ou 2,472 millimètres.

Si, pour arriver à la connaissance de l'évaporation des eaux pluviales et fluviales des Antilles, on unissait les termes qui expriment l'évaporation à l'ombre et celle au soleil, on obtiendrait un résultat assez rapproché des expériences faites par Gaux, en 1782, et citées par Cotte, dans son grand Ouvrage météorologique ; le premier de ces observateurs expérimenta à la Basse-Terre de la Guadeloupe que l'évaporation moyenne de chaque jour était dans cette ville de 3 lignes, 3 dixièmes, ou un peu plus de 7 millimètres ; le maximum s'élèvant à 5 lignes, et le minimum étant d'une ligne 7 dixièmes. On ignore si ces données ont été recueillies par l'addition des observations faites, tant au soleil qu'à l'ombre ; mais il y a lieu de le croire, puisque leur ensemble élève la quantité de l'évaporation annuelle jusqu'à 3,190 millimètres ou 1419 lignes, et que par une addition semblable, si l'on prend pour base les expériences de la Chenaie, faites dans la même île, elle monte à 3,328 millimètres ou 1474 lignes, ce qui présente un terme à-peu-près semblable.

Cette coïncidence, dans des résultats obtenus à des époques diverses, par des observateurs différens, confirme leurs expériences les unes par les autres, sans imposer toutefois l'obligation d'adopter le terme dont elles offrent l'induction. La considération des élémens du calcul, d'où il semble résulter que l'évaporation annuelle est, aux Antilles, de 118 à 122 pouces, prouve que cette quantité est exagérée par un double emploi : en effet on ne peut cumuler, sans qu'il en soit ainsi, l'évaporation à l'ombre et celle au soleil, puisque la première ayant une durée de 24 heures, et la la seconde étant de 12 heures, sous les parallèles de l'Archipel américain, il s'en suit que la moitié de l'évaporation à l'ombre est simultanée avec l'évaporation au soleil, et qu'on ne peut les ajouter l'un à l'autre dans la recherche du terme moyen de l'évaporation de chaque jour, telle qu'elle a lieu pour les eaux pluviales et fluviales.

Pour arriver à la connaissance de ce terme, il faut déterminer par l'expérience :

1.° La quantité diurne de l'évaporation, c'est-à-dire,

de la vaporisation des eaux, par l'action du soleil, pendant les douze heures que cet astre reste sur l'horison;

2.° Sa quantité nocturne, c'est-à-dire celle de l'évaporation à l'ombre, pendant les douze heures de l'absence du soleil.

En adoptant ces données, on trouve que l'évaporation annuelle, tant au soleil qu'à l'ombre, doit être fixée aux termes suivans, à la Guadeloupe, d'après les expériences de la Chenaie.

Evaporation nocturne... 428 millim. ou 189 lignes.
Evaporation diurne... 2,472........ 1095. ...

Evaporation annuelle. 2,900........ 1284. ...

Au Fort-Royal de la Martinique, plusieurs séries d'observations faites de 1802 à 1815, nous ont donné des résultats analogues ; ils portent

L'évaporation nocturne à 333 millim. ou 148 lign.
L'évaporation diurne à 2,382....... 1056. ..

L'évaporation annuelle à 2,715....... 1204. ..

La différence entre ces résultats et ceux de la Chenaie provient vraisemblablement de la différence d'exposition des lieux ; le gazomètre qu'il observait, était soumis à l'influence boréale qui donne aux Antilles le maximum de la sécheresse, et le nôtre était exposé à l'Orient, de manière à présenter un terme moyen entre l'extrême saturation de l'atmosphère, par l'humidité, qu'apportent les vents de sud, et la dessication que produisent ceux du nord. Cependant, nous n'oserions affirmer que cette différence n'est pas l'effet de l'imperfection des instrumens ou de quelques variations soit dans leur gissement, soit dans la manière de les observer, ou enfin de quelque influence locale indéterminée. C'est déjà beaucoup dans une matière aussi nouvelle que d'être arrivé à des résultats qui ne varient entre eux que d'un 15.º Leur terme moyen, qui élève à 2,807 millimètres ou 1240 lignes l'évaporation annuelle des Antilles, paraît d'autant moins éloigné de la vérité, qu'il ne diffère pas essentiellement de celui que M. de Humboldt a donné comme indiquant l'évaporation, à Cumana, dans le Vénézuelle, sous le 10.º parallèle et par une température moyenne de 27.º 7. Ce savant voyageur le porte à 2,780 millimètres.

Cette discussion, qui était nécessaire pour établir d'une manière rationnelle la quantité de l'évaporation aux Antilles, nous conduit aux résultats suivans :

1.º L'évaporation nocturne, c'est-à-dire, des douze heures de nuit, est de 333 à 428 millim., ou de 12 à 15 pouces par an; elle fait à peine le 13.º de l'évaporation totale, ce qu'il faut attribuer au défaut de vent et à l'abaissement de la température pendant l'absence du soleil; l'air étant alors privé en grande partie, par le calme de l'atmosphère et son refroidissement, du pouvoir de vaporiser les eaux.

2.º L'évaporation diurne, c'est-à-dire pendant les douze heures de jour, s'élève de 2,382 millim. à 2,472 ou de 88 à 91 pouces par an; elle est produite par l'action des brises, et par celle du soleil, qui, à l'air libre, donne, pour température moyenne, le 35.º centésimal.

3.º L'évaporation totale, c'est-à-dire celle qui a lieu dans toute l'étendue de chaque jour, pendant la présence du soleil sur l'horison, et entre son coucher et son lever, s'élève de 2,715 à 2,900 millim. ou de 100 à 106 pouces; ce qui donne pour terme moyen de cette évaporation, pendant l'année entière, 2807 millimètres, ou 103 pouces. A Manchester, sur le littoral occidental de l'Angleterre, et sous le 53.ᵉ parallèle, d'après les expériences faites en 1796 et 1798, par l'habile physicien Dalton, cette évaporation est de 1123 millim. ou 41 pouces 7 lignes; conséquemment celle des Antilles l'excède de beaucoup plus de moitié; leur rapport est à-peu-près comme 1 est à 2 1/5. La différence serait beaucoup plus grande encore sur tout autre point, qui ne serait pas soumis à la fougueuse domination des vents d'ouest, comme l'est Manchester, où la quantité de pluie annuelle étant de 896 millim. ou 33 pouces, l'évaporation est nécessairement proportionnelle à cette quantité d'eau extraordinaire pour une latitude aussi élevée.

4.° L'évaporation moyenne de l'année entière, à *l'ombre*, est, aux Antilles, de 856 millim., ou 31 pouces 7 lignes. Quatre années d'observations faites de 1817 à 1820, à Greenwich, près de Londres, ayant fait connaître que le terme moyen de l'évaporation s'élève, dans ce lieu, à 571 millimètres ou 22 pouces et demi, il s'ensuit qu'aux Antilles, l'évaporation n'excède que d'un tiers celle qui a lieu dans nos climats, lorsque les eaux sont hors de l'atteinte des rayons du soleil; mais il n'en arrive ainsi que rarement sous la zône torride, entre le ever et le coucher de cet astre.

5.° L'évaporation annuelle, à l'ombre, s'élevant, aux Antilles, à 856 millimètres, et à Londres, étant de 571, si l'on compare ces quantités à la température moyenne des lieux, on trouve qu'à parité de circonstances, chaque degré centésimal du terme moyen de la chaleur annuelle vaporise, à l'ombre, 3 millimètres d'eau, sous le 15.ᵉ parallèle, tandis qu'il en vaporise plus de cinq sous le 51.ᵉ, d'où il résulte que l'évaporation, *à l'ombre*, est bien moins grande sous la zône torride que dans nos climats, proportionnellement à l'élevation de la température.

6.° Mais si l'on compare cette évaporation seulement à l'ombre, avec celle ayant lieu alternativement au soleil et à l'ombre, ainsi qu'il arrive dans les phénomènes naturels, on trouve qu'aux Antilles l'une étant de 856 millimètres, et l'autre de 2,807, la première est à la seconde à peu-près comme un est à 3 1/3.

7.° La quantité de l'évaporation annuelle et totale étant de 2,807 millimètres, ou, selon les îles de l'Archipel, de 100 à 107 pouces; et la quantité de pluie annuelle étant de 2,160 millimètres ou 80 pouces, la pluie est moins considérable que l'évaporation, de 647 millimètres, ou d'environ 20 à 27 pouces d'eau. Il en est ainsi à Manchester, où Dalton a trouvé également une différence d'un 5.ᵉ entre la quantité de pluie et celle de l'évaporation.

8.° C'est cet excédent et les vapeurs de l'Atlantique équatoriale, qui fournissent l'immense quantité d'eau précipitée sous la forme de rosée, de brume et de brouillards, et, en outre, celle des pluies qui tombent dans les montagnes, dans une proportion double ou triple de celle du littoral.

9.º Conséquemment, quelque considérable que soit aux Antilles, la quantité des pluies, la chaleur du soleil est telle, que la capacité de l'air à évaporer les eaux pluviales est beaucoup plus grande encore.

10.º Mais, pour opérer cette vaporisation, il faut essentiellement la présence du soleil, puisque la quantité de pluie annuelle étant de 2,160 millimètres, ou 80 pouces et la quantité de l'évaporation à l'ombre ne s'élevant qu'à 856 millimètres, ou 31 pouces 7 lignes, les eaux pluviales excèdent de 1304 millimètres, ou plus de 48 pouces, la quantité de l'évaporation, qui a lieu pendant l'absence du soleil.

11.º Quatre années d'observations faites à Greenwich ayant donné, pour moyenne annuelle de la quantité de pluie, 647 millimètres ou 25 pouces 53 centièmes, et pour celle de l'évaporation à l'ombre 571 millimètres, ou 22 pouces 57 centièmes; il ne s'en faut pas d'un huitième que la quantité de pluie, tombant dans cette partie de l'Angleterre, ne soit vaporisée, sans le concours de l'action immédiate du soleil.

12.º Et enfin, en comparant sous ce rapport le climat des Antilles et celui de l'Angleterre méridionale, qui ne diffère pas essentiellement de celui de Paris, il résulte des données ci-dessus que, dans l'hypothèse où il n'y aurait point d'évaporation solaire, mais seulement une évaporation telle que celle qui a lieu à l'ombre, il ne resterait, en Angleterre, de toute la pluie qui y tombe annuellement, que 76 millimètres, ou 2 pouces 9 lignes d'eau; tandis qu'aux Antilles, il y en aurait, à la fin de l'année, un excédant de 1304 millimètres, ou plus de 48 pouces, c'est-à-dire dix-sept fois plus.

D'où il suit que dans nos climats, l'action que le soleil exerce sur les eaux pluviales, en évapore dix-sept fois moins que sous la zône torride, dans les îles de l'Archipel américain; tandis que précisément au contraire, la capacité de l'air à vaporiser l'eau est moitié plus grande à *l'ombre*, sous nos latitudes qu'aux Antilles.

3.° *Transpiration des forêts des Antilles, et Évaporation des marais de ces îles.*

Il n'en est point des îles de l'Archipel américain, comme des contrées de l'Europe, où les eaux pluviales qui arrosent la terre, ne sont défendues que par elle, contre l'évaporation. Aux Antilles, l'action de l'air trouve presque partout des obstacles qui l'empêchent d'agir immédiatement, et d'augmenter sa puissance par les fluctuations de l'atmosphère et par la force vaporisante des rayons du soleil. Ces obstacles sont les bois qui couvrent le sol et même les marais inondés. On peut apprécier l'étendue de leurs effets par les détails suivans :

A la Martinique, la surface des propriétés est de 45 lieues carrées; celle de l'île étant de 58, il y en a 13 formant les forêts de l'intérieur; il faut ajouter à ce nombre 17 lieues carrées, faisant une partie des propriétés territoriales, mais dont le sol, demeuré inculte, est entièrement couvert de taillis et de fourrés épais; environ la moitié des savanes, destinées au pâturage du bétail, et comprenant une étendue de 12 lieues carrées, sont également envahies par les plantes ligneuses, ce qui porte aux deux tiers de la surface de l'île celle des terrains boisés, où les eaux pluviales échappent à l'action immédiate de l'air et du soleil.

Il conviendrait d'accroître plutôt que de réduire cette évaluation, puisqu'on n'y comprend aucune des cultures dont, cependant, les plantes ligneuses hautes et rapprochées ne permettent que partiellement à cette double influence, d'évaporer les eaux dont le sol est abreuvé.

La Guadeloupe présente des résultats analogues :

Les deux grandes îles de cette colonie ont environ 115 lieues carrées; leurs propriétés n'en comprennent que 47, ce qui donne aux marais du littoral et aux forêts montagneuses de l'intérieur, une étendue au moins de 68 lieues carrées. Il faut y ajouter encore 17 lieues de bois, appartenant aux propriétaires des cultures, et une étendue de terres incultes, dont la surface est de 5 lieues. D'où il suit que sur 115 lieues carrées, 90 sont couvertes par de grandes forêts, des taillis, des fourrés impénétrables et des bois inondés, désignés aux Antilles sous le nom de *Palétuviers*, et, dans l'Inde, par celui de *Jongles*.

Ainsi, par les documens statistiques, il est constaté que l'étendue des terres soumises à l'influence immédiate de l'atmosphère, n'est, à la Martinique, que du tiers de la surface de cette île, et qu'à la Guadeloupe elle n'en forme pas le quart.

A Sainte-Lucie, à la Dominique et à la Trinitad, cette proportion est encore beaucoup moins grande.

En considérant les détails du phénomène de l'évaporation, dans l'étendue de ces immenses forêts, on conçoit que les 10 pieds d'eaux pluviales qui tombent annuellement dans leur région moyenne, ne peuvent s'évaporer ni dans la même proportion, ni de la même manière que si la surface du terrain était nue et exposée, comme celle des eaux fluviales et pélagiques, à l'action immédiate du soleil et des courans de l'atmosphère. Une obscurité profonde et un calme, que l'ouragan même peut à peine troubler, règnent sous l'ombrage de ces vastes bois, et font échapper aux grandes causes de l'évaporation, les eaux que les nuages précipitent sur leurs sommités; toutefois, si la vaporisation à laquelle ces eaux sont soumises n'est point celle qui résulte, à l'air libre, de la chaleur des rayons du soleil, ce n'est point non plus celle qui s'élève à l'ombre, des rivières et des lacs. Dans la zône des forêts, toute la masse des eaux pluviales, que, par un terme moyen nous réduirons à 100 pouces, se divise à l'instant de sa chûte, sur toutes les parties de leurs arbres touffus et gigantesques; et elle est livrée aussitôt à cette propriété que possèdent les organes des végétaux, d'aspirer les fluides et les gaz qui les environnent; son absorption est opérée entièrement par la succion des racines et des feuilles, car on ne trouve point d'eaux stagnantes dans ces bois, même dans ceux qui, par leur situation topographique, reçoivent, comme les montagnes du Borgne, à Saint-Domingue, jusqu'à 340 pouces, ou plus de 28 pieds d'eaux pluviales dans le cours d'une seule année.

Ces déluges des tropiques, qui disparaissent ainsi, par la seule aspiration des arbres, dont se couvrent les deux tiers ou les trois quarts du sol des Antilles, fournissent les matériaux, que les organes des plantes changent en principes immédiats; le surplus forme la transpiration des végétaux, qui n'est autre chose que de l'eau vaporisée jointe à quelques produits susceptibles d'y demeurer en solution.

Des expériences de Sennebier, dont les détails se trouvent ailleurs, établissent que, par un terme général, on peut porter la quantité de cette transpiration aux deux tiers de celle de l'absorption ; par conséquent on pourrait la fixer approximativement aux Antilles, pour l'année moyenne, à une quantité d'eau dont la hauteur serait :

De 1440 millimètres ou 53 pouces, pour les terrains herbeux de la région du littoral ;

De 1804 millimètres ou 66 pouces, pour ceux de la lisière des forêts à 350 mètres d'élévation au-dessus de la mer ;

Et peut-être, de 5,765 millimètres ou 213 pouces pour les parties des grandes forêts qui gissent au pied des montagnes, à la limite inférieure des nuages, et sous l'influence de phénomènes atmosphériques, favorables au développement du plus haut terme que puissent atteindre les végétaux, dans l'action d'absorber et d'aspirer les eaux pluviales.

Mais telle est cette immense transpiration des plantes, qui répand l'humidité dont l'atmosphère est saturée sans cesse dans les campagnes des Antilles, qu'on ne peut en apprécier la quantité avec un hygromètre ordinaire, et qu'il n'est possible de la déterminer d'une manière relative, qu'en entravant l'aiguille de cet instrument. Par ce moyen, les aperçus que nous avons obtenus nous ont donné des résultats, sinon absolus, du moins relatifs entr'eux, et analogues à ceux qu'indiquaient les expériences précitées.

L'observation a prouvé que l'humidité de l'air, produite par la transpiration des végétaux, était dans un rapport d'accroissement à peu-près comme sont 3, 4 et 13, quand on la comparait dans des circonstances semblables ; 1.° au milieu des terrains herbeux du littoral ; 2.° à la lisière des forêts à 3 ou 400 mètres au-dessus de l'Atlantique ; 3.° et enfin, au milieu même de ces forêts, au pied des grandes montagnes, qui attirent et fixent les nuages autour de leurs sommets aigus.

Le terme moyen de nos expériences, faites entre le littoral et la lisière des bois, nous a donné environ 4 lignes, ou 9 millimètres, pour l'évaporation journalière des surfaces couvertes de végétaux ligneux ; mais, toutes choses égales d'ailleurs, l'évaporation s'augmente selon l'étendue de la surface évaporante, l'élévation de la température, l'accélération du vent, la diminution de l'humidité atmosphérique ; et elle varie même selon la famille et le genre des plantes. La transpiration des Légumineuses nous a paru, dans plusieurs épreuves, excéder de beaucoup celle des autres familles de végétaux, et, parmi les arbres qui lui appartiennent, le Tamarinier, *Tamarindus indica*, L., est celui qui a semblé l'emporter, à cet égard, sur les autres espèces.

En Angleterre, dans la saison sèche, le docteur Watson a trouvé, par l'expérience, qu'un terrain planté en herbes bien nettoyées, et ayant une surface d'un acre, ou environ 40 ares, donne par jour une évaporation de 1,600 gallons, et beaucoup plus après la pluie. Cette mesure de capacité équivalant à 190 pouces cubes, la quantité d'eau évaporée s'élevait à 30,400 pouces, ou plus de 17 pieds cubes par vingt-quatre heures ; mais on ne peut étendre ce résultat à l'année entière, parce qu'il a été obtenu pendant la saison sèche inclusivement, et qu'il est reconnu que la transpiration des végétaux peut s'élever, par la diminution de l'humidité atmosphérique, à une quantité décuple de celle qui a lieu quand l'air est saturé d'eau. En nous confiant au terme que présenterait un pareil maximum, donné aux Antilles, par la plus forte chaleur solaire, accompagné d'une brise carabinée, nous serions conduits à croire qu'aux Indes occidentales, les plantes ont une transpiration trente fois plus grande que dans nos climats, ce qui serait certainement très-loin de la vérité.

Pour éviter cette cause d'erreurs, nous avons fait nos expériences dans des saisons diverses ; nous en avons comparé les résultats, pour en faire sortir un terme moyen ; nous les avons soumises à une appréciation critique ; nous les avons étendues à des plantes ligneuses ; nous les avons appliquées à des végétaux de diverses familles, et nous les avons répétées avant et après l'arrosement fait avec des eaux pluviales, en quantités déterminées. Au moyen de ces précautions, les épreuves auxquelles ont été soumises des plantes recevant leur nutrition, de la quantité de pluie qui tombe entre la zône du littoral et la lisière des forêts, nous ont appris que sous les 14.me et 15.me parallèles, dans l'Archipel américain, la transpiration annuelle des végétaux excéde de beaucoup 3 mètres cubes d'eau, par mètre carré de la surface des bois ; ce qui revient à 3000 kilogrammes, ou plus de 6000 litres par an, et à 16 à 17 livres ou 260 onces par jour.

Divers aperçus nous ont donné lieu de croire que sur le rivage, au niveau de la mer, l'évaporation diffère non seulement dans sa quantité, mais encore par sa nature, lorsqu'elle résulte du mélange des eaux fluviales, pluviales et pélagiques, et des produits gazeux des marécages, ainsi que de la transpiration des arbres aquatiques, dont ils sont couverts. A plusieurs reprises nous avons tenté des expériences pour parvenir à la connaissance de ces phénomènes, et déterminer leur étendue dans les forêts noyées, connues dans les grandes Antilles, sous le nom d'*Estères*, et dans les petites sous celui de *Palétuviers*; mais, soit au Céron du sud, à la Martinique, soit à la Rivière salée, nous avons toujours failli dans cet objet, après des efforts pénibles et dangereux : les circonstances de la guerre venant tout-à-coup interrompre notre travail, ou la fièvre des marais attaquant avec violence les hommes qui nous accompagnaient, et dont le secours nous était nécessaire ; quoique privés de l'avantage d'avoir pu explorer complètement l'hygrométrie des marais de l'Archipel américain, nous pouvons cependant offrir les résultats suivans, comme ceux d'une observation fondée sur des données expérimentales :

1.° Dans l'atmosphère des marais des Antilles, nommés Palétuviers, depuis le coucher du soleil jusqu'à son lever, et même deux heures après, l'hygromètre indique pendant presque toute l'année, le terme de l'humidité radicale.

2.° D'après la température moyenne de ces lieux, cette indication fait connaître qu'il y a *au moins*, 30 grammes, ou environ une once de vapeur aqueuse dans chaque mètre cube d'air.

3.° La condensation de cette vapeur, par le refroidissement de l'atmosphère, pendant l'absence du soleil, donne naissance à ce brouillard infect qui, toutes les nuits, enveloppe ces forêts noyées et les terrains à demi desséchés, que l'agriculture s'efforce de leur enlever.

4.° Ce brouillard, qui se dissipe lorsque le soleil s'élève sur l'horizon, ne se répand point dans l'air, comme les brumes ordinaires, avec une expansion prompte et facile ; il semble ramper sur la surface des terres d'alluvions, et demeurer attaché à la sommité des Palétuviers.

5.° Ses effets pernicieux, qui le firent appeler par les premiers colons : *le Drap mortuaire des savanes*, s'étendent bien moins, comme les vapeurs aériformes, dans une sphère d'une limitation indéterminable, que comme les fluides, dans un lit dont les bornes peuvent être fixées; on est généralement à l'abri de leur puissance, à une distance latérale de 200 mètres, et à une élévation un peu plus grande.

6.° Dans une série d'expériences commencées en 1805, au Céron du sud de la Martinique, et suivies postérieurement à la Rivière salée de la même île et à la Pointe-à-Pitre de la Guadeloupe, la condensation de ce brouillard des Palétuviers, a donné une eau limpide, légèrement salée, devenant floconneuse par les réactifs, prenant une couleur jaunâtre et une mauvaise odeur, lorsqu'elle est gardée, et agissant alors sur le papier tournesol. Ces indications, qu'on regrette de n'avoir pu multiplier, semblent annoncer qu'il existe dans ce brouillard un principe alkalescent, et très-vraisemblablement du sel marin et une matière végétale et animale. L'examen de cette eau, fraîchement recueillie, y a fait distinguer, au moyen du microscope, de nombreux animalcules, qu'on croit appartenir aux genres Vibrion et Bursaire; mais dont nous n'osons affirmer la détermination zoologique.

7.° La considération d'un grand nombre de faits donne lieu de croire que la puissance funeste de l'air humide et délétère des marais, varie aux Antilles, et sans doute ailleurs, selon l'état hygrométrique de l'atmosphère, la température, la constitution physiologique des individus soumis à son influence, et les circonstances momentanées tenant à leur régime, à leur habitude ou à des occurrences accidentelles; elle paraît aussi dépendre de la ventilation des lieux marécageux, en raison de leur situation plus ou moins exposée: et plusieurs observations semblent prouver que les émanations, qui s'élèvent de la boue des palétuviers, ont une énergie plus ou moins grande, suivant la nature du mélange des substances animales et végétales dont elles proviennent.

8.° Quelle que soit au reste la nature de la boue des marais, les effets de ses exhalaisons sont les mêmes, et semblent ne différer que par le degré de puissance de la cause qui les produit.

9.° Quoiqu'on puisse supposer, avec vraisemblance, que le carbone des matières végétales décomposées, s'unit à l'oxigène de l'eau, et qu'il forme du gaz acide carbonique, il est certain que les exhalaisons des marais n'ont point le même mode d'action que ce gaz, sur l'économie humaine.

10.° Il en est ainsi du gaz hydrogène, qui est rendu libre par la décomposition de l'eau, et qui est supposé former de l'ammoniac, en s'unissant à l'azote des matières animales ; les symptômes des maladies qui naissent évidemment par l'action, qu'exercent les vapeurs de ces marais, ne ressemblent en aucune manière à ceux que produit la respiration de ce dernier gaz.

4.° *Influence hygrométrique de l'Elévation des lieux, et de la direction des vents.*

On manque d'observations faites avec une continuité suffisante, à diverses hauteurs, pour déterminer quel est le décroissement progressif de l'humidité atmosphérique; les perturbations apportées dans ce décroissement, par les localités et par la direction des vents, rendent difficile de trouver des circonstances favorables à cette détermination. Sur le sommet des Alpes et des Pyrénées, Saussure et M. Ramond ont vu l'hygromètre atteindre le 40.e degré, c'est-à-dire, le terme extrême du sec, dans la marche de cet instrument par la seule impulsion des phénomènes naturels. Au mois d'août 1785, quand Mongés et Lamanon montèrent au sommet du Pic de Ténériffe, l'hygromètre indiqua le 64°; mais la violence du vent troublant les observateurs, ils doutèrent de l'exactitude de leur instrument, et leur récit donne lieu de croire que la sécheresse de l'air était plus grande, lorsque les nuages venaient à s'éloigner.

Nous avons expérimenté de pareils effets sur les montagnes des Antilles, à une hauteur de 15 à 1800 mètres. A l'approche des nuages, l'hygromètre marchait rapidement vers l'humidité extrême; mais, aussitôt après leur passage, il revenait au sec, avec non moins de rapidité. Ce changement était produit surtout avec une singulière vélocité par les vents ascendans et descendans, qui refoulaient les nuées, ou les apportaient, en un instant, sur les plus hautes cimes, en suivant, sans déviation, les crêtes des montagnes inférieures.

L'influence des fluctuations de l'atmosphère sur l'état hygrométrique, est l'une des grandes causes de sa variabilité. L'humidité décroît ou s'augmente, selon la force et la direction des vents; leur vélocité plus ou moins grande accélère ou suspend la marche de l'aiguille vers le terme de la sécheresse; et il suffit par fois d'un changement de quelques degrés du cercle de l'horizon, dans la direction de leur cours, pour produire, dans l'hygromètre, un mouvement rétrograde.

Ces variations sont surtout multipliées dans les contrées montagneuses, comme les Antilles, parceque les fluctuations de l'air y ont lieu, non moins fréquemment par des courans verticaux, que par une impulsion horizontale; les vents étant forcés de devenir ascendans ou descendans, toutes les fois qu'ils rencontrent directement les flancs escarpés des collines et des pitons de l'Archipel. Or, l'humidité de l'atmosphère différant, selon les couches superposées dont elle se compose, leur abaissement ou leur élévation change instantanément l'état hygrométrique de l'air dans un lieu donné.

TABLEAU

De l'Etat hygrométrique de l'atmosphère à la Guadeloupe, pendant chaque mois de l'année 1800.

MOIS.	Plus grande humidité.			Moindre humidité.			Humidité moyenne.			Terme moyen de l'hum. de chaque mois.
	Matin.	Midi.	Soir.	Matin.	Midi.	Soir.	Matin.	Midi.	Soir.	
Janvier....	91° 8	91°	89° 4	82° 7	66° 1	81° 1	88° 3	79° 4	85° 8	84°
Février....	90 3	86 1	89 4	82 7	64 5	79 4	87 1	76 6	83 5	82
Mars......	91 2	83 5	84 4	81 1	61 1	77 7	85 9	69 9	82 4	79
Avril......	91	90 2	90 2	82 7	67	81 1	87 9	78 7	86 4	84
Mai.......	92 2	87 7	90 2	86 7	74 4	83 6	89 6	83 6	86 3	86
Juin......	91	89 4	91	86 4	78 3	82 7	89 2	81 3	86 7	85
Juillet....	91 8	91	91 9	87 3	74 4	82 7	90	83 7	88 3	87
Août......	92 7	91	91 8	88 5	77 7	87 7	90 5	84 7	90 5	88
Septembre.	94 1	91 8	93 5	89 4	77 7	84 4	91 6	85 4	90 1	89
Octobre...	95 1	93 6	91 8	91 8	89 4	87 9	93 3	91 4	90 4	91
Novembre.	96 8	92 7	92 9	89 5	81 1	87 7	92 4	89 8	91 3	91
Décembre..	94 8	94 3	94 3	86 9	77	84 4	91 8	82 3	89 4	87
Résultats extrêmes et moyens.	96.° 8	94° 3	94° 3	81° 1	61° 1	77°	89° 6	82° 3	87° 1	86°

CLIMAT.

TABLEAU

De l'Etat hygrométrique de l'atmosphère, à la Martinique, pendant chaque mois de 1807.

MOIS.	Plus grande humidité.			Moindre humidité.			Humidité moyenne.			Terme moyen de l'hum. de chaque mois.
	Matin.	Midi.	Soir.	Matin.	Midi.	Soir.	Matin.	Midi.	Soir.	
Janvier....	92°	78°	90°	90°	70°	85°	91°	74°	87°5	84° 5
Février....	93	89	91	91	66	80	92	77 5	85 5	84 8
Mars......	94	86	90	92	67	84	93	76 5	87	85 5
Avril.....	96	88	89	90	63	82	93	75 5	85 5	84 6
Mai......	92	80	90	90	70	86	91	75 5	88	84 6
Juin......	94	82	90	92	69	84	93	75 5	87	85 1
Juillet....	97	88	91	96	82	90	96 5	85	90 5	90 7
Août......	97	95	97	94	92	94	93 5	93 5	95 5	94 1
Septembre.	100	98	99	99	94	95	99 5	94 5	95 5	96 5
Octobre...	100	98	99	98	96	97	99	97	98	98
Novembre.	96	92	96	94	80	90	95	86	93	91 3
Décembre.	96	89	92	92	79	82	94	84	87	88 3
Résultats extrêmes et moyens.	100°	98°	99°	90°	63°	82°	94° 5	82° 6	90° 5	89° 2

TABLEAU

De l'Etat hygrométrique de l'atmosphère à la Martinique, dressé d'après trois années d'Observations.

Degrés de l'humidité.	Epoques des Observations.	1806.	1807.	1808.
Plus gr.^{de} humidité.	Matin	96.°	100.°	100.°
	Midi	94	98	97
	Soir	94	99	100
Moindre humidité.	Matin	90	94	89
	Midi	60	63	61
	Soir	80	80	78
Humidité moyenne.	Matin	93	94 5	94 5
	Midi	79	82 6	79
	Soir	87	90 5	89 5
Humidité moyenne de chaque année.		86° 3	89° 2	87° 6

Humidité moyenne des trois années : 87° 7

TABLEAU

De l'Etat hygrométrique de l'atmosphère à la Guadeloupe, dressé d'après cinq années d'observations.

		1797.		1798.		1799.		1800.		1801.	
Plus gr.^{de} humidité.	Matin	93°	5	94°	3	93°	5	96°	8	97°	5
	Midi	92	7	93	5	93	0	94	3	96	5
	Soir	92	7	94	3	92	7	94	3	96	0
Moindre humidité.	Matin	77	7	81	1	81	1	81	1	81	0
	Midi	69	4	71	1	67	0	61	1	66	9
	Soir	74	4	72	8	77	7	77	7	76	0
Humidité moyenne.	Matin	89	2	90	1	89	3	89	6	90	8
	Midi	80	3	84	5	81	1	82	3	83	3
	Soir	84	5	87	2	86	3	87	1	87	9
Humidité moyenne de chaque année		84°	0	87	3	85°	6	86°	5	87°	3

Humidité moyenne des cinq années : 86° 3.

TABLEAU

De l'Évaporation annuelle de la mer des Antilles et des eaux fluviales et pluviales à la Martinique et à la Guadeloupe.

Nature de l'évaporation.	Evaporation pélagique.				Evaporation à la Martinique.				Evaporation à la Guadeloupe.			
	mm.	pi.	p.	l.	mm.	pi.	p.	l.	mm	pi.	p.	l.
Evap. à l'ombre.	3,102	9	7	5	666	2	»	5	856	2	6	0
Evap. diurne...	9,306	28	7	7	2,382	7	3	9	2,472	7	7	2
Evap. nocturne..	1,551	4	8	5	333	1	»	4	428	1	3	9
Evap. annuelle..	10,857	33	4	1	2,715	8	4	2	2,900	8	11	»

II. RECHERCHES

SUR LES VARIATIONS TEMPORAIRES ET LOCALES DE LA QUANTITÉ DE PLUIE QUI TOMBE AUX ANTILLES.

Nous essayerons de déterminer, dans la section suivante, quelles sont les variations temporaires de la quantité de pluie qui tombe aux Antilles, et nous chercherons à en fixer les termes journaliers, mensuels et annuels.

Dans la seconde section, nous indiquerons les variations produites par la situation géographique des lieux, l'élévation du sol, les forêts, les vents et la proximité des mers.

I.re SECTION.

Variations temporaires de la quantité de pluie qui tombe aux Antilles.

Entre les tropiques, les variations temporaires de la quantité de pluie constituent les époques des travaux agricoles, les périodes de la végétation, et les phases auxquelles est soumise la santé de l'espèce humaine. Cependant, on ne trouve guères, sur ce sujet, que des notions vagues et confuses dans les ouvrages où l'on a cherché à esquisser la peinture du climat des deux Indes; nous allons essayer d'arriver à des connaissances plus certaines, en nous appuyant sur l'expérience et sur l'observation.

En considérant avec attention, les différences qui ont lieu dans la chûte des pluies tropicales, on reconnaît qu'on peut admettre qu'elles forment trois variétés :

1.° Lorsque, du mois de juillet au mois de septembre, une chaleur solaire s'élevant jusqu'au 50° centésimal produit une évaporation de 11 millimètres, ou près de 5 lignes, en douze heures, il se forme, dans la moyenne région de l'atmosphère, un océan de vapeurs qui se condensent, se rapprochent et voilent entièrement l'aspect du ciel; les montagnes et l'horison de l'Atlantique disparaissent et se perdent dans des nuages sombres et menaçans; bientôt commencent ces pluies diluviales qui durent quelquefois pendant une semaine entière, et qui, comme des torrens, se précipitent à travers l'atmosphère, en se divisant à peine. Leur quantité s'élève, dans les vingt-quatre heures, jusqu'à 6, 7 et même 8 lignes (13, 15 et 18 millimètres) de hauteur ; quoiqu'elles aient communément, pour époque, les mois de juillet, d'août et de septembre, il y a cependant des années où elles tombent dès avril et ne cessent qu'à la fin d'octobre ; on n'en compte pas moins de 35 à 40 chaque année.

2.º Les pluies ordinaires diffèrent des précédentes non-seulement par la moindre quantité d'eau qu'elles répandent, mais encore parce qu'elles tombent dans toutes les saisons ; elles ont pour causes les variations des vents, qui, par l'abaissement local de la température, déterminent la condensation soudaine des vapeurs. Dans une période de sept ans, nous n'avons jamais compté moins de cent jours, marqués chaque année par cette espèce de pluie. Le terme moyen de nos observations porte entre 3 et 4 lignes, la quantité d'eau qu'elles fournissent dans un jour.

3.º On donne aux Antilles le nom spécifique de *Grains* à des ondées produites par le dégroupement des nuages ; l'horison ne les annonce qu'un moment avant leur chûte, mais son aspect ne laisse point de doute, comme dans nos climats, sur ce qui doit arriver. Dès que la chaleur du soleil a élevé une masse de vapeurs suffisante, une sorte d'attraction lui réunit aussitôt toutes celles qui errent dans la même région de l'atmosphère ; une déperdition de calorique produite par quelque nouvelle rencontre, détermine la formation du nuage, qui, chassé rapidement par la brise, s'avance dans la direction des montagnes, sur une ligne régulièrement tracée. L'abaissement de la température, aux approches des bois qui couvrent les pitons volcaniques, dégrouppe tout-à-coup ce nuage; il crève sur les forêts; des torrens d'eau s'en échappent; mais, à quelques mètres du limbe circonscrit de la nue orageuse, il ne tombe pas une goutte de pluie; un instant après, le temps redevient beau, le soleil luit avec une nouvelle ardeur, et ses rayons élèvent encore vers les couches supérieures de l'air, l'eau vaporisée, qui vient d'en être versée avec tant de violence, qu'on l'aurait prise pour de la grêle, et que les étrangers y sont d'abord trompés.

Il y a des jours où ces phénomènes se renouvellent vingt fois, et ont lieu simultanément sur divers points de l'horison, qui sont en vue les uns des autres; le passage d'une saison à celle qui la suit, est ordinairement marqué par des grains, et quinze jours sur trente en offrent quelquefois l'exemple. A la Martinique, en 1807, les grains régnèrent pendant soixante quinze jours, et, en 1808, pendant quatre-vingt-dix.

La congélation de l'eau des pluies, dans la moyenne région de l'atmosphère, et sa transformation en givre ou en grêle, sont des phénomènes dont toute l'histoire physique des Antilles ne présente qu'un petit nombre d'exemples, et qu'on a même révoqués en doute pendant long-temps.

Les Caraïbes n'avaient aucune expression pour désigner la glace, la grêle ou la neige (1); et cependant leur langue abondait en termes propres à exprimer l'état du

---

(1) Ray. Breton, p. 335.

ciel et les météores de l'atmosphère. Ils avaient des noms pour les brumes, les brouillards, les nuées pluvieuses, la pâleur du soleil, l'azur du firmament, les étoiles tombantes, les tourbillons, le bondissement de la mer, le retour alternatif des grandes vagues, et une foule d'autres objets dont l'observation suppose que le phénomène de la congélation de l'eau ne leur eût point échappé, s'il n'était presque entièrement étranger à l'Archipel.

Les plus anciens voyageurs ont confirmé l'induction qui sort de ce témoignage négatif : le père Maurile de Saint-Michel, qui habitait Saint-Christophe, en 1645, quelques années après la colonisation de cette île, affirme qu'on n'y voit jamais ni grêle, ni neige, ni gelée (1). Il en est certainement ainsi de toutes les autres îles, depuis la Trinitad jusqu'à Saba ; et nous avons établi ailleurs, d'après l'observation thermométrique, de combien l'élévation des montagnes de la Martinique et de la Guadeloupe est inférieure à celle qui comporterait l'existence de la neige sur leurs sommets.

Toutefois, l'abaissement de la température est si considérable aux grandes Antilles, pendant les coups de vents du nord, qu'il n'y a rien d'invraisemblable dans ce que rapporte Moreau de Saint-Méry, ainsi que Valverde et d'autres auteurs espagnols, qui affirment qu'à Saint-Domingue, sur les montagnes du groupe de Cibao, on trouve parfois une espèce de givre ou de gelée blanche (2). Quant à la congélation

---

(1) Voyage aux Iles Camercanes en Amérique; in-8.º 1652.
(2) Moreau de Saint-Méry, Description de la partie espagnole de Saint-Domingue, t. I, p. 229.

parfaite de l'eau, il n'est pas douteux que ce fut pour la première fois, au mois d'avril 1806, qu'on vît de la glace aux petites Antilles; elle fut apportée à la Martinique par un navire américain, dont elle formait presque toute la cargaison; il en trouva un débit très-avantageux.

Par des recherches faites, avec soin, dans les ouvrages d'observations, relatifs à l'Archipel d'Amérique, nous sommes parvenus à recueillir les exemples suivans, qui prouvent que la grêle est un phénomène qui a lieu quelquefois aux Antilles :

Il en est tombé :

A la Jamaïque, le 9 septembre 1688, pendant un coup de vent de nord. Sloane, qui en fut témoin oculaire, dit qu'elle était très-grosse et que sa chûte fut très violente (1).

A la-Martinique, en 1721, d'après le rapport de Chanvalon, qui assure qu'il existait encore dans l'île, à l'époque à laquelle il écrivait (1751), des milliers de personnes qui avaient vu cet événement, le seul de ce genre, dit-il, qui ait eu lieu depuis l'établissement des colonies (2).

A Saint-Domingue :

Au Cap-Français, en 1769;

A Jacmel, en juillet 1774;

Au Cap, le 4 août 1776, pendant un orage, accompagné d'un tremblement de terre ; quelques grains de grêle avaient la grosseur du pouce;

Au Port-au-Prince, le 13 mars 1778;

---

(1) Sloane, t. I, introd., p. 32.
(2) Chanvalon, p. 135.

Au fond Baptiste et au Boucassin, quartier de l'Arcahaye, le 30 mai 1786, à quatre heures après-midi. Il en tomba encore aux mêmes lieux, le 1.ᵉʳ mai 1787;

A la Croix des Bouquets, le 12 octobre 1789 (1);

A la Guadeloupe, en 1805, la grêle causa quelques ravages à la Grande-Terre; et nous avons pu consulter des témoins de ce fait.

A Saint-Christophe, le 13 avril 1814; à onze heures du matin, quoique la chaleur fût très-grande et même incommode, la grêle et les masses de glace, qui tombèrent pendant quinze minutes, s'échappèrent d'un nuage orageux, qui versa une pluie abondante, et fit entendre un coup de tonnerre très-fort (2).

Charpentier Cossigny, qui a passé une partie de sa vie à l'île de France, remarque que l'on n'y a jamais vu tomber de grêle, et qu'il en est ainsi à l'île de Bourbon, quoique toutes deux soient sous des parallèles correspondans à ceux des grandes Antilles, et qu'on assure qu'il y a parfois de la neige, sur les hautes montagnes de Bourbon (2).

Au Bengale, qui gît entre le 21.ᵉ et le 27.ᵉ parallèles, Stavorinus rapporte avoir vu tomber au mois de février, des grelons qui avaient la grosseur d'un œuf de pigeon (1).

Les faits que nous avons rapportés prouvent que la grêle est un phénomène qui n'a que très-peu d'exemples aux pe-

---

(1) Moreau de Saint-Méry, t. I, p. 527 et suiv.
(2) Phil. mag., t. XLIV, p. 192.
(3) Cossigny, t. I, p. 149.
(4) Stavorinus, t. III, p. 277.

tites Antilles; qu'il est plus commun dans les grandes îles de l'Archipel, et que dans les contrées continentales de la zône torride, il n'a pas moins de puissance que dans nos climats; cependant, dans les îles où il est presque inconnu, se trouvent réunies, surtout pendant l'hivernage, toutes les conditions qu'on croit être celles de sa formation : une haute température atmosphérique, des nuées orageuses, des contre-courans d'air violens et multipliés, enfin la présence de l'électricité dans les hautes couches de l'air, en une quantité telle que la fréquence du tonnerre est bien plus grande dans l'Archipel américain que sous nos latitudes. Néanmoins, ces circonstances n'ont point aux Antilles les résultats qu'on leur attribue dans nos contrées; la grêle qui, chaque année, dévaste, en France, plusieurs départemens, tombe si rarement à la Martinique et à la Guadeloupe, que plusieurs générations passent sans en avoir vue.

En considérant que ce phénomène est presque inconnu dans les îles circonscrites, dont la surface n'excède pas 50 à 60 lieues carrées; qu'il est moins rare dans celles dont l'étendue est beaucoup plus grande; et que dans les contrées continentales de la zône torride, il n'a pas moins de violence que dans nos climats : il semble être indiqué par ces différences, qu'une influence géologique agit sur la formation de la grêle, et qu'il faut ajouter aux conditions qui la favorisent, l'action qu'exerce sur l'atmosphère l'étendue des terres insulaires, à laquelle est proportionnée sans doute la puissance de leur état électrique.

DEUXIÈME PARTIE.

1.° *Variations journalières.*

Il pleut, aux Antilles, dans toutes les saisons et à toutes les heures du jour et de la nuit; mais les quantités diffèrent considérablement entre elles.

Les termes moyens de cinq ans d'observations à la Martinique et à la Guadeloupe, portent, pour chaque année :

La pluie tombant la nuit à environ 30 pouc. ou 812 mm.
Celle de la matinée jusqu'à midi. 28   757
Et celle du soir à 22   595

D'où il résulte que, quoiqu'il pleuve la nuit comme le jour, la quantité d'eau qui tombe pendant que le soleil est sur l'horizon, est beaucoup plus grande que lorsqu'il est couché; la différence est comme 5 sont à 3.

En calculant, à la fin de chaque mois, la quantité moyenne de la pluie de chaque jour, on trouve, dans les îles volcaniques et montagneuses, qu'elle est entre 2 à 3 lignes; son maximum s'élève à près de huit lignes, ou dix-huit millimètres.

Pendant les mois de juin, juillet et août, la quantité moyenne est communément de 3 à 4 lignes, ou 6 à 9 millimètres.

Dans les années sèches, la répartition de la pluie tombée dans chaque saison, ne donne pour chaque jour qu'un peu plus de 2 lignes et 1/2, ou 5 millimètres, 8. Dans les années pluvieuses, elle donne près de 3 lignes, ou 6 millimètres, 7.

A Paris et à Londres, le terme moyen de la pluie de chaque jour, n'est guère que d'un millimètre et demi, tandis qu'aux Antilles il monte à plus de 5 millimètres, ou 2 lignes 1/2, ce qui est de trois à quatre fois la quantité de pluie de nos climats.

2.° *Variations mensuelles.*

Dans les îles volcaniques, il n'y a point de mois de l'année où il ne pleuve; dans les îles calcaires, qui sont basses et déboisées, il y a parfois des sécheresses désastreuses de plusieurs mois. Cependant, par des causes inobservées, il pleut quelquefois, dans ces mêmes îles, autant et plus que dans celles qui sont montagneuses et en grande partie couvertes de forêts; Hillary expérimenta, en 1754, qu'à la Barbade, il tomba 14 pouces 6/10.e (anglais) de pluie, ou 392 millimètres, pendant le mois de mai, et, pendant celui de juin, 19 pouces 7/10.e, ou 530 millim.; à la Guadeloupe, en juin 1799, il en tomba une quantité égale; et nous en mesurâmes 18 pouces au Fort-Royal de la Martinique, en juillet 1806.

La comparaison d'un grand nombre d'observations permet d'établir que, du mois d'octobre au mois de mars ou d'avril, il tombe communément chaque mois 4 à 5 pouces de pluie, ou 108 à 135 millimètres; depuis le mois de mai jusqu'à la fin de septembre, cette quantité devient double ou triple.

Dans les îles calcaires, la progression mensuelle est la même, mais la quantité est moins considérable d'environ le quart ou le cinquième.

Lorsqu'on cherche des résultats dans un nombre borné d'observations, on trouve que la distribution de la pluie entre les différens mois de l'année, a lieu d'une manière très-inégale et fort irrégulière. Le maximum a parfois le mois de mai pour époque, et d'autrefois celui d'août ; il s'élève tantôt à 14, tantôt à 15 et même jusqu'à 19 pouces, ce qui équivaut, dans un seul mois, à la totalité de la pluie annuelle dans nos climats. Le minimum est plus constant ; il a lieu en février ou mars, et n'excède pas quelquefois 7 ou 8 lignes ; il faut cependant remarquer que cette sécheresse est rare.

Sous notre zône, les différences mensuelles sont moins grandes ; la moyenne de dix années d'observations faites à Edimbourg, par Adie, place le minimum de la quantité de pluie, dans cette capitale, pendant les mois de février et de mars, et le maximum pendant juillet et août. La différence entre le mois où il tombe le plus de pluie et celui où il en tombe le moins, n'est que d'un pouce 67 centièmes (anglais), ou 24 millimètres, et son maximum ne contient guères plus de deux fois son minimum, tandis qu'aux Antilles il le contient jusqu'à trente-cinq fois.

Ainsi, à Edimbourg, il tombe
En juillet. . . . . 47 millim. de pluie.
Et en mars. . . . . 23 et quelques cent.

DIFFÉRENCE. . . . . 24 millimètres.

A la Guadeloupe, il tomba,
en juin 1799. . . . . 534 millim. de pluie.
Et en mars 1793. . . . . . . 15 millimètres.

DIFFÉRENCE . . . . 519 millimètres.

Donc à Edimbourg, sous le 55.ᵉ parallèle, le maximum

mensuel de la quantité de pluie n'est que le double du minimum, tandis qu'aux Antilles, sous le 15.ᵉ, il est jusqu'à trente-cinq fois plus considérable.

3.° *Variations annuelles.*

Le terme moyen de la quantité de pluie tombant annuellement à la Martinique et à la Guadeloupe est au niveau de la mer d'à-peu-près 216 centimètres ou 80 pouces. Dans les années très-sèches, il en tombe au moins 71 pouces; cette quantité s'augmente de 20 pouces, dans les années pluvieuses. Toutefois, à la Martinique, six ans d'observations n'ont donné qu'une différence de 12 pouces, tandis qu'à la Barbade, cinq années en ont donné une de 41 pouces.

D'où il semble résulter que dans cette dernière île, soit par sa proximité du continent, soit plutôt par l'élévation médiocre de ses reliefs et par leur déboisement, il y a une bien plus grande incertitude, dans les chances d'une année sèche ou pluvieuse; et en effet, on remarque que, par ces causes, les produits agricoles des Antilles calcaires sont exposés à des hasards plus nombreux et plus funestes que ceux des Antilles volcaniques. Moreau de St-Méry rapporte qu'il y a parfois des sécheresses de deux années, dans la partie de Saint-Domingue, qui avoisine le Port-à-Piment, et dont les terrains sont calcaires; il en est ainsi à Marie-Galante et même à la Grande-Terre de la Guadeloupe; les nuages pluvieux passent au zénith de ces îles, sans y laisser tomber une seule goutte d'eau, et vont verser des torrens sur les montagnes hautes et boiseuses des Antilles volcaniques.

Il ne semble pas qu'il y ait de rapport direct entre le nombre des jours pluvieux et la quantité de pluie de l'année entière ; et la connaissance de l'un de ces termes ne conduit point à celle de l'autre. Il y a des années où le maximum de l'un répond au minimum de l'autre, et *vice versâ*.

En prenant le terme moyen d'une période de six ans, le nombre des jours de pluie se trouve être à-peu-près égal à la Martinique et à la Guadeloupe.

Le maximum de ce nombre s'élève à 238 dans la première de ces îles, et à 223 dans la seconde ; le minimum est dans l'une de 223 et dans l'autre de 179.

A la Guadeloupe, on compte de 180 à 253 jours nébuleux, dans l'année ; et de 91 à 180 jours sereins ; le terme moyen de cinq ans d'observations donne 130 jours sereins et 217 jours nébuleux.

Sur 365 jours, il n'y en a que 166 sans pluie à la Guadeloupe, et 134 à la Martinique.

Dans ces deux îles, sur 200 à 230 jours de pluie qui ont lieu dans l'année entière, on en compte 100 à 120 de pluies ordinaires, 75 à 90 de pluie, par grains plus ou moins fréquens, et 35 à 40 jours de pluie diluviale.

Le nombre des jours de pluie étant de 230, à la Martinique, au centre de l'Archipel des Antilles, et ne s'élevant à Paris qu'à 134, il offre, entre ces deux points du globe, une différence à-peu-près semblable à celle de 5 à 3 ; mais lorsqu'au lieu de borner la comparaison au résultat de nos observations au Fort-Royal, on prend pour base le terme moyen de l'ensemble des observations faites dans les différentes îles américaines, on trouve que le nombre des jours de pluie, qui y ont lieu, est comme 7 sont à 4, aux jours pluvieux de l'année commune à Paris.

II.ᵉ SECTION.

Variations locales de la quantité de pluie qui tombe aux Antilles.

Les sciences physiques sont encore si nouvelles, et leur culture est si peu répandue qu'on ignore ou qu'on sait mal quelle quantité de pluie tombe, dans les contrées autres que celles de l'Europe; et qu'on n'a pu réunir encore une assez grande quantité d'observations, faites entre les tropiques, pour les comparer à celles faites sous nos climats et en tirer la théorie complète des modifications de cet important phénomène.

Nous chercherons à jeter quelques lumières sur ce sujet, en fixant, par l'expérience et l'observation, quelles variations éprouve la quantité de pluie annuelle, par l'influence de la position géographique des contrées, par celle des montagnes, des forêts, des vents et de la proximité des mers.

1.º *Variations de la quantité de pluie, produites par la position géographique.*

L'évaporation des eaux du globe, d'où résultent les pluies, étant proportionnelle à la température des lieux, celle-ci doit être en rapport direct avec la quantité de pluie annuelle; et leur accroissement doit avoir lieu d'une manière identique, en raison de la moindre distance de l'équateur.

En effet, la quantité de pluie est au niveau de l'Océan, ou à une médiocre hauteur au-dessus de sa surface, de :

80 pouces, ou 216 cent., aux Antilles, sous le 15.ᵉ par.
73 pouces, — 205 cent., à Calcutta, sous le 22.ᵉ
48 pouces, — 130 cent., à Charleston, sous le 32.ᵉ
39 pouces, — 105 cent., à Rome, sous le 42.ᵉ
34 pouces, — 94 cent., à Milan, sous le 45.ᵉ
20 pouces, — 53 cent., à Par. et à Lond. s. les 48ᵉ et 51.ᵉ
17 pouces, — 46 cent., à Pétersbourg, sous le 59.ᵉ
16 pouces, — 43 cent., à Upsal, près du 60.ᵉ

Non-seulement la quantité annuelle des pluies est, pour chaque lieu, au niveau de la mer, en raison de l'action solaire qu'il éprouve, mais encore l'époque de la saison pluvieuse est généralement celle de la plus grande proximité du soleil ; sous la zône torride, cet astre amène avec lui, les pluies et les orages ; et ce n'est que lorsqu'il s'éloigne que l'atmosphère redevient calme et sereine.

Les voyageurs ont observé ces effets sur les deux rives opposées de l'Atlantique équatoriale ; l'époque de l'hivernage et des grandes pluies y varie selon la distance du soleil ; elles ont lieu :

En Amérique, à la Guyane française, et, en Afrique, au cap des Palmes, par le 4° 24', de latitude boréale, pendant les mois de juin et de juillet ;

Dans la Guyane hollandaise et au cap Tagrin de Sierra Léone, par le 8° 30', pendant mai, juin et juillet ;

Aux Antilles et au Sénégal, par les 15.ᵉ et 16.ᵉ degrés, pendant les mois d'août et de septembre.

Les pluies, qui inondent les contrées équatoriales, sont dans une telle dépendance de la proximité du soleil, qu'elles ont deux époques annuelles, au lieu d'une, dans les pays situés sous la ligne, et que cet astre visite à chacune des deux équinoxes. Ainsi, au Para, à Saint-Thomé et au Benin, l'hivernage a lieu aux mois de mars et de septembre; sur les points du globe rapprochés des tropiques, il n'y a qu'une seule saison pluvieuse dans l'année, parce que les deux passages du soleil, en s'éloignant et en se rapprochant de l'équateur, ne sont point assez distans pour exercer séparément leurs effets. Il est d'autant moins possible de distinguer l'influence de chacun d'eux, qu'elle ne s'exerce pas immédiatement de manière à être simultanée avec l'arrivée du soleil au zénith; de même que le maximum de la température journalière n'a lieu qu'après le passage de cet astre au méridien, et celui de la température estivale, après l'époque de sa plus grande proximité, la saison pluvieuse ne commence, pour chaque lieu de la zône torride, que lorsque le soleil s'en éloigne, et qu'il peut y avoir condensation des vapeurs aqueuses dont il a surchargé l'air. Par ce retard, les pluies que produit, aux Antilles, le premier passage du soleil, se trouvent rapprochées de l'époque du second, et les effets de l'un et de l'autre sont confondus.

Pour reconnaître l'influence de la position géographique sur la quantité de pluie annuelle, et la diminution de cette quantité en raison de l'éloignement de l'équateur, il n'est pas même nécessaire d'observer ce qui se passe sur des points très-distans ou autrement dans les différentes zônes du globe ; on peut en trouver la preuve dans un arc du méridien de quelques degrés seulement; mais alors, il faut examiner, avec un soin attentif, les perturbations apportées dans la marche générale des phénomènes, par les circonstances locales ; à défaut de cette précaution, on peut être conduit à comparer ensemble des résultats d'espèces différentes, et à coordonner un terme moyen avec le maximum, que donne l'influence des montagnes, des forêts ou des vents.

Sans sortir de l'Archipel des Antilles, on peut observer ce qu'une différence de latitude de cinq degrés produit de diversités dans ces résultats. Par exemple, à Saint-Domingue, lorsqu'il y a parité de circonstances, le nombre des jours de pluie et la quantité de pluie annuelle sont beaucoup moindre qu'aux petites Antilles :

Dans la plaine du Trou, d'après les observations faites par Warlok, de 1783 à 1786, il il y a 88 jours pluvieux, et il y tombe 54 pouces de pluie seulement.

A Léogane, d'après les observations faites par Baussan, de 1761 à 1780, il y a 99 jours pluvieux, et il ne tombe que 50 pouces de pluie.

Au fort Dauphin, d'après Moreau de Saint-Méry, la quantité d'eau des années pluvieuses n'est que de 73 pouces; celle des années sèches de 40 pouces, et celle des années moyennes de 54 pouces et demi (1).

Au Port au-Prince, en 1786, il ne tomba que 32 pouces 10 lignes de pluie ; ce qui, dans l'hypothèse d'une année très-sèche, est encore au-dessous de la moitié du minimum des îles de la Guadeloupe et de la Martinique.

On croit même saisir un effet attribuable à la seule différence de 1° 54' de latitude, ou 114 milles géogra-

---

(1) Tome I, p. 138.

phiques, en comparant ce qui a lieu au Fort-Royal de la Martinique et à Sainte-Rose de la Guadeloupe; il y a pour celui de ces deux points, le plus voisin de l'équateur, un excédent annuel de 4 centimètres de pluie et de 32 jours pluvieux.

Cependant, et malgré ces exemples, la loi du décroissement de la quantité de pluie annuelle, en raison de l'élévation des latitudes, ne peut être reconnue, aux Antilles, qu'avec difficulté, à cause des perturbations que produisent la diversité des formes géologiques, la différence de hauteur et d'étendue du massif minéralogique des îles de cet Archipel, la variété de l'état superficiel, et non moins encore, le défaut d'observations faites avec de bons instrumens et par de bons observateurs.

2.° *Variations de la quantité de pluie, produites par l'élévation du sol et par les forêts.*

Les montagnes agissent avec une grande influence sur les vapeurs de l'atmosphère, et, conséquemment, elles sont l'une des principales causes des variations locales de la quantité de pluie annuelle.

Toutes choses égales d'ailleurs, il pleut davantage dans les montagnes que dans les plaines; mais c'est par l'effet qu'exerce l'état superficiel des régions élevées, et d'où résulte la condensation des vapeurs; et non, comme on pourrait le croire, par une disposition de l'atmosphère à donner naissance à une plus grande quantité de pluie dans ses couches supérieures que dans ses couches inférieures.

Cette distinction importante est établie par les faits ; il a été expérimenté à l'Observatoire de Paris qu'une différence de niveau de 4 mètres seulement, en occasionne une de 11 centimètres, ou 4 pouces, dans la quantité d'eau recueillie, lors même qu'elle n'est que de 18 pouces (1). La jauge la moins élevée étant celle qui reçoit le plus d'eau, on en conclut que les gouttes de pluie augmentent de volume dans leur passage à travers les couches les plus basses de l'air.

On arrive à un résultat inverse, lorsque la jauge la plus élevée gît sur une montagne, qui, par son état superficiel, détermine la condensation des vapeurs dans la haute région de l'atmosphère. Ainsi, le terme moyen des observations faites de 1815 à 1817, à Edimbourg et à Kinfauns, résidence du lord Grey, présente les nombres suivans, comme exprimant la quantité de pluie, tombée dans la même contrée, mais à des hauteurs diverses :

Mont. de Kinfauns, élév. de 600 p. 48 pouces ang. 121 cent.
Carlton - Hill. . . . . . . 338 — 23————————23——
Promenade de Leith. . . . . . 21————————58——

Ce qui prouve que l'accroissement de la quantité de pluie résulte, dans ces exemples, non de la hauteur absolue, mais bien de l'état superficiel, c'est qu'au pied du

---

(1) En 1819, cette différence fut comme il suit :
Dans la cour de l'Observatoire.............. 68,919 centimètres.
Sur la plate-forme, à 30 mètres du sol....... 61,524
————————
7,395

château de Kinfauns, au centre de son jardin, et seulement à 20 pieds au-dessus du niveau de la mer, il tombe 28 pouces, ou 71 centimètres de pluie, tandis qu'il n'en tombe que 21 pouces, ou 53 centim., à 129 pieds sur le faîte du château.

D'autres observations établissent pareillement que la quantité de pluie tombant à Leith, au niveau de la mer, est de 21 pouces ou 53 centimètres, tandis qu'à 377 pieds et à 484, au-dessus de son niveau, sur l'observatoire et sur le monument de Nelson, cette quantité est seulement de 14 et de 17 pouces, ou 43 centimètres (1).

Cette variation ne paraît point, comme on l'a cru, l'effet du vent ; elle semble être le résultat de la différence d'action, qu'exercent sur les vapeurs aqueuses de l'atmosphère, les sommets des montagnes revêtues de végétation, ou des édifices, dont les parois étant verticales et d'une autre nature, produisent une toute autre irradiation solaire.

La prodigieuse quantité de pluie, qui tombe dans les montagnes des Antilles, ne résulte donc point de la hauteur absolue des lieux ; elle ne prouve rien contre le fait du décroissement général de l'humidité atmosphérique, en proportion de l'élévation des couches de l'air au-dessus du niveau de l'Océan, et elle est tout simplement l'effet de la nature des surfaces de ces montagnes qui, de leur base jusqu'à leurs sommets, sont couvertes d'arbres toujours verts. La condensation des vapeurs est ici produite par les variations de la température, et par le

---

(1) Phil. Magn., t. XLIX, etc., etc.

dégagement du calorique ; mais sur divers points du globe, elle s'effectue par une sorte d'action mécanique, dont la cause est très-différente. Plusieurs des grandes chaînes de montagnes, telles que les Andes, les Gates, l'Hymalaïa et même les volcans des îles de la Sonde, interceptent entièrement les nuages pluvieux, formés par l'évaporation de l'Océan, et, en les arrêtant par leur masse, les accumulent et les forcent à verser leurs torrens sur l'une de leurs déclivités, tandis que l'autre est sans pluie et sans rivières. C'est ce qui arrive au Pérou et au Chili : les nuages venant de l'Atlantique, poussés par les vents d'est vers la Cordillière, se fixent au-dessous de ses pics glacés et n'en franchissent jamais les sommets, pour se porter vers le littoral baigné par le grand Océan. Il se résolvent en pluie, qui alimente les vastes fleuves des plaines de la Plata ; tandis que sur le versant opposé, où ils ne paraissent jamais, il n'y a que des rivières peu nombreuses et peu considérables, et que la pluie y est un phénomène extraordinaire. (1)

Les montagnes de la chaîne des Antilles n'élevant pas leurs plus hauts sommets au-delà de 5000 pieds au-dessus du niveau de l'Atlantique, elles n'exercent point des effets semblables ; les nuées qu'elles amassent autour de leur Pitons, se déroulent sur toute la surface des forêts qui les environnent, et poussées par les courants de l'atmosphère, elles vont verser leurs pluies les plus abondantes sous le vent de leurs grandes projections.

---

(1) Dampierre, La Barbinais Le Gentil, D. Moreira, Alcedo, etc.

La seule différence de gissement, au vent ou sous le vent des montagnes, en produit une égale au tiers ou au quart de la pluie annuelle : par exemple, à Ste.-Marie, sur la côte orientale de la Guadeloupe, au vent de la Soufrière, il tomba en 1784, 48 pouces 11 lignes de pluie, et en 1785, 51 pouces 7 lignes; ce qui donne un terme moyen de 50 pouces 3 lignes, ou 136 centimètres; tandis que sous le vent, il en tombe près de 80 pouces ou 216 centimètres.

L'étendue du massif minéralogique des îles ne paraît pas exercer d'influence sur la quantité de pluie qu'elles reçoivent ; puisqu'il en tombe quelques lignes de plus à la Martinique qu'à la Guadeloupe, dont l'étendue superficielle est plus grande de 22 lieues carrées, et que la Grenade en reçoit annuellement 105 pouces, quoique sa surface soit moindre de moitié.

On peut se faire une juste idée des Antilles volcaniques, en se figurant des cônes immenses, qui cachent leur base dans la profondeur de l'Atlantique, et leur sommet dans les nuages; la quantité de pluie annuelle varie selon l'élévation de chacun d'eux, et toutes choses égales d'ailleurs, elle s'augmente sur le versant des montagnes, selon la hauteur des lieux d'observations ; elle ne diffère pas essentiellement à la Martinique et à la Guadeloupe, dont le massif minéralogique offre une élévation presque semblable ; mais à la Barbade et à Ste. Lucie, dont les points culminans sont à ceux de ces deux îles, dans le rapport d'un à cinq, la quantité de pluie est à peine dans la proportion de 3 à 4 avec celle des Antilles françaises.

L'accroissement de la quantité de pluie, selon la hauteur du sol, est produit par les forêts qui couvrent les montagnes centrales de chaque île, et dont on s'approche à mesure qu'on atteint des points d'observation plus élevés au-dessus de niveau de la mer. Cette influence des forêts est très-considérable, et lorsqu'on ignore quelle part elle peut avoir dans les résultats, qu'on obtient dans les îles qui y sont soumises d'une manière locale, on risque à tomber dans de très-grandes erreurs.

C'est ainsi que pour en avoir méconnu les effets, la plupart des météorologistes ont cru qu'il tombait à Saint-Domingue au-delà de 300 centimètres de pluie, et que cette île offrait conséquemment le maximum de ce phénomène. Les observations nombreuses, recueillies par Moreau de Saint-Méry, prouvent que cette opinion est fondée sur une méprise ; elles établissent les faits suivans :

Au niveau de la mer, dans la partie du nord de l'île, il tombe annuellement au Fort Dauphin, une quantité de pluie de 55 pouces 11 lignes, — 151 centimètres. Il en tombe 54 pouces 7 lignes, — 147 centimètres au bourg du Trou, situé dans une plaine ouverte sur la même côte, à une distance de 5 lieues.

Dans la partie du sud, mais également dans une position boréale, il en tombe à Léogane 50 pouces ou 135 centimètres ; ce résultat est celui de 20 ans d'observations. Au Port-au-Prince, à 8 lieues à l'ouest de cette ville, il n'en tomba que 33 pouces en 1786.

D'où l'on peut conclure que sur le littoral de Saint-Domingue, loin des forêts de l'intérieur, à quelques pieds seulement au-dessus du niveau de l'océan, et dans une exposition analogue à celle de nos termes de comparaison, à la Martinique et à la Guadeloupe, la quantité de pluies annuelles n'excède pas 50 ou 55 pouces, ce qui est la moitié moins qu'on ne l'estime communément; mais, lorsque s'élevant sur le penchant des montagnes de cette île immense, on entre dans la sphère d'action de ses forêts intérieures, cette quantité est doublée, et même presque triplée.

A la Marmelade, à une hauteur d'environ 600 mètres, la quantité de pluie est annuellement de 100 pouces ou 270 centimètres.

A Tivoli, situé à 463 mètres au-dessus de la mer, le maximum de la quantité de pluie est de 126 pouces; le minimum de 75, le terme moyen s'élève à 100 pouces ou 270 centimètres.

Dans les montagnes du Borgne, sur l'habitation Odelucq, située à environ 500 mètres, des observations faites en 1785, portèrent la quantité de pluie à 340 pouces une ligne ou 919 centimètres.

De 1783 à 1784, il en tomba au Limbé, 211 pouces 8 lignes ou 570 centimètres.

Enfin, nous avons expérimenté nous-mêmes à la Martinique, au morne Édouard, situé au midi, et à environ 1000 mètres des grandes forêts du Carbet, que le terme moyen de trois années d'observations, s'élève, dans ce lieu, qui est à 349 mètres au-dessus de la mer, à 95 pouces $\frac{1}{3}$ ou 256 centimètres de pluie.

Ces faits prouvent que la proximité des forêts augmente la quantité de pluie:

A la Martinique, à 349 mètres d'élévation, de 13 à 14 pouces.

A St. Domingue, à 4, 5 et 600 mètres d'élévation, de 45 pouces et même de 156 et de 285.

Il y a tout lieu de croire que cette influence hygrométrique des bois, enveloppait le lieu où l'on fit en 1772 et 1773, les observations rapportées dans les Transactions philosophiques, (t. 69, p. 217.) et sur lesquelles s'est établie l'opinion qui porte jusqu'à 105 pouces, la quantité de pluie annuelle tombant dans l'île de la Grenade. Il faut vraisemblablement la réduire à 70 pouces, comme il arrive à la Trinitad, selon Lavaysse, ou la fixer tout au plus à 80, comme à la Martinique et à la Guadeloupe. L'examen des nombres mensuels donné par Cazaud, dans cette observation, rend son exactitude très incertaine; car, il est fort douteux qu'en aucun lieu des Antilles, il ait jamais tombé 17 pouces de pluie au mois de décembre, qui offre constamment le maximum de la sécheresse.

Il faut à bien plus forte raison considérer, comme entièrement fausses, de prétendues observations, faites irrégulièrement en 1783 et 1784 au Cap français, et communiquées par un M. Chabaud au physicien Cotte, qui les a insérées dans son grand ouvrage météorologique. Elles portent à 221 pouces 2 lignes, ou 326 centimètres, la quantité de pluie tombée dans la ville du Cap, sur le littoral, pendant un espace de 11 mois seulement, et non compris le mois d'août, qui est l'un de ceux marqués par des pluies diluviales.

Il semblait intéressant de savoir, si les déluges qui

inondent les hautes régions des Antilles, répandent cette immense quantité d'eau, par la fréquence de leurs pluies ou par l'abondance de chacune d'elles ; il paraît, par les observations suivantes, que leur chute comparée à celle des pluies du littoral, n'offre pas une durée plus étendue, ce qui conduit à croire qu'en temps égal, leur rapidité et leur volume sont beaucoup plus grands.

A la Martinique, il y a dans l'année 231 jours de pluie ; à la Guadeloupe, la Chenaie en a compté 199 à Ste.-Rose, et Gaux 193 à la Basse-Terre ; ce qui donne pour 12 ans d'observations, un terme moyen de 207 jours de pluie dans la région du littoral, sous les 14.me et 15.me parallèles.

Dans un gissement semblable, les observations faites à St.-Domingue, donnent pour la plaine du Trou, 88 jours, pour Léogane, 99 et pour le fonds des Nègres 100 jours, ce qui fait, avec les petites Antilles, une différence de moitié.

Mais à Tivoli, à 463 mètres, il y a annuellement 158 jours de pluie ; dans les montagnes du Borgne, il y en a 146, et dans les mornes du port Margot, où il tomba 140 pouces de pluie en 1783 et 1784, le nombre de ces jours ne fut que de 128, ce qui ne donnant pas même un terme moyen de 140, n'offre qu'un nombre très-inférieur à celui des jours de pluie dans les Antilles françaises, lors même que la quantité d'eau pluviale y est double ou triple.

3.° *Variations de la quantité de pluie, produites par les vents et par la proximité des mers.*

L'une et l'autre de ces causes concourent au même effet ; ce sont les vents qui transportent à des distances parfois considérables, les produits de l'évaporation des mers, et qui changent ainsi la quantité de pluie, que les contrées qu'ils parcourent, devaient recevoir, de la seule condensation des vapeurs élevées de leur territoire.

Telle est généralement l'origine des pluies périodiques ; elles résultent de la domination des vents, qui se sont saturés de l'évaporation pélagique, et dont le retour annuel est déterminé par de grandes causes astronomiques et géologiques.

A Java, entre le 6.° et le 9.° degrés de latitude australe, les fortes pluies et les grands orages sont apportés par les vents d'ouest, qui, depuis le mois d'octobre jusqu'à celui d'avril règnent dans l'Océan indien ; le ciel est presque toujours clair et serein pendant la bonne mousson, qui se forme de la domination des vents d'est, dont l'humidité s'est déposée sur les terres insulaires, qu'ils ont trouvées dans leur cours (1).

A la côte Coromandel, c'est le vent du nord-est qui chasse les vapeurs de la mer de l'Inde, vers les hautes montagnes des Gates, et c'est de la condensation de ces vapeurs, qui ne peuvent franchir un tel obstacle, que naît la saison des pluies, pour cette partie de la presqu'île :

---

(1) Stavorinus, t. II, p. 230 et suiv.

celle située de l'autre côté des montagnes, jouit, pendant cette période, d'un temps serein qui n'est troublé que lorsque les vents viennent des points opposés de l'horizon, chargés des vapeurs pélagiques, qu'élève l'action solaire dans le golfe immense où s'ouvrent les détroits de Babel-mandel et d'Ormus.

Au Bengale, entre les 21.° et 27.° degrés de latitude boréale, les produits de l'évaporation de l'Océan sont apportés pareillement par les vents, qui, du mois de mai jusqu'au mois d'août, soufflent du sud et du sud-ouest, à travers les plaines de l'Inde. La chaîne de l'Hymalaïa, qui court de l'est à l'ouest, arrête les vapeurs, et les force à se condenser successivement dans l'ordre où elles arrivent. C'est cette cause qui rend plus hâtive la saison pluvieuse dans les montagnes, et c'est pourquoi l'époque où les vents transportent ainsi les vapeurs de la mer, est immédiatement suivie de la chûte des pluies, et celle-ci des débordemens périodiques des rivières. Tout au contraire, les vents de nord, qui, ayant parcouru la Haute-Asie, se sont dépouillés de toute humidité, en passant sur ses steppes immenses, apportent la sécheresse dans les contrées du littoral de l'Inde, et absorbent les eaux, qui les avaient couvertes (1).

Des effets analogues sont produits par les vents d'est de l'Atlantique méridionale, qui accumulent des nuages pluvieux sur le versant oriental des Andes du Chili et du Pérou, et fournissent des eaux à tous les fleuves qui

---

(1) Rennel, Trans. Phil., 1781. — *Asiatic Research*, etc.

arrosent les immenses contrées du Brésil et du Paraguai.

Enfin, c'est encore ainsi, mais par des effets moins grands et moins remarquables, que les vents d'ouest, qui ont traversé l'Atlantique septentrionale, apportent, en Europe, les pluies d'automne, et établissent une constitution humide, qui occupe plus d'un tiers de l'année commune.

Les îles éprouvent comme les continens cette influence générale des vents dominans ; mais étant environnées de toutes parts des eaux de la mer, elles sont de plus soumises à en recevoir de tous côtés les vapeurs ; et c'est pourquoi il y pleut, quelle que soit la direction des vents, tandis que, dans les contrées continentales, la pluie ne tombe presque jamais, du moins avec continuité, que lorsque les vents soufflent de certains points de l'horison.

Les Antilles surtout, qui se trouvent au milieu d'une vaste mer, sont en butte à cet effet, et le nombre des jours de pluie y est presque égal à celui des deux tiers de l'année. Quoiqu'il pleuve à tous vents, la saison pluvieuse qui est marquée par la durée, la fréquence et la rapidité des déluges, dont les nuages inondent l'Archipel, est sous l'empire des vents de la partie australe du globe ; les pluies qui tombent alors ne résultent peut être pas de ce que ces courans d'air se sont chargés le long du littoral de l'Amérique méridionale, d'une quantité de vapeurs extraordinaires ; elles paraissent plutôt l'effet des inégalités locales de la température atmosphérique qui condensent subitement de grandes masses de vapeurs, et déterminent leur précipitation sous la forme de pluies diluviales. Ces inégalités ont pour causes les variations de direction et de persistance des courans d'air, qui, dans cette saison, changent de route et de rapidité à tout instant, selon que la nature des surfaces des îles et du littoral, détermine, par une température plus ou moins élevée, leur raréfaction ou leur condensation. Les vents qui, du nord ou de l'est, soufflent sur l'Archipel des Antilles, ne sont point soumis à ces inégalités; parce qu'aucune terre ne se trouvant sur leur passage, ils n'éprouvent d'autres perturbations que celles qui ont lieu dans chaque île, par l'effet de ses propres localités. Aussi les pluies qu'ils apportent sont-elles régulières et rarement orageuses, ce qui est diamétralement le contraire des pluies de l'hivernage.

Les différences que produisent, dans la quantité de pluie de chaque lieu, les causes locales, qu'on vient d'indiquer, font naître des diversités presqu'exactement proportionnelles à leur étendue : dans la fertilité des terres, la nature chimique des produits agricoles, la composition des familles de la Flore indigène, la salubrité des habitations, et jusque dans la puissance de reproduction de l'espèce humaine et des animaux domestiques.

Cette longue série d'observations et d'expériences sur l'état hygrométrique de l'atmosphère des Antilles, donne ce qui suit pour résultats inédits et principaux ;

1.° Les causes de l'extrême humidité du climat de ces îles, sont : l'évaporation de la mer qui les environne, la transpiration de leurs immenses forêts, et les pluies diluviales qu'elles reçoivent.

2.º Le terme moyen de cette humidité est indiqué par le 86.º ou le 87.ᵉ degré de l'hygromètre de Saussure.

3.º Elle varie du 61ᵉ au 100ᵉ, ce qui n'est guères que la moitié de l'échelle hygrométrique de nos climats.

4.º Eu égard à la différence de température des lieux, l'indication d'une différence en plus de 10 degrés, dans le terme moyen des observations hygrométriques faites aux Antilles et sous nos latitudes, prouve que, dans ces îles, l'humidité de l'air est presque deux fois plus grande qu'à Paris et à Londres.

5.º Cette humidité est proportionnelle à la température des lieux, et elle s'accroît, comme la chaleur atmosphérique, en raison du décroissement d'élévation des latitudes.

6.º Au niveau de la mer, la quantité de pluie annuelle, comparée à la quantité d'humidité atmosphérique, est, aux Antilles, dans un rapport plus grand que la première ne l'est à la seconde en France et en Angleterre; cette anomalie paraît résulter de l'état superficiel de ces îles.

7.º Il y a lieu de supposer, par divers aperçus, qu'on ne peut porter à moins de 33 pieds l'épaisseur de la couche d'eau, enlevée annuellement à la mer Caraïbe par l'évaporation diurne et nocturne.

8.º L'évaporation des eaux fluviales, déterminée par des expériences directes, est annuellement de 103 pouces; c'est-à-dire comme 1 est à 2 1/5, avec celle observée à Manchester, par Dalton.

9.º Proportionnellement à l'élévation de la température,

l'évaporation à l'ombre est moins grande aux Antilles que dans nos climats ; elle est à l'évaporation au soleil comme 1 est à 3 1/3.

10.° Tout au contraire, l'action que le soleil exerce sur les eaux fluviales en évapore dix-sept fois plus dans les îles de l'Archipel américain que dans nos climats.

11.° La transpiration des bois est plus grande que l'évaporation des eaux fluviales ; elle est approximativement de 122 pouces entre le littoral et la lisière des forêts ; peut-être dans celles-ci est-elle de près du double de cette quantité.

12.° Dans les forêts maritimes nommées Palétuviers, l'hygromètre indique presque constamment le terme de l'humidité radicale ; ce qui annonce que chaque mètre cube d'air y contient au moins 30 grammes, ou une once de vapeur aqueuse.

13.° La condensation de ce brouillard donne de l'eau contenant des animalcules, du sel, un alcali et un principe appartenant aux matières organiques. Son action sur l'économie humaine produit les fièvres intermittentes.

14.° La congélation de l'eau, dans la moyenne région de l'atmosphère, et sa transformation en grêle, est un phénomène rare aux Antilles, mais non pas étranger à ces îles ; il y a lieu de croire, par les circonstances qui l'accompagnent sous la zône torride, qu'il faut ajouter à ses conditions reconnues par les physiciens, l'action qu'exerce, sur l'atmosphère, l'étendue des terres insulaires, à laquelle est proportionnée probablement la puissance de l'état électrique.

15.° La chute des pluies est presque moitié plus considérable quand le soleil est sur l'horison que lorsqu'il est couché.

16.° Le minimum de leur quantité a lieu en février ou mars ; l'époque de leur maximum est moins constante ; elle varie du mois de mai à celui d'août.

17.° Le maximum est souvent trente-cinq fois plus grand que le minimum, tandis que dans notre climat il n'en dépasse guères le double.

18.° Le terme moyen de la quantité de pluie annuelle est de 80 pouces, aux Antilles, au niveau de la mer ; la variation est seulement de 12 pouces, entre les années pluvieuses et les années sèches ; elle est de 41 pouces, dans les îles calcaires où la quantité de pluie est moindre de plus du quart.

19.° Il ne paraît point y avoir de rapport direct entre le nombre des jours pluvieux et la quantité de pluie annuelle ; ce nombre est, aux jours pluvieux qui ont lieu à Paris, comme 7 sont à 4.

20.° L'évaporation étant proportionnelle à la température des lieux, la quantité annuelle des pluies qui sont produites par la première, est, en raison de l'élevation de la seconde, et conséquemment en rapport avec l'élévation des latitudes.

21.° Il pleut la moitié plus aux Antilles qu'à Rome, quatre fois plus qu'à Paris et à Londres, et cinq fois plus qu'à Upsal, en Suède.

22.° Aucune observation sûre et dégagée d'influences locales, surtout de celles de l'état superficiel du sol, ne prouve qu'il tombe en aucun endroit, au niveau de la mer, sous la zône torride, une plus grande quantité de pluie qu'aux Antilles.

23.° L'accroissement de cette quantité dans les montagnes de l'Archipel, résulte, non d'une influence appartenant à la hauteur du sol, mais uniquement de celle des immenses forêts dont elles sont revêtues jusqu'à leurs sommets les plus élevés.

24.° Enfin, il paraît que les déluges de pluie produits par cette cause, quoique étant doubles ou triples de la quantité d'eau que reçoit le littoral, n'occupent pas dans leur chute un laps de temps plus considérable, ce qui conduit à croire que leur rapidité et le volume de chacune des gouttes de pluie sont beaucoup plus grands.

TABLEAU

De la quantité moyenne de pluie, tombant pendant chaque mois de l'année, à la Martinique, la Guadeloupe et la Barbade.

MOIS.	MARTINIQUE. 6 ans d'observ.		GUADELOUPE. 5 années d'observ.		BARBADE. 3 années d'observ.	
	En pouces.	En millim.	En pouces.	En millim.	En pouces.	En millim.
Janvier....	5 6	148	5 1 1	137	2 2	60
Février....	4 9	128	2 8 1	74	1 2	28
Mars......	3 6	94	2 8 2	72	1 10	52
Avril.....	4 6	121	4 7 2	123	1 10	53
Mai......	0	243	9 9 2	263	8 1	223
Juin......	7 3	195	9 1	245	8 9	241
Juillet....	6 6	175	6 6 5	176	6 1	167
Août......	9 6	256	7 1 1	191	3 6	97
Septembre.	10 9	290	9 2 5	250	6 1	164
Octobre...	9 7	258	8 7 1	231	6 8	183
Novembre.	5 3	141	8 9 3	240	3 1	86
Décembre.	4 6	121	5 9 2	155	6 9	187
Résultats.	80 p. 7 l.	217 c.	79 p. 8 l.	216 c.	56 p. 10 l.	154 c.

TABLEAU

Du nombre des jours de pluie pendant chaque mois, à la Martinique.

MOIS.	1807.				1808.				1815.
	Grains.	Pluies.	Gr. des Pluies.	Totaux.	Grains.	Pluies.	Gr. des Pluies.	Totaux.	
Janvier....	1	12	»	13	7	10	1	18	13 jours.
Février....	3	7	»	10	9	10	»	19	22
Mars......	6	7	»	13	8	12	»	20	25
Avril......	3	12	2	17	3	5	3	11	20
Mai.......	5	9	1	15	4	7	5	16	A Saint-Pierre
Juin.......	4	15	8	27	6	6	8	20	En 1751.
Juillet.....	7	8	11	26	8	10	7	25	30
Août......	9	7	3	19	9	10	»	19	29
Septembre.	5	15	»	20	9	6	6	21	30
Octobre...	9	7	4	20	5	6	7	18	25
Novembre.	14	4	»	18	14	10	»	18	23
Décembre..	9	10	6	25	8	11	6	25	27
Totaux...	75	113	35	223	90	103	43	236	164 j. en 6 mois. 80 j. en 4 mois.

Tableau de la quantité de pluie, tombée à la Guadeloupe pendant cinq ans.

ANNÉES.	PLUIE TOMBÉE CHAQUE JOUR.						PLUIE MOYENNE de chaque jour.		PLUIE TOMBÉE chaque année.		NOMBRE de JOURS de pluie.
	LE MATIN.		A MIDI.		LE SOIR.						
	En millim.	En pouces.	En millim.	En pouces.	En millim.	En pouces.	En millim.	En pouces.	En millim.	En pouces.	
1797...	832	30 9	681	25 2	593	21 11	5 6	2 49	2,108	77 11 3	212
1798...	994	36 9	737	27 3	735	27 2	6	2 78	2,469	91 3 2	223
1799...	734	27 2	654	24 2	647	23 11	5 6	2 48	2,054	75 11 2	189
1800...	646	23 11	931	34 5	676	25 »	6 7	2 99	2,257	83 5 3	201
1801...	719	26 7	782	28 11	424	15 8	4 6	2 16	1,921	71 2 4	179
Résultats moyens.	m. 805	p. l. 29 9	m. 754	p. l. 28 1 8	m. 611	p. l. 22 7 7	m. 5 8	p. c. 2 58	m. 2,195	p. l. 79 9	jours. 199

Tableau de la quantité de pluie tombée à la Martinique, au niveau de la mer, pendant une période de six ans.

ANNÉES.	NOMBRE DE JOURS de pluie.	QUANTITÉ DE PLUIE ANNUELLE.	
		En pouces.	En centimètres.
1803..	238	77	208
1804..	226	79	213
1805..	235	81	219
1806..	228	89	240
1807..	223	84	227
1808..	236	79	213
Année moyenne.	jours. 231	p. l. 81 6	cent. 220

Au morne Edouard, à 1000 mètres des forêts du Carbet et à 349 ou 179 toises au-dessus du niveau de l'Atlantique, la quantité de pluie fut ainsi qu'il suit, pendant les trois dernières années de cette période :

$$\begin{array}{lll} 1806 - & 94 \text{ pouces.} & 254 \text{ centim.}^{res} \\ 1807 - & 88 & 237 \\ 1808 - & 104 & 270 \\ \hline \text{Année moyenne...} - & 95 \tfrac{1}{3} & 255 \end{array}$$

(1) *Voyez* à la fin du volume le Tableau de la quantité de pluie tombée en divers lieux de l'Archipel des Antilles.

CHAPITRE III.

Recherches sur les Vents de la mer des Antilles.

Causes chimiques, astronomiques et géologiques des variations des vents dans leur vîtesse et leur direction. — Effets de la conversion de l'air en eau, — Du mouvement rotatoire du globe, — Du mouvement de translation du soleil, — De l'Etat superficiel des régions américaines, — De leur élévation verticale. — Vents du Nord et de l'Est dans la mer des Antilles. — Leurs propriétés, leur durée, leur vélocité. — Brises de terre. — Courants supérieurs. — Domination des vents du sud. — Interception de ceux de l'Ouest. — Tableau de la direction annuelle et de l'intensité des Vents dans l'Archipel des Antilles.

Les variations que les vents éprouvent, dans leur direction et leur vîtesse, modifient la température et l'humidité atmosphériques, qui résultent du gissement de chaque lieu ; leur puissance augmente ou diminue celle de ces grands agens des climats, et elle exerce une influence nuisible ou salutaire sur tous les corps organisés.

On cherchera, dans les deux sections suivantes, à jeter quelques lumières sur les causes et sur les effets de ces variations des vents, dans l'Archipel des Antilles.

Première Section.

Causes des variations des Vents, dans leur vitesse et leur direction.

La vîtesse des vents et leur direction varient dans l'Archipel des Antilles par une série de causes, dont les effets sont semblables, quoiqu'elles soient d'une nature très-différente.

L'observation, d'accord avec la théorie spéculative, établit que les variations des courans d'air dépendent de causes chimiques, astronomiques et géologiques.

1.° *Causes chimiques.*

On sait que par un phénomène, qui paraît plus commun sous la Zone torride que dans nos contrées, il y a assez fréquemment dans l'atmosphère, une conversion soudaine d'air en eau. Le produit de cette action chimique étant précipité sous la forme de pluie, le vide qui se fait dans une partie de l'espace, et vers lequel afflue l'air ambiant, donne naissance à un courant plus ou moins rapide; mais il semble toutefois qu'il n'en résulte guères qu'un ébranlement local et partiel, et que cette cause est seulement l'origine de quelques-unes des fluctuations de l'atmosphère, dont la durée et la propagation ont le moins d'étendue.

2.° *Causes astronomiques.*

Ces causes exercent sur les courants de l'atmosphère la puissance la plus grande; elles sont, à proprement parler, les moteurs des vents; elles sont de deux espèces, et agissent soit immédiatement, soit médiatement.

La première est le mouvement de rotation de la terre, qui fait parcourir à chacun des points situés sous l'équateur 1464 mètres ou 258 toises par secondes ; l'atmosphère n'étant point entraînée par le même mouvement, ou du moins ne l'étant pas avec la même rapidité que la surface du globe, l'une et l'autre se rencontrent en sens inverse, et de l'accélération du mouvement rotatoire de la zône équatoriale de l'Occident vers l'Orient, résulte le grand courant atmosphérique des vents alisés, qui semblent se diriger d'Orient en Occident, à-peu-près comme la rive d'un fleuve paraît se mouvoir dans une direction opposée à celle du bateau dont on se sert pour la prolonger avec rapidité. Telle paraît être l'origine des vents d'Est.

Cette première cause astronomique agit perpétuellement ; mais en voici une seconde, dont l'action varie toute l'année, et dont cependant la puissance est si grande, qu'elle atténue, suspend ou même détruit celle du mouvement de rotation du globe : c'est le mouvement de translation du soleil d'un tropique à l'autre. Le cours annuel de cet astre, élevant la température des régions dont il s'approche, et abaissant celle des contrées dont il s'éloigne, l'air condensé qui forme l'atmosphère des dernières se précipite vers les autres, où la chaleur solaire a produit une raréfaction plus ou moins grande. En attendant qu'on puisse déduire de l'observation générale la théorie rationnelle des vents, une opinion moderne, non moins vraisemblable qu'ingénieuse, explique le système de leurs courants divers, par ces alternatives de raréfaction et de condensation. Il est admis généralement, qu'en s'avançant entre les tropiques, le soleil dilate et raréfie l'air par sa chaleur directe et par celle de la réfraction des surfaces terrestres. La diminution de densité des couches inférieures les faisant s'élever vers les hautes régions de l'atmosphère, l'espace qu'elles abandonnent est rempli par des courants, qui partent sans cesse de la Zône tempérée et affluent vers l'Equateur, tandis que d'autres courants, qui leur sont supérieurs, s'établissent dans une direction opposée, et fournissent aux Zônes polaires une quantité d'air, égale à celle qu'elles ont laissé s'échapper vers le tropique.

On remarque en effet, à l'appui de cette explication, que chaque jour, à mesure que le soleil s'élève sur l'horizon et pendant chaque saison, à mesure qu'il s'avance dans l'écliptique, les vents alisés de la région basse de l'atmosphère éprouvent un accroissement de force et de vélocité proportionnel à la dilatation de l'air, par l'accroissement de la quantité de calorique que cet astre répand. Nous exposerons subséquemment comment résultent de cette cause les moussons ou vents périodiques soufflant alternativement des points opposés de l'hémisphère austral et de l'hémisphère boréal.

3.° *Causes géologiques.*

Deux espèces de causes géologiques agissent sur les vents et modifient leur direction et leur vitesse.

Les unes appartiennent à l'état superficiel des régions du globe, et les autres à leur projection verticale au-dessus du niveau des mers.

L'inégalité de la densité de l'air produisant une partie des grandes fluctuations atmosphériques, celles-ci peuvent avoir lieu par l'effet de tout ce qui accroît ou diminue la température à la surface de la terre. Ainsi, l'état superficiel des régions du globe qui concourt à élever ou à abaisser leur température, indépendamment de leur gissement géographique, détermine d'une manière périodique ou permanente, une condensation ou une raréfaction de l'air, qui influe sur la nature et la direction des vents.

Mais, à cette cause, dont la distribution du calorique est l'unique agent, il s'en joint une autre dont l'action est matérielle et presque mécanique ; c'est l'influence qu'exercent sur les vents les inégalités de la surface du globe ; cette influence varie dans ses effets selon l'élévation et les formes géologiques des montagnes ; il y a complète interception des courans de l'atmosphère, lorsque les chaînes de ces montagnes sont hautes et étendues ; il y a seulement, dans les autres cas, déviation latérale ou verticale, formation de courants ascendants, et changement de vîtesse et de direction des courans horizontaux.

Par cet exposé succinct, nous sommes conduits à reconnaître que les vents varient dans leur direction et leur accélération :

1.° Par une cause chimique : la conversion de l'air en eau;
2.° Par deux causes astronomiques : le mouvement rotatoire de la terre, et le mouvement de translation du soleil ;
3.° Par deux causes géologiques : l'état superficiel des régions du globe, et leur élévation verticale au-dessus des mers.

Nous examinerons dans la section suivante quels sont les effets de ces causes, dans l'Archipel des Antilles.

II.ᵐᵉ Section.

Variations de la vitesse et de la direction des Vents, par l'action des causes chimiques, astronomiques et géologiques.

1.° *Conversion de l'air en eau.*

La conversion de l'air en eau, est un phénomène dont les effets ne peuvent être appréciés, quant à leur étendue ; on sait seulement que le mélange de l'hydrogène et de l'oxygène, qui existent dans la haute région de l'atmosphère, venant à s'enflammer avec détonnation, par une étincelle électrique, il résulte de leur combustion une quantité d'eau aussitôt précipitée sous la forme de pluie, ce qui laisse un vide dans l'atmosphère, et y produit un courant. On ignore si cette cause exerce une grande influence sur les fluctuations de l'air lorsqu'elle vient à agir pendant la saison des orages ; mais il y a lieu de le croire, quand on considère les circonstances suivantes : l'expérience prouve que chaque mètre cube de l'eau de pluie, ainsi formée, produit dans l'atmosphère un vide de 2,147 mètres cubes, puisque les deux gaz, qui la produisent par leur combustion, occupaient ce vaste espace, avant leur inflammation par l'étincelle électrique ; savoir : l'oxygène 634 mètres, et l'hydrogène 1513.

Il est vrai que cette cause n'étend point son action au-delà des mois de l'année, dont la période constitue la saison des orages ; toutefois, si l'on cherche quelle est sa puissance aux Antilles, comparée à celle qu'elle peut avoir dans nos climats, on trouve, par le nombre bien plus grand des jours, où le tonnerre se fait entendre dans ces îles, et où conséquemment a lieu le phénomène de la conversion de l'air en eau, qu'il s'opère moitié plus fréquemment dans l'Archipel américain qu'à Paris.

2.° *Mouvement de rotation de la terre.*

Ce mouvement, qui semble donner naissance aux vents alisés, ayant une action constante et régulière, on a supposé qu'il en doit être ainsi de ses effets, et des idées systématiques ont fait adopter cette hypothèse, que le besoin de croire a transformé en un fait positif. C'est une opinion généralement établie, que dans l'Atlantique équatoriale, les vents alisés sont des courants, qui ne varient ni dans leur force, ni dans leur direction, et cependant il est exact d'affirmer que dans cette mer, il n'y a guères plus de constance et d'uniformité dans ces vents, qu'on n'en observe dans les vents d'Ouest de l'Atlantique boréale ; les uns et les autres ne règnent ni d'une manière exclusive, ni d'une manière régulière ; ce sont seulement des vents dominans, et si c'est uniquement ce qu'exprimait d'abord l'épithète d'*alisé*, elle convient presque également aux vents d'Est des mers de la Zône torride et aux vents d'Ouest de notre Zône.

C'est parce qu'on a pris dans un sens trop absolu, les assertions des voyageurs, ou plutôt parce que, parmi ceux qui ont décrit les régions tropicales du Nouveau-Monde, il en est bien peu qui aient basé leurs observations sur l'expérience, qu'il est admis que des phénomènes différens ont eu lieu dans les deux hémisphères. On suppose que des vents d'Est règnent perpétuellement dans l'Océan équatorial qui sépare les deux Amériques de l'ancien Monde, et l'on reconnaît dans les mers de l'Inde l'existence des moussons, ou vents périodiques, soufflant alternativement de points différens ou opposés. Ce dernier phénomène ayant lieu dans les contrées de l'Asie, qui semblent le berceau du genre humain, la connaissance que nous en avons, n'est, peut être, que l'une de ces vérités traditionnelles, acquises dans les anciens temps, par des peuples dont toutes les lumières ne se sont point perdues, comme leur nom, dans la profondeur de la nuit des siècles. L'idée de vents constans et réguliers paraît, au contraire, être uniquement le résultat de certaines circonstances accidentelles des premières navigations de Christophe Colomb. Le hazard ayant fait partir cet homme célèbre à l'époque de l'année où les vents alisés ont établi leur domination sur l'Atlantique; il se vit, avec surprise, entraîné par eux vers le Nouveau Monde; et les ayant encore retrouvés dans son second voyage, il crut qu'ils étaient permanens et réguliers, ce qu'on croit encore, quoiqu'ils soient bien certainement alternatifs et périodiques, comme les moussons des Indes orientales.

Les vents d'Est, qui ont pour cause première le mouvement rotatoire du globe, bornent leur domination dans la mer des Antilles, aux mois de mars, avril, mai et juin. Au rapport de Bernardin de St. Pierre, un habile navigateur qui avait comparé plus de 250 Journaux de voyage, assurait qu'ils donnaient pour résultats, que les vents alisés cessent :

En janvier, entre le 6.ᵉ et le 4.ᵉ degrés de latitude nord;
En février, entre le 2.ᵉ et le 3.ᵉ ;
En mars et avril, entre le 5.ᵉ et le 3.ᵉ ;
En mai, entre le 6.ᵉ et le 4.ᵉ ;
En juin, au 10.ᵉ ;
En juillet, au 12.ᵉ ;
En août et septembre, entre le 13.ᵉ et le 14.ᵉ.

Nous sommes fort éloignés de garantir l'exactitude de ces limites de temps et d'espace ; il nous est même prouvé par une observation immédiate, que celles assignées à la cessation des vents alisés, sous le 14.ᵉ parallèle, sont trop bornées ; mais c'est sans doute par un travail analogue qu'on peut arriver à la vérité sur ce point important de nos connaissances physiques, et c'est en compulsant les journaux de navigation qu'on parviendra à établir sur des faits la théorie des vents.

Dans cet objet, rappelons que le célèbre et infortuné La Pérouse, naviguant en novembre et décembre 1786, sur la mer la plus vaste du globe, n'y trouva point les vents alisés dans les parages où la théorie suppose que leur domination est constante. Pendant le même mois, en 1814, précisément à l'époque où leur empire est le mieux établi, ils ne se firent point sentir dans l'Atlantique tropicale ; et les bâtimens qui se rendaient à la Martinique et à la Guadeloupe, trouvèrent constamment des vents variables provenant de l'hémisphère austral. D'où il paraît qu'on doit conclure que, si les vents alisés sont les effets du mouvement de rotation de la terre, cette grande cause astronomique est subordonnée pendant plus de la moitié de l'année, à la puissance qu'exerce la cause suivante sur l'atmosphère pélagique.

3.º *Mouvement de translation du soleil.*

C'est principalement de la combinaison de cette cause avec la précédente, que les variations des vents semblent tirer leur origi ne voici les effets qu'elle produit.

Lorsque le soleil a passé l'équateur, et qu'il atteint à-peu-près la moitié de sa course vers le tropique du Capricorne, la raréfaction qu'il produit, par sa présence dans l'atmosphère de la partie australe du globe, y fait affluer les vents de la partie boréale : ils soufflent ordinairement dans l'Archipel des Antilles, pendant novembre, décembre, janvier et février ; leur variation la plus commune a lieu du nord vers l'est, et beaucoup plus rarement du nord vers l'ouest. En traversant l'Océan septentrional, ils se dépouillent de la froidure et de l'âpreté qu'ils avaient prises sous les hautes latitudes, et par la rencontre des glaces flottantes des mers Arctiques. Cependant, ils conservent suffisamment leur premier caractère pour paraître secs et froids, même lorsqu'ils atteignent le centre de la chaîne des Antilles ; ils font tomber le mercure du thermomètre jusqu'au dessous du 20º centésimal, ou 16º R. ; et ils fixent l'aiguille de l'hygromètre, entre les 60.ᵉ et 70.ᵉ degrés, pendant les heures de la journée où la brise produit, par sa force et sa vîtesse, le dernier terme de la sécheresse relative au climat ; ils donnent le plus grand nombre mensuel de jours sereins et de vents forts et soutenus. La moyenne de dix ans d'observations établit qu'ils règnent à la Martinique, pendant un 12.ᵉ de l'année entière; leur domination est un peu moins étendue à la Guadeloupe, où ils sont parfois interceptés par le massif des îles plus septentrionales. Leur empire est marqué par la cessation des phénomènes électriques des nuages, par la dispersion des vapeurs de l'atmosphère, par la diminution des eaux pluviales et fluviales, et surtout par la salubrité de l'air. Les seules maladies qui sont alors répandues, sont des rhumes, des affections catarrhales et rhumatismales; elles sont bornées aux créoles et aux races africaines, et les Européens n'y sont soumis que lorsque leur acclimatement les délivre des dangers plus grands auxquels les expose l'hivernage.

Les vents d'Est participent généralement des propriétés de ceux du nord, dont ils se rapprochent plus ou moins par leur direction. Ils soufflent cependant avec moins de force et de rapidité; ils sont moins secs et moins froids, quoiqu'ils perdent en traversant l'Atlantique, une grande partie de la chaleur qu'ils avaient acquise, par la réfraction des sables vitreux de l'Afrique. Dans leur passage à travers une mer dont la largeur excède 1200 lieues, l'intensité de leur température est continuellement atténuée, car les eaux qui sont en contact avec les courans inférieurs de l'air, ne peuvent leur communiquer la chaleur qu'elle en ont reçue, puisque, cessant d'exister comme fluide, sitôt qu'elles ont atteint le degré de la vaporisation, elles laissent les eaux du fond se porter à leur place à la surface de la mer, et absorber une nouvelle quantité de calorique dont les vents sont privés.

En comparant les observations thermométriques de Golbéry, faites au Sénégal, sous le même parallèle que les Antilles, on voit que cette absorption, ou autrement la perte de calorique, qu'éprouve le vent d'est en traversant l'Atlantique, est de 7° 50 centésimaux, ou six degrés réaumuriens.

Pendant sa domination, ce vent établit dans l'Archipel une constitution tempérée, rarement troublée par des perturbations atmosphériques ; c'est le plus favorable à la santé des créoles et des Européens acclimatés, à qui nuisent également les brises froides et carabinées du nord, et les vents chauds et orageux du sud.

Quand on réunit les résultats de plusieurs années d'observations, on trouve qu'il y a trois périodes de domination pour les vents principaux : la première, qui est celle des vents du nord, comprend novembre, décembre, janvier et février; la seconde renferme ceux de mars, avril, mai et juin ; elle forme la domination des vents d'est ; la troisième qui contient juillet, août, septembre et octobre, est soumise aux vents qui soufflent de l'hémisphère austral. Néanmoins, ces trois périodes peuvent être strictement réduites à deux ; pendant la première, qui forme ce qu'on appelle la saison sèche, et qui dure depuis novembre jusqu'en avril, les vents soufflent de la partie boréale du globe, en passant successivement du nord vers l'est. Pendant la seconde, qui constitue la saison humide et qui dure depuis le mois de mai jusqu'en octobre, les vents soufflent de la partie australe et varient entre l'est et l'ouest, en passant par le sud.

Les vents d'est, dont la domination s'étend sur l'une

et sur l'autre saisons, soufflent, pendant environ les trois quarts de l'année ; la puissance qui les produit agissant sans cesse, reprend sa supériorité aussitôt que celle du mouvement de translation du soleil diminue partiellement; c'est pourquoi les vents d'est soufflent annuellement plus de 400 fois ; néanmoins, ils ne règnent avec constance que pendant les deux derniers mois de la première période et les deux premiers de la seconde.

L'étendue de cette domination paraîtra d'autant plus remarquable qu'elle est réduite presqu'à rien, sous la zône tempérée boréale ; à Paris, les vents d'est étant notés le matin et le soir, ne soufflent que dix fois dans l'année ; en Angleterre, 15, et, aux Etats-Unis, ils prédominent à peine un mois sur seize ou dix-huit.

Ces vents font parcourir communément aux vaisseaux qu'ils poussent vers l'Amérique, sept à huit kilomètres, ou environ deux lieues à l'heure ; ce qui suppose que leur propre vîtesse est, par un beau temps, de vingt-quatre kilomètres, ou plus de six lieues ; attendu qu'un navire bon voilier ne prend pas au-delà du tiers de la vîtesse du vent.

Voici deux exemples remarquables de la force et de la constance des vents alisés.

On sait que la Guadeloupe est à 678 myriamètres de nos ports, et Cayenne à 706 ; ce qui revient à 1220 et à 1270 lieues. Il y a quelques années que la première de ces distances fut parcourue en dix-huit jours par la frégate l'*Iphigénie* : et la seconde en seize jours, par la corvette la *Diligente*. Le premier de ces bâtimens ayant fait 68 lieues par jour, et le second 80, la vîtesse du vent qui les poussait fut, par un terme moyen, de 1130 et de 1320 kilomètres par jour, ou 204 et 240 lieues ; ce qui donne, par heure, une vitesse de 35 kilomètres, ou 9 lieues pour la frégate *l'Iphigénie* ; et pour la *Diligente*, de 38 kilomètres, ou 10 lieues.

Cette évaluation est au-dessous de la vérité, parce qu'on admet ici que les navires parcoururent leur route, en ligne droite, tandis qu'elle dut être augmentée d'un cinquième ou d'un sixième par les variations des vents, et les déviations inévitables du débouquement et de l'attérage. On doit remarquer d'ailleurs qu'il s'agit ici du terme moyen d'une navigation étendue, et non du terme élevé que donne la force des brises de l'est, lorsque le soleil est sur l'horison.

L'accélération de ces courants d'air, dans la proportion de l'élévation de cet astre, manifeste l'influence qu'il exerce sur eux, par sa translation diurne et annuelle. C'est entre neuf et dix heures du matin qu'ils commencent à se faire sentir ; ils ne parcourent guères alors qu'un mètre par seconde, ou trois kilomètres et demi par heure ; ils éprouvent jusques vers trois heures après midi, un accroissement de force et de vélocité, dont la progression est telle qu'ils doublent et triplent de vitesse, et que fréquemment dans leur maximum, ils parcourent, comme dans les exemples cités ci-dessus, 10 mètres par secondes, ou 36 kilomètres par heure.

Cette vélocité, déterminée au moyen de l'Anémomètre de Kirwan est triple de celle qui est assignée par Lalande, dans son Traité de Navigation, aux vents ordinaires d'Europe, qui ne parcourent, selon lui, qu'environ trois lieues à l'heure. Cependant elle ne constitue point aux Antilles un vent très-fort, et c'est seulement ce qu'on appelle : *Brise carabinée.*

Dans l'après-midi, l'intensité de force et de vitesse des vents alisés diminue à mesure que le soleil s'abaisse vers l'horizon; les nuits ne sont guères troublées que par quelques bourrasques, qui ont leur cause accidentelle dans la situation locale de l'atmosphère. On conçoit, en effet, que pendant l'absence du soleil, la condensation de l'air s'opère progressivement et sans perturbation violente ; ce mouvement interne produit le phénomène des brises de terre, qu'on peut expliquer de la manière suivante :

Lorsque le soleil est sous l'horizon, le refroidissement de la terre et celui de la mer ont lieu d'une manière différente ; celui du sol est limité à sa surface, et il ne s'étend à son intérieur qu'avec une lenteur si grande, qu'à une certaine profondeur, on y trouve la température annuelle de l'atmosphère. Le refroidissement des eaux s'opère autrement : quand leur couche supérieure est refroidie, elle descend et elle est remplacée par la couche inférieure dont la température est plus élevée; il en résulte que les eaux de l'Atlantique équatoriale ont à leur surface une température moyenne très-peu variable, d'environ 27 degrés centésimaux, et qu'elles communiquent la même chaleur à la région de l'atmosphère qui est en contact avec elles ; or, on sait que pendant les nuits, la température de l'atmosphère des îles est plus basse de cinq à huit degrés ; cette différence, qui en produit une proportionnelle, dans la densité de l'air, fait affluer vers la mer celui des montagnes, et établit un courant qu'on désigne communément sous le nom de *Brise de terre*.

La force de ce courant, et la sensation de fraîcheur qu'il fait éprouver, sont d'autant plus remarquables, qu'il y a une différence plus grande entre la température pélagique et celle des îles. Dans les petites Antilles où cette différence est peu considérable, pendant une partie de l'année, les vents de terre sont bien moins sensibles que dans les grandes Antilles, dont la position boréale et surtout les immenses forêts abaissent la température nocturne. A la Barbade, qui est privée d'arbres, le phénomène qu'offrent ces brises, n'est pas connu; il arrive même à la Jamaïque, pendant les mois de juin et de juillet, que la quantité de calorique, accumulée par le sol, met l'atmosphère terrestre en équilibre avec l'atmosphère pélagique, et que les vents de terre manquent entièrement. Dans les autres saisons, ils soufflent en rayonnant du centre des îles; sur les côtes du nord, ils viennent du sud, et sur les côtes du sud, ils viennent du nord.

Il n'y a point d'hypothèse plus probable et plus généralement admise que celle de l'existence des courans d'air supérieurs aux vents alisés, et se dirigeant dans une direction opposée à la leur; et l'observation de phénomènes, qui en prouveraient la vérité, serait d'une si haute importance dans l'histoire physique du globe, qu'on a saisi avidemment toutes les occasions dont on espérait l'obtenir.

C'est ce désir impatient qui a fait accueillir comme un

témoignage péremptoire l'exposé des circonstances dont fut accompagnée en 1812, l'éruption de la Solfatare de l'île Saint-Vincent. Des cendres projetées par ce volcan, étant tombées comme une pluie abondante jusqu'à la Barbade, qui est située à 33 lieues *à l'ouest*, on crut qu'elles n'auraient pu être portées à cette distance dans une direction opposée à celle des vents alisés, sinon par les courans d'air qui leur sont supérieurs, et qu'on suppose se diriger en sens contraire.

L'examen de ce phénomène ne confirme point cette induction.

Le volcan de Saint-Vincent n'est point, comme ceux des Andes, dont les cratères s'ouvrent dans la plus haute région de l'air. Quoiqu'avant l'éruption, les sommets de la Soufrière eussent une élévation d'environ 1000 mètres au-dessus de l'Atlantique, la bouche du volcan gissait seulement à 600. En supposant que la projection des substances cinéréiformes qu'elle vomissait fut trois fois plus grande, ce qui paraît bien peu vraisemblable, elles n'auraient encore atteint qu'une élévation de 1800 mètres; or, cette région de l'atmosphère où nous nous sommes souvent trouvés pendant que nous explorions les sommets des plus hautes montagnes des Antilles, ne présente pas le moindre indice de l'existence de contre-courans supérieurs aux vents alisés. Sur la Soufrière de la Guadeloupe, la Montagne pelée et les Pitons du Carbet, on éprouve les mêmes brises de l'Est, qui règnent dans la région inférieure, et la direction des nuages ne laisse point douter qu'à une hauteur bien plus grande encore, toute la masse de l'air ne soit soumise à une impulsion identique; enfin, ce qui prouve la constance des vents d'est à 16 ou 1700 mètres au-dessus du niveau de l'Atlantique équatoriale, c'est qu'à cette élévation, tous les arbres du versant oriental des montagnes sont courbés uniformément vers l'Ouest, et retiennent ce port remarquable, que leur fait prendre l'action journalière des vents alisés, de même que les vents d'Ouest, qui règnent une partie de l'année sur les côtes occidentales de l'Angleterre, forcent les arbres à prendre, sur ces rivages, un port dont l'inclinaison est précisément opposée.

Quelques circonstances qui étaient inconnues, lorsqu'en Angleterre on tira de ce phénomène une conclusion rélative à la théorie des vents alisés, infirment ce résultat, et conduisent à une explication très-simple.

La pluie de sable volcanique eut lieu à St.-Vincent, dans la nuit du premier mai, depuis trois heures jusqu'à six heures du matin, à Bridgetown de la Barbade; ce fut vers sept heures, que des nuages peu élevés, qui se portaient vers l'île, remplirent l'air de ces éjections cinéréiformes; à une heure après midi, il commença à en tomber au Fort-Royal de la Martinique, et dans la soirée à la Guadeloupe. Or, ces deux îles gîssent à 36 et à 75 lieues de St.-Vincent, et sont situées dans le prolongement septentrional de sa méridienne : si donc la pluie de sable avait été portée à la Barbade par des vents supérieurs, soufflant de l'Ouest à l'Est, elle n'eût pu l'être certainement, par ces mêmes agens, soit à la Martinique, soit à la Guadeloupe, puisque leur cours, dans la haute région de l'atmosphère, doit être encore bien plus constant et plus régulier que celui des vents alisés, qui, pendant leur domination ne soufflent jamais successivement de deux points du compas, distans entr'eux de 90 degrés. A cette seule divergence, on reconnaît que le transport des cendres de St.-Vincent a été opéré par des vents du Sud. On en trouve encore la preuve dans la propriété qu'ont ces courans de s'élever durant la nuit, ce qui leur permit de porter presque simultanément au Nord et à l'Ouest, non seulement les éjections du volcan, mais encore le bruit de ses détonnations, qui parvint également avant le jour à la Martinique, à la Guadeloupe et à la Barbade. On conçoit aisément, que quelque fortes que fussent ces détonnations, le bruit n'en aurait point été entendu à 75 lieues, si le vent de la région basse de l'atmosphère avait été contraire à sa transmission; et puisque cette transmission prouve qu'il soufflait dans cette direction, il n'y a aucune raison de supposer qu'un autre courant ait été l'agent du transport des matières volcaniques. L'opinion, qui l'admettait comme une vérité, avait pour fondement que les vents alisés soufflent de l'Est, uniformément et sans interruption pendant les mois d'avril et de mai. Cette erreur tient encore à celle qui attribue à ces vents une constance et une régularité qu'ils n'ont point. Quoiqu'on n'ait aucune observation météorologique, faite aux Antilles en 1812, on a la preuve par le fait lui-même, qu'au commencement d'avril, la constitution variable s'était déjà établie, et des exemples multipliés ne laissent point douter qu'il n'en soit souvent ainsi. En 1808, la constance des Brises alisées cessa dès le mois de février dans tout l'Archipel; le vent de Sud-Est se fit sentir le 26; il passa plusieurs fois au

Sud dans les premiers jours de mars, et dans le courant d'avril et de mai, il varia continuellement de l'Est vers l'Ouest, en passant par le Sud. En 1704, Feuillée remarqua une anomalie semblable : durant tout le mois de mars, c'est-à dire, à l'époque des Brises régulières, les vents, dit-il, furent fort variables et soufflèrent du Sud, de l'Est et de l'Ouest; mais pour fort peu de temps (T. 3., pag. 264.)

Il résulte de ces faits et observations : que l'action variable des vents de Sud ayant produit le transport des sables volcaniques de Saint-Vincent, à la Barbade, à la Martinique et à la Guadeloupe, on ne peut l'attribuer, avec raison, à ces contre-courans d'air supérieurs aux vents alisés ; et conséquemment le phénomène de ce transport ne prouve rien en faveur de l'existence de ces courants supérieurs, qui, bien qu'admise par une hypothèse très-probable, attend encore l'observation des faits dont elle doit recevoir sa confirmation (1).

4.° *Etat superficiel des régions américaines.*

L'état superficiel des contrées de l'Amérique méridionale est la principale cause des vents du sud, dans la mer des Antilles, et c'est l'influence des causes géologiques qui se joint à celle des causes astronomiques, pour déterminer

---

(1) *Voyez* sur ce sujet un Mémoire de l'auteur, intitulé : Observations météorologiques sur les circonstances d'un phénomène considéré comme preuve de la théorie des vents alisés ; lues à l'Académie des Sciences de l'Institut, le 3 mai 1819. (*Annales Maritimes et Coloniales*, juillet 1819.)

la domination de ces courans atmosphériques, pendant les mois de juillet, août, septembre et jusqu'en octobre. Le soleil se trouvant alors au zénith, ou au nord des îles françaises de l'Archipel, la température élevée, qu'il développe, cause une grande raréfaction entre les 10.e et 20.e parallèles ; l'air des régions australes, qui s'est refroidi et condensé par l'éloignement de cet astre, se précipite vers l'espace où la chaleur solaire a produit le terme le plus bas de la densité atmosphérique ; mais cet effet a lieu surtout par le concours de plusieurs causes appartenant à l'état superficiel des contrées.

L'élévation des montagnes de l'Amérique méridionale abaissant la température au-dessous de la glace, dans presque toutes les régions qu'elles occupent, on conçoit avec quelle vélocité doivent s'élancer, vers le nord, les courans qui s'établissent dans leur atmosphère, lorsque la chaleur solaire des Antilles fait monter le mercure au-delà du 50° centésimal, ou 40° R.

Mais ce n'est pas seulement la réfraction des grandes terres de l'Archipel qui, accumulant le calorique dans l'atmosphère de ces îles, y raréfie l'air et fait s'y précipiter violemment les courans du sud : un effet semblable est produit par les eaux du golfe du Mexique ; cette mer, dont le bassin est le récipient du grand courant de l'Atlantique équatoriale, contient, à l'époque de l'hivernage, une immense masse d'eau, qui, ayant suivi le soleil dans son cours, s'est échauffée au point que sa température est alors en équilibre avec celle de l'air, et que même elle lui cède, pendant la nuit, une partie de son calorique.

La puissance de cette cause produit dans l'atmosphère du golfe du Mexique, une raréfaction, qui fait affluer les vents du sud-est et de l'est-sud-est. Il y a des années, où le premier souffle non moins souvent que le vent d'est; et étant comptés l'un et l'autre, le matin et le soir, pendant cinq ans, leurs nombres réunis s'élèvent à 244 et le vent alisé de l'est à 280 ; ce qui semble établir que l'action des causes géologiques peut contrebalancer celle de la cause astronomique la plus puissante. Dans leur ensemble, les vents du sud, à l'exclusion de l'est-sud-est, soufflent, année commune, 218 fois, ou 59 jours; ils ont moins de force, d'accélération et de continuité que ceux de l'est, dans leur état ordinaire; ils sont chauds et humides, et leur influence est fréquemment dangereuse, ce qu'il faut attribuer sans doute à ce qu'ils se chargent des miasmes des marais, en passant sur le littoral de la Guyane, et en parcourant les inondations du fleuve de l'Orénoque, qui couvrent alors une étendue de pays de plus de 200 lieues de l'est à l'ouest. Il est possible même qu'ils charrient ainsi les exhalaisons marécageuses des bouches de l'Amazone, puisqu'ils peuvent les apporter, dans les temps ordinaires, au centre de l'Archipel, en moins de 36 heures, et que dans les tempêtes du sud, ces exhalaisons pernicieuses peuvent y arriver en la moitié moins de temps.

Les vapeurs que le vent du midi dirige ainsi sur les îles américaines, sont tellement abondantes, que l'horison demeure presque toujours voilé, pendant sa domination, et que l'hygromètre reste stationnaire au terme de l'humidité radicale. Cependant, il arrive souvent alors que les sommets des montagnes sont dégagés des nuages qui les couvrent, dans les autres saisons ; ce qui manifeste que les vapeurs charriées par les vents du sud, rampent dans la région basse de l'atmosphère, et n'atteignent point à une élévation de 5 à 600 mètres. Cette particularité leur est commune avec le brouillard des Palétuviers.

L'humidité, dont ces vents saturent l'astmosphère, rend leur domination extrêmement malsaine ; et comme ils font monter le thermomètre à l'ombre, au 35° cent., 28 R., ils réunissent les conditions du développement de la fièvre jaune, et conséquemment favorisent sa propagation, à-peu-près comme le Khamsin d'Egypte, ajoute, dans cette contrée, aux horreurs de la peste ; mais ils n'ont pas le pouvoir de produire la première de ces maladies spontanément, et lorsqu'elle éclate pendant leur durée, c'est que son germe préexistait depuis une irruption antérieure, ou bien que venant d'être importé récemment, son développement se trouve favorisé par l'humidité à laquelle ces vents donnent toujours naissance. Il est si vrai que les courans d'air venant du sud, et les exhalaisons marécageuses qu'ils transportent, ne sont point l'origine de la fièvre jaune, que, quoique leur retour annuel soit périodique, cette terrible contagion est quelquefois jusqu'à quarante ans, sans paraître dans quelques-unes des Antilles.

Il y a même des lieux de l'Amérique continentale où la fièvre jaune n'a point pénétré, et que les vents du sud rendent malsains, en y portant, comme aux Antilles, les émanations des marécages du littoral. Jean Laët, qui écrivait il y a deux siècles, rapporte (p. 193) que cette observation avait été faite au Yucatan, et que ces vents y produisaient, sur les hommes, l'effet qu'on en éprouve dans l'Archipel, et surtout une sensation de pesanteur, qui manifeste des propriétés funestes à la santé.

5.° *Elévation verticale des régions terrestres au-dessus du niveau des mers.*

Cette cause agit sur les vents par une sorte d'action mécanique, dont l'observation est encore presque nouvelle; du moins, on ne l'avait point encore étendue à l'Archipel des Antilles, et l'on ignorait que ces îles, qui sont successivement soumises à l'empire des vents d'est, de nord et de sud, échappent à la domination de ceux de l'ouest, par l'effet de cette cause géologique.

Telle est, dans la mer Caraïbe, la rareté de ces courans d'air, qu'ils ne figurent que comme un souvenir sur les tables météorologiques, dressées à la Martinique et à la Guadeloupe. Pendant une période de cinq ans, il n'est pas arrivé qu'ils soufflassent, année commune, plus de six fois, ce qui, attendu leur variabilité, ne constitue pas une durée de 48 heures.

Par un phénomène contraire, aux Etats-Unis, d'après un grand nombre de recherches faites par Holyoke, les vents d'ouest règnent constamment, chaque année, pendant sept à huit mois; en Angleterre, ils durent trois mois, à Manchester, sous le 53.° parallèle; à Kinfauns, sous le 56.°, leur domination est de six mois; à Paris, elle n'en excède pas deux, mais celle du sud-ouest est de plus de trois.

L'absence des vents d'ouest, dans la mer des Antilles, ne dépend pas uniquement du mouvement rotatoire du globe, puisque cette cause ne met point obstacle à ceux du nord et du sud; elle paraît être l'effet de l'élévation de la chaîne des Andes, ou plutôt des grands plateaux de Costa-Rica et de la Nouvelle-Espagne, qui interceptent, à l'occident, tous les courans de l'atmosphère.

On trouve des exemples de ce phénomène dans diverses contrées du globe. Sur la mer d'Azof, dit Clarke, le vent du sud est presque sans exemple, ce qu'on attribue à la chaîne du Caucase, qui arrête les courans d'air, dans cette direction. A Célèbes, au rapport de Stavorinus, les montagnes de Bontheim produisent le même effet; il en est ainsi des Gates, dans la presqu'île de l'Inde, et des Cordillières, à l'égard du Chili et du Pérou. A l'Assomption, capitale du Paraguay, et située sous le 25.ᵉ parallèle austral, les vents les plus ordinaires sont l'est et le nord; celui du sud, qui est froid, se fait sentir à peine, pendant un 12.° de l'année; le vent d'ouest est presque inconnu; quand il souffle, c'est tout au plus pour une heure ou deux; et quoique la Cordillière des Andes soit à plus de 200 lieues, il paraît qu'elle en intercepte le cours (1). Les Apalaches, dont la hauteur moyenne n'est pas de 1100 mètres, suffisent pour arrêter les vents; c'est seulement, pendant les grandes tempêtes qu'ils franchissent cette barrière et qu'ils traversent

---

(1) Azara. t. I, p. 33.

partiellement des Carolines, dans les plaines du Ténessée (1).

Il est vrai que le grand massif minéralogique, qui forme, à l'occident, la limite du bassin de la mer Caraïbe, est à 300 lieues de la chaîne des Antilles; mais dans cet espace, la raréfaction de l'air est entretenue sans cesse, comme dans le golfe du Mexique, par les eaux, pour ainsi dire thermales, du grand courant atlantique; et il ne peut s'y former, ou s'y établir de vents durables, dirigés du centre vers la circonférence, puisque la densité de l'atmosphère est plus grande dans cette dernière partie que dans la première.

Cette investigation nous conduit à celle des ouragans des Antilles, phénomènes terribles, dont on n'a encore donné aucune explication fondée sur l'observation des faits, et dont les causes ne pouvaient être découvertes que par un examen immédiat de leurs effets et des lieux où ils déploient leur puissance désastreuse (2).

---

(1) Williamson, *On the climate of America.*
(2) « *Few people of scientific observation have had opportunity of marking the phenomena which attend these west indian* Hurricanes. » (Encycl. brit.º)

TABLEAU

DE LA DIRECTION DES VENTS DANS L'ARCHIPEL DES ANTILLES ;

Dressé à la Guadeloupe, d'après une double observation journalière, faite le matin et le soir, par Happel Lachenaie.

	1797.	1798.	1799.	1800.	1801.	Résultats moyens.
Nord............	12	8	6	5	13	9
Nord-Nord-Est...	2	2	5	»	1	2
Nord-Est........	37	28	3	»	6	15
Est-Nord-Est.....	21	12	29	5	35	21
Est.............	187	255	299	333	328	280
Est-Sud-Est......	37	74	156	172	156	119
Sud-Est.........	230	195	103	50	49	125
Sud-Sud-Est.....	15	21	42	22	8	22
Sud.............	75	67	51	60	36	66
Sud-Sud-Ouest...	3	1	1	»	1	1
Sud-Ouest.......	8	14	»	»	1	4
Ouest-Sud-Ouest..	»	5	»	»	1	1
Ouest...........	6	16	1	1	2	5
Ouest-Nord-Ouest.	1	»	»	1	»	$\frac{1}{5}$
Nord-Ouest......	2	4	1	»	»	1
Nord-Nord-Ouest.	»	»	1	»	»	$\frac{1}{5}$

TABLEAU MENSUEL

DE LA DIRECTION DES VENTS A LA MARTINIQUE,

Dressé d'après les Observations de Chanvalon et de Moreau de Jonnès.

~~~~~~~~~~

1751. *Juillet.* Vents d'est, constans, presque toujours forts et quelquefois impétueux.

Août. Vents variables de l'est tournant vers le sud, entremêlés de calmes.

Septembre. Vents variables de l'est au sud-est et au sud.

Octobre. Vents variables tournant de l'est vers le sud.

Novembre. Vents constamment à l'est pendant 14 jours, variables pendant 16, tantôt vers le nord, tantôt vers le sud.

Décembre. Vents d'est pendant 17 jours, dans ce mois, variant au nord jusqu'au nord-ouest, et au sud jusqu'au sud-ouest.

1806. *Novembre.* Vents d'est, frais, réguliers, rarement par grains.

Décembre. Vents du nord et de l'est, brise carabinée et violente, toujours fraîche et rapide, quelquefois par raffale.

1807. *Janvier.* Vents du nord, quelques degrés est, brise forte, carabinée, vent nocturne, par bourrasques.

Février. Vents du nord et de l'est, quelquefois variables et soufflant pendant deux jours de suite du sud.

Mars. Vents variables, brise, petit vent d'est, grains nocturnes, brume le soir et le matin vers la fin du mois.

Avril. Vents variables. Brise carabinée au commencement du mois, légère vers sa fin.

Mai. Vents variables par grains; brises réglées pendant le beau temps, suivies d'intervalles de calmes.

Juin. Vents nocturnes, par raffales, brise momentanée très-forte, modérée pendant le beau temps.

Juillet. Vents d'est, variables, raffales violentes, tempêtes, calmes, vents du sud et de l'ouest-sud-ouest.

Août. Vents variables, soufflant souvent du sud, tempêtes, perturbations fréquentes et violentes de l'atmosphère.

Septembre. Vents variables très-forts, soufflant souvent du sud, quelques degrés vers l'ouest.

Octobre. Vents soufflant alternativement de l'est et du sud après des intervalles de calme, suivis de brises très-fortes et de raffales violentes.

Novembre. Vents du nord prédominans, très-forts, par brises violentes, carabinées, réglées vers la fin du mois.

Décembre. Vents du nord, quelques degrés est, souvent régulières, parfois violentes et par raffales, même la nuit.

1808. *Janvier.* Vents de nord, quelques degrés est, presque toujours forts et souvent violens; soufflant en brises fraîches et carabinées, régulières dans le beau temps, froides et pénibles pour les personnes acclimatées et les créoles.

Février. Vents du nord et de l'est, quelquefois forts, rarement violens, soufflant presque toujours par brises régulières et très-fraîches.

Mars. Vents d'est soufflant presque toujours par brises fortes et fraîches, quelquefois variables et passant même au sud deux jours de suite.

Avril. Vents d'est, brises modérées, régulières; passant au sud, après un grand calme, et souvent revenant au nord, en sautant par l'ouest sans s'y arrêter.

Mai. Vents variables soufflant par brises folles ou régulières et tournant quelquefois à l'ouest.

Juin.	Vents variables, alternativement faibles et tempêtueux.
Juillet.	Vents variables de l'est et du sud, soufflant par brises ou par bourrasques violentes et tempêtueuses entrecoupées de calmes.
Août.	Vents variables de l'est et du sud, soufflant par brises très fortes, suivies d'un grand calme.
Septembre.	Vents variant de l'est au sud, soufflant d'une manière très-irrégulière, dans leur force et leur direction; avec des alternatives de calmes, suivies de bourrasques tempêtueuses très-violentes plus ou moins prolongées.
Octobre.	Vents variables de l'est et du sud, soufflant par intervalles, avec grande violence, et cessant subitement.
Novembre.	Vents du sud, calme, et établissement des brises régulières de l'est, soufflant vers midi avec violence.
1815. *Janvier.*	Vents du nord-est, parfois réguliers; aucun des courans soufflant de l'hémisphère austral, que les navires venant d'Europe ont trouvés, depuis le tropique jusqu'à 80 lieues à l'ouest de la Martinique, ne s'est étendu jusqu'aux parages de cette île, pendant ce mois ni le précédent.
Février.	Vents du nord-est convergeant au

nord, réguliers et modérés, pendant la première partie du mois, violens et carabinés, pendant la dernière.

Mars. Vents du nord-est en brises régulières, le plus souvent très-fortes, assez souvent violentes et tempêtueuses, notamment au milieu du jour et pendant la nuit avant le lever du soleil. Vents de l'hémisphère austral, soufflant du sud-est, et passant au nord par l'ouest, à trois reprises différentes, dans le courant de ce mois.

Avril. Vents d'est alisés, pendant la première partie du mois, convergens au sud, et y demeurant fréquemment stationnaires, dans la dernière semaine, après avoir passé par l'ouest, et être devenus violens, tempêtueux, entrecoupés de pluie et de raffales.

CHAPITRE IV.

Recherches sur l'Ouragan.

Redoutables effets de l'Ouragan des Indes occidentales. — Irrégularité de son retour annuel. — Sa limitation dans une période mensuelle déterminée. — Rapports de ses époques, avec les progrès du soleil dans l'écliptique. — Sa limitation topographique, et dans les couches les plus basses de l'atmosphère. — Quelles en sont les causes. — Observation des phénomènes pélagiques qui le précèdent. — Raz de marée. — Elévation singulière de la température des eaux. — Raréfaction de l'atmosphère. — Phénomènes météorologiques constituant l'Ouragan. — Récit de celui de 1804. — Etendue de ses ravages. — Rapidité de sa propagation. — Résultats de ces recherches. — Tableau chronologique des Ouragans des Antilles.

On sait que de toutes les tempêtes qui ravagent les contrées du globe, l'Ouragan des Antilles est la plus redoutable; les Tornados de la Côte occidentale d'Afrique et les Typhons des mers de l'Inde lui ressemblent seulement dans une partie de ses circonstances, et leurs effets désastreux n'ont point l'étendue et la puissance des siens.

La première connaissance que les Européens eurent de ce fléau, remonte jusqu'au second voyage de Christophe Colomb; et ce fut à l'époque où les compagnons de ce grand navigateur trouvèrent à St.-Domingue la syphilis et la fièvre jaune, qu'ils furent assaillis, pour la première fois, par toutes les causes de destruction, dont se forme l'ouragan. Par la puissance de ce fléau, la ville d'Isabelle, dont les fondemens avaient été jetés l'année précédente (1494), fut renversée de fond en comble, les vaisseaux espagnols furent brisés sur la côte, ou coulés bas sur leurs ancres; les arbres des forêts furent déracinés, et les rochers des montagnes détachés de leurs cîmes, et précipités sur les habitations des hommes. Ainsi, par une association de calamités, dont les annales du globe ne présentent pas un autre exemple, tandis qu'une contagion meurtrière frappait les aventuriers intrépides, qui venaient de découvrir le Nouveau-Monde, une autre contagion plus insidieuse les attaquait dans les sources de la vie, et l'ouragan joignait à tous ces maux la dévastation des cultures, l'inondation du sol, la destruction des édifices, le naufrage, la famine, le désespoir et la mort. Consternés par les désastres qui accompagnaient et suivaient ce terrible phénomène, les Espagnols, dit l'historien Oviédo, crurent qu'il n'y avait que la main du Diable, qui pût faire tant de mal; ils attribuèrent l'ouragan à la vengeance des esprits infernaux, qu'ils imaginaient être les Dieux des indigènes, et qui, fuyant devant l'étendart victorieux de la foi, dévastaient les lieux que sa puissance irrésistible les forçait d'abandonner sans retour. Un intervalle de quinze années entre les malheurs causés par ces terribles tempêtes, établit même l'opinion, qu'elles n'avaient point lieu dans les endroits où reposait le Saint-Sacrement ; mais l'évènement détruisit bientôt la sécurité qu'avait fait naître cette croyance; et l'Ouragan de 1548 s'étendit sur tous les lieux consacrés par la religion (1). Il paraît que ces opinions superstitieuses des premiers colons espagnols, ne furent autre chose que celles des Haïtiens, dont ils adoptèrent l'ancienne tradition. Selon ces indigènes, l'ouragan était produit par leur mauvais génie *Tuira*, et c'était en son nom qu'ils en étaient menacés par leurs prêtres, qui prétendaient à la fois prévoir les effets de sa vengeance, et savoir les conjurer (2).

Trois siècles se sont écoulés sans nous laisser des idées plus justes ou seulement plus satisfaisantes sur ce terrible phénomène. Par un renversement inconcevable de toute notion géographique, Raynal a prétendu que l'ouragan qui dévaste les Antilles, venant du Nord-Ouest de ces îles, se forme dans les gorges des montagnes de Sainte-Marthe, ce qui implique la plus étonnante contradiction, puisque ces gorges étant sous le méridien de Saint-Domingue, les vents qui s'en échapperaient, seraient, pour cette île et pour la Jamaïque des vents de Sud, dont la direction différerait de 135° de ceux du Nord-Ouest. La plupart des voyageurs se sont accordés à croire que l'origine de l'ouragan est couverte d'une obscurité qu'on ne peut dissiper ; plusieurs physiciens ont soupçonné que ses causes ne diffèrent des tempêtes de l'Europe, que par la puissance plus grande des agens du climat de la Zône torride. Il suffit pour réfuter l'une et l'autre de ces opinions, de récapituler les caractères qui distinguent spécialement l'ouragan des Antilles, et qui

---

(1) Benzoni, lib. I, cap. X. — Oviédo, cap. X. — Herréra, lib. IX, cap. V.

(2) Oviedo, Sommar., cap. X.

peuvent conduire, par leur examen, à la connaissance rationnelle de ses causes.

Ces caractères sont ceux que constituent :

1.º La limitation périodique des ouragans, dans un espace d'un peu plus de cent jours.

2.º Leur limitation topographique dans la mer Caraïbe et les parages adjacens ;

3.º Les phénomènes pélagiques et atmosphériques, résultant de ces causes.

Ire SECTION.

Limitation périodique des Ouragans.

Les premiers habitans des Antilles françaises croyaient qu'avant leur arrivée dans cet Archipel, l'ouragan était soumis dans son retour à une certaine périodicité, et que ses intervalles étaient de cinq ans selon les uns, et sept selon les autres. (1) Pour établir l'erreur de cette opinion, il faut seulement parcourir les historiens espagnols contemporains de la découverte du Nouveau-Monde ; on voit dans leurs ouvrages et par les dates qu'ils nous fournissent, qu'il en était alors comme aujourd'hui, et que l'ouragan ne revenait pas à des époques moins irrégulières, pendant le 16.me siècle, que pendant les deux autres qui se sont écoulés depuis.

Des recherches très-étendues nous ont permis de constater, que depuis Christophe-Colomb jusqu'à nos

---

(1) Dutertre, t. II, p. 71. — Péleprat, t. II, p. 21.

jours, il n'y a pas eu moins de 64 ouragans aux Antilles, savoir :

1 à la fin du 15.ᵐᵉ siècle,
6 dans le.... 16.ᵐᵉ
18 dans le.... 17.ᵐᵉ
31 dans le.... 18.ᵐᵉ
8 dans le premier cinquième du 19.ᵐᵉ siècle.

Il est essentiel de remarquer, que la connaissance de ces phénomènes devenant plus difficile à acquérir à mesure que leur époque s'éloigne de nous, il est très-vraisemblable qu'il n'y en a pas eu moins dans le 17.ᵐᵉ siècle que dans le 18.ᵐᵉ, et quant au 16.ᵐᵉ, pour établir combien son histoire physique doit être incomplète à cet égard, il suffit de rappeller que les Européens n'avaient alors aucun établissement aux petites Antilles.

Toutefois, si de 1493 jusqu'à 1820, on forme des périodes de 25 ans, avec les trois siècles et quart, qui se sont écoulés, on trouve que le nombre des Ouragans ayant eu lieu dans le cours de chacune d'elles, a été comme il suit :

5, 3, 1, 0, 0, 3, 8, 6, 5, 6, 4, 17, 8.

L'examen de ces nombres, prouve irréfragablement que, si l'ouragan est renfermé pendant chaque année dans des limites mensuelles, son retour ne forme aucune cycle et n'est soumis à aucune périodicité annuelle, puisqu'il peut avoir lieu jusqu'à 17 fois en 25 ans, comme de 1770 à 1795, et qu'il se peut au contraire, que pendant une grande partie de cette période, il n'y en ait pas un seul, ce qui arriva à l'égard de la Martinique, de 1788 à 1804.

D'où l'on peut conclure qu'il n'y a point de fondement à l'opinion vulgaire des Antilles, qui, faisant dépendre ce phénomène des lois de la mécanique céleste, fixe son retour dans les limites d'un certain nombre d'années ; une cause régulière et périodique imprimerait à ses effets un caractère semblable, et l'influence d'une action astronomique ne serait sans doute point bornée à la douzième partie de la circonférence du globe.

Mais, s'il demeure incontestablement prouvé que l'ouragan n'est point ramené à des époques fixes dans un cycle d'années déterminé, il ne l'est pas moins que son retour est restreint dans des limites mensuelles, qu'il n'outrepasse jamais ; il suffirait sans doute, de cette singulière périodicité, pour le distinguer spécialement des autres espèces de tempêtes, si les bornes topographiques dans lesquelles il est renfermé, ne manifestaient d'ailleurs qu'il tient à des causes premières, dont on ne peut méconnaître la différence.

Sur une quarantaine d'ouragans dont nous avons recueilli les dates mensuelles, dans des documens authentiques, il y en a eu :

8 en juillet...... les 10, 13, 23, 28, 30 et 30,
15 en août....... les 1.er, 1.er, 4, 12, 13, 14, 15, 19, 25, 28, 28, 29, 30 et 31,
11 en septembre.. les 1er, 1.er, 2, 5, 10, 12, 16, 21 et 30,
et 9 en octobre..... les 1.er, 2, 10, 13, 13, 20 et 21.

Cette collection de dates nous apprend que l'ouragan a lieu uniquement dans une période fixe de 104 jours, comprise entre le 10 juillet et le 21 octobre. Les anciens habitans des Antilles françaises restreignaient cet espace de temps entre le 20 juillet et le 15 octobre ; et en effet, il n'y a que deux exemples qui prouvent qu'il peut devancer la première de ces époques, et deux autres, qui établissent qu'il peut dépasser la seconde. En 1509, il y eut un ouragan à St.-Domingue dès le 10 juillet, et en 1653, il y en eut un à la Guadeloupe le 13 du même mois. Les seuls exemples de ces phénomènes, après le 15 octobre, sont : l'ouragan de 1744 à la Jamaïque, et celui de 1817 à la Martinique ; le premier eut lieu le 20 octobre et le second le 21 du même mois.

En comparant les époques de l'ouragan à celles du mouvement annuel du soleil dans l'écliptique, on trouve qu'elles correspondent aux progrès de cet astre, et l'on est conduit à reconnaître que leur régularité résulte du retour périodique de son action sur l'atmosphère des Antilles, et plus particulièrement sur la mer qui baigne ces îles.

Lorsqu'au mois de mai, le soleil en s'avançant vers le tropique du Cancer, passe pour la première fois, au zénith de l'Archipel américain, le refroidissement qu'ont éprouvé pendant son séjour au midi de l'Equateur, les régions insulaires et continentales, qui environnent la mer des Antilles, prévient et empêche l'élévation de la température. Les surfaces pélagiques et terrestres absorbent une telle quantité de calorique, que la chaleur moyenne n'excède pas le 27.° centésimal et que l'humidité moyenne de l'atmosphère est indiquée par le 84.° de l'hygromètre de Saussure.

Mais lorsque le soleil ayant atteint le 21 juin, le tropique du Cancer, passe une seconde fois au zénith de l'Archipel, sa présence déjà prolongée pendant deux mois entiers, produit une action beaucoup plus puissante; les instrumens météorologiques indiquent une accumulation progressive de calorique, et un accroissement continu d'humidité atmosphérique. La chaleur moyenne s'élève à l'ombre à midi au-delà du 29.° centésimal, et l'aiguille de l'hygromètre touche presque sans interruption au terme de l'humidité radicale. Néanmoins, et quoique du 21 juin jusqu'au commencement de juillet, le soleil ne soit qu'à cinq degrés au nord des Antilles septentrionales, il n'y a point encore, malgré cette grande proximité, de réunion complète des circonstances qui produisent l'Ouragan. C'est seulement lorsque, le 10 juillet, dans son retour vers l'équateur, il dépasse la chaîne de ces îles, et que ses rayons dardent de nouveau la mer qu'elles environnent, qu'il développe les conditions nécessaires de l'existence de ce funeste phénomène. Toutefois, ce développement n'acquiert de chances vraiment nombreuses, qu'à compter du 20 juillet quand le soleil est verticalement au-dessus du centre de la mer Caraïbe. Pendant tout le mois d'août, lorsqu'il parcourt les points du ciel, qui correspondent à l'étendue de cette mer, le développement des conditions de l'Ouragan, arrivant à son maximum, les chances de ce fléau se multiplient, et excèdent, en nombre, le double de celles qu'il y avait eu pendant le cours de juillet; leur répartition, dans ce dernier mois, a lieu seulement dans ses 15 ou 20 derniers jours, tandis que pendant août, les chances de l'Ouragan paraissent également distribuées dans toute sa durée, et qu'il arrive tout aussi souvent au commencement qu'à la fin. L'égale distribution de ces chances, pendant le cours de ce mois, est parfaitement en rapport avec la situation du soleil au-dessus de la mer des Antilles ; elle prouve contradictoirement à l'opinion de Raynal, que l'Ouragan ne doit point son origine à l'action qu'exerce cet astre sur les vallées des Andes, puisque ce phénomène n'est pas plus fréquent, quand le soleil en est proche que quand il en est éloigné, et que même ses chances diminuent aussitôt, qu'en se rapprochant de l'Equateur, le soleil ne domine plus qu'obliquement la mer des Antilles, et dès qu'il est arrivé au zénith des grandes montagnes de Sainte-Marthe et de Vénézuelle.

En effet, si la première quinzaine de septembre n'est pas moins dangereuse que le mois d'août, on reconnaît déjà dans la seconde le décroissement des chances qui menaçaient les Antilles. Pendant cette période et les deux tiers d'octobre, l'Ouragan provient, non de l'action immédiate du soleil, mais bien de la persistance des effets qu'il a produits pendant la durée de son séjour entre les $25.^{me}$ et $10.^{me}$ parallèles. La preuve qu'il en est ainsi, c'est que ce fléau n'a point lieu quand le soleil est au nord de l'Archipel, quelle que soit sa proximité ; tandis qu'il se renouvelle encore fréquemment, lorsqu'après avoir passé un mois au zénith de la mer Caraïbe, cet astre s'en éloigne au sud, et même lorsqu'il en est déjà à près de vingt degrés.

Il est manifeste que la proximité du soleil n'est point une condition suffisante pour produire des Ouragans puissans et dévastateurs comme ceux des Antilles, puisque Cayenne, et même les îles de la Trinitad et de Tabago n'en éprouvent aucun, malgré leur gissement, qui les soumet à la même action solaire, que les autres îles de l'Archipel américain ; sans doute cette proximité ou plutôt les effets qui en résultent, constituent une condition nécessaire de ce phénomène ; mais elle est seulement secondaire et totalement subordonnée aux causes locales et géologiques que nous allons énoncer dans la seconde section de ces recherches.

IIme Section.

Limitation topographique des Ouragans.

L'ouragan des Indes occidentales est renfermé dans des limites qu'il ne dépasse jamais ; il se développe exclusivement dans la mer Caraïbe, dont le vaste bassin est formé, au sud et à l'occident, par le littoral du Vénézuelle, de la Costa-Rica, du Honduras et du Yucatan ; et borné, au nord et à l'orient, par les grandes et les petites Antilles. Ses ravages s'étendent sur tout l'Archipel, mais les rives du continent n'y sont point soumises, et même les îles, qui en sont à peu de distance, comme la Trinitad et Tabago, échappent également à ses effets désastreux. D'où il suit qu'il n'appartient point à une cause générale, comme les phénomènes du climat, qui sont les mêmes sous des parallèles identiques, ou dans des lieux peu distans ; et d'où l'on peut induire qu'il est le résultat de causes locales et géologiques, dont la sphère est d'une étendue fixe et déterminée.

Nous allons exposer, d'après les bases que nous fournit

une observation immédiate, appuyée par de nombreuses expériences, quelles sont ces causes et quel est leur enchaînement avec celles appartenant à la mécanique céleste.

La mer des Antilles, où l'ouragan déploie exclusivement sa puissance, est une immense vallée sousmarine, dont la plus grande largeur, du nord au sud, entre Cuba et Panama, est d'environ 250 lieues; sa plus grande étendue, de l'est vers l'ouest, depuis les îles du Vent jusqu'au Yucatan, est à-peu-près de 530 lieues. Deux chaînes de montagnes l'environnent : l'une continentale, l'autre insulaire. La première se forme des montagnes de Vénézuelle, de Sainte-Marthe, du Darien et de la Nouvelle-Espagne. La seconde constitue le massif minéralogique des grandes et des petites Antilles; les sommets de celle-ci n'atteignent pas à une élevation de plus de 2000 mètres, et la température qui y règne, est au-dessus du 10° centésimal. La chaîne continentale appartient aux plus hautes montagnes du globe ; des pics, couverts de neiges éternelles, s'élèvent sur son énorme massif, où, à 4,872 mètres, le mercure tombe au-dessous de zéro.

Vers leurs extrémités, l'une et l'autre de ces deux grandes chaînes se rapprochent, comme pour former, au couchant et au levant, l'enceinte de l'immense bassin qui est ouvert entre elles. D'un côté, le grand saillant occidental de l'île de Cuba, terminé par le cap Saint-Antoine, s'avance vers le Yucatan et ne laisse, entre la mer des Antilles et le golfe du Mexique, qu'un passage dont la largeur est à peine de 45 lieues. De l'autre, les soixante îles Caraïbes, que les volcans sousmarins ont projetées, depuis la Trinitad jusqu'à Saba, opposent leur digue aux flots de l'Atlantique équatoriale, et les interceptent dans plus de la moitié de ce vaste espace.

Il suffit d'examiner rapidement quelles solutions de continuité existent dans le littoral de la mer des Antilles, et quels sont leurs rapports avec les courans pélagiques, pour montrer, contre l'opinion commune, que cette mer n'est point libre et ouverte à la masse des eaux de l'Océan et à toutes ses impulsions ; et que de sa ressemblance avec les Méditerranées, résultent des circonstances physiques, qui concourent essentiellement à la formations des ouragans.

On sait que dans l'Atlantique intertropicale, un courant général emporte toutes les eaux d'orient en occident ; celles qui affluent vers la mer des Antilles ne proviennent pas seulement de la partie de l'Océan, comprise sous les latitudes de ces îles, entre le 10.ᵉ et le 18.ᵉ parallèles ; des expériences multipliées prouvent que, jusqu'au-delà de l'équateur, la masse des eaux qui a traversé le grand bassin, ouvert entre l'Afrique et l'Amérique méridionale, se dirige le long du Brésil et de la Guyane, jusqu'aux îles Caraïbes. Ici, cet immense courant, qui doit alimenter la mer des Antilles, s'y précipite, par seize détroits principaux ; sa largeur, qui était de 140 lieues, en ligne droite, est réduite, de plus d'un tiers, par le massif des grandes montagnes insulaires, qui forment l'Archipel ; elle est même restreinte à moins de la moitié de son développement sur l'arc que décrit la chaîne des Antilles, puisque ces îles déploient une étendue de terres qui barrent son cours, dans un espace de 98 lieues, et que l'ensemble de la largeur des détroits ouverts entre elles, n'en a pas 90.

Si l'on compare à la plus grande extension de la mer des Antilles, l'étendue des ouvertures, par lesquelles elle reçoit ses eaux, on trouve qu'elle acquiert, entre l'île de Cuba et Porto-Bello, une largeur triple de l'ensemble de tous les canaux affluens; et que de l'est à l'ouest, entre la Martinique et le Yucatan, sa longueur est sextuple de l'étendue, en largeur, de ces mêmes canaux.

Cette masse d'eau, dont la surface n'a pas moins de 92,000 lieues, est entraînée par un mouvement plus ou moins rapide, vers le golfe du Mexique; mais le passage par lequel elle doit y entrer, n'ayant qu'une largeur de 45 lieues, il forme une issue moindre de moitié que l'étendue des détroits, qui servent d'entrée aux eaux affluantes; et sa largeur est cinq fois moins grande que celle du courant dans sa plus vaste expansion.

Ainsi, toutes choses étant supposées égales d'ailleurs, il entre, dans la mer des Antilles, par les seize détroits qui séparent ces îles, la moitié plus d'eau qu'il n'en sort par le passage ouvert entre les caps Catoche et Saint-Antoine, et la largeur du courant de cette mer est cinq fois plus grande que son issue dans le golfe du Mexique.

Ces circonstances, dont le rapprochement est échappé jusqu'à présent à l'observation, sont les causes des phénomènes pélagiques et atmosphériques, dont l'histoire se lie, par tant d'événemens malheureux, avec celle des Indes occidentales.

Tant que le soleil demeure éloigné de la mer des Antilles, l'influence qu'exerce sur l'atmosphère le mouvement de rotation du globe, n'éprouve point de grandes perturbations; les vents d'est, dominant sur l'Atlantique équatoriale, accélèrent le courant de la mer Caraïbe, qui gît dans une direction générale semblable à la leur; et il paraît qu'à cette époque de l'année, la vitesse plus ou moins grande de ce courant peut compenser le rétrécissement auquel il est soumis dans les détroits des Antilles, et dans celui du Yucatan. Nous avons, en effet, expérimenté que dans le canal ouvert entre la Martinique et Sainte-Lucie, il acquiert alors une rapidité double de celle avec laquelle il se meut à cent lieues au vent de l'Archipel; et des marins habiles nous ont donné l'assurance qu'au large du cap Corientes, entre Cuba et le Yucatan, cette rapidité est, dans cette saison, près de quatre fois plus grande.

Pendant toute la période hivernale, la température des eaux du courant est plus basse que celle de l'atmosphère, qui a, pour terme moyen, le 25.° degré centésimal; l'humidité de l'air rapproche l'aiguille hygrométrique du 86°, et l'évaporation journalière est constamment au-dessous de deux millimètres; aussi ne tombe-t-il, pendant chaque mois de cette période, que 14 à 15 centimètres de pluie; il ne fait point de tonnerre, le ciel est pur, les vents soufflent régulièrement et le navigateur n'a point à redouter les tempêtes.

Cet état de choses éprouve un changement gradatif à mesure que le soleil s'avance de l'équateur vers le tropique du Cancer; cependant la présence de cet astre au zénith de l'Archipel, depuis le 20 d'avril jusqu'au 1.er juin, ne produit point le maximum d'effets, qui en résulte un mois plus tard. Il faut, pour arriver à ce terme, qu'après avoir atteint le tropique, le soleil passe une seconde fois sur les Antilles, dans le cours de sa marche rétrograde ; mais alors, la durée prolongée de son action sur la mer Caraïbe, jointe à l'ensemble des circonstances géologiques et pélagiques, produit une accumulation extraordinaire de calorique, dans le bassin de cette mer, et fait naître les grands phénomènes atmosphériques, qui s'y développent.

Pendant cette période, qui s'étend du commencement de juillet à la fin de septembre, la température moyenne de l'air s'élève, à l'ombre, au niveau de la mer, au 29° centésimal, et au soleil, au 36.° L'hygromètre a pour terme moyen, le 93°, ce qui suppose entre 24 et 25 grammes de vapeurs aqueuses, par mètre cube d'air ; l'évaporation journalière est de 3 millimètres à l'ombre et de 9 au soleil ; la quantité moyenne de pluie est, sur le littoral, de 25 centimètres par mois ; les vents sont constamment orageux et variables, et le tonnerre se fait entendre pendant le tiers ou la moitié de cette saison menaçante ou funeste.

Il est évident que des effets semblables et également puissans, se développeraient dans toutes les contrées de la zône torride, s'ils avaient uniquement leur cause dans l'action solaire ; puisqu'il n'en est point ainsi et que cette action ne s'exerce pas identiquement au Brésil et à la Guyane, que leur gissement soumet deux fois, chaque année, à l'influence du soleil au zénith, il faut en conclure que ces effets résultent du concours de quelque cause locale. L'examen des phénomènes pélagiques confirme la vérité de cette indication.

Par la réunion des circonstances géologiques et astronomiques, le grand courant de l'Océan atlantique suit le mouvement du soleil, et se dirige, comme cet astre, d'orient en occident, et de l'équateur vers le tropique du Cancer. La température de ses eaux varie, dans chaque parage, non-seulement selon le degré de chaleur de l'atmosphère en contact avec elles, mais encore selon celui qu'elles ont acquis précédemment, par la durée plus ou moins prolongée de l'action solaire. Quand le soleil est dans l'hémisphère austral, les eaux du courant sont, dans la mer Caraïbe, à leur minimum de température, parce qu'il en est ainsi de l'atmosphère, et encore parce que la moitié de ce courant se dirigeant au sud, le long du rivage de l'Amérique méridionale, il n'y en a qu'une partie seulement qui prenne son cours vers les Antilles, après avoir éprouvé la chaleur du soleil au zénith. Tout au contraire, quand, au mois de juillet, cet astre revient du tropique du Cancer vers l'équateur, la température du courant atteint, dans la mer Caraïbe, un terme singulièrement élevé, parce que ses eaux sont en contact avec une atmosphère brûlante, et encore parce que, depuis la ligne équinoxiale, leur masse a été échauffée, dans tout son trajet, par les rayons solaires, qui, du mois de mars jusqu'à celui de septembre, les dardent perpendiculairement.

Toutefois, les eaux de la partie australe de la zône torride, dont la température s'est abaissée, pendant l'absence du soleil, continuant de fluer dans le bassin de la mer des Antilles, leur mélange avec les siennes en diminue sensiblement la chaleur; et nous avons reconnu, par plusieurs expériences, qu'il y avait, entre elles, une différence de plus de trois degrés centésimaux ; mais, lorsque, dans les premiers jours de juillet, le soleil se trouve au zénith du passage ouvert entre le Yucatan et l'île de Cuba, la raréfaction, qu'il y produit, détermine des vents de nord-ouest, qui refoulent les eaux dans ce passage, et s'opposent à leur écoulement dans le golfe du Mexique.

Une série de phénomènes importans résulte de l'obstacle qui arrête ainsi le courant équatorial ; ses flots, repoussés vers les Antilles, heurtent avec violence leurs rivages, et produisent ces tempêtes pélagiques, qu'on nomme Raz-de-marée. Tout équilibre étant rompu entre les eaux qui s'écoulent et celles qui affluent, le niveau de la mer s'élève de plusieurs pieds ; les vagues deviennent tumultueuses et d'une hauteur extraordinaire, dans les détroits qui séparent les Antilles, et où se rencontrent, dans des directions opposées, le courant de l'Atlantique et celui de la mer Caraïbe, dans son cours rétrograde. Le bassin, que remplit ce grand fleuve thermal, n'étant plus alimenté par des eaux d'une température inférieure à la sienne, et celle-ci s'accroissant par la prolongation de la présence du soleil au zénith, il en résulte une chaleur pélagique, excédant de plus de trois degrés la température atmosphérique, et surpassant de cinq celle des eaux du courant, pendant la domination des vents d'est.

Cette différence exerce sur l'atmosphère l'influence la plus puissante ; l'immense quantité de calorique, que l'air reçoit des eaux, par son contact avec leur surface, produit une raréfaction extraordinaire, qui attire les vents furieux ; elle élève, par l'évaporation, un océan de vapeurs, qui retombent en pluies diluviales ; et elle fait naître consécutivement les phénomènes mystérieux et terribles, dont l'électricité est le premier agent.

Cet enchaînement de circonstances physiques ne présente rien qui ne soit rigoureusement conforme à la marche ordinaire de la nature : la chaleur de l'air s'augmente de toute celle qui lui est cédée par les eaux ; elle produit une grande raréfaction atmosphérique ; il en résulte une affluence extraordinaire des vents du nord-ouest, qui descendent des hautes montagnes du nouveau Mexique ; leur courant, dirigé entre les caps Catoche et St-Antoine, refoule celui de la mer des Antilles ; cette répulsion s'étend de proche en proche ; elle donne naissance aux raz-de-marée ; elle empêche les eaux de l'Atlantique d'entrer dans le bassin de la mer Caraïbe, et d'en abaisser la haute température, par leur mélange ; la durée prolongée de ces causes change cette mer en un lac thermal ; la chaleur de l'air, qui est moins grande que la sienne, s'accroît, par elle, avec rapidité ; et la raréfaction qu'elle produit, ouvrant une vaste arène aux vents impétueux, ils s'y précipitent et marquent leur passage par la dévastation.

Pour reconnaître que telle est l'origine de l'ouragan des Antilles, il suffisait de pouvoir en observer les circonstances caractéristiques, et de remonter, par leur examen attentif, à la connaissance des causes périodiques et topographiques que nous venons d'indiquer. Le simple énoncé de ces circonstances établira la preuve de la vérité de cette théorie.

III.ᵉ Section.

Phénomènes résultant des causes périodiques et topographiques de l'Ouragan.

L'ouragan des Antilles est au premier rang des phénomènes atmosphériques dont l'investigation trouve le plus d'obstacles ; il faut pour l'observer se résigner à quitter notre heureux climat, échapper dans les pays où il se déploie à la contagion qui moissonne la plupart des voyageurs, subir la loi du hasard qui le ramène irrégulièrement plusieurs fois dans la même année, ou qui recule au-delà de quinze ans son funeste retour, saisir avant qu'il éclate, les circonstances qui manifestent ses causes, déterminer par l'expérience leur degré d'action, démêler celles qui agissent avec puissance de celles dont le concours est accidentel et sans effet nécessaire, réunir lors de son attaque inopinée, tout ce qu'il faut de favorable à son observation dans les localités, pouvoir fixer par la marche des instrumens météorologiques l'étendue des perturbations qu'il apporte à l'ordre de la nature, ne manquer enfin, ni de force physique, ni de force morale, pour résister à la furie des vents et des flots et pour conserver au milieu de la plus épouvantable tempête ce sang-froid philosophique qui permettait au célèbre Vernet d'en peindre les effets, et qui n'est pas moins nécessaire au physicien pour en rechercher les causes.

La plupart de ces circonstances étant indépendantes de la volonté de celui qui aurait besoin de tous leurs avantages pour arriver à ce but difficile, le mérite d'avoir pu profiter de leur indispensable secours, est le seul que nous ayons droit de réclamer pour prix de nos efforts, et nous n'hésitons point à reconnaître que même nous ne devons qu'au hasard, d'avoir découvert le phénomène dont l'Ouragan tire primitivement son origine.

La première partie des observations que nous fîmes en 1804, sur ce fléau, établit comment il résulte des phénomènes pélagiques, et principalement du refoulement qu'éprouve le courant équatorial dans le bassin de la mer des Antilles.

La seconde contient les preuves de la raréfaction qui est produite consécutivement dans l'atmosphère de ce vaste bassin.

Et la troisième présente la description des grands phénomènes météorologiques qui sont les effets de ces causes, et qui constituent l'ouragan.

1.° *Observation des phénomènes pélagiques.*

Lorsqu'au commencement du 17.ᵉ siècle les Français s'établirent aux petites Antilles, ils y trouvèrent parmi les indigènes des hommes qui savaient prédire les ouragans (1); les missionnaires qui furent les premiers historiens de ces îles, considérant comme des prophéties les pronostics des Caraïbes, révoquèrent d'abord en doute leur vérité; et lorsque l'évènement en eut donné la preuve, ils se persuadèrent que les prêtres des insulaires n'acquéraient une

---

(1) Dutertre, t. II, p. 73.

telle prévision, que par le commerce qu'ils entretenaient avec le diable.

Il paraît que postérieurement à diverses époques, des Nègres esclaves ont également prédit des ouragans ; mais soit parce qu'il s'était écoulé un laps de temps considérable depuis le dernier qui avait ravagé les Antilles françaises, soit parce qu'il est dangereux d'encourir la réputation de sorcier dans des contrées où ce nom est synonyme de celui d'empoisonneur, personne, en 1804, ne pronostiqua ce fléau ; cependant les détails suivans montreront que huit jours avant qu'il éclatât, les phénomènes pélagiques qui l'annoncèrent furent tels, que leur observation pouvait être facilement saisie par des hommes occupés de la pêche et de la navigation, comme le sont les Nègres et comme l'étaient les Caraïbes.

Le 1.er septembre, étant à bord de l'un de ces bateaux pontés des Antilles appelés *Balahous*, un bâtiment de la croisière anglaise nous donna chasse devant les Saintes, et nous força de porter, vent arrière, dans l'ouest des Antilles. La brise alisée était très-faible, mais nous étions entraînés par le courant équatorial dont la direction ne différait de la sienne que de quelques degrés vers le nord et dont la vîtesse était de 12 mètres par minute. Le brick ennemi abandonna sa poursuite dans la soirée, lorsque nous étions déjà sous le vent de la Guadeloupe à plus de 20 lieues ; le calme qui survint au coucher du soleil nous livra entièrement à l'action du courant, et nous projetâmes de relâcher aux îles d'Aves dont, au point du jour, nous devions nous trouver à proximité ; mais il n'en fut point ainsi : vers minuit, il se leva entre l'ouest et le nord-ouest un vaste rideau de nuages noirs et menaçans; le calme de la mer et des vents continua néanmoins jusqu'au lever de l'aurore; en ce moment, la clameur lointaine des flots se fit entendre à l'occident, et des vagues hautes et puissantes vinrent nous assaillir; le navire ne pouvant gouverner, il fut impossible d'éviter leur rencontre et qu'elles ne vinssent avec furie déferler sur le pont. L'eau dont elles nous inondèrent était d'une chaleur extraordinaire; la sensation qu'elle nous fit éprouver ayant fixé notre attention sur ce phénomène, nous reconnûmes que la température du courant qui venait de s'établir, excédait de 3 degrés celle de l'air atmosphérique.

En effet, les moyennes d'un grand nombre d'expériences, nous donnèrent pour terme de la chaleur pélagique le 31.e degré centésimal, tandis que celles de l'air à l'ombre n'excédait pas le 28.°

Un vent orageux du N. O. se joignit à la force de ce contre-courant pélagique, pour nous ramener vers les Antilles; et nous entrâmes dans la baie de St.-Pierre à la Martinique, au moment où le raz de marée, qui commençait, rendait déjà difficile et périlleuse l'approche du rivage.

Le phénomène de la haute température des eaux qui refluaient de l'occident de la mer des Antilles, nous sembla d'autant plus remarquable, qu'une série d'expériences faites précédemment, nous avait appris, qu'à son entrée dans cette mer, le grand courant équatorial a pour température moyenne le 26e degré, c'est-à-dire, une chaleur moindre de 5 degrés que celle qui s'y était accumulée en cette occasion.

La considération de ces circonstances nous fit apporter une attention soutenue et un vif intérêt dans l'observation des phénomènes, qui se déployèrent successivement.

Depuis plusieurs jours la domination de l'atmosphère avait été presque totalement abandonnée par les vents d'est ; ceux du nord-ouest soufflaient par raffales, entrecoupées d'un calme plat, qui faisait contraster singulièrement la tranquillité de l'air avec l'agitation des flots. Le 2 septembre, le danger de faire côte devint imminent pour les navires qui étaient à l'ancre, et qu'une force irrésistible entraînait vers les rochers basaltiques du rivage ; les vagues qui venaient s'y briser, étaient d'une hauteur surprenante ; mais ce qui excita en nous plus d'étonnement que cet effet ordinaire des tempêtes, ce fut l'élévation du niveau des eaux de la mer. Pour nous assurer que ce n'était point un résultat purement local de la direction des vents ou des formes de la côte, nous portâmes notre observation sur des points distants et différemment exposés, et nous reconnûmes que partout cet exhaussement de niveau avait lieu, et qu'abstraction faite de toute oscillation des eaux, il n'était guères de moins d'un mètre ; ce qui équivaut à une élévation triple des marées ordinaires, et double des plus fortes marées des Antilles.

Le tumulte des flots, dans le canal de Sainte-Lucie et leur brisement, qui, malgré la profondeur de la mer, égalait celui que produisent les récifs les plus redoutables, achevèrent de nous convaincre que ces phénomènes pélagiques avaient pour cause la rencontre de deux courans opposés : l'un, celui de l'Atlantique équatoriale, tendait

CLIMAT.

à se précipiter dans la mer des Antilles, par les détroits qui séparent ces îles ; l'autre était un contre-courant, formé dans le bassin même de cette mer, par la domination des vents de nord-ouest, qui, soufflant dans la direction du passage ouvert entre les caps du Yucatan et de Cuba, refoulait la masse des eaux entraînées vers ce détroit. Dans la lutte violente de ces deux courants opposés, il advient ce qu'on observe à l'embouchure des grands fleuves ; comme au Boghaz du Nil, à l'entrée de l'Amazone et même de la Seine, l'un des courans est superposé par l'autre, dont les eaux mues en sens contraire, s'agitent, s'élèvent, se heurtent avec furie, et couvrent de leurs vagues écumeuses les rivages qui mettent un terme à la puissance de leur impulsion.

Toutefois le Raz de marée n'est que l'effet hydrodynamique du courant produit par les vents du nord-ouest dans la mer des Antilles ; il en est un autre plus terrible encore et plus désastreux, mais dont les chances sont moins nombreuses, parce qu'elles tiennent à des causes plus compliquées. Si, comme en 1804, les vents qui refoulent le courant équatorial, prolongent leur domination, ils accumulent dans le bassin de cette mer, les eaux les plus chaudes, et ils empêchent d'y affluer avec liberté, celles dont la température est inférieure, et qui diminueraient, par leur mélange, leur chaleur extraordinaire. Il en résulte, lorsque cet état de choses est de quelque durée, que la mer des Antilles, changée en un vaste lac thermal, offre le phénomène étonnant d'une température pélagique supérieure à celle de l'air, de 3, 4, et même 5 degrés centésimaux.

C'est de cette élévation singulière de la température des eaux, que résultent les circonstances auxquelles l'ouragan doit son origine, et spécialement, la raréfaction atmosphérique qui provoque l'irruption des vents.

2.° *Observation de la raréfaction atmosphérique.*

C'est en effet le résultat constant de neuf années d'observations, faites sur les rivages des Antilles, qu'aussitôt que la température pélagique s'élève au-delà du terme moyen de la température mensuelle de l'atmosphère, une série de phénomènes remarquables indique un accroissement progressif de la raréfaction de l'air.

En 1804, comme avant tous les autres ouragans, son premier signe fut l'un de ces calmes profonds qui, pour le navigateur, sont plus terribles que l'orage. L'haleine des vents cessa d'agiter les feuilles des forêts; la mer abaissa ses vagues tumultueuses, et réfléchit dans le miroir de ses eaux, les rayons brûlans du soleil au zénith; les oiseaux dont le vol est le plus audacieux, rasèrent le sol d'une aîle pesante, au lieu de planer dans les airs; les cétacés demeurèrent immobiles à la surface des flots, et l'homme, accablé par une chaleur oppressive, demanda vainement à l'onde des ruisseaux, à l'ombrage des bois leur fraîcheur bienfaisante.

La raréfaction de l'air s'accroissant comme sa température, bientôt elle devint manifeste par de nombreux phénomènes. Pendant quatre nuits, les étoiles apparurent grandes et scintillantes, ainsi qu'on les voit du sommet des hautes montagnes, lorsqu'on s'est élevé dans les couches les moins denses de l'atmosphère ; tous les sons s'affaiblirent par une dégradation sensible; le bruit du canon de la côte sembla moins fort de moitié que ne le comportait la distance des lieux d'où il se faisait entendre ; et cependant par un effet contraire, la perspective de ces lieux paraissait s'être singulièrement rapprochée de l'observateur. Cette illusion d'optique était surtout frappante et extraordinaire, quand on regardait les grands pitons volcaniques du Carbet; ces montagnes, dont la région supérieure est toujours cachée dans les nuages, se montraient à découvert; et l'on pouvait discerner sans peine tous les traits de leur vue majestueuse, qui cessant d'être effacés par un lointain vaporeux, apparaissaient avec des couleurs brillantes et des formes pittoresques jusqu'alors inconnues.

Si ces phénomènes avaient pu laisser quelques doutes sur la raréfaction de l'atmosphère, l'observation barométrique les eût dissipés. On savait, par une tradition qui n'était appuyée d'aucun fait positif, qu'aux approches de l'ouragan, le mercure du baromètre éprouvait un abaissement considérable, et notre attention éveillée par le concours des circonstances que nous venons de rapporter, s'était fixée sur la marche de cet instrument. Aucune perturbation ne se fit remarquer dans ses périodes ordinaires d'ascension, pendant les jours qui précédèrent le fléau, dont nous traçons l'histoire ; mais environ dix heures avant qu'il éclatât, il y eut une dépression subite de près de 7 millimètres ou 3 lignes; et le mercure ayant continué à s'abaisser dans les deux heures suivantes, il parvint à un terme extrême, différant de son maximum d'élévation de 13 à 14 millimètres, ou environ 6 lignes. Il tomba du 763me millimètre au 750.e, ou autrement de 28 pouces 3 lignes, à 27 pouces 9 lignes. Cette variation est trois à quatre fois plus grande que celle qui a lieu journellement aux Antilles, et elle est égale à la variation annuelle la plus étendue. En tenant compte de la température, elle indiquerait une différence de niveau, ou un raccourcissement de la colonne d'air, d'environ 177 mètres.

Ce phénomène sembla se lier à l'ouragan de la manière la plus intime, car il eut lieu simultanément avec ceux qui en furent les précurseurs immédiats.

3.° *Observation des phénomènes météorologiques qui constituent l'Ouragan des Antilles.*

Depuis plusieurs jours on voyait au nord-ouest, sur l'horizon, des nuages rembrunis et immobiles qui offraient l'image d'une terre éloignée; dans la matinée du 2 septembre, ils commencèrent à se mouvoir avec lenteur vers l'orient, et au coucher du soleil, ils couvrirent d'une ombre épaisse la mer des Antilles. Leurs bords étaient rayonnés; et quand leur immense rideau venait à s'entr'ouvrir, on apercevait que le ciel menaçant dont ils cachaient l'aspect, présentait la plus effrayante ressemblance avec un vaste embrâsement. Une brume blanchâtre répandue dans toute l'atmosphère pélagique annonçait l'abondance de l'évaporation, et l'on distinguait à travers le voile transparent qu'elle étendait sur l'espace, de nombreuses volées d'oiseaux marins qui s'efforçaient de gagner la côte. Plusieurs personnes ont assuré depuis, que les animaux domestiques et surtout les troupeaux des savanes avaient en même temps indiqué par leur inquiétude et par leur volonté de se rapprocher des habitations des hommes, qu'ils avaient une sorte de prévision instinctive du danger. On a pareillement affirmé que des bruits souterrains s'étaient fait entendre, comme parfois, pendant un tremblement de terre; mais nous n'eûmes point occasion d'observer ces deux espèces de phénomènes; et nous attribuâmes celui d'un bruissement sourd et lointain qui eut lieu quelque temps avant la tempête, à l'ébranlement des forêts des montagnes par les oscillations de l'atmosphère dans sa région supérieure. Il paraît toutefois que dans des occurrences assez nombreuses, l'ouragan des Antilles est accompagné de tremblement de terre; et l'on peut soupçonner par la simultanéité de ces phénomènes, qu'il y a entr'eux quelques rapports et qu'ils dépendent peut-être partiellement, de ceux qui s'établissent entre l'électricité terrestre et celle de l'atmosphère.

Quoiqu'il en soit, la puissance de ce dernier agent n'avait point encore été manifestée par l'électromètre, lorsque dans la matinée du 3 septembre, les détonnations de la foudre se firent entendre bruyamment sous le vent de la Martinique; elles partaient avec de nombreux et brillans éclairs du milieu des nuages noirs et menaçans qui s'étaient levés du nord-ouest vers le golfe du Mexique. Cette circonstance était digne de remarque, parce qu'aux Antilles les nuées électriques ne se forment presque jamais qu'autour des pitons de ces îles, et qu'en s'accumulant dans l'atmosphère de la mer Caraïbe, leur présence l'indiquait comme le théâtre de phénomènes extraordinaires.

En effet, les coups de tonnerre qui partirent de ces nuées, furent le signal de l'ouragan. Un vent furieux soufflant du nord-ouest et du nord-nord-ouest, commença les désastres de l'Archipel; sa violence ayant diminué au bout de deux heures, on espéra sauver une partie des navires qu'il avait jetés sur les rochers de la côte, mais en passant au nord il devint encore plus terrible; et lorsque par une sorte de réaction il revint vers les points d'où il s'était précipité sur les vaisseaux au mouillage, il poussa vers la haute mer leurs débris, leurs matelots et ceux qui se vouaient à la mort pour les secourir.

Suivant une opinion vulgaire qui remonte à un siècle et demi (1), la furie des vents devait s'appaiser par l'influence qu'on supposait être exercée sur eux par la pluie et le tonnerre; nous observâmes précisément au contraire, qu'aussitôt que la foudre avait éclaté, les torrens de la pluie redoublaient d'impétuosité et les vents de fureur. Une observation réitérée nous persuada que les tourbillons avaient principalement leur origine dans le vide que produit subitement la conversion de l'air en eau par l'action de l'étincelle électrique; mais en présence même de ces redoutables phénomènes, nous repoussâmes l'idée qu'ils fussent les causes de l'ouragan, parce que leur action est circonscrite et instantanée, qu'elle n'agit évidemment que dans une étendue de l'atmosphère et un espace de temps très-bornés; tandis que le fléau qu'on pourrait croire en être l'effet, durant par fois, comme en 1804, pendant sept jours entiers, et déployant ses ravages sur plusieurs milliers de lieues

---

(1) Labat, t. IX, p. 225.

carrées, ne peut tirer son origine que de causes également grandes et puissantes, telles que celles qui lui sont assignées dans ces recherches d'après les résultats de l'observation.

Pour prouver que l'ouragan des Antilles n'est point l'effet isolé d'un phénomène local, mais bien celui d'une vaste combinaison de causes géologiques et atmosphériques, il suffit d'en tracer l'histoire, en recueillant dans les documens publics de l'Archipel américain et des États-Unis, les circonstances qui feront connaître, quelles furent en 1804, sa durée et son étendue.

On sait par le rapport des colonies anglaises, que rien ne manifesta ce fléau à Démérari, à la Trinitad et même à la Grenade, sous le 12.° de latitude boréale.

A la Martinique, sous le 14.° 30', il commença dans la matinée du 3 septembre; il y fit périr 17 navires.

Il eut lieu en même temps, ou seulement un peu plus tard :

A la Dominique, où tous les bâtimens, au nombre de 26, furent jetés à la côte.

A la Guadeloupe où il dura 56 heures.

A Antigue où furent perdus 58 bâtimens dont un vaisseau de 74.

A St.-Christophe où il détruisit 100 navires et dura plus de 48 heures.

Il commença le 4 dans l'après midi :

A St.-Thomas, où il dura trois jours et fit faire naufrage à 42 bâtimens ;

A St.-Barthélemi où il en détruisit 56 ;

A Ste.-Croix, à St.-Eustache, à St.-Martin, à Tortose;

Il y eut quatre navires naufragés sur l'île d'Anégada, sous le 18.° parallèle.

Un bâtiment américain, sorti de St.-Thomas le 3 septembre, fut assailli le 5 par l'ouragan, étant à 10 lieues au sud de Porto Rico.

Cependant, ce fut le 4, que la tempête commença dans cette île et fit faire côte à tous les navires.

Il ne se fit sentir que partiellement à St.-Domingue; on ne l'éprouva point à Jérémie; mais il fit de grands dommages à Matança.

A la Jamaïque, il ravagea dans la journée du 4, la côte sud-est de l'île ; on n'en eut point connaissance sur la côte du nord.

Les vaisseaux anglais l'Hercule et le Thésée, étant par le 22°. 12' de latitude nord et le 63°. 44' de longitude occidentale, méridien de Londres, l'ouragan les atteignit le 5 septembre à 8 heures du soir, ils étaient alors au nord de St.-Domingue, à 33 lieues des Cayes-d'Argent, et à 20 lieues au nord-est du Mouchoir-Carré ; le vent souffla d'abord du nord-est et tourna progressivement au sud-est; il dura jusqu'au 7 après midi, et mit les vaisseaux dans le plus grand danger.

Sous le 22.° de latitude et le 64.° de longitude, c'est-à-dire à 26 lieues plus à l'ouest, le navire américain commandé par le cap.^{e} Beard fut assailli, le 3 septembre par l'ouragan qui dura jusqu'au 5. Ce navire fut naufragé et l'équipage ne fut enlevé de dessus ses débris que quatre jours après.

Sous le 26.° de latitude et le 77° de longitude, un autre navire américain rencontra le coup de vent le 7 septembre ; il perdit deux hommes qui furent enlevés par les lames, et fut sur le point d'être coulé bas.

A St.-Augustin, en Floride, sous le 30.ᵉ parallèle, le vent fut extraordinairement violent et la mer s'éleva à une grande hauteur.

Sous le 31.° 5' de latitude et le 81.ᵉ de longitude, le capitaine Jonhson fut surpris le 6 septembre par l'ouragan qui fit de nombreuses avaries à son navire.

A Savanah, sous le 32.ᵉ parallèle, la tempête commença le 8 au matin; elle s'accrut de violence jusque dans la soirée et ne cessa que le lendemain à 3 heures après midi; le vent souffla de l'est, du nord-est et du sud-est, la mer s'éleva de 10 pieds sur la côte et de 20 à 30 pieds au-dessus du Fort-Green qui fut entièrement détruit. Un canon pesant 4,800 livres fut emporté à 40 pieds de sa batterie, etc.

Le vent de nord-est fut éprouvé jusqu'à 100 lieues de la côte dans l'intérieur de la Georgie. Ce fut dans l'après midi du 8, qu'on en ressentit les effets à cette distance; la pluie ne commença que dans la soirée.

Dans l'est de Charleston sous le 32.° 35', le navire du capitaine Mood rencontra l'ouragan dans la nuit du 7; il fut jeté sur la côte et resta plusieurs heures sans pouvoir se relever. La mer enleva plusieurs hommes de l'équipage.

A Charleston, la tempête commença le 7 à 10 heures du soir; elle continua jusqu'au 9 après midi; elle excéda en violence et en durée celle de 1782. Le vent souffla d'abord du nord-est, puis de l'est et du sud-est. La mer envahit les îles et les parties basses du littoral, elle détruisit les forts de la côte, et le vent désempara dans le port tous les navires et causa d'immenses dommages. L'ouragan s'étendit dans la Caroline jusqu'aux montagnes, à 80 lieues du rivage; et à 30 lieues, il fut encore assez puissant pour renverser les arbres des forêts.

Sous le 39.° de latitude et le 65.° de longitude, un navire allant de Londres à Baltimore fut assailli le 5 par un coup de vent d'est-nord-est; mais sur la côte du continent américain, l'ouragan ne s'étendit pas au nord de Wilmington, un peu au-delà du 34.° parallèle. Il y eut cependant assez de force pour jeter à la côte plusieurs petits navires; toutefois les moissons de la Caroline du nord n'en souffrirent que très-peu.

Les vents qui soufflaient avec furie, dans une direction opposée à celle du grand courant atlantique, refoulèrent ses eaux et les accumulèrent le long des côtes qu'elles prolongent. Aux Antilles, la mer s'éleva pendant le Raz de marée à plus de 3 pieds au-dessus de son niveau ordinaire. A Charleston, elle monta à une pareille hauteur au-delà de celle qui lui avait toujours servi de limite depuis l'ouragan de 1752; et sur quelques points du rivage de la Géorgie, elle atteignit jusqu'à 12 pieds au-dessus du terme extrême de sa laisse (1).

Dans beaucoup d'endroits de l'Archipel et de la côte des États-Unis, l'écume des vagues qui se brisaient sur les rochers, et l'eau que les vents enlevaient à leurs sommités, furent portées à une grande distance dans l'intérieur des terres et devinrent très-nuisibles aux cultures. Ce phénomène fit renaître l'idée qu'il était tombé une pluie salée; erreur que les habitans des Antilles avaient adoptée, il y a près de deux siècles, et qu'on retrouve dans

---

(1) Joshna White, *Obs. on the soil and climate of Georgia.*

la longue nomenclature des prodiges, qui, selon leurs récits, précédaient ou accompagnaient les désastres de l'ouragan (1).

Un autre phénomène plus extraordinaire, plus important et demeuré cependant sans observateur, est celui de la limitation à laquelle furent soumis les vents fougueux de l'ouragan, dans les couches les moins élevées de l'atmosphère. Par une singularité bien remarquable, mais qu'explique complètement la haute température des eaux que nous avons dit être l'une des premières causes de ces épouvantables tempêtes, les perturbations violentes qu'elles produisent dans l'air, ne s'étendent point dans ses hautes régions. En 1804, peu de jours après que l'ouragan eut dévasté l'Archipel, nous visitâmes les montagnes du Carbet et du Vauclin; et nous trouvâmes partout que sur leurs versans, à 600 mètres au-dessus du niveau de la mer, les arbustes les plus frêles, les fleurs même les plus délicates, n'avaient eu rien à souffrir des vents, tandis qu'à une hauteur moindre seulement de 100 ou 150 mètres, tout était renversé et détruit.

A Saint-Domingue et à la Jamaïque, cette limitation de l'ouragan, dans les dernières couches de l'air, fut telle que les vents, qui ravagèrent les côtes méridionales de ces deux îles, n'étendirent point leur action aux territoires, situés au-delà des montagnes. Le port de Jérémie fut garanti de leur violence, par la chaîne des montagnes de la Hotte, et le littoral septentrional de la Jamaïque en fut pareillement préservé par les montagnes bleues et celles du Borgne.

---

(1) Dutertre, t. I, p. 73.

A la Guadeloupe, en 1821, lorsque 300 maisons de la Basse-Terre étaient endommagées ou abattues, par la fureur du vent, le gouverneur de la Colonie, qui demeurait au Matouba, à une élévation de 370 mètres, sur le versant de la Soufrière, ne fut pas même averti par l'agitation de l'air, du désastre que produisait la vélocité des vents, dans la région du littoral.

Le fait curieux de cette limitation de l'ouragan, dans une couche d'air, dont l'étendue est de plusieurs centaines de lieues, mais dont l'épaisseur est bornée à 450 ou 500 mètres, montre évidemment les rapports d'origine de ce phenomène dévastateur, avec l'état superficiel du globe ; il apporte une dernière preuve, non moins concluante qu'inattendue, à notre assertion, qu'il faut considérer l'ouragan des Antilles comme l'effet de la raréfaction produite dans l'atmosphère des mers Caraïbes et Mexicaines, par la haute température que donnent à leurs eaux, les diverses circonstances astronomiques, géologiques et hydrographiques qui sont déduites dans les deux premières sections de ce chapitre. On conçoit, en effet, que cette raréfaction étant produite par l'état superficiel des eaux de la mer qui ont une chaleur plus grande que celle de l'air, et qui lui abandonnent leur quantité excédente de calorique, la puissance de cette cause doit décroître en raison de l'élévation des couches de l'atmosphère, et cesser tout-à-fait à une certaine hauteur au-dessus de la surface de l'Océan ; tandis qu'au contraire, elle doit s'étendre dans la région basse de l'air, par-tout où le courant de l'Atlantique équatoriale, échauffé par la longue présence du soleil, dont il a suivi le cours, acquiert, lorsqu'il est refoulé par les vents, une température plus élevée que celle de l'atmosphère.

Le récit de cette longue suite de désastres nous présente les résultats suivants :

1.° L'ouragan de 1804 se développa dans la mer des Antilles, où nous avons trouvé ses causes dans le refoulement du courant équatorial par les vents de N. O., dans l'accumulation des eaux les plus chaudes, et dans la raréfaction de l'air que produit leur haute température, jointe à la prolongation de la présence du soleil au zénith.

2.° Il commença le 3 septembre, lorsque depuis 133 jours, le soleil dardait verticalement ses rayons sur le bassin de la mer des Antilles, et y avait accumulé la plus grande quantité possible de calorique.

3.° Il éclata immédiatement après des vents de N. O., qui avaient refoulé le courant équatorial et élevé la température de la mer des Antilles, au-dessus de celle de l'atmosphère.

4.° Il fut précédé par une multitude de phénomènes, qui manifestèrent l'extrême raréfaction de l'atmosphère dans le bassin de la mer Caraïbe.

5.° Le vent de N. O. qui, en mettant obstacle à l'écoulement du courant équatorial entre le Yucatan et l'île de Cuba avait été la cause première, mais éloignée de l'ouragan, fut aussi le premier qui se précipita dans l'immense espace où l'attirait la raréfaction de l'air.

6.° Il est prouvé que la largeur de ce courant s'étendit, dans la journée du 3 septembre, depuis Ste.-Lucie jusqu'à St.-Christophe, entre le 14.e et 17.e degré 30' de latitude ; ce qui donne à son lit, dans cette dimension, une étendue de 70 lieues.

7.º Il est également prouvé, que dans cette occurrence comme dans toutes les précédentes, il ne se fit pas sentir plus près qu'à 25 lieues du littoral de l'Amérique méridionale ; ce qu'il faut attribuer, sans doute, à l'extension de l'atmosphère terrestre dont l'air n'est point soumis aux causes de raréfaction, qui résultent pour l'atmosphère pélagique de l'accumulation des eaux les plus chaudes.

8.º Les courans impétueux qui affluèrent ensuite, vinrent principalement du nord et du nord-est, c'est-à-dire, des points de l'horizon, dont la température était la plus basse, et dont l'air avait le plus de densité.

9.º Les phénomènes, qui, pour ainsi dire, préparèrent l'ouragan, eurent pour théâtre le bassin de la mer Caraïbe, immédiatement sous le vent des Antilles, et dans la direction du passage qui conduit de cette mer dans le golfe du Mexique.

10.º Ce fut également dans cette partie que l'ouragan éclata, le 3 septembre, ce qui manifeste qu'il y avait ses causes, et son centre d'action.

11.º Des réactions momentanées firent naître quelques courants impétueux du sud et du sud-ouest ; mais aucune extension n'eut lieu dans cette partie, vers laquelle se dirigeait le soleil, tandis que l'atmosphère plus dense des régions boréales qu'il avait abandonnées, se précipita vers les Antilles.

12.º Le mouvement qui étendit ainsi vers le nord les désastres de l'ouragan, se propagea principalement dans la direction du S. O. vers le N. E., c'est-à-dire, du bassin de la mer Caraïbe, vers la partie la plus vaste de l'Atlantique septentrionale.

13.° La propagation de ce mouvement eu lieu en raison des distances ; l'ouragan ayant commencé :

Le 3, dans la matinée à la Martinique, sous le 14.° parallèle, et dans l'après-midi à St.-Christophe, sous le 17.°

Le 4, à St. Thomas, Porto-Rico et la Jamaïque, sous le 18.°

Le 5, à 8 heures du soir, sous le 22.° parallèle.

Le 7, sous le 26.°, et le 8, sous le 32.°

14.° Conséquemment cette propagation de l'ouragan n'ayant eu lieu qu'après un intervalle de six jours, à une distance de 360 lieues, sa vitesse semble n'avoir été que de 2 lieues et demie par heure.

15.° Il est toutefois vraisemblable que cette vitesse fut seulement celle d'une branche latérale du courant atmosphérique, qui fut attirée sous le 32.° parallèle vers le territoire des États-Unis, par la moindre densité de l'air que produit, en prolongeant leur rivage, la haute température du courant équatorial.

16.° L'extension du mouvement de propagation de l'ouragan fut en effet bien plus grande et plus rapide vers le milieu de l'Atlantique, où la température était plus basse et l'air moins raréfié, puisqu'elle eut lieu dès le 5 septembre, sous le 39° de latitude, ce qui suppose, que sa vitesse fut de 25 degrés en trois jours ; ou d'environ 14 lieues à l'heure.

17.° Dans sa plus grande extension connue, cet ouragan se fit sentir du sud au nord, depuis le 14.° de latitude jusqu'au 39.ᵉ , dans un espace de 500 lieues, et de l'est à l'ouest, depuis le 62.ᵉ de longitude, au vent de la Martinique jusqu'au 88.ᵉ vers les montagnes de la Caroline du Sud, dans une étendue à-peu-près semblable; ce qui lui donne une aire de 250,000 lieues carrées.

18.° La hauteur de la couche d'air où cet ouragan se fit sentir, n'excéda pas 500 mètres à la Martinique; aux grandes Antilles elle fut certainement au-dessous du double de cette élévation, puisque les vents qui ravagèrent les côtes méridionales de ces îles n'étendirent point leur action sur celles du nord, en traversant les montagnes qui les séparent, et dont la chaîne est divisée par des vallées ouvertes à moins de 1000 mètres au-dessus de l'Atlantique.

19.° La comparaison de cet ouragan, dont nous avons été témoin, avec les 67 dont nous avons recueilli l'histoire, établit que ce terrible phénomène varie seulement dans sa violence et son extension, et que les circonstances dont il se compose essentiellement, et qui font connaître ses causes originelles, sont toujours les mêmes depuis plus de trois siècles.

20.° Ces circonstances sont la limitation des ouragans;

1.° Dans une période de 100 jours;

2.° Dans les couches les plus basses de l'atmosphère;

3.° Dans l'étendue du bassin des mers Caraïbes et Mexicaines, exclusivement au littoral du continent; mais avec une extension plus ou moins grande vers les côtes des États-Unis, que prolonge et borde immédiatement le grand courant de l'Atlantique équatoriale.

21.° Ces circonstances spéciales prouvent que l'ouragan des Antilles résulte de causes astronomiques, agissant avec le concours nécessaire de causes topographiques, tenant à la géologie et à l'hydrographie de cette partie du globe.

22.° Ces causes sont principalement :

1.° La longue durée de la présence du soleil au zénith de la mer Caraïbe, et du golfe du Mexique.

2.° La configuration du bassin de ces mers, d'où le courant équatorial sort par des issues infiniment moins vastes que celles qui lui servent d'entrées.

3.° Le refoulement de ce courant, pendant l'hivernage, par des vents du Nord-Ouest, qui, soufflant entre les caps Catoche et St.-Antoine, accumulent les eaux les plus chaudes, dans le bassin de la mer des Antilles.

4.° La haute température que les eaux de cette mer acquièrent par cette circonstance, qui leur fait atteindre un degré de chaleur plus élevé que celui de l'atmosphère.

5.° La raréfaction de l'air qui en résulte, et qui s'augmente par sa conversion en pluie aussitôt que la condensation des vapeurs pélagiques et l'extrême chaleur de l'atmosphère ont fait naître ou développé les grands phénomènes de l'électricité.

6.° Le vide relatif, qui est produit par ces causes, dans l'atmosphère de la mer Caraïbe, et dont l'effet est d'attirer les vents fougueux des parages où nulle influence locale n'a diminué l'intensité de l'air.

7.° Et, enfin, le contre-courant pélagique qu'établit le vent du Nord-Ouest, en soufflant entre Cuba et le Yucatan, ce qui fait rétrograder les eaux supérieures du courant des tropiques, les accumule dans la mer des Antilles, les élève tumultueusement sur les rivages de ces îles, et forme ces Raz-de-marée, dont jusqu'à présent l'origine n'avait pas paru moins mystérieuse que celle de l'ouragan.

TABLEAU CHRONOLOGIQUE

DES

OURAGANS DES ANTILLES.

1495. A Saint-Domingue ; cet ouragan détruisit en partie la ville d'Isabelle, la première qui fut bâtie par les Européens dans le nouveau Monde. Il coula bas, dans le port, quatre navires espagnols, qui étaient sous le commandement de Jean Agnado. *Benzoni, lib. I, cap.* 10 ; *Herrèra, lib. II, cap.* 18.

1500. Août. Aux îles Caraïbes, où se trouvait alors Vincent Pinçon, qui venait de découvrir le Brésil, et qui perdit, en cette tempête, deux des quatre navires de son expédition.

1502. Juillet. A Saint-Domingue ; vingt navires de la flotte espagnole furent submergés, et la ville de Santo-Domingo fut détruite. Cet ouragan avait été prévu par Christophe-Colomb, qui parvint à y faire échapper ses navires. *Herrera lib. V, cap.* 2.

1508. 3 août. A Saint-Domingue, la ville de Bonaventure est presque entièrement renversée. *Oviédo, lib. VI, cap. 3.*

1509. 29 juillet. A Saint-Domingue; vent du nord passant au sud; les Espagnols perdirent la plupart des grands navires, qui étaient dans le port de Santo-Domingo, et une partie de la ville fut détruite. *Oviedo, lib. VI, cap. 3; Herrera, lib. VII, cap. 10.*

1510. Juillet. A Saint-Domingue; Oviédo assure que de 1520 à 1535, il n'y eut point d'ouragans dans cette île.

1526. Octobre. A Saint-Domingue; le débordement des rivières dévasta les plantations et noya les bestiaux. *Herrera, lib. X, cap. 10.*

1527. A Cuba; plusieurs navires de l'expédition espagnole de Pamphile Narvaés, destinée contre la Floride, furent détruits dans le port de la Trinité; les maisons furent renversées, les arbres déracinés, etc. *Ramusio, vol. 3.*

1530. 1.er septembre. Mer des Antilles.

1548. A Saint-Domingue. *Oviédo, cap. 10.*

1642. A Saint-Christophe, à la Martinique et à la Guadeloupe; il y eut trois ouragans, dans le cours de cette année; le second dura vingt-quatre heures; il jeta à la côte une flotte de vingt-trois navires hollandais, qui furent tous perdus, à la seule exception d'un, qui coupa son cable et mit à la mer; la violence des vents l'entraîna à 200 lieues du port de Saint-Christophe. Dans cette île, les arbres les plus gros furent déracinés, les maisons abattues, les salines envahies par la mer, une immense quantité de poissons échouèrent sur le rivage, etc. *Dutertre, t. I.er, p.* 221.

1650. A Saint-Christophe ; vingt-huit navires firent naufrage dans la rade; les marchandises furent perdues, les marins noyés. *Dutertre, t. II, p.* 29.

1651. A la Martinique. *Pelléprat, 2.e partie, p.* 21.

1652. A la Martinique, à la Guadeloupe et à Saint-Christophe, *Idem, t. II, p.* 71.

1653. Le 13 juillet et le 1.er octobre. Dans les mêmes îles et à Saint-Vincent. *Pelléprat, t. II, p.* 21.

1656. Il y eut deux ouragans dans le cours de cette année; ils ravagèrent la Martinique et la Guadeloupe. *Dut., t. I, p.* 497.

1657. A la Guadeloupe. *Idem.*

1666. 15 août. L'escadre anglaise, commandée par l'amiral Willougby, fut détruite aux Saintes.

1667. 19 août. A Saint-Christophe et à la Barbade, où la ville de Bridgetown fut renversée. *Harris, t. II, p.* 258.

1670. A la Barbade.

1674. Août. La même île fut ravagée, ainsi que la Jamaïque.

1675. 31 août. A la Barbade. *Hughes, p.* 25.

1681. A Antigue, Névis et Saint-Christophe; vent du nord-est sautant au nord-nord-ouest et au sud-ouest. *Dampierre, t. II, p.* 348.

1691. Aux Antilles.

1694. 13 octobre. A la Barbade; le fort James fut détruit par le Raz-de-marée.

1695. 2 octobre. A la Martinique; le Raz-de-marée renversa deux cents maisons du quai de Saint-Pierre, et une partie de la forteresse. Les vents soufflèrent du nord, du sud, du sud-ouest, de l'ouest et du nord. *Labat, t. II, p.* 224.

1700. A la Barbade.

1702. *Idem.*

1707. *Idem.* A Antigue. *Alcédo, t. I, p.* 118.

1712. 29 août. A la Jamaïque.

1720. A la Barbade;

1722. 28 août. Aux grandes Antilles, et particulièrement à la Jamaïque, où la ville de Port-Royal fut détruite par le Raz-de-marée; il fut accompagné d'un tremblement de terre.

1731. A la Barbade; vents d'est et du nord-est. *Hughes, p.* 29.

1733. Aux Antilles en général.

1740. A Porto-Rico; il détruisit une forêt de palmiers à chapelets, qui couvraient cinq à six lieues de terrain, aux environs du bourg de Ponce. *Nogaret.*

1744. 20 octobre. A la Jamaïque; le Port Royal fut encore détruit.

1751. Octob. Ouragan et tremblement de terre dans toutes les Antilles, particulièrement à la Jamaïque et à Saint-Domingue, où le Port-au-Prince fut entièrement détruit.

1756. 12 septembre. A la Martinique et aux Petites Antilles. *Chanvalon.*

1765. Septembre. A la Martinique, à la Guadeloupe et à Saint-Christophe.

1766. 13 août. A la Martinique; le Raz-de-marée jeta

les navires à la côte ; beaucoup de maisons furent abattues ou découvertes.

1772. Nuit du 4 au 5 août, à Saint-Domingue, dans la partie du sud ; vent du nord passant au nord-est. *Nicholson*, p. 128.

28 août. Dans la nuit, à Porto-Rico ; vents de l'est, du nord et du sud-ouest.

1.er septembre. Dans toutes les îles du vent, plusieurs vaisseaux de guerre, mouillés à Antigue, dans le hâvre anglais, furent jetés à la côte.

1775. 30 juillet. A la Martinique.

25 août. *Idem.*

1776. 6 septembre. L'ouragan fut accompagné de Raz-de-marée et de tremblement de terre ; à la Martinique, vingt-deux navires furent jetés à la côte ; à la Guadeloupe, des maisons furent détruites.

1780. 30 septembre. A la Dominique.

10 octobre. A la Jamaïque, à la Martinique et à la Barbade ; il dura jusqu'au 12 au soir et fut accompagné de tremblement de terre et de Raz-de-marée ; à Sainte-Lucie, le vaisseau anglais, la Vengeance, de 74, fut jeté sur les rochers, et n'évita sa perte totale qu'en coupant tous ses mâts ; le Tonnerre, de 74, et le Stirling-Castle, de 64, périrent avec leurs équipages ; le premier ayant sombré à la mer, et le second s'étant perdu sur la Caye-d'Argent, près de Saint-Domingue. Les frégates anglaises, le Laurel, l'Andromède et la Blanche, furent jetées sur les côtes de la Martinique, et l'on ne put sauver que trente-un

hommes de leurs équipages; la frégate française la Junon et le vaisseau l'Expériment firent naufrage sur Saint-Vincent et la Guadeloupe; à la Jamaïque, la ville de Savanah fut renversée; à la Martinique, le Raz-de-marée dispersa une flotte de cinquante-deux voiles, qui venait de mouiller à Saint-Pierre; et la mer, en se brisant sur la plage, qui s'étend au nord-ouest de cette ville, détruisit, de fond en comble, 155 maisons; à la Barbade, tous les édifices de Bridgetown furent renversés; et il périt 4,326 individus.

1781. 1.er août. A la Jamaïque; ouragan et tremblement de terre; quatre-vingt-dix-sept navires mouillés au Port-Royal, furent jetés sur la côte.

1782. Deux ouragans à la Dominique.

1784. 30 juillet. A la Jamaïque et aux petites Antilles; il renversa les casernes de Spanish-Town, et fit périr beaucoup de navires.

1785. 31 août. A la Barbade, à la Guadeloupe et à Saint-Domingue, où il fut accompagné d'un tremblement de terre, il ravagea toutes les petites Antilles, excepté la Grenade.

1786. 2 septembre. A la Barbade.

1788. 14 août. A la Martinique.

1792. 1.er août; dans les Antilles septentrionales, et surtout à Antigue, où beaucoup de navires furent perdus.

1793. 12 et 13 août. A Saint-Christophe, Saint-Eustache, Saint-Thomas.

1804. 10 septembre. Il périt dix-sept navires à la Martinique, cinquante-six à Saint-Barthélemi, quarante-quatre à Saint-Thomas, vingt-six à la Dominique, 100 à Saint-Christophe, cinquante huit à Antigues, dont un vaisseau de 74, etc.

1807. 28 juillet. A Saint-Eustache, Saint-Christophe, et autres îles sous le vent de la Martinique.

1813. 23 juillet. A la Martinique, la Dominique, etc.

1816. 16 septembre. A la Martinique, à la Dominique et à Antigue; vents d'est, du nord ouest, de l'ouest et du sud, soufflant au nord-ouest dans le maximum de leur violence ; cet ouragan ne fit point cesser la fièvre jaune qui ravageait alors les Antilles, et qui, dans l'opinion vulgaire, devait céder à sa puissance.

1817. 21 octobre. A la Martinique ; vent de nord, tournant au sud-est, au sud et au sud-ouest.

1819. 21 septembre. Dans la nuit; à Saint Martin, Saint-Barthélemi, Tortose, Saint Christophe, Névis, Porto-Rico, Saint-Thomas, où 101 bâtimens furent jetés à la côte. Vents de l'ouest-nord-ouest et du sud-sud-ouest.

13, 14 et 15 octobre. A Sainte-Lucie.

1821. 1.er septembre. Vers midi, il fut précédé par un calme et par une dépression barométrique de 3 lignes; il fut, dit-on, accompagné d'un tremblement de terre à la Guadeloupe; dans cette île, il borna ses ravages à la côte sous le vent; il détruisit à la Basse-Terre, quatre-vingt-huit maisons et en endommagea 200 autres; il souffla avec violence pendant moins d'une heure, et il ne se fit pas sentir, dans les montagnes, à 370 mètres d'élevation. La chaleur était très-forte lorsqu'il éclata ; il fut suivi de pluies diluviales.

On l'éprouva dans les îles septentrionales de l'Archipel, à Antigue, Nièves, Saint-Christophe, Saint-Thomas et Saint-Barthélemi. Dans cette dernière colonie, il renversa soixante maisons, fit naufrager treize bâtimens, et causa la mort de quatre-vingt personnes. On s'accorda pareillement dans ces îles à croire qu'il y avait eu un tremblement de terre simultanément avec l'ouragan. La Martinique ne fut point atteinte par ses ravages, mais il se propagea vers le nord, le long du littoral des Etats-Unis, et on l'éprouva, du 2 au 3 septembre, à New-Yorck, à New-Haven et à Long-Island, qui gissent sous le 41.ᵉ parallèle. Comme en 1804, la mer s'éleva à une hauteur extraordinaire, le grand courant équatorial étant refoulé par la violence des vents.

CHAPITRE V.

Recherches sur les Phénomènes barométriques, électriques et lumineux.

Aurore boréale. — Lumière zodiacale. — Halo. — Electricité. — Météores ignés. — Tonnerre. — Tableau des époques où il se fait entendre. — Erreurs sur la pression de l'atmosphère. — Hauteur moyenne du Baromètre, au niveau de la mer Caraïbe. — Elévations diverses des parties de l'Océan. — Marées, — Leurs Époques, — Leurs Hauteurs. — Etendue des variations barométriques dans la région basse de l'Atmosphère, — Dans sa région haute. — Mouvemens périodiques et irréguliers du Baromètre. —Tableau de la Pression atmosphérique aux Antilles.

Les phénomènes atmosphériques, qui constituent la puissance du climat, sont ceux que nous avons décrits dans nos recherches sur la température, l'état hygrométrique de l'air, et les vents dominans de l'Archipel des Antilles; mais il en est encore plusieurs autres, très-importans, et qui exercent une influence plus ou moins grande sur les corps organisés. Ce sont les phénomènes produits par la lumière, l'électricité et la pression atmosphérique. Nous en esquisserons rapidement l'histoire dans les trois sections suivantes.

SECTION I.re

Phénomènes lumineux.

Par la position géographique des Antilles françaises, au centre de l'Archipel américain, l'étendue des jours les plus longs est seulement de 12 h. 56', et celle des jours les plus courts de 11 h. 14'. Il n'y a conséquemment qu'une différence d'une heure 42' entre les jours du mois de janvier et ceux du mois d'août. Ce retour presqu'égal de la lumière du jour, pendant toute l'année, imprime une singulière uniformité à l'exercice des fonctions de la vie animale et végétale ; les besoins, les travaux, les plaisirs, tout revient sans cesse aux mêmes instants, et les heures consacrées au sommeil, ne changent ni dans leur époque, ni dans leur durée.

Une autre différence du climat des tropiques, avec le nôtre, c'est que le crépuscule n'ajoute qu'un moment à la longueur du jour, et que le voile de la nuit couvre le ciel presque aussitôt que le disque du soleil est au-dessous de l'horizon.

Telle est, entre la Martinique et Paris, la différence de méridien, qu'il en résulte une de temps entre ces deux points du globe, égale à 4 h. 14' 4". D'où il suit que lorsque le soleil atteint pour la métropole sa plus grande hauteur, il n'est pas encore assez élevé au Fort Royal, pour produire, par la raréfaction de l'air, le lever de la brise du matin.

Par un autre effet du gissement géographique des Antilles, la projection de l'ombre des corps n'y a pas lieu, pendant toute l'année, dans la même direction que sous nos latitudes; elle n'en diffère point depuis le mois de septembre jusqu'à celui d'avril; mais depuis la fin de mai jusqu'en juillet, elle s'étend au midi des objets, et il n'y a point du tout d'ombre à midi, du 20 avril au 21 mai et du 23 juillet au 23 août.

La sérénité du ciel des tropiques, pendant l'absence du soleil, permet, bien plus souvent aux Antilles qu'en Europe, d'observer divers phénomènes lumineux, dignes d'intérêt et même d'admiration.

Il y a, chaque année, plusieurs aurores boréales visibles de la partie septentrionale des îles, et dont l'époque semble être plus particulièrement la saison sèche; celles que nous avons vues commençaient environ deux heures après le coucher du soleil; elles se montraient, dans le nord de l'horison, comme un nuage obscur, arrondi, circonscrit, derrière lequel était une lumière blanchâtre, qui variait d'intensité, mais que nous n'avons jamais vu changer de teinte; ce phénomène persistait ordinairement jusqu'au lever de l'aurore.

La lumière zodiacale est plus fréquemment observée; elle apparaît aussitôt après la fin du jour, comme une lueur d'un blanc brillant et d'une forme lenticulaire; il ne faut pas la confondre avec un autre phénomène peu connu, qui a pour époque, le lever et le coucher du soleil, et qui consiste en un grand arc bleu céleste, dessiné dans la partie du ciel correspondant au point où se trouve cet astre. En l'examinant avec attention, on distingue qu'il est formé de plusieurs zônes de nuances différentes, variant entre elles du 5.e au 30.e degré du cyanomètre de Saussure. La région de ce phénomène est beaucoup plus élevée que les nuages les plus hauts.

Les cercles lumineux, dont le soleil et la lune se montrent quelquefois environnés, dans nos climats, sont beaucoup plus multipliés aux Antilles; ils sont souvent ornés, comme l'arc-en-ciel, des sept couleurs primitives; il arrive aussi qu'ils ne sont formés que d'une vaste couronne nébuleuse; il y en a parfois deux ou trois circonscrits les uns dans les autres; le champ lumineux qu'ils renferment est généralement assez resserré; cependant nous en avons vu d'immenses, où la blancheur argentée de la lune contrastait de la manière la plus pittoresque, avec la couleur rembrunie du cadre, que des nuages orageux traçaient régulièrement autour de l'astre de la nuit.

En 1804, quelques jours avant l'Ouragan, il y eut autour du soleil, un halo fort remarquable; il était coupé par un petit cercle, dont la circonférence semblait passer par le centre de cet astre, et qui, dans les deux points où il intersectait le grand cercle, offrait une image assez confuse du disque du soleil.

section II.

Phénomènes électriques.

L'électricité semble fort inégalement répandue dans les différentes couches de l'atmosphère des Antilles. Au niveau de la mer, on ne peut réussir que difficilement à obtenir quelques faibles effets des instrumens propres à condenser le fluide électrique; et les expériences tentées à la Martinique, en 1751 et 1787, n'eurent aucun succès. Cependant, en 1801 et 1802, on a expérimenté, à la Basse-Terre de la Guadeloupe, qu'une machine, de grandes dimensions, avait quelque action, pendant 127 jours, sur le nombre de ceux de l'année toute entière. L'extrême humidité de l'air est sans doute l'obstacle qui s'oppose, dans la région basse de l'atmosphère, à la puissance de l'électricité, puisqu'on a observé que la marche de l'hygromètre indiquait d'une manière constante, le succès des expériences.

Sur les montagnes, la même cause n'a point les mêmes effets; ce qu'il faut attribuer vraisemblablement à la vélocité des courans d'air, dans la haute région de l'atmosphère, et à l'influence qu'exercent les pitons aigus et isolés des Antilles, sur les nuages où se forme la foudre.

Pendant huit mois de l'année, il s'établit de grands foyers électriques, dans les nuées stationnaires, sur les sommets des hautes montagnes; c'est de-là que partent tous les orages qui éclatent sur les vallées; et souvent, quand le bruit du tonnerre ne s'y fait point entendre, on y voit des sillonnemens lumineux qui se répètent d'instant en instant, et forment, pendant 24 heures, le spectacle le plus majestueux.

C'est pendant le mois de septembre que le tonnerre gronde le plus fréquemment; il est presque sans exemple pendant décembre, janvier, février et mars, quoiqu'alors la température soit égale à celle de la saison où il se fait entendre dans notre climat. Il tombe très-rarement dans les villes et dans la région des cultures; et les Antilles, qui ont, il est vrai, bien d'autres calamités, ne sont pas exposées du moins à celles du tonnerre et de la grêle, qui causent, en Europe, tant de désastres. Il paraît toutefois que les montagnes ne sont pas, comme la région du littoral, à l'abri de ce fléau; en parcourant leurs bois, nous y avons trouvé de grandes clairières, produites par les incendies que la foudre avait allumés à 4,000 pieds au-dessus du niveau de l'Alantique, et nous nous sommes trouvés plusieurs fois sur ces hauts sommets, enveloppés par d'épouvantables orages, dont la violence est inconnue aux habitans de la plaine.

Le séjour de ces lieux offrirait certainement pour récompense au physicien patient et courageux, des sujets d'expériences et d'observations du plus vif intérêt; mais on est écarté de cette région, par les périls qu'il faut courir pour y arriver, par le froid dangereux dont on y est saisi, par la nécessité et la difficulté d'y porter tout ce dont on a besoin, par les préjugés qui en éloignent les guides dont il faut se servir, et enfin, par la juste appréhension des terribles hôtes de leurs forêts : ces Trigonocéphales fer-de-lance, dont la morsure laisse à peine une faible espérance d'échapper à la mort.

L'élévation, la structure et le gissement de ces montagnes donnent journellement naissance à une série nombreuse et variée de météores ; elles sont les lieux où se forment les nuages, qui versent sur leur passage des ondées rapides et fécondantes, ou des pluies diluviales et destructives. C'est sur les vapeurs qui s'en détachent, que se dessinent les arcs-en-ciel solaires et lunaires, dont aux Antilles on aperçoit toujours quelques segmens, quand la vue embrasse un vaste horizon; enfin, on dirait qu'elles sont le centre d'où s'échappent les vapeurs, qui sous le nom d'*étoiles tombantes*, parcourent l'atmosphère, et sont extrêmement multipliées. Quoique ce phénomène soit commun en Europe, il semble être nouveau aux Antilles pour le voyageur, qui s'étonne et même quelquefois s'effraye du nombre de ces météores, de leur volume et de l'étendue, ainsi que de la durée de leur projection ; il y a des nuits où le ciel paraît tout en feu ; l'atmosphère est sillonnée en cent endroits différens par ces flammes brillantes, qui par fois se réunissent et semblent former un globe de feu. On distingue après leur passage, une lueur bleuâtre, qui ne se dissipe point immédiatement. Nous avons cru fréquemment entendre un sifflement, lorsque ces météores passaient près de nous; mais il n'est point à notre connaissance qu'ils aient jamais produit d'explosion, ni qu'ils aient eu d'effets nuisibles aux hommes.

La beauté de ces phénomènes fut très-remarquable à Cayenne dans la nuit du 10 novembre 1798. Lachenaie le remarqua particulièrement à la Guadeloupe en 1800 et 1801, pendant les mois de novembre, janvier et d'août, et nous avons noté dans nos Journaux d'observation de 1802 à 1809, un grand nombre de nuits, dont l'obscurité fut interrompue par ces brillans météores.

Le tableau suivant, dressé d'après nos observations à la Martinique et celles de Lachenaie à la Guadeloupe, présente pour résultats :

1.° Qu'il tonne ordinairement aux Antilles, pendant le quart des 120 jours de la saison pluvieuse.

2.° Que le mois de septembre, qui est l'époque de la plus grande accumulation de calorique et des vapeurs dans le bassin de la mer des Antilles, est aussi la période pendant laquelle le tonnerre se fait entendre le plus souvent.

3.° Que contradictoirement à l'opinion qui attribue exclusivement à l'électricité, les ouragans des Antilles, le mois d'août, qui en est le plus souvent l'époque, n'est pas celui pendant lequel il y a le plus de tonnerre.

4.° Qu'il y a des années où l'on entend gronder la foudre pendant cinquante jours.

5.° Qu'à Paris, le terme moyen étant seulement de 14 jours, il ne s'élève qu'à la moitié du nombre qui est le minimum des Antilles.

6.° Qu'il ne fait pas plus de tonnerre à la Guadeloupe qu'à la Martinique.

7.° Que la moyenne de huit ans d'observations donne le nombre de 38, pour celui des jours pendant lesquels le tonnerre gronde ou éclate dans l'Archipel des Antilles.

8.° Et enfin, que la période pendant laquelle le tonnerre se fait entendre, est beaucoup plus étendue aux Antilles que dans nos climats, puisqu'elle commence constamment en avril, et se prolonge ordinairement jusqu'en novembre.

Tableau des Jours où le tonnerre s'est fait entendre à la Martinique, d'après l'observation de Chanvalon et de Moreau de Jonnès.

MOIS.	1751.	1806.	1807.	1808.	RÉCAPITULATION.		
Janvier.......	»	»	»	»	Hivernage de..	1751 —	35 jours.
Février.......	»	»	»	»	de..	1806 —	32
Mars.........	»	»	»	»	de..	1807 —	24
Avril	»	2	1	3	de..	1808 —	38
Mai	»	2	3	2	Martinique....	1806 —	40
Juin.........	»	4	5	3		1807 —	33
Juillet	6	7	5	10		1808 —	46
Août.........	7	6	7	5	Guadeloupe....	1797 —	31
Septembre....	13	9	6	13		1798 —	41
Octobre......	8	6	5	9		1799 —	25
Novembre....	1	3	1	1		1800 —	52
Décembre	»	1	»	»		1801 —	38

Section III.

Phénomènes barométriques.

Les Antilles eussent appartenu à une planète différente de la nôtre, qu'on n'eût point imaginé de phénomènes plus étranges que ceux qu'ont attribués à son climat quelques voyageurs, dont les assertions n'ont point été réfutées.

On a prétendu, par exemple, que dans ces îles, le baromètre était stationnaire, ou autrement, que la pression de l'atmosphère était sans cesse et invariablement la même.

En 1720, le Père Laval, qui fut envoyé aux Antilles pour y faire des observations astronomiques, ayant trouvé qu'au niveau de la mer, au Fort-Royal de la Martinique et au Cap français de Saint-Domingue, le mercure ne se soutenait dans le tube de son baromètre qu'à 27 pouces 7 lignes, il en conclut que la pesanteur de l'air était moindre entre les Tropiques qu'au-delà, et il établit sur cette observation erronée, une théorie qui prouvait que l'air y était moins mêlé de parties hétérogènes, etc. (1).

En 1751, Chanvalon fit à Saint-Pierre, dans le quartier du mouillage, et presqu'au niveau de la mer, des observations, d'où il résulterait que la hauteur du baromètre n'y est pas au-dessous de 28 pouces 5 ou même 6 lignes ; ce qui offrant une différence de 11 lignes avec

---

(1) Voyage, etc., p. 76.

les expériences de Laval, abaisserait le niveau de l'Atlantique équatoriale de 281 mètres au-dessous du terme auquel l'avait élevé ce physicien. (1)

En 1801, le docteur Cassan donna dans les Transactions de la Société médicale d'émulation, un Mémoire sur le climat des Antilles (2) ; il y prétend qu'à Ste. Lucie, le baromètre ne descend que d'une ligne pour chaque centaine de toises de l'élévation des montagnes, tandis qu'en Europe, il descend presque du double ; d'où il résulterait que la progression de la pesanteur et de la densité de l'atmosphère aurait, dans l'archipel d'Amérique, des lois qui différeraient essentiellement de celles qu'elles ont sous nos latitudes.

Chanvalon affirme qu'il n'y a point d'échos à la Martinique (3), et que le son ne s'y réfléchit point, ce qui supposerait qu'il est soumis, dans cette île, à un autre mode de propagation que dans nos climats.

Enfin, pour borner ces exemples à ceux relatifs à l'état de l'atmosphère, nous ne rappellerons ici que l'assertion de ce médecin anglais, qui, en 1798, annonça au monde savant, des expériences d'où il résultait qu'à la Martinique, les parties constituantes de l'air n'étaient point dans les mêmes proportions qu'ailleurs, ce qui impliquait que les fonctions vitales des végétaux, des animaux et de l'espèce humaine ne s'opéraient point dans cette île, comme dans le reste du globe (4).

---

(1) Chanvalon, Obs. météorol., après la page 192.
(2) Tome V, p. 6.
(3) Chanvalon, p. 118.
(4) Moreau de Jonnès, Monographie de la Fièvre jaune, p. 225.

L'amour du merveilleux, ou une précipitation de jugement, qui ne peut conduire qu'à l'erreur, sont les seuls fondemens de toutes ces assertions. L'ordre de la nature n'est point interverti sous la zône torride, et des modifications plus ou moins grandes, sont tout ce que produit la différence des climats.

Il ne faut pas croire qu'il soit sans importance qu'on ait méconnu cette vérité, et que ces fables ne soient nuisibles qu'à la science; les erreurs qu'elles ont répandues et accréditées dans l'opinion commune, ont une influence fâcheuse ou même funeste sur diverses transactions de la vie. C'est, par exemple, le préjugé populaire, qui veut qu'aux Antilles, la constitution de l'air ne soit point comme dans tout autre lieu, d'où provient l'opinion dangereuse que la fièvre jaune naît et se développe dans l'atmosphère, et non par la communication des personnes et des choses infectées du germe de cette contagion. C'est la tradition caraïbe du mauvais air, qui fait sortir cette maladie pestilentielle des marais, comme si les gaz délétères, qui sont formés par la décomposition des végétaux, étaient en Amérique d'une autre nature qu'en Europe, et pouvaient avoir d'autres effets. C'est l'idée fausse que le baromètre est stationnaire entre les Tropiques, et qu'il n'indique point les changemens de temps, qui fait négliger aux habitans des Antilles de se pourvoir de cet instrument, et de le consulter; ce qui serait plus utile dans ces îles qu'en aucun autre pays du monde, puisque l'indication des approches de l'ouragan permettrait de prévenir et d'empêcher quelques-unes de ses calamités les plus redoutables.

De nombreuses observations météorologiques, faites avec soin et persévérance, sur une multitude de stations, nous permettent d'attaquer ces erreurs et de les remplacer par des vérités expérimentales.

C'est dans cet objet, que d'après les résultats des Tables barométriques que nous avons dressées aux Antilles de 1802 à 1815, nous examinerons :

1.º Quelle est, au niveau de la mer caraïbe, la hauteur moyenne, à laquelle le mercure se soutient ?

2.º Quelle est l'étendue des variations du baromètre ?

3.º Quels sont ses mouvemens périodiques et ses grandes perturbations ?

Article I.er

Hauteur moyenne du Baromètre au niveau de la mer des Antilles.

C'est une opération dont il est assez difficile de saisir l'instant opportun, que celle de constater quelle est le niveau de la mer qui baigne le rivage des îles, projetées au milieu de la vaste étendue de l'Océan. L'agitation perpétuelle des flots, qui se brisent sur la plage, à des distances et à des hauteurs diverses, laisse presque toujours des doutes sur l'exactitude de la détermination, et même pendant le calme le plus profond, d'immenses oscillations des eaux prolongent cette incertitude ; cependant, il y a plus d'inconvéniens encore à chercher une mer tranquille dans un bassin reculé, puisqu'il y a tout lieu de croire que les obstacles, qui empêchent les vagues d'y pénétrer, peuvent aussi en changer le niveau, et qu'il n'y a point alors de moyen qui permette d'en apprécier les effets.

C'est par ces motifs que nous choisîmes, pour lieu principal de nos expériences, une plage baignée par la haute mer, et des époques favorables à nos recherches. Un baromètre purgé d'air, en faisant bouillir le mercure, nous a donné, pour terme moyen de 250 observations, faites à l'ouest de la baie du Fort-Royal, sous le 14° 36' de latitude boréale, une hauteur de 762 millimètres ou 28 pouces 2 lignes.

Ce résultat diffère essentiellement de celui que présentent les observations météorologiques, faites à St.-Pierre, en 1751, par Chanvalon, et dont il faudrait induire qu'au quai du Mouillage de cette ville, le mercure se soutient à très-peu moins de 771 millim., ou 28 pouces 6 lignes.

Hapel Lachenaie a trouvé, à Sainte-Rose, sur la côte septentrionale de la Guadeloupe, que le niveau de la mer doit être à 764 millimètres, ou plus exactement, à 28 pouces 2 lignes 93 centièmes.

D'après Don Ferrer, sa hauteur correspond, à la Havane, à 763 millimètres, ou 28 pouces 2 lignes 44 cent.

La température moyenne étant connue, si l'on réduit ces observations barométriques au terme commun de zéro, ou de la glace fondante, on obtient les nombres suivans qui expriment la hauteur du baromètre au niveau de la mer, sur trois points différens de l'Archipel des Antilles.

Au Fort-Royal de la Martinique. 758 millim. 596 cent.
A Ste-Rose de la Martinique. . 758.   839.
A la Havane, île de Cuba. . . 759.   843.

On peut comparer à ces hauteurs celles obtenues par MM. de Humboldt et Fleuriau; savoir :

Sur le rivage de l'Atlantique équatoriale à la Nouvelle-
Espagne. . . . . 758.^{m}500.

Sur celui du grand Océan équatorial. 757. 800.

Sur celui de l'Océan septentrional. . . 761. 197.

En admettant que les instrumens dont on s'est servi fussent parfaitement justes, et conséquemment comparables, il s'ensuivrait :

1.° Que le niveau de la mer serait plus élevé d'environ deux mètres sur la côte occidentale de la Martinique que sur la plage au nord de la Guadeloupe proprement dite;

2.° Qu'il y serait plus élevé d'environ 12 mètres, que dans le port de la Havane;

3.° Qu'il y serait un peu moins élevé que sur les côtes de la Nouvelle-Espagne;

4.° Qu'il y serait presque de huit mètres plus bas que le niveau du grand Océan pacifique ;

5.° Qu'il y serait de 21 mètres plus haut que la surface des eaux du golfe de Gascogne, à la Rochelle.

Ces résultats paraissent douteux, et méritent certainement d'être vérifiés de nouveau ; toutefois, les faits qu'ils annoncent appartiennent, sans doute, à l'espèce de ceux dont les fleuves présentent de nombreux exemples ; et il faut vraisemblablement attribuer ces phénomènes pélagiques à l'accumulation des eaux par l'effet du gissement des terres et de la direction des courans.

Sans prétendre expliquer ces différences de niveau, on remarquera qu'il semble résulter de ces données :

1.° Que la surface de la mer est plus élevée dans les parages d'où vient le grand courant équatorial, que dans ceux où il va ;

2.° Qu'elle est plus élevée sous le 10°. parallèle que sous le 14.°; sous le 14.° que sous le 16.°; sous le 16.° que sous le 25.°; ce qui ferait volontiers soupçonner qu'elle s'exhausse en raison inverse de l'élévation des latitudes;

3.° Qu'à Panama, où elle est d'environ 8 mètres au-dessus du niveau de l'Océan atlantique, les marées sont de 7 mètres, tandis qu'à la Nouvelle-Espagne, où elle est de 3 mètres au-dessus du canal d'Antigue, la différence entre les marées est seulement de 3 à 4 pieds; d'où il semble résulter que l'élévation plus ou moins grande du niveau de la mer n'est point en rapport avec celle des marées, et qu'elle est étrangère à leurs phénomènes.

Quelle qu'en soit la cause, il y a tout lieu de croire que ces différences de niveau sont moins extraordinaires et beaucoup plus communes qu'on ne l'imagine; et des exemples de faits semblables se multiplieront, sans doute, dès qu'ils auront trouvé des observateurs. Déjà M. Galton, dans ses Recherches sur les canaux d'Angleterre, a affirmé qu'entre la Tamise à Brentfort, et la jonction du canal du Duc de Bridgewater, avec la Mersey, sur la côte opposée de l'île, il se trouve une différence de niveau de quatorze pieds; et d'après plusieurs données expérimentales, le docteur Thomson estime que la mer d'Irlande est de beaucoup plus de cinquante pieds au-dessus de la mer d'Allemagne. (1).

Dans la mer des Antilles, la question de la hauteur précise de ce niveau n'est pas compliquée, comme sous

---

(1) *Annals of Phil.*, sept. 1816, p. 63. — 1817, p. 177.

nos latitudes, par la difficulté de trouver le terme moyen entre le flux et le reflux. L'élevation des marées est si peu considérable, qu'elle exclut la possibilité d'une grande erreur ; quoique l'observation de leurs mouvemens n'ait pas été suivie avec le même soin que celle des perturbations atmosphériques, on sait que sur les côtes de l'Archipel américain il y a flux et reflux, deux fois en vingt-quatre heures, comme dans les zônes tempérées, mais que cet espace de temps n'y est pas partagé pareillement. Quinze jours avant et après les deux équinoxes, la mer baisse de minuit à 9 heures du matin ; elle monte de 9 heures à midi ; elle s'abaisse de midi à 9 heures du soir, et enfin, elle s'élève de 9 heures du soir jusqu'à minuit ; de sorte qu'elle baisse pendant dix-huit heures sur vingt-quatre, et ne hausse que pendant six seulement. Cette inégalité de partage subsiste dans les autres temps de l'année, mais autrement distribuée ; elle semble varier selon l'âge de la lune, ce qui cependant n'est pas complètement établi par l'observation (1).

La hauteur des marées ordinaires n'excède pas 15 à 18 pouces ; elle se réduit à quelque chose de moins à l'époque des solstices ; et elle est tout au plus de 3 pieds pendant les équinoxes.

Ce phénomène, dont les détails sont si peu remarquables, avait cependant attiré l'attention des anciens indigènes des Antilles ; et il y avait, dans la langue des Caraïbes, diverses expressions pour désigner le flux, le reflux, la plus grande élevation des eaux, etc.

---

(1) Hist. de l'Acad. des Sciences, 1724, p. 17. Mém. de M. de Hauterive.

L'élévation ordinaire des marées, sur les côtes de France, étant à peu près de 10 à 12 pieds, elle est, aux Antilles, huit fois moins grande; il ne paraît pas qu'elle diffère de hauteur, dans son élevation la plus considérable, avec celle qu'Adanson lui a reconnue à l'île de Gorée, sur la côte occidentale d'Afrique et sous le même parallèle (14° 40') : il lui donne 2 pieds et demi; et il ajoute que lorsque les nouvelles et pleines lunes arrivent vers midi, la mer est toujours haute 7 h. 48' après ; ensorte qu'en ajoutant cette quantité de temps à l'heure du passage de la lune, par le méridien de l'île, on trouve, pour tous les jours de l'année, l'heure de la haute mer (1). Il serait intéressant de faire des observations correspondantes aux Antilles.

Article II.

Étendue des variations barométriques.

L'étendue des variations annuelles du baromètre indique les termes différens de la pression qu'exerce l'atmosphère; elle varie, au niveau de la mer, selon les points du globe, d'après des lois qui sont encore assez peu connues, et dont la recherche peut recevoir quelque lumière par les exemples suivans :

A la Trinidad, sous le 10.° parallèle, la variation barométrique est bornée entre 757 et 755 millimètres, d'après Dauxion Lavaisse; mais il y a lieu de croire que ces termes, dont la différence n'est que de deux lignes,

---

(1) Mém. des Savans étrangers, t. II, p. 605.

sont seulement la variation journalière que l'observateur a confondue avec la variation annuelle.

A la Barbade, sous le 13.ᵉ parallèle, d'après le docteur Hillary, le mercure se soutient entre 755. 5 et 749 millimètres, ce qui forme une variation de 6 millim. et demi, ou un peu moins de 3 lignes.

A la Martinique, d'après nos observations, faites au Fort-Royal, sous le 14° 35', l'échelle barométrique est comprise entre 766 millim. 5, et 753. 5 ; ce qui lui donne une étendue de 13 millim., ou plus de 5 lignes 3/4.

A Saint-Pierre, dans la même île, dans un gissement plus boréal de 9 minutes, Chanvalon expérimenta avec des instrumens moins sûrs que les nôtres, et pendant une période moins longue, que le mercure se soutenait entre 771 et 762 millim., ce qui ne formerait qu'une échelle de 9 millim. ou 4 lignes.

A la Guadeloupe, sous le 16.ᵉ 29', Lachenaie a trouvé que la variation barométrique était renfermée entre 769 millim. 5 et 757. 5., ce qui fait une différence de 12 millim. ou à-peu-près 5 lignes 1/3 entre le maximum et le minimum.

Au Cap-Français, à Saint-Domingue, sous le 19.ᵉ parallèle, d'après l'observation du respectable Moreau-de-Saint-Méry, le mercure varie de 764 à 753 millimètres, ce qui laisse entre ses termes extrêmes une étendue de 11 millim., ou 5 lignes.

A la Havane, dans l'île de Cuba, sous le 23.ᵉ parall., d'après les moyennes barométriques de Don José Ferrer, les moyennes des variations mensuelles de 1810 à 1812, furent de 768 à 760 millim. ; ce qui ne fait qu'une différence de 8 millim. ou 3 lignes 1/2 ; mais les variations journalières étendirent cette échelle par leur maximum et leur minimum d'une quantité inconnue.

On a dit qu'à l'île Sainte-Hélène, les variations sont nulles, et l'on a prétendu qu'à la Jamaïque, l'échelle barométrique n'était que de 3/10e de pouces ou 0 millim. 64 ; mais il y a certainement erreur dans ces assertions. Il en est ainsi de la variation de Calcutta, sous le 22.e parallèle, qui n'est portée dans les Recherches asiatiques qu'à trois quarts de pouces au plus ou environ un millimètre 60 ; tandis qu'au rapport du judicieux Stavorinus, cette variation est à Java, entre les 6.e et 9.e degrés de latitude, de 9 millimètres ou 4 lignes.

Mais, immédiatement au-delà du tropique, il y a un accroissement considérable de la variation du baromètre. A la Nouvelle-Orléans par 29.° 57' de latitude, le mercure s'étant élevé en 1819 à 774 millimètres, et étant descendu à 711, l'étendue de son échelle fut de 63 mill. ou 28 lignes.

A Paris, pendant la même année, ces variations furent comprises entre 770 et 736 millim. ; leur échelle fut conséquemment de 32 millim. ou moindre de moitié. Toutefois, en consultant les anciennes tables météorologiques dressées dans cette capitale, on trouve que le mercure s'y est élevé par fois jusqu'à 819 millim., et qu'il est descendu jusqu'à 710, ce qui forme une différence de 109 mill. ou plus de 4 pouces ; mais il faut prendre une période étendue, pour rencontrer les termes opposés de cette différence ; tandis que sous des latitudes plus élevées que la France, à Saint-Pétersbourg, par exemple, par 59.° 56' de latitude boréale, il y a des exemples assez fréquens d'une variation de 3 pouces 45 centièmes (anglais,) ou 86 millimètres.

Malgré les différences produites par la défectuosité des instrumens et l'inexactitude des observateurs, on reconnaît dans l'ensemble de ces données :

1.° Que partout à la surface du globe, il y a des variations dans la pression atmosphérique, et qu'il était tout-à-fait inexact de dire, qu'il n'y en avait point sous la zône torride.

2.° Qu'à la vérité, ces variations semblent diminuer comme les latitudes, et devenir de plus en plus petites, à mesure qu'on s'approche de l'équateur.

3.° Que leur accroissement paraît être subit et considérable immédiatement au-delà du tropique, ce qui a également lieu, comme nous l'avons remarqué, pour le décroissement de la température.

Il semble pareillement que les variations de la pression atmosphérique diminuent d'étendue, en raison de la hauteur du sol au-dessus du niveau de la mer.

D'après Bouguer, elles sont au Pérou, près de la surface du grand Océan, d'un quart de pouce, tandis qu'à Quito, à une hauteur de 2,908 mètres, elles sont seulement de 83 millièmes de pouces.

On a également observé aux États-Unis, que la variation diminue selon l'élévation des lieux, lors même qu'elle n'est pas considérable.

Nous avons vu en effet que sur les bords du Mississipi, à la Nouvelle-Orléans, elle fut, en 1819, de 2 p. 1/3, et nous trouvons, dans les Transactions américaines de 1800, qu'à une lieue et demie de ce fleuve, mais à 150 pieds au-dessus de ses plus hautes eaux, le baromètre ne s'éleva en 1800, dans son maximum, qu'à 768 millimètres, et ne descendit qu'à 749 dans son minimum, ce qui ne fait qu'une variation de 19 millimètres ou moins de 8 lignes et demie.

D'après Williams, à West-Pointe dans les monts Alléghaniens, à 176 pieds au-dessus de la mer, la variation depuis avril jusqu'en octobre, fut de 25 millimètres ou 13 lignes, et sur les montagnes de Virginie, malgré une différence de température de 22 degrés centésimaux, l'échelle barométrique s'est trouvée n'être que d'environ un millimètre. (1)

Nous avons expérimenté aux Antilles, que dans la moyenne région de l'atmosphère, la variation barométrique n'était pas moins grande que sur le littoral, et que même elle l'était par fois davantage dans le même espace de temps. Ainsi, tandis qu'elle n'était au Fort-Royal de la Martinique, au niveau de la mer, que de 5 et de 6 millimètres, elle était de 7 et 8 millimètres à la Fontaine thermale à 339 mètres ou 174 T., au-dessus de la surface de l'Océan et aux Girofliers du Plateau-Montrose, à 431 mètres ou 221 T. ; mais c'est la proximité des Pitons du Carbet qui détermine vraisemblablement la fréquence de ces variations et leur étendue, ainsi que Saussure l'a remarqué, dans l'observation des effets produits par

---

(1) *Williams's on mountains; in the Amer. Régist.*, t. II, p. 346.

les vents verticaux, qui tantôt augmentent et tantôt diminuent la pression de l'air sur le mercure.

Article III.

Mouvemens périodiques et irréguliers du Baromètre.

La hauteur moyenne du baromètre et l'étendue de ses variations étant déterminées, nous allons examiner quels sont ses mouvemens périodiques et ses grandes perturbations.

La variation journalière est manifestement composée de deux mouvemens distincts : l'un, fixe dans ses époques et dans sa quantité, et l'autre irrégulier sous ce double rapport.

Le premier, qu'on peut désigner sous le nom de variation horaire, semble être l'effet d'une sorte de marée atmosphérique ; il fut observé, pour la première fois, à Surinam, dans la Guyane hollandaise; depuis, il a été reconnu au Pérou, par l'académicien Godin, à St.-Pierre de la Martinique, par Chanvalon, au Sénégal, par Adanson, à St.-Domingue, par Moreau-de-Saint-Méry, au Mexique, par M. de Humboldt, et dans nos climats, par M. Ramond et plusieurs autres observateurs.

Les limites étroites dans lesquelles ce mouvement est renfermé, et la difficulté de ne point le confondre avec la variation irrégulière du baromètre, rendent quelquefois son observation douteuse, et font naître des assertions contradictoires.

Ainsi, d'après Chanvalon, il a lieu à la Martinique, comme il suit ; ascension pendant la matinée, abaissement depuis midi jusqu'au soleil couchant ; ascension aux approches de la nuit, jusqu'à 10 heures du soir.

Suivant notre observation, dans la même île, ces époques sont différentes; il y a un abaissement du mercure depuis 9 heures du matin jusqu'à 2 heures ; ascension dans l'après-midi jusqu'au soir ; nouvel abaissement depuis 6 heures jusqu'après minuit, et nouvelle ascension vers la fin de la nuit, prolongée long-temps après le lever du soleil.

Ces variations ne sont pas précisément celles qui ont lieu à Saint-Domingue, où, d'après Moreau-de-Saint-Méry, il y a ascension de 9 heures jusqu'à 11 heures du matin; abaissement de 11 heures jusqu'à 3 ; ascension jusqu'à 6 heures du soir, et nouvelle ascension dans la nuit, mais d'une quantité moindre que celle du matin.

Dans l'Amérique méridionale, M. de Humboldt a observé que le mercure descend de 9 heures du matin jusqu'à 4 heures du soir ; qu'il monte jusqu'à 11 heures du soir, qu'il s'abaisse ensuite jusqu'à 4 heures 30' du matin, pour remonter jusqu'à 9 heures.

D'après Toaldo, ces phases sont ainsi dans le midi de l'Europe : ascension dans la matinée jusqu'à midi, abaissement jusqu'au soir ; ascension depuis l'entrée de la nuit jusqu'à minuit, et abaissement jusqu'à l'approche du jour.

Cette variation semble appartenir par sa régularité et ses rapports horaires à quelque grande cause astronomique, telle que le cours du soleil; elle paraît différer d'époques selon le gissement des lieux ; mais elle se forme partout de quatre mouvemens en 24 heures : deux d'ascension et deux d'abaissement du mercure ; elle semble varier dans sa quantité, d'un à deux millimètres, et s'étendre peut-être jusqu'à trois.

La variation irrégulière du baromètre accroît et double souvent l'étendue de la variation horaire ; elle a lieu généralement dans les occurences suivantes.

A l'approche des grandes pluies, il y a un abaissement du mercure, qui est, parfois, de plus de 5 millimètres, ou 2 lignes 1/2.

Aussitôt la cessation de la pluie, il y a ascension ; et la surface du mercure devient convexe, tandis qu'elle est aplatie, lorsqu'il tend à descendre.

Pendant les vents d'est, le baromètre est généralement plus élevé que pendant ceux du sud.

Il est communément à son maximum le matin, vers six heures ; à son minimum, vers deux heures après midi, et à son terme moyen, dans la soirée.

Il est constamment plus haut d'un à six millimètres, pendant la saison sèche que pendant l'hivernage.

Depuis le mois de mars jusqu'en septembre, sa hauteur moyenne n'excède guère 762 millimètres ; elle est ordinairement de 764 à 766 pendant le reste de l'année.

Il atteint son maximum mensuel en janvier et décembre ; il est à son minimum en août et septembre.

Les variations mensuelles sont plus considérables à Cuba qu'à la Guadeloupe ; elles le sont moins à la Martinique que dans cette dernière île.

Dans les grandes perturbations terrestres, pélagiques et atmosphériques, la marche du baromètre étant observée avec soin, il en résulte ce qui suit :

Le tremblement de terre, les trombes, l'aurore boréale, et même parfois des orages, de grands vents, des changemens de temps, et des phénomènes d'électricité n'affectent point les phases ordinaires d'ascension et d'abaissement du mercure; il n'y a rien de particulier à cet égard, dans ce qui a lieu aux Antilles; on sait qu'en 1794, lorsque le Vésuve était ébranlé par des secousses terribles, l'air embrasé par les flammes du Volcan, et rempli de cendres et de fumée, le baromètre demeura immobile (1).

Cependant le mercure éprouve presque toujours une dépression remarquable aux approches d'une tempête, et il tombe certainement d'une quantité très-grande, plusieurs heures avant le commencement de l'ouragan.

Nous avons observé nous-mêmes ce phénomène barométrique : en 1804, l'abaissement du mercure fut de 13 millim., ou 5 lignes 5/4; dans l'ouragan de 1788, il fut, à Saint-Domingue, de 15 millimètres, ou 7 lignes (2); il fut, de 13 millimètres 1/2, ou 6 lignes, dans le coup de vent de l'île de France, en 1785 (3); et à la Martinique, dans le raz-de-marée de 1751, qui fut accompagné d'un gros temps, il y eut, d'après l'observation de Chanvalon, un abaissement de près de 7 millimètres, ou 3 lignes. Enfin, pendant le coup de vent qui, en 1819, ravagea l'île de France, et qui dura depuis 3 heures de l'après-midi du 25 janvier, jusqu'à 10 heures du soir, le

---

(1) Mémoire de M. de Buch.
(2) Moreau de Saint-Méry.
(3) Cossigny.

baromètre descendit, à bord de la frégate anglaise la Magicienne, dans le trou Fanfaron, jusqu'à 737. 70 millim., ou 27 pouces 3 lignes 3/4; ce qui suppose un abaissement de 25 millimètres, ou 11 lignes au-dessous de la hauteur moyenne du mercure.

MOIS.	MARTINIQUE, d'après MOREAU DE JONNÈS.		GUADELOUPE, d'après LACHENAIE.		HAVANE, d'après FERRER.	
	Baromètre.	Thermomètre	Baromètre.	Thermomètre	Baromètre.	Thermomètre
Janvier....	mm. 764	24° 25	mm. 764.20	24° 28	mm. 768.09	21° 1
Février.....	764	25	764.40	25 49	763.01	22 2
Mars.......	762	25 90	762.77	26 45	764.28	24 3
Avril......	762	27 77	762.40	28 20	763.01	26 1
Mai.......	762.25	27 36	762.70	27 50	761.99	28 1
Juin.......	762.75	28 47	762.80	27 93	764.53	28 4
Juillet.....	762	28 61	764.10	27 84	764.53	28 5
Août.......	762.50	29 42	764.10	29 78	761.23	28 8
Septembre..	762	29 35	762.43	27 53	760.98	27 8
Octobre....	764	28 33	762.50	27 50	761.74	26 4
Novembre..	764.75	27 72	763	27 9	764.53	24 2
Décembre..	765	26 5	763.23	24 30	766.6	22 1
Termes moyens.....	mm. 762. 2	27° 35	mm. 764.93	25° 45	mm. 763.71	25° 7

Tableau de la Pression atmosphérique, aux Antilles, indiquant le terme moyen des hauteurs mensuelles du Baromètre à la Martinique, à la Guadeloupe et à la Havane, dressé d'après l'observ. de plusieurs années.

CHAPITRE VI.

Tableau des Phénomènes chimiques, physiologiques et météorologiques, dont la puissance du climat est l'origine, la cause ou la condition nécessaire.

Phénomènes chimiques produits par l'humidité de l'atmosphère et par la haute température du climat. — Phénomènes de physiologie végétale et animale, qui en sont les résultats. — Présages météorologiques tirés de l'état de l'atmosphère, ou des effets de l'action des agents climatériques sur les corps organisés.

Après avoir tracé l'histoire des agens physiques, qui constituent la puissance du climat des Indes occidentales, il nous reste encore à en décrire les effets; mais cette tâche se trouvera remplie dans les diverses parties de cet ouvrage destinées à faire connaître la Flore des Antilles, leurs animaux, et les différentes races d'hommes qui habitent ce grand Archipel. Pour montrer la liaison immédiate des causes et des effets, et pour indiquer l'étendue de l'influence du climat de la zône torride sur les êtres organisés, il suffira d'énumérer, dans les sections suivantes, les phénomènes dont cette influence est l'origine ou la condition nécessaire. On trouvera, dans le tableau qu'elles présentent, la désignation rapide des effets chimiques, physiologiques et météorologiques appartenant à l'action qui résulte de la haute température des Antilles, de l'état hygrométrique de leur atmosphère et de la participation qu'y prennent la puissance mystérieuse de l'électricité, et celle de la lumière abondante du ciel des tropiques.

SECTION Ire

Phénomènes chimiques de l'action du climat.

Les phénomènes chimiques produits par la puissance que le climat des Antilles exerce sur les corps inorganisés et sur les substances organiques devenues inertes, ont pour causes, les uns la chaleur, et les autres l'humidité.

On doit rapporter aux effets de l'humidité :

1.° L'oxydation rapide et profonde des métaux, dont les molécules, ayant une moindre adhérence par l'action forte et constante du calorique de l'atmosphère, se combinent promptement avec l'oxygène de l'air et de l'eau; ce qui leur fait perdre leur éclat, leur dureté et leurs autres propriétés métalliques. Cette oxydation ne permet que rarement l'emploi des ustensiles de cuivre; et elle nécessite le remplacement fréquent de ceux en fer.

2.° La décomposition des roches et autres substances lythologiques, non-seulement par l'effet de la pénétration profonde de l'humidité, qui tend à désaggréger leurs élémens, mais encore par l'oxydation de leurs parties ferrugineuses, qui est suivie de la perte de leurs couleurs, ainsi que de leur propriété magnétique, et d'où résulte bientôt leur réduction en produits terreux ou arénacés.

3.° L'état de liquescence des sels, et notamment du

sel marin, qui est rarement sous une forme concrète et régulière ;

4.° La prompte détérioration de la poudre à canon ;

5.° L'abaissement du ton ordinaire des instrumens à cordes, et leur dissonnance remarquable, surtout dans les harpes et les forté-pianos, où elle résulte de la variation rapide du degré de tension des cordes ;

6.° Le défaut de ténacité des substances qu'on emploie pour coller ;

7.° Le peu de durée des couleurs, en général, et surtout de celles qui sont tendres ou mélangées ;

8.° L'altération très-fréquente du tissu des étoffes, dont on ne prend pas un soin constant, particulièrement des toiles et des soieries, qui se piquent d'une multitude de taches ineffaçables ;

9.° La moisissure des cuirs, des papiers, etc. ;

10.° L'impossibilité de conserver le blé autrement qu'en farine, et dans des barils fermés hermétiquement ;

11.° Le peu de durée de l'étamage des glaces ;

12.° La destruction rapide des bois blancs et poreux, qui, dans le cours d'une seule année, sont pourris complètement lorsqu'ils sont enfoncés dans la terre ou exposés à l'humidité, etc.

Parmi les effets de la haute température du climat, on doit mentionner :

1.° La conservation constante de la liquidité de l'eau, depuis le niveau de la mer, jusqu'aux plus hauts sommets des montagnes ;

2.° La promptitude de l'ébullition des liquides, qui est plus grande que dans nos climats ;

3.° L'évaporation considérable et très-rapide des fluides en contact avec l'air atmosphérique ;

4.° La liquidité perpétuelle des fluides, qui, tels que les huiles, sont concrescibles à une température peu élevée ;

5.° La rapidité avec laquelle toutes les substances animales et végétales passent à l'état de fermentation putride ou acide, principalement les fluides provenant des animaux, tels que le sang et l'urine ;

6.° Leur prompte décomposition et leur gazéification ;

7.° Le durcissement et l'altération des cuirs, des peaux, etc. ;

8.° Le retrécissement des draps et de tous les tissus formés de matières animales ;

9.° L'impossibilité de faire usage et même d'avoir le ferment connu sous le nom de levure de bière, et dont on se sert pour la fabrication du pain et celle des eaux-de-vie ;

10.° La liquidité du beurre, dont la fusion s'opère au 26° 1/2 centésimal, ou 21° 33 R. ;

11.° La fusion partielle de la cire, par l'action du soleil au 61° cent., ou 48° 3/4. R. ;

12.° La fusion complète du spermacéti, ou blanc de baleine, au 45° centésimal, ou 36° R., et l'état de molassité de cette substance, pendant la saison la plus chaude ;

13.° La moindre ténacité du gaudron et la fusion de cette substance, lorsque les surfaces, qui en sont enduites, sont exposées au soleil ;

14.° La dilatation des métaux, d'où résulte le dérangement des montres, des pendules et de tous les instrumens métalliques, dont la justesse est la principale qualité. Cette dilatation est pour le fer d'environ le 1000.ᵉ de son volume;

15.° Enfin la continuité d'une température à l'ombre, toujours suffisante pour faire évaporer le camphre (20° cent.); rendre rapide la fermentation vineuse (25°); déterminer le commencement de la fermentation acéteuse (25°); faire brûler le phosphore dans le gaz oxygène (26°); fondre l'adipocire (28°) ou l'axonge (37°).

Les effets de la température de l'air libre, au soleil, sont presque toujours suffisamment puissans pour faire bouillir l'éther (36° cent.), fondre le phosphore (37°), ou le faire brûler avec vivacité (50°); et même, en quelques lieux, pour séparer l'ammoniaque de l'eau (54°).

SECTION II.

Phénomènes physiologiques.

Dans les diverses parties des Indes occidentales et particulièrement aux Antilles, les principaux phénomènes de physiologie végétale, qui ont le climat pour cause ou pour condition nécessaire, sont ceux énoncés ci-après: on peut les considérer comme les caractères spéciaux de la végétation, croissant sous la puissance du climat des tropiques, à l'occident de l'Atlantique équatoriale:

1.° Exubérance du règne végétal;

2.° Rapidité de l'accroissement des plantes

CLIMAT.

3.° Continuité des fonctions végétales, pendant toute l'année;

4.° Immensité de l'absorption et de la transpiration des plantes;

5.° Irritabilité des feuilles d'un grand nombre d'espèces;

6.° Particularité de la disposition des organes reproductifs;

7.° Proportions gigantesques des feuilles, des fleurs et des fruits;

8.° Etendue singulière de la fibre ligneuse des arbres;

9.° Multiplicité des plantes ligneuses et arborescentes;

10.° Grand nombre des plantes volubiles;

11.° Intensité de la verdure;

12.° Prédomination de la couleur rouge dans les fleurs;

13.° Absence presque totale des plantes azotées;

14.° Nombre considérable des plantes oléagineuses;

15.° Multiplicité de celles contenant des acides;

16.° Abondance de l'amidon, dans beaucoup de racines et de semences;

17.° Diversité des gommes et résines;

18.° Nombre et variété des matières colorantes;

19. Production du mucilage, dans les tiges et les feuilles d'une foule d'espèces;

20.° Propriétés médicamenteuses, énergiques et variées d'un grand nombre de végétaux;

21.° Propriétés suspectes ou vénéneuses de beaucoup d'autres;

22.° Production du tanin dans l'écorce d'un nombre considérable d'espèces arborescentes;

23.° Sucs particuliers, laiteux, viscides, colorés, très-variés dans leurs propriétés et leur composition;

24.° Arômes des racines, des bois, des feuilles, des fleurs et des fruits, plus communs, plus énergiques et plus diversifiés que dans nos climats.

Les principaux phénomènes que présentent la physiologie animale, et dont le climat est la cause immédiate ou plus ou moins éloignée, sont ceux énoncés ci-après. On peut les considérer comme les caractères spéciaux des races animales vivant sous l'empire du climat des Antilles :

1.° Affaissement ou même dégradation des espèces animales d'Europe ;

2.° Prospérité des races Africaines ;

3.° Fréquence des épizooties ;

4.° Rareté de l'hydrophobie canine ;

5.° Beauté du plumage des oiseaux ;

6.° Imperfection de leur chant ;

7.° Multiplicité des espèces entomophages ;

8.° Nombre considérable des reptiles ;

9.° Grand développement des lacertiens ;

10.° Exaltation du venin des serpens ;

11.° Propriétés vénéneuses de plusieurs espèces de poissons ;

12.° Coloris brillant de leurs écailles ;

13.° Funeste fécondité des insectes ;

14.° Multitude et grandeur des aranéides ;

15.° Variétés des phénomènes physiologiques, dans la race humaine ;

16.° Constitution lymphatique ;

17.° Appétit presque nul, souvent dépravé ;

18.° Géophagie ;

19.° Habitude et besoin des alimens salés et épicés ;
20.° Soif fréquente, presque insatiable ;
21.° Digestion lente et pénible ;
22.° Affections hépatiques ;
23.° Maladies dysentériques ;
24.° Sommeil léthargique, dans les Africains ;
25.° Transpiration excessive, acide, ammoniacale ;
26.° Affections cutanées, maladies éruptives ;
27.° Diminution de la secrétion de l'urine ;
28.° Augmentation de la quantité du cérumen des oreilles ;
29.° Affaiblissement de la force musculaire ;
30.° Souplesse du corps et flexibilité des membres ;
31.° Paresse constitutionnelle ;
32.° Irritabilité nerveuse ;
33.° Maladies spasmodiques ;
34.° Fréquence de la manie ;
35.° Puberté précoce ;
36.° Irrégularité du flux menstruel ;
37.° Rareté et bénignité des affections syphilitiques ;
38.° Exemples fréquens de hernies ombilicales ;
39.° Facilité des accouchemens ;
40.° Fréquence des avortemens ;
41.° Maladies fébriles et inflammatoires ;
42.° Caducité prématurée ;
43. Mortalité égale à la reproduction, ou plus forte ;
44.° Décomposition rapide, et par fois spontanée des cadavres.

Section III.ᵐᵉ

Présages des Phénomènes météorologiques.

Les présages des phénomènes météorologiques se forment aux Antilles d'une multitude de circonstances d'ordres différens, dont les rapports avec l'état ou le changement de l'atmosphère ne peuvent être établis rationnellement; mais dont cependant la liaison est presque toujours prouvée par une longue expérience, et par l'observation populaire. Dans le nombre de ceux dont la tradition se retrouve maintenant parmi les nègres, il en est beaucoup qui appartiennent originairement aux races indigènes de l'Archipel, et qui sont des vestiges d'antiquités américaines. Nous apprenons par le vocabulaire des Caraïbes, que ces sauvages, malgré leur vie errante et leurs perpétuelles hostilités contre leurs voisins, n'avaient laissé échapper aucune des particularités des phénomènes physiques des lieux qu'ils habitaient. Ils avaient des expressions pour peindre une foule de détails qui exigent dans notre langue le secours de plusieurs mots, et dont la création n'a pu appartenir qu'à des hommes d'un génie observateur. Telles sont, sans doute, celles qui expriment l'influence orageuse de la canicule, les planètes, les comètes, les constellations, le cours de la lune, les étoiles tombantes, les nuages blancs, la pâleur du soleil, l'azur du ciel, les nuages rayonnans, les vagues de la mer crevant sur le sable, leur retour périodique, le tremblement de terre, le bondissement des flots, la blancheur de leur écume, la rencontre de leurs courans

CLIMAT.

opposés, et une foule d'autres, dont on s'étonne de voir l'usage, parmi des hommes livrés sans cesse à une guerre d'extermination et à l'anxiété des périls et des besoins.

Dans les Indes occidentales, en général, et particulièrement dans les Antilles françaises, on considère les circonstances suivantes, comme des présages des grands phénomènes météorologiques :

Nuages rayonnés, signes de tourbillons, disaient les Caraïbes : ils font fleurir la mer, obscurcir l'air et périr les canots.

Nuages pommelés ; ciel à tremblement de terre.

Nuages isolés, errans ; pluie par grains.

Nuages de la mer s'avançant sur une ligne droite ; signe d'avalasse, de grande pluie.

Abaissement des nuages sur les montagnes secondaires ; présage de pluies prolongées.

Ecartement des nuées, dans le mauvais temps ; signe de tempête, disaient les indigènes.

Nuages rouges, au coucher du soleil ; vent.

Disparition des nuages des montagnes, et rapprochement apparent du massif des pitons de l'Archipel ; vents de sud ou de l'occident, raz de marée, tempête, ouragan.

Persistance du brouillard des palétuviers ou *Drap mortuaire des Savanes* ; présage de pluie.

Brume blanche à midi ; beau temps.

Coucher et lever des astres ; changement de temps.

Age de la lune ; il sert à régler les opérations de l'agriculture coloniale.

Pleine lune et nouvelle lune, raz de marée, tempête, ouragan, surtout la pleine lune d'août, célèbre dans tout l'Archipel par les désastres dont elle a été l'époque.

Étoiles tombantes ; sécheresse, vent.

Étoiles scintillantes ; signe de beau temps.

Halo autour de la lune ; vent et pluie.

Spectre lunaire ou solaire, apparition des comètes ; événemens désastreux, tempêtes.

Bruissement des forêts des montagnes ; mauvais temps.

Bruit que font les roseaux des marais frappés par le soleil ; présage de sécheresse, d'après l'observation des Caraïbes.

Odeur de varec, apportée par les vagues du rivage ; tempête du sud.

Mugissement et épouvante des bestiaux ; ouragan ou tremblement de terre.

Bourdonnement des maringouins ; pluie ; ce présage appartient aux Caraïbes.

Chant du Coulivicou, — (*Cuculus seniculus*. Latham) pluie prolongée.

Serpens, — (*Trigonocephalus lanceolatus*. M. de J.) qui se chauffent au soleil ; fin de la pluie.

Coassement des grenouilles, — (*Hyla caribœa*. M. de J.) beau temps.

Vol des Ravets, — (*Blatta americana*. L.) signe de pluie.

Chant du Cohé, — (*Caprimulgus americanus*. L.) présage de tempête et de mort.

Toiles d'araignée flottantes et Grigris volant haut, — (*Falco antillarum*. L.) ; beau temps.

Buissons éclairés par les vers luisans, — *Lampyris marginata*. L. ; présage de la continuation du beau temps.

Feuilles des sensitives, — *Mimosa sensitiva*. *M. pudica*. — Des cassiers, *Cassia fistula*. *C. alata*. L. — Du tamarinier, — *Tamarindus indica*, et généralement des légumineuses, se fermant avant l'approche de la nuit ; présage de mauvais temps.

Abondance du fruit du raisinier, — *Cocoloba uvifera*. L. ; signe qu'il y aura un ouragan, disaient les Caraïbes.

Si les oiseaux de passage sont en grand nombre ; signe que l'hivernage sera rude.

Si les baleines — *Physeter macrocephalus*, ou les marsouins, — *Delphinis phocæna*, courent en troupe dans une direction opposée au vent, il doit changer bientôt.

Temps rouge le matin, annonce la pluie, selon les Caraïbes.

Quand les pintades — *Numida meleagris*, se roulent dans le sable ; c'est signe de pluie.

Il en est ainsi, quand les coqs chantent le soir ou pendant la nuit.

Il y aura beau temps, si les chauve-souris — *Vespertilio molossus*, volent en grand nombre, et si l'on en voit dans les villes d'autres espèces V. *hastatus*, V. *spectrum* que celles qui y demeurent.

Si les guêpes cartonières — *Polistes annulata*, bourdonnent autour de leur nid, sans vouloir s'en éloigner, c'est signe de pluie.

Quand l'hirondelle des Antilles — *Hirundo acuta*, frise

la surface de la terre ou des eaux; c'est que l'approche d'un temps pluvieux fait sortir de leur gîte les insectes, qu'elle attrape en volant.

Quand le cheval du voyageur est tourmenté extraordinairement par les mouches, c'est que le temps doit devenir mauvais.

Quand les oiseaux marins viennent chercher un asile dans les palétuviers; c'est signe de tempête ou d'ouragan.

Si pendant la sécheresse, les basaltes qui forment les murs deviennent humides, il fera bientôt de la pluie.

Si les vaches hument l'air, si les scorpions courent rapidement sur les murs, si les scolopendres se traînent sur les planchers, si les insectes bruissent dans les bois plus tôt que de coutume, c'est signe de pluie.

On en trouve encore le pronostic, dans l'odeur plus forte des fleurs des jardins ou de la vase des marais; dans le bruit plus grand de la détonnation des pièces d'artillerie, et dans le son plus fort des cloches des églises.

La pluie salée est un signe d'ouragan; le tremblement de terre pendant l'hivernage en est pareillement le pronostic. (*Pelléprat. t. 2, p.* 21),

La chaleur de la mer plus grande que celle de l'air, donne le même présage.

TROISIÈME PARTIE.

MINÉRALOGIE.

TABLEAU MINÉRALOGIQUE

DES ANTILLES FRANÇAISES.

Présenté le 5 août 1814, à la première Classe de l'Institut de France, et consigné, d'après sa décision, parmi les Mémoires des Savans étrangers.

L'accueil dont l'Institut honora ce travail, en 1814, ayant imposé à l'Auteur le devoir de mériter cette haute approbation, par de nouveaux efforts, ces Recherches ont été corroborées et étendues, dans un nouveau voyage aux Indes occidentales, et par un nouvel examen des Spécimens lithologiques, que les évènemens de la guerre l'avaient forcé d'abandonner en plusieurs lieux de l'Amérique et de l'Europe.

L'une des lacunes les plus remarquables et les plus singulières qui existent dans l'histoire physique du globe, est sans doute celle de la connaissance minéralogique du vaste Archipel des Antilles; trois siècles d'explorations agricoles et commerciales n'ont jeté aucune lumière sur ce sujet; et l'on ignore presque entièrement quelle est la constitution du sol de ces îles, qui produit, chaque année, une masse de richesses évaluée à plus de 250 millions de francs.

Parmi les circonstances qui ont borné jusqu'à présent l'observation lithologique des Indes occidentales, à quelques aperçus partiels ou erronés, il faut bien moins compter la distance qui sépare ces contrées de l'Europe, que les obstacles qu'oppose au voyageur leur climat meurtrier, la difficulté des communications, la puissance du règne végétal qui enveloppe toutes les surfaces, le danger que font naître, à chaque pas, les précipices des montagnes, et ces redoutables serpens qui rendent une excursion minéralogique aussi périlleuse qu'une reconnaissance militaire sous le feu de l'ennemi.

Le concours de plusieurs autres causes a dû éloigner également la connaissance de la constitution géognostique des Antilles : le premier coup-d'œil qu'on jette sur leurs reliefs n'apprend pas, par la seule considération de leur structure, quelle peut être leur origine; et celle-ci n'est point manifeste, comme dans certaines contrées, par l'ensemble de la configuration des montagnes. A l'aspect de ces vallées, qui s'ouvrent parallèlement sur le rivage, et de ces grandes arêtes qui, semblables à des chaînes primitives, s'appuient sur des contreforts latéraux, à l'épaisseur de ces forêts qui couvrent les flancs et les sommets de tous ces pics nébuleux, à la pensée surtout de cette concordance des parties de l'Archipel avec le continent américain, on ne peut se défendre de croire un instant, que toute la chaîne des Antilles ne soit de formation primordiale.

L'action moins marquée des feux souterrains, sur les laves lithoïdes, que sur les autres éjections volcaniques, porte pareillement l'observateur à méconnaître l'origine de ces produits, dont les caractères sont quelquefois équivoques, quand l'examen des contrées ne peut en compléter les indications. On sait que même de nos jours, au milieu de l'Italie, ce premier foyer des lumières de l'Europe, il fallut que Hamilton apprit aux Napolitains que les matériaux qu'ils employaient à construire des édifices, à paver des villes, à ériger des remparts, avaient subi jadis, la même fusion qu'éprouvent les laves qui descendent du Vésuve. Il en est aux Antilles comme à Naples, avant cette découverte si récente : on y croit, en général, que les seuls volcans de l'Archipel sont ceux qui fument encore, et que les seuls produits volcaniques sont les pierres ponces qu'ils ont vomies. Toutes les autres roches, dont est formé le massif minéralogique de ces îles nombreuses, ne sont point regardées comme ayant jamais éprouvé l'action et la puissance des feux souterrains qui, dans l'opinion commune, sont restreintes aux phénomènes isolés que produisent leurs dernières étincelles, au sommet des solfatares.

On a vu, dans la première partie de cet ouvrage, que cette erreur a été partagée, non seulement par les anciens historiens des colonies françaises, mais encore par Raynal, Dupuget, Buffon, Leblond, Isert, Dauxlon-Lavaysse, Pluche, Fleurieu, et L'Herminier.

Cependant, il n'a pas fallu moins que l'empire des causes que nous avons indiquées, pour prolonger si long-temps cette méprise, et empêcher que les formes dont sont revêtues les substances lithologiques, ne révélassent leur origine; tant de roches erratiques, en fragmens, en boules, en blocs, en tables, dont le diamètre varie de trois pouces à vingt pieds, annoncent l'action d'une cause partielle, violente, étrangère à celle des structures primitives, et plus encore, à celles dont les eaux ont été les agens; mais la configuration volcanique, la plus propre à fixer l'attention et à rectifier l'opinion commune, est précisément celle dont les foyers des Antilles ne présentent aucun exemple frappant. Quoiqu'en beaucoup d'endroits, les basaltes affectent des formes prismatiques, on n'en trouve de columnaires que dans l'aire d'action d'un seul volcan; encore n'y sont-ils qu'en petit nombre et n'offrent-ils qu'un tableau sans couleur, si l'on vient à les comparer à ceux de la chaussée des Géans ou de la grotte de Fingal. Ce sont des laves compactes et irrégulières, qui forment la plus grande partie du massif de chaque île; les ponces, quoiqu'elles couvrent le quart de la surface de la Martinique, et les tuffas, quoiqu'ils semblent les principaux matériaux des rivages situés à l'occident, ne sont que des superpositions plus ou moins considérables, qui ne s'enfoncent point au-dessous du niveau de la mer, et ne s'élèvent jamais jusqu'à la cime des montagnes. Tout au contraire, on retrouve les laves lithoïdes formant la berme de rocher du littoral et les pitons aigus, qui couronnent l'orle des cratères ; elles constituent l'ossature des grands reliefs et se montrent dans toutes les excavations profondes, produites par l'action des eaux ou les travaux des hommes, elles ne se présentent pas toujours à l'observation en hauts courans indivis et sans solution de continuité ; on les trouve non moins fréquemment en grandes masses et en fragmens erratiques.

Les laves en grandes masses surplombent ordinairement les coulées basaltiques, couvrent les versans des collines, et hérissent les lits des torrens; leur diamètre est parfois de 20 à 25 pieds ; elles proviennent de l'éboulement des orles des anciens cratères, ou des débris des courans que des explosions souterraines ont rompus en éclats ; ou bien ce sont des laves en blocs énormes, détachées des escarpes, par la décomposition des substances volcaniques, dont elles étaient environnées ; leur chute, dans les vallons, produit un fracas semblable au tonnerre, et cause d'affreux accidens.

Les laves erratiques proviennent des mêmes causes ; elles diffèrent seulement par le volume ; des reliefs immenses en sont entièrement formés, et il y a tout lieu de croire que, comme les cratères de la solfatare de Naples, ceux des Antilles ont souvent vomi des laves en blocs partiels, de toute grosseur et de toute forme.

La configuration de ces produits étant accidentelle, elle n'indique point leur nature et l'espèce à laquelle ils appartiennent. Cependant, ce sont généralement des laves à base de cornéenne qui affectent des formes fossiles, lamelleuses, sphéroïdales et columnaires. L'exploration géologique et minéralogique des Antilles appuie, de toute la force de l'évidence, les résultats des savantes recherches du dernier siècle, qui ont établi,

1.° Que les basaltes sont les produits de la puissance volcanique;

2.° Qu'ils sont identiques, par leur nature, avec les laves compactes irrégulières;

3.° Qu'ils doivent leur configuration prismatique, non à quelque propriété particulière ou inhérente, mais bien aux circonstances accidentelles de leur refroidissement.

La texture poreuse, cellulaire, caverneuse, se retrouve pareillement dans toute espèce de lave; elle est la preuve de l'origine de ces produits volcaniques, et de la nature des agens de leur fusion. Elle diminue la résistance qu'oppose la pâte des roches, à l'érosion atmosphérique; et l'on ne trouve guères d'autres laves de ces caractères, que celles qui ont été presque vitrifiées ou bien conservées dans l'intérieur des courans, ou enfin remaniées par des infiltrations qui en ont rempli les cavités, et augmenté la solidité par quelque ciment naturel.

Pour comprendre dans un ordre systématique l'ensemble des substances appartenant à la minéralogie des Antilles françaises, nous joindrons à la description des produits volcaniques, qui ont subi la fusion, et de ceux qui ont subi la vitrification, deux autres classes comprenant : 1.° Les produits volcaniques composés; 2.° les produits de la décomposition des substances volcaniques. Nous terminerons ce travail par la nomenclature des produits de formations étrangères aux volcans, mais superposant leurs projections, et constituant les formations calcaires et alluviales des Antilles.

Toutes les descriptions ont été faites sur les lieux, et vérifiées sur les échantillons de la collection, que nous avons rapportée d'Amérique, et qui se trouve en partie au Muséum d'histoire naturelle, ou en notre possession, ou dans les belles collections de MM. Brongniart et Brochant de Villiers. Nous avons adopté, pour désigner les différentes espèces de roches auxquelles appartiennent les laves lithoïdes, la nomenclature du premier de ces minéralogistes célèbres, et nous nous sommes aidés pour leur détermination du savant travail inséré par M. de Bonnard, dans le nouveau Dictionnaire d'histoire naturelle.

CHAPITRE I.er

Produits volcaniques qui ont subi la fusion ; Laves compactes et cellulaires.

Genres et espèces. — Vakite, Cornéenne, Trapite. — Basauite, Diorite, Dolérite, Trachyte, Amphibolite, Eurite, Mélaphyre, Porphyre, Argilophyre. — Laves prismatiques, sphéroïdales, tabulaires. — Caractères de ces produits pyrogènes. — Leur configuration. — Leur gissement. — Etendue des formations dont elles constituent les massifs minéralogiques à la Martinique et à la Guadeloupe.

Cette première classe de la Lithologie phlégréenne de l'Archipel américain contient les produits les plus nombreux, les plus variés et les plus utiles de tous ceux des volcans ; ils constituent, aux Antilles, la grande masse des matériaux servant aux constructions : les murs mitoyens et ceux de clôture sont formés de fragmens de laves lithoïdes ; les pavés des rues sont presque partout des laves roulées ; les limites des propriétés territoriales sont des laves prismatiques ; les dalles des trottoirs, les pierres sépulchrales sont des basaltes tabuliformes ; les seuils, les chambranles des portes sont des basaltes columnaires, et les remparts des citadelles sont élevés avec des laves erratiques.

En adoptant pour ces produits une division régulière en genres et en espèces, nous n'avons prétendu que les coordonner en un ordre systématique, propre à jeter quelque lumière sur le chaos que forment leurs innombrables variétés ; c'est une distribution purement artificielle, et dont le seul objet est de faire saisir, avec plus de facilité, les différences spécifiques que la comparaison des laves fait reconnaître entr'elles; mais nous devons faire observer, qu'il n'y a point rigoureusement d'espèces minéralogiques, puisqu'une étude attentive prouve que le passage de l'une à l'autre est effacé par les gradations infinies des variétés intermédiaires.

En cherchant à classer les laves lithoïdes de la Martinique et de la Guadeloupe, nous avons reconnu qu'elles peuvent être rangées par leurs caractères dans les douze genres principaux, que voici :

1.° Lave vakitique.
2.° — Cornéenne.
3.e — Trapitique.
4.° — Basanitique.
5.° — Diabasique.
6.° — Amphibolitique.
7.° — Doléritique.
8.° — Trachytique.
9.° — Euritique.
10.° — Mélaphyrique.
11.° — Porphyritique.
12.° — Argilophyrique.

PREMIER GENRE.

Lave Vakitique.

Composition : Base de vake, empâtant des pyroxènes, du mica disséminés, souvent aussi du feldspath, de l'amphibole, du quartz, de la calcédoine, etc.

Structure empâtée, porphyroïde.

Cassure unie, légèrement conchoïde, quant à la pâte, raboteuse quant aux parties.

Dureté médiocre.

Couleur brune, grise, gris jaunâtre, verd obscur.

Gissement : Guadeloupe proprement dite, Grande-Terre, au milieu des terrains calcaires de l'anse Bertrand.

Martinique, Fort-Royal.

Espèces.

Vakite compacte, grise. — (*Pointe noire.* Guadel.)

Cette lave est très-commune parmi les produits volcaniques de la Guadeloupe; ses courans affectent des formes fissiles, et se divisent en feuillets d'une épaisseur d'environ deux pouces; sa pâte est très-compacte, mate, terne, d'un aspect terreux; sa cassure unie, sa dureté peu considérable; elle se brise souvent en parallélipipèdes; elle est grise, tirant sur le brun; elle ne contient que quelques pyroxènes rares, disséminés, altérés, et que l'analogie seule permet de reconnaître.

Vakite cellulaire. — *Rocher du Fort-Royal,*
(Martinique.)

C'est une lave à base de vake, très-dure, et d'une pâte fine et compacte, quoique sa cassure soit mate, terne, inégale. Elle est d'un verd légèrement jaunâtre, et se racle en gris comme les cornéennes ; elle est criblée de grandes cellules que remplissent entièrement des mésotypes zéolithiques à cassure lamelleuse, nacrée, éclatante, texture radiée, couleur blanche.

Cette espèce et la précédente ont été trouvées dans les éjections des volcans éteints de la Guadeloupe, par Cortès Campomanès, qui, en 1808, parcourut les montagnes de cette île, et y recueillit un grand nombre de spécimens lithologiques très-curieux, qui ont été presque tous perdus par suite des événemens militaires advenus à la Martinique l'année suivante.

Nous avons trouvé deux variétés de vakite analogues dans les brêches volcaniques, qui constituent une partie du massif minéralogique du rocher, sur lequel est construit le Fort-Royal.

L'une est d'une pâte fine, homogène, de couleur brune, à cassure raboteuse et terne ; ses cellules sont rondes ou elliptiques, de 5 à 7 lignes de diamètres, formant près de la moitié de sa masse. La surface de ces cavités est unie, couverte d'une croûte mince, terreuse, blanc jaune ou gris, quelquefois mammelonnée, et plus rarement en filets déliés, tortueux, cylindriques et même rameux. On y remarque aussi de la chlorite verdâtre, très-friable.

L'autre variété, qui gît dans le ciment argileux d'une

brèche superposée par d'énormes massifs de tuffas, est une vakite à pâte grise, terreuse, à grandes cellules tapissées d'une substance grisâtre. Les fragmens de cette lave sont nombreux et arrondis, comme s'ils avaient été roulés par les eaux; cependant les lits où ils sont empâtés, ont une inclinaison trop grande, pour permettre de croire qu'ils ont une origine aqueuse; il faut imaginer que détachés de courans très-éloignés, ces fragmens ont été long-temps roulés dans les eaux des torrens, et qu'ils ont été ramassés ensuite par un grand courant d'éjections boueuses, qui a formé cette haute presqu'île, de tuffas volcaniques, où le Fort-Royal a été construit.

On trouve des vakites compactes, verdâtres, fragmentaires, à l'anse Bertrand de la Grande-Terre, (Guadeloupe) au milieu des terrains calcaires; elles paraissent appartenir à la base volcanique et antérieure de cette île.

II.me GENRE.

Lave Cornéenne.

Composition d'apparence homogène, compacte, pâte de cornéenne.
Cassure terne, unie, mais irrégulière.
Dureté assez grande, se cassant difficilement.
Odeur argileuse très-sensible.
Couleur, noir bleuâtre, passant au verd émeraude, par l'imprégnation locale d'oxyde de cuivre.
Gissement. Martinique, Baie du Robert; Guadeloupe, volcans du nord de cette île.

Espèces.

Les laves à base de cornéenne forment une partie très-considérable des produits volcaniques des Antilles ; on les retrouve dans les éjections de la plupart des foyers ignivômes de la Guadeloupe et de la Martinique ; et dans cette dernière île, elles constituent principalement les montagnes de la Péninsule méridionale ; mais il est très-rare qu'elles soient homogènes ; on y observe presqu'invariablement du feldspath compacte ou vitreux, et du pyroxène ; les seuls échantillons homogènes que nous ayons recueillis en place, dans un massif minéralogique étendu, sont ceux que nous a offert le vaste courant basaltique, qui ferme au midi la baie du Robert, et qu'on désigne sous le nom de pointe la Rose. Les reliefs abruptes, élevés, et diversement configurés de ce grand saillant ont principalement pour ossature une lave cornéenne homogène, d'une pâte fine, et d'un grain serré, quoiqu'on y découvre en quelques endroits des porosités pratiquées par les gaz élastiques ; sa couleur est d'un noir bleuâtre vers sa partie supérieure ; elle change plusieurs fois vers son extrémité, du côté de la mer, et devient par degrés d'un beau vert d'émeraude, approchant du bleu lapis dans quelques spécimens, et prenant assez fréquemment un aspect soyeux et une apparence rayonnante.

Il n'est pas invraisemblable que la pierre de corne qui sert souvent de gangue aux métaux, étant celle du cuivre, d'où sont résultées ces malachites, lorsqu'elle fut soumise à la fusion volcanique, et qu'elle fut projetée du cratère du gros Morne des Roches carrées, le métal qu'elle contenait fut, sans doute, sublimé par la même ignition, et put ainsi se répandre dans de grandes parties de sa masse.

On sait que ce phénomène, par lequel les rochers prennent une couleur aussi belle qu'extraordinaire, frappa tellement les regards des premiers navigateurs de la Grèce, qui passèrent le Bosphore de Thrace, qu'ils donnèrent le nom de Cyanées (bleues) aux îles volcaniques qu'on trouve à l'entrée de ce détroit, et dont le massif minéralogique a été en partie coloré en vert-bleu, par l'action des feux souterrains sur le cuivre qu'il contenait. (1)

III.me GENRE.

Lave Trappitique.

Composition : base de cornéenne trapp, dure, compacte, enveloppant le plus souvent du feldspath, de l'amphibole, du mica.

Structure empâtée, fréquemment porphyroïde, parfois comme glanduleuse.

Cassure unie ou raboteuse.

Dureté variée.

Couleur dominante : noir ou vert foncé.

Gissement : Martinique, Pitons du Carbet.

Espèces.

Trappite cellulaire. — *Coulée du Pas de la mort.*
(Martinique.)

Cette lave est dure, pesante, fusible, couverte d'une

---

(1) Olivier, t. I, p. 78. Choiseul, etc.

écorce terreuse ; sa pâte est cornéenne, noire, contenant un nombre médiocre de feldspaths, qui en prennent la teinte ; des péridots olivines remplissent les porosités dont elle est criblée.

Le gissement de cette lave lui donne un intérêt particulier ; elle constitue le massif de la crête d'un courant, rattaché par son extrémité ascendante à la région moyenne du Piton de l'est, l'une des cinq montagnes dont le cratère du Carbet est environné. Cette coulée, dont les parois latérales s'élèvent verticalement comme celles d'une immense muraille, sépare les deux abîmes désignés sous les noms de trou du Diable et trou d'Enfer ; vers son point de jonction au massif des Pitons, elle se projette à une hauteur de près de 4000 pieds, au-dessus de l'Atlantique, et sa largeur n'excède pas 18 à 20 pouces, dans une étendue d'une centaine de toises. Cet effrayant passage, qui est le seul pour arriver au foyer le plus puissant de tous ceux auxquels la Martinique doit son origine, est rendu encore plus périlleux, par les fissures qui divisent cette crête en trois endroits, et qui sont cachées par des graminées arborescentes. L'argilisation des laves de ce courant par l'action météorique qui est si violente dans cette région de l'atmosphère, a diminué progressivement la résistance que lui opposait cette haute crête basaltique, et ses parties les plus exposées tombent en ruines.

IV.ᵐᵉ GENRE.

Lave Basanitique.

Composition : base de basalte ou d'amphibole contenant essentiellement des pyroxènes, et accidentellement du feldspath vitreux ou compacte, du mica, du quartz, de la stéatite.

Structure empâtée, porphyroïde, pâte compacte, grenue, ténacité très-grande.

Cassure unie ou raboteuse.

Couleur dominante : noir ou noir bleuâtre.

Gissement : Guadeloupe ; ravins du Saut-au-chien. Martinique ; Céron du Sud, lit de la Rivière chaude.

Espèces.

Basanite cellulaire. — *Céron du Sud; morne Guirlande* (Martinique.)

Cette lave, que dans plusieurs cas nous n'avons pu distinguer que difficilement des dolérites, se retrouve aux deux extrêmités de la Martinique : au Céron du sud, à l'ouvert de la vallée des Côteaux, et dans les escarpemens de la Rivière chaude, au pied du morne Guirlande, l'une des coulées laviques de la Montagne pelée. Dans les volcans du sud, elle est très-dure, quoique étincelant faiblement, sa pâte est noire, tirant sur le brun ; elle contient des pyroxènes, des feldspaths lamellaires et brillants, des feldspaths compactes, petits, nombreux et obscurs, de la chlorite terreuse, jaune-verdâtre, remplissant les porosités, qui sont peu multipliées et médiocrement grandes. Cette lave n'a qu'une faible action magnétique.

Il n'en est point ainsi des spécimens analogues, recueillis à la Guadeloupe; ils agitent l'aiguille aimantée à plus de 4 lignes ; leur cassure est raboteuse, leur couleur mélangée de brun-roux, de noir brun et de gris ; la première nuance est celle des interstices nombreux qui s'offrent entre la pâte et les cristaux de pyroxène et de feld-spath : on y distingue des noyaux qui ont 4 ou 5 lignes de grand diamètre, et que nous avons pris pour des mésotypes.

Le basanite de la rivière chaude est très-dur, quoique très poreux ; sa pâte tire sur le gris, ses pyroxènes sont petits et nombreux, les feldspaths lamellaires très-brillans, les feldspaths compactes, éteints et rares. L'action magnétique est comme dans la précédente. Le lit du torrent où l'on trouve cette lave, est une crevasse profonde, pratiquée par les commotions volcaniques, dans le massif minéralogique de la Montagne pelée, et où jaillit une source thermale.

Basanite sphéroïdale. Vallées des Antilles.

On trouve, dans presque toutes les vallées des Antilles, des laves d'une forme sphéroïdale, plus ou moins parfaite. Il est vraisemblable que les unes se sont arrondies, lorsque projetées par les cratères, quand leur refroidissement ne leur avait point encore fait perdre leur fluidité ignée, elles ont été soumises à un mouvement sidéral, dans l'espace, ou sont descendues en roulant sur la pente rapide des cônes volcaniques. Il en est aussi qui paraissent tenir leur forme de l'action des eaux de la mer, sur leurs angles, et d'autres qui semblent ne la devoir qu'à un mode de décomposition particulier. En considérant avec attention la première et la dernière causes, elles semblent ne point être étrangères l'une à l'autre; l'effet d'une projection considérable imprimée à un corps soumis à la fluidité ignée, paraît être de lui donner une forme sphérique, et aussi de déterminer, dans l'ensemble de ses molécules, une force d'aggrégation qui décroît du centre à la circonférence; d'où il résulte une résistance aux perturbations atmosphériques, qui varie selon la distance de l'extrémité du rayon, et produit la singulière décomposition de ces laves, par couches concentriques superposées.

On ne peut douter toutefois qu'un grand nombre de basaltes sphéroïdaux ne doivent leur configuration aux mêmes causes qui ont agi sur les cailloux roulés. Pour s'en convaincre, il suffit de remarquer leur gissement; ils se trouvent principalement dans les vallées qui séparent les divers foyers volcaniques de chaque île, et que les flots de l'Atlantique parcouraient jadis avec une impétuosité d'autant plus grande, que presque toutes sont dans la même direction que les vents alisés et le grand courant de l'Océan équatorial. Il est probable que les blocs informes, lancés par les bouches ignivômes et roulés dans ces vallées, y furent long-temps charriés par les eaux, qui usèrent insensiblement leurs angles et leurs rugosités; cette conjecture est confirmée par l'observation de ces vallées, où, toutes les fois qu'on rencontre des traces du séjour des flots, on est sûr de trouver une multitude de laves en boules. Au pied du morne Pitaud, entre le foyer du Vauclin et celui des Roches-Carrées, il y en a des amas de plus de 25 mètres de hauteur. Il y a trois siècles qu'Oviédo rapportait qu'à Cuba, dans une vallée qui gît entre deux hautes chaînes de montagnes, on observe, dans une étendue de 3 lieues, une multitude de pierres parfaitement rondes comme des boulets.

Les causes qu'on vient d'indiquer ayant agi indistinctement sur des laves spécifiquement différentes, il y a des sphéroïdes de cornéenne homogène, d'autres de basanite compacte, d'euryte porphyroïde et de porphyre varié. Cependant il est rare d'en trouver de cette dernière espèce, ce qui fournit une nouvelle preuve à la théorie de la superposition des porphyres, par les roches à base de cornéenne, puisqu'en admettant que les premiers sont enfouis plus profondément que les secondes, il faut en induire qu'ils n'ont pu être arrachés des entrailles de la terre, que par de grandes et puissantes éruptions, pendant lesquelles les laves fluaient en vastes courans, au lieu d'être projetées partiellement, ainsi que l'ont été, dans leur origine, celles qui ont pris une forme sphéroïdale.

La Martinique, dont les six grands foyers volcaniques ont été primitivement séparés par des vallées dont l'élévation au-dessus du niveau de la mer n'est encore que peu considérable, est l'une des Antilles où l'on rencontre le plus souvent des basaltes qui ont cette configuration. Il y en a une multitude dans les vallées de la Roxelane, de la Grande-Capote, du Robert, des Roches-Carrées, du Français, des Côteaux, etc.

V.ᵐᵉ GENRE.

Lave Dioritique ou Diabasique.

Composée essentiellement d'amphibole hornblende et de feldspath compacte, enveloppant souvent des pyrites, du mica, de la stéatite, du pyroxène, du fer titané, etc.

Structure le plus souvent grenue, quelquefois à grains fins, rarement feuilletée.

Dureté et ténacité très-grandes.

Cassure raboteuse.

Couleur : verd-noirâtre ou grisâtre, ou noir-verdâtre tacheté de blanc.

Gissement : Martinique, Guadeloupe.

ESPÈCES.

Diorite ou Diabase granitoïde. — *Escarpemens de la rivière l'Or.* (Martinique.)

Cette lave se trouve dans les escarpemens de la planèse l'Archer, qui forment une partie de l'enceinte ténébreuse où sont enfermées les eaux du lac l'Or. Le grain en est fin, la pâte compacte; sa couleur noir-verdâtre s'est étendue sur les cristaux de feldspath, qu'on ne distingue point au premier coup-d'œil; elle contient : 1.° de l'amphibole en cristaux volumineux, chatoyans, d'un noir très-intense ; 2.° du fer spéculaire, en paillettes oblongues, très-minces, brillantes et très-petites.

On pourrait rapporter, à ce genre, plusieurs espèces de laves de la Guadeloupe, et d'autres des volcans du sud de la Martinique, mais le feldspath compacte s'y montrant à peine, nous les avons désignées dans les espèces du genre basanite et amphibolite.

VIme GENRE.

Lave Amphibolitique.

Composition : base d'amphibole hornblende, empâtant du feldspath, du mica et accidentellement des pyrites et du titane.

Structure grenue, cristallisée, uniforme ou irrégulière.
Solidité et ténacité souvent considérables.
Cassure raboteuse.
Couleur dominante : noir.
Gissement : Guadeloupe, Martinique.

ESPÈCES.

Amphibolite porphyroïde. — *Rivière du Macouba ;* (Martinique.) *Plateau de la Soufrière ;* (Guadeloupe.)

Cette lave présente une pâte d'amphibole hornblende, dans laquelle sont disséminés, à la manière des porphyres, 1°. des cristaux de feldspath assez gros, mais en petit nombre, et comme fondus dans la masse ; 2.° des pyrites très-brillantes ; 3.° des cristaux d'amphibole très-gros, et formant une partie considérable des roches fragmentaires ; 4.° et enfin, dans la lave de la Guadeloupe, du soufre sublimé, qui remplit les cavités des cellules, dont la pâte est assez souvent criblée.

L'amphibole est, en général, l'une des substances les moins répandues parmi celles constituant les roches vol-

MINÉRALOGIE. 457

caniques des Antilles ; et il y a lieu à placer plutôt parmi les basanites, les variétés qui semblent, à quelques égards, se rapporter aux amphibolites.

VII.me GENRE.

Lave Dolćritique.

Composée essentiellement de feldspath lamellaire et de pyroxène.
Structure grenue, uniforme et cristallisée.
Solidité médiocre, dureté variée.
Cassure raboteuse ou grenue.
Couleur dominante : noir-grisâtre ou verdâtre.
Gissement : Guadeloupe, revers de la montagne Saint - Louis, etc.; Martinique, aire du volcan éteint de la Montagne pelée, basaltes columnaires des Roches-Carrées, etc.

ESPÈCES.

Dolérite vitreuse. — Sommet de la Montagne pelée.
(Martinique.)

Cette lave est dure, pesante, étincelant faiblement, agissant à 4 lignes sur l'aiguille aimantée. Sa pâte est formée de feldspaths lamellaires qui lui donnent un éclat vitreux, et qui enveloppent des pyroxènes petits et en nombre peu considérable ; sa couleur est grise.

Elle constitue le massif du Piton de l'Observatoire, qu couronne l'orle du cratère des Palmiers, au sommet de la Montagne pelée; étant exposée aux perturbations atmosphériques les plus violentes, elle prend un aspect terreux et des nuances de brun, qui annoncent la perte de l'oxide de fer qui la colorait; en effet, les spécimens, qui sont ainsi, cessent d'avoir aucune action magnétique; il en est tout différemment des blocs irréguliers, qu'on trouve sur le bord sud-ouest du lac qui occupe la capacité du vieux cratère, et présente la même configuration et la même origine que l'*atrio del cavallo*, entre le Vésuve et la Somma. Quoique enveloppés de lichens, ces blocs n'offrent aucun signe de décomposition; il en est d'autres également bien conservés, enfouis dans les hautes escarpes de la Rivière chaude, sous les ponces qui recouvrent toutes les coulées de laves de ce grand foyer.

Il est très-remarquable que tandis que l'un des deux cratères, ouverts au sommet de la Montagne pelée, est formé d'une dolérite vitreuse, l'autre, dont l'antiquité semble manifestement plus reculée, présente dans son orle septentrional, une lave porphyritique, à gros feldspaths, enveloppés dans une pâte pétrosiliceuse et de couleur violâtre.

Dans les vallées de la côte occidentale, qui séparent les courans projetés par les volcans secondaires du Saint-Gilles, il y a une lave analogue, en blocs très-gros, gissant sur la pente des côteaux argileux, formés par la décomposition d'autres substances plus anciennes, ou moins résistantes ; le feldspath lamellaire y est très-abondant, et les pyroxènes informes ; de petits feldspaths blanchâtres s'y montrent aussi. Ces blocs paraissent avoir été lancés isolément par le Saint-Gilles, et être d'une origine très postérieure aux reliefs de cette partie de l'île.

Dolérite prismatique. — *Morne des Roches-Carrées.*

Pâte compacte, presque terne, noir-grisâtre, étincelant vivement ; cassure raboteuse, agissant sur l'aiguille aimantée, contenant beaucoup de feldspaths vitreux, lamelleux, pellucides, blanchâtres, brillans, ayant un millimètre de longueur dans leur plus grande étendue.

Cette lave paraît être la seule de toutes celles des Antilles françaises, qui ait reçu la configuration columnaire ; elle est l'origine du nom donné, à la Martinique, à un groupe de montagnes, constituant les reliefs projetés par un ancien foyer volcanique. La régularité de ses formes a fixé, depuis long-temps, l'attention des habitans de cette partie de l'île ; cependant, ils n'ont pas même soupçonné quelles en étaient les causes, et l'existence de basaltes prismatiques, dans l'Archipel d'Amérique, n'a encore été signalée par aucun voyageur.

Ceux que nous avons découverts sur la croupe septentrionale du morne des Roches-Carrées, sont des prismes hexagones réguliers, longs d'un à deux mètres, épars, sans ordre, dans un espace circonscrit, sur le versant de la montagne. Ils diffèrent entre eux de dimensions, et sont réunis par groupes dont le plus nombreux est seulement de douze à quinze. On ne peut douter qu'il n'y en eut autrefois un plus grand nombre, et que même il ne soit possible d'en trouver davantage aujourd'hui. Beaucoup ont été enlevés pour servir à la construction des fabriques appartenant aux habitations voisines, où ils sont employés comme seuils ou chambranles de porte, ou marches d'escalier, sans qu'il soit nécessaire de rien changer à leur forme; beaucoup d'autres gissent sur la pente de la montagne, à 150 mètres au-dessus du niveau de la mer; ils sont à demi-enfouis dans l'argile provenant de la décomposition des laves, ou bien ils sont cachés par d'épais massifs de verdure, que les lianes et les Trigonocéphales rendent impénétrables. Quelques-uns qui sont engagés dans la maçonnerie des murs de clôtures, sont tétraèdres, si l'on en croit quelques nègres, que nous interrogeâmes, et qui nous assurèrent qu'il en existait une multitude de cette forme, dans un ravin escarpé, ouvert sur le versant opposé de la montagne, vers la baie du Robert.

Ces basaltes sont très-bien conservés; leurs surfaces sont planes, unies, altérées seulement, dans une épaisseur de 5 à 6 millimètres, où l'érosion que produit l'action atmosphérique, se manifeste par une ocre ferrugineuse, blanc-jaunâtre, et presque friable. Leur nature est la même que celle des blocs irréguliers, qu'on trouve sur les versans méridionaux du morne Pitaud, soit vers le Lamentin, soit vers le François. Ces blocs ont souvent un diamètre de 15 à 20 pieds : ils sont la plupart quadrilatères, isolés, dressés sur la pente du morne, au milieu d'un sol argileux très coloré, couvert d'une belle verdure et d'où s'élèvent des arbres hauts et touffus; le temps n'a que légèrement corrodé leur surface; ils conservent toute leur dureté et leur pesanteur, et ils rendent un son vitreux. Nous n'avons pu reconnaître si les prismes basaltiques, qui se trouvent aux Grenadins, appartiennent à la même espèce de laves, comme leur apparence extérieure donne lieu de le croire.

Il est digne de remarque que les dolérites prismatiques des Roches-Carrées, et les blocs irréguliers du morne Pitaud gissent sur les deux faces opposées du même volcan, à des hauteurs correspondantes et au-dessus de vallées profondes où l'on trouve des témoignages du séjour de la mer.

Dolérite noire. — *Volcans du sud* (Martinique.)

Les laves doléritiques forment une partie très-considérable de celles des volcans du sud de la Martinique. On en trouve une très-dure, de couleur noire, constituant des coulées dont le morne la Plaine est le centre ; elle a une action magnétique beaucoup plus faible que celle de ses analogues, à la Guadeloupe. Ses feldspaths lamellaires sont d'un éclat vitreux très-grand ; ils sont empâtés fortement, avec des pyroxènes longs de plus d'une ligne. On trouve cette lave à l'anse Mitan, près la caye du Cohé, au Céron du sud, dans les ramifications du morne Constant ; et en plusieurs endroits de la côte, vers le cap Salomon ; elle offre des formes fissiles vers les extrémités de ses coulées.

Nous supposons que cette lave constitue les énormes blocs quadrilatères, qui couronnent le pourtour du morne la Plaine, et que nous n'avons pu entamer avec le marteau du mineur. Ces blocs, qui ont au moins 15 ou même 18 pieds de diamètre, sont rangés, en cercle, sur champ, autour du sommet applati de la montagne, et il y a des raisons de croire qu'ils sont des vestiges des orles éboulés de cet ancien volcan ; le nombre considérable de coulées qui sont parties de ce point, annoncent que ce foyer était beaucoup plus puissant que ne le laisserait soupçonner l'élévation actuelle de la montagne où gissait son cratère, dont vraisemblablement les parois se seront écroulées.

VIIIme GENRE.

Lave Trachytique.

Composition : Pâte pétrosiliceuse, terne et mate, enveloppant des cristaux de feldspath vitreux, renfermant accessoirement du pyroxène, de la chlorite, etc.
Structure empâtée, porphyroïde, pâte compacte, terne.
Cassure inégale à petits grains, opaque, très-raboteuse.
Dureté inégale et peu forte.
Couleur générale : gris ou brun.
Gissement : Guadeloupe, les Saintes, Sainte-Lucie, la Martinique.

ESPÈCES.

Trachyte compacte. — Roches-Carrées, Poste-le-Maître.
(Martinique.)

Cette lave est dure, sonore, à pâte fine, presque homogène, contenant seulement du feldspath lamellaire d'un éclat vitreux ; elle étincelle et agit à 4 lignes de distance sur l'aiguille aimantée ; sa couleur est grise, tirant sur le bleuâtre et se changeant en noir-brun par l'action météorique.

Elle se trouve, 1.° en blocs très-gros sur le versant

sud-sud-ouest du volcan éteint des Roches-Carrés ; 2.° en fragmens, en tables quadrilatères et en masses amorphes, superposées, sans ciment intermédiaire, sur l'arête aiguë du sommet de la montagne du Vauclin, à environ neuf cents mètres au-dessus du mer ; 3.° en blocs épars dans la vallée du Saint-Esprit, qui sépare l'aire des foyers du Vauclin et des Roches-Carrées, 4.° en masses posées de champ, sur les versans du grand courant porphyritique sorti de la petite Montagne, au pied des pitons du Carbet, et formant ce qu'on appelle les postes le Maître et Savary.

Elle constitue une grande partie du massif minéralogique du piton du Vauclin, et se retrouve dans beaucoup de reliefs de la Guadeloupe, qu'on ne peut désigner faute de noms connus généralement.

Trachyte cellulaire. — Flanc de la Planèse l'Archer, Morne Saint-Gilles. (Martinique.)

La pâte de cette lave est d'un grain fin, serré, solide ; elle est d'une pesanteur et d'une dureté très-grandes ; sa couleur est grisâtre ; elle est homogène. Les traces des fluides élastiques y sont nombreuses et remarquables ; ce sont des cellules irrégulières, d'un diamètre excédant souvent une ligne et demie, et dont les cavités sont tapissées de chlorite jaunâtre, d'un grain terreux. On trouve, dans beaucoup d'autres, du péridot olivine, en cristaux jaune-verdâtre, demi-transparens, ayant une demi-ligne de longueur.

On trouve cette lave, dans les escarpemens de la rivière l'Or, sous les épais massifs de lianes et d'arbustes, qui garnissent les bords de ce torrent, au-dessous du lac, d'où ses eaux s'échappent par plusieurs brèches.

La Guadeloupe offre dans ses montagnes, un grand nombre de trachytes cellulaires, parmi lesquels nous en distinguons un dont la pâte pétrosiliceuse est très-fine, colorée en brun-rouge et criblée de cellules, dont la forme oblongue annonce que le courant, auquel cette lave appartient, a coulé dans une direction méridionale.

A la Martinique, en remontant vers le morne Saint-Gilles, la crête étroite d'un haut courant de lave appelé du nom de Desnambuc, le patriarche des colonies françaises, on trouve un trachyt cellulaire remarquable par sa dureté, la finesse et la compacité de sa pâte, et par la propriété d'agir à 6 lignes de distance sur l'aiguille aimantée ; sa couleur est grise, sa cassure mate et inégale ; ses cellules sont nombreuses, irrégulières, oblongues, d'une ligne d'étendue, garnies d'une substance jaune-pâle, terreuse, mammelonée, supposée être de la chlorite ; ses feldspaths lamellaires sont multipliés, brillans, pellucides, épars ; il y a dans quelques spécimens des cristaux d'un verd-olive assez agréable, qu'on a reconnu pour des péridots chrysolithes.

Trachyte caverneux. — *Cratère du Vauclin.*
(Martinique.)

Cette lave est l'une des plus remarquables parmi les cellulaires de la Martinique ; elle est presque homogène, dure, étincelante, à cassure raboteuse, d'un aspect vitreux, à angles vifs et coupans, d'une couleur noir-brun, peu intense, obscurcie à l'extérieur par l'oxidation du fer, que l'action atmosphérique fait affleurir. Elle agit à 5 lignes de distance sur l'aiguille aimantée; ses cavités sont des porosités et des cellules ovales, elliptiques, de 4 à 5 lignes de grand diamètre, et même du double de cette étendue, dans plusieurs échantillons; dimensions qui jointes à la multiplicité des cellules, prouvent quelle était l'abondance des gaz à l'influence desquels cette lave était soumise. En effet, l'examen des lieux où elle gît appuie cette induction. Elle forme un large courant, surmonté de plusieurs monticules, qui s'étend depuis l'ancien cratère du Vauclin jusqu'au rivage du Sans-Souci. Il paraît que l'écroulement de l'orle oriental de ce foyer ayant comblé l'issue qui était ouverte, au pied de la montagne, aux gaz élastiques, ceux-ci s'échappèrent latéralement avec une coulée de lave, qui conserve encore la trace de leur séjour. Il est permis de croire par la conservation parfaite de ce trachyte, qui est éminemment résistant, qu'il appartient à la dernière époque de l'activité du foyer du Vauclin, ce que confirme le degré d'altération des autres laves.

IX.me GENRE.

Lave Euritique.

Composition : base de pétrosilex, ou de feldspath grenu, renfermant accessoirement du feldspath cristallisé, et accidentellement du quartz, de l'amphibole, des pyrites, du pyroxène.

Structure empâtée.

Cassure raboteuse.

Dureté inégale.

Couleur : gris-brunâtre.

Gissement : Martinique, mornes Desnambuc, Tartanson, etc. Guadeloupe, Pointe-Noire, Baie-Mahaut, etc.

ESPÈCES.

Eurite porphyroïde. — Morne Tartanson, etc. (Martinique.)

Cette lave est composée d'une pâte brune, contenant : 1.° des feldspaths compactes, très-nombreux, petits, irréguliers, sans éclat, de moins d'une ligne de diamètre, contractant la couleur obscure de la base; 2 ° des feldspaths lamellaires, durs et très-déliés; 3.° quelques pyroxènes noirs, très-petits, manquant même dans beaucoup d'endroits; 4.° de la chlorite, variant du vert-jaunâtre au brun, ayant souvent un aspect terreux, ou se montrant sous la forme de prismes infiniment petits. Cette substance remplit ou tapisse les cavités produites, dans cet eurite, par les gaz élastiques, et disposées en lignes parallèles à la direction des coulées volcaniques.

Cette lave n'est altérée qu'à sa surface, où il effleurit de l'oxide de fer, sous une forme ochreuse; elle est très-dure, étincèle facilement, et fait varier l'aiguille jusqu'à deux lignes de distance; lorsqu'on la brise, ses angles sont vifs et tranchans. Ses cellules sont arrondies, nombreuses, ayant tout au plus une ligne de diamètre, et presque toujours la moitié moins.

L'un des plus vastes courans basaltiques du foyer du Carbet, celui qu'on désigne sous les noms de mornes Folleville, Patate et Tartanson, est formé, en grande partie, de cet eurite porphyroïde. Il est très-remarquable par sa structure fissile, qui rappelle celle des laves de l'Auvergne. On peut l'observer, dans un développement de près de 3000 mètres, le long des escarpemens qui bordent la rivière Madame ou Desnambuc, se divisant naturellement en tables plus ou moins épaisses, mais exactement parallèles. Vers le centre du courant, ces tables sont inclinées à l'horison de 12 à 15° dans la direction de la ligne de plus grande pente; mais elles sont souvent redressées en sens contraire, sur les flancs de la montagne, notamment à l'endroit appelé le Rocher, à 146 mètres, ou 75 toises au-dessus du niveau de la mer. Cette dernière situation est évidemment accidentelle, puisqu'alors les tables sont presque toujours bouleversées et divisées par des crevasses verticales, qui marquent les perturbations violentes qu'elles ont éprouvées. Ces tables ont une épaisseur qui varie de 12 à 15 pouces; leur dureté et leur poids considérable ne permettent pas de les déliter, pour s'en servir comme des basaltes fossiles, qu'on exploite sur la croupe du mont Mésin, dans le département de l'Ardèche, et qui, divisés en feuillets suffisamment minces, peuvent être employés comme des ardoises, à couvrir les maisons.

Les mêmes causes qui ont déterminé, dans ces eurites, la forme fissile et tabulaire, ont agi, en beaucoup d'autres lieux, avec une action moins complète, d'où sont résultées des ébauches de configuration prismatique. On en trouve des exemples remarquables aux Grenadins, à la Guadeloupe, et surtout à la Martinique : à l'anse Paradis, la pointe la Vierge, la batterie Sainte-Marthe, etc.

Cette espèce de lave paraît avoir été éructée principalement par les foyers secondaires ; elle ressemble aux cornéennes par la couleur de sa pâte, et aux porphyrites par ses feldspaths compactes ; mais elle diffère des premières parce qu'elles sont généralement homogènes, et des secondes par la couleur rouge de leur base, et le volume bien plus considérable de leurs feldspaths ; le mode de décomposition n'est pas non plus semblable ; les laves euritiques se changent par l'action météorique en une terre siliceuse, graveleuse, ne variant guères que du blanc au jaune, tandis que les porphyrites se réduisent en une argile tenace et vivement colorée ; il y a aussi entre elles cette différence, qu'elles prennent fréquemment des formes fissiles, qu'on n'observe point dans les laves à base de porphyre.

Il y a des eurites porphyroïdes, dans la vallée du Céron, entre l'aire volcanique du morne la Plaine et celle de la Régale ; on en trouve encore sur les versans du morne Crève-Cœur et du Palmiste, qui forment l'encaissement de la vallée du Lorrain. Dans les laves de ce dernier relief, qui sont d'un aspect terreux et parfois d'un grain presque friable, il y a du fer spéculaire en lames polygones, à six ou huit côtés ; les cristaux les plus grands ont un diamètre d'une ligne et demie ; les plus petits ne sont visibles qu'à la loupe. L'acier le plus brillant ne surpasse point en éclat ce fer spéculaire, que les Nègres prennent pour des diamans ; la lave qui le contient a perdu

MINÉRALOGIE.   469

sa propriété magnétique, mais les cristaux agitent l'aiguille aimantée jusqu'à 7 lignes de distance.

Xme GENRE.

Lave Mélaphyrique.

Composition : pâte noire d'amphibole pétrosiliceux, enveloppant des cristaux de feldspath.
Structure empâtée, porphyroïde, pâte compacte ou cellulaire.
Cassure unie, conchoïde.
Dureté très-grande, susceptible d'un beau poli.
Couleur : noir tacheté de blanc quelquefois.
Gissement : Martinique, Guadeloupe, Tabago.

Espèces.

Mélaphyre demi-deuil. — *Morne Malheureux, orle du cratère du Marin.* (Martinique), etc.

Cette lave est l'une des plus dures et des plus belles des Antilles ; la pâte en est compacte, d'un grain serré, égal, et la couleur d'un noir de fer très-intense ; sa cassure est conchoïde, ses angles sont aigus et coupans ; elle est singulièrement sonore et sa propriété magnétique est tellement éminente, que les plus petits échantillons agissent à 5 et 6 lignes de distance sur l'aiguille aimantée. Quelque homogène qu'elle paraisse au premier coup d'œil, on distingue dans sa pate, en l'examinant avec soin, des cristaux blancs, et parfois des pyroxènes très-petits.

Cette espèce est la plus rare de toutes celles qui appartiennent à la Martinique; elle ne se trouve que dans l'aire du foyer volcanique le plus ancien; elle constitue la région supérieure du Morne Malheureux, l'un des segmens de l'orle du cratère du Marin. Elle y est en grandes masses indivises, semblables à celles des coulées basaltiques, et il est fort difficile de l'attaquer avec le marteau, de manière à en obtenir des fragmens; on la retrouve encore dans le prolongement méridional du Morne Malheureux, vers la mer, au-dessus de la pointe Dunkerque; elle existe en morceaux erratiques dans la capacité du cratère, aux environs de l'habitation, dont les cultures couvrent le fond de cette ancienne bouche ignivôme.

A la Guadeloupe, ce mélaphyre paraît former de grandes coulées dans les escarpemens de la montagne des deux Mamelles; on peut la recueillir à leur pied, en blocs très-gros; ici, elle ne contient point de pyroxènes; mais les cristaux de feldspath, quoiqu'encore très-petits, sont du moins apparens et ont conservé leur blancheur. Cette lave agit à la distance d'un demi-pied sur l'aiguille aimantée. Il est digne de remarque, qu'à la Guadeloupe comme à la Martinique, elle appartient aux foyers volcaniques, dont l'antiquité est la plus reculée.

Mélaphyre cellulaire — *Cratère du Marin.*

Cette lave, qui ne diffère de la précédente, que par les cellules très-petites, laissées dans sa pâte par les gaz élastiques, se trouve en grande masse indivise, dans la base orientale du Morne Malheureux, du côté de l'intérieur du cratère du Marin.

XI.me GENRE.

Lave Porphyritique.

Composition : pâte de pétrosilex rouge ou rougeâtre, enveloppant des cristaux de feldspath ; accessoirement du quartz, du mica en cristaux disséminés, et accidentellement des pyrites.

Structure empâtée porphyroïde, pâte compacte, rarement cellulaire.

Solidité très-grande, par fois aigre, dureté égale, susceptible d'un beau poli, cassure unie.

Couleur rouge ou rougeâtre, passant au gris et au blanc par l'action des fumeroles volcaniques.

Gissement : Martinique, Pitons du Carbet, Montagne pelée, Rocher du Diamant, Morne l'Archer. — Guadeloupe, montagne des deux Mamelles, — Montserrat, montagne de la Soufrière.

Espèces.

Porphyre granitoïde — Volcan du Carbet.
(Martinique, etc.)

La plus grande partie des courans projetés par le vaste foyer des pitons du Carbet, sont formés de cette lave. On la retrouve dans presque toute l'aire d'action de ce volcan, sous divers aspects, et dans un état de décomposition plus ou moins avancée; ce n'est guère que les spécimens enfouis à une certaine profondeur, qui conservent leurs propriétés primordiales, et peuvent étinceler, rayer le verre, et offrir une forte résistance au marteau.

La base est une pâte à grains fins, de couleur rougeâtre, tirant sur le violet pâle et passant au blanchâtre par l'érosion. Les feldspaths qu'elle contient, sont en si grand nombre, qu'ils forment la moitié de sa masse ; ils sont d'un blanc mat, assez semblable à celui de la cassure que présentent les porcelaines modernes ; il s'y trouve abondamment des micas hexagones, de 3 à 6 lignes de diamètre, et d'une nuance violette et miroitante; on y remarque aussi des pyroxènes fréquemment altérés, d'une couleur ferrugineuse, et du feldspath lamellaire très-exigu, et que son éclat seul peut faire discerner.

Il est très-remarquable que les laves du volcan du Carbet abondent en feldspaths et en mica, comme celles des monts Euganéens d'Italie, tandis qu'aucun produit, soit des autres foyers de l'île de la Martinique, excepté un seul, soit de tous ceux de la Guadeloupe, n'offre la dernière de ces substances. Il est également singulier que ce soit du plus puissant de ces foyers que sont sorties intactes les deux espèces de pierres, qui, dans nos fourneaux, sont le plus souvent fusibles.

La lave porphyritique granitoïde, telle que nous venons de la décrire, se trouve spécialement dans les reliefs adjacens à la base du piton méridional du Carbet, vers la Savane Dumauzé; elle constitue la grande coulée dont se forme le plateau l'Archer, au nord de la petite Montagne ; elle existe en grande masse dans les escarpemens du Morne Balata, près les eaux thermales;

ici, sa couleur est blanchâtre; ses feldspaths, qui sont très-gros, sont d'un blanc éteint; elle contient, outre des micas noirs hexagones, un grand nombre de pyroxènes, et des noyaux, dont la substance blanche et transparente est indéterminée. Le nombre en est très-grand et la pesanteur de cette lave est considérable, même lorsqu'elle est altérée; dans les échantillons qui le sont le moins, l'action magnétique s'étend à une distance de quatre lignes.

Il y a quelques variétés dans les fragmens de ce porphyre arrachés au massif minéralogique du Piton de l'Est, sur sa déclivité extérieure, à 1400 mètres environ au-dessus du niveau de la mer; sa conservation est bien plus grande, que semble ne le comporter un pareil gissement, au milieu de la région des météores les plus violens; sa cassure est inégale, sans être terreuse; sa pâte est fine, sa couleur violette, ses feldspaths nombreux, blanchâtres, inaltérés, long de moins d'une ligne; on y trouve encore empâtés, des micas noir-doré, ayant huit lignes d'un angle à l'autre; des pyroxènes peu remarquables; des feldspaths lamellaires, vitreux, très-petits; des mésotypes en noyaux globuleux, irréguliers, radiés du centre à la circonférence, blanchâtres, vitreux, d'une structure lamelleuse, tapissant, ou remplissant tout-à-fait des cavités semblables à celles produites par les gaz élastiques; enfin des péridots olivines, en cristaux amorphes, par fois angulaires, d'une cassure vitreuse, d'un jaune vert, passant au brun, sans doute par un commencement de décomposition. Cette lave intéressante, que nous avons observée à différentes hauteurs sur la déclivité extérieure du vaste foyer de l'ancien volcan du Carbet, semble constituer la plus grande partie des pitons qui environnent son cratère ; sa pâte n'a qu'une faible action sur l'aiguille aimantée ; mais ses micas et ses pyroxènes la font varier à plus de 3 lignes de distance.

On trouve une lave porphyritique analogue, mais d'une altération plus grande, sur les flancs du gros Morne du Diamant, haute péninsule qui forme le saillant le plus méridional de l'île, dans le canal de Ste.-Lucie, vis-à-vis le rocher insulaire portant le même nom. Ce grand relief, qui paraît avoir été l'un des foyers primitifs de cette partie de l'île, est, avec les pitons du Carbet, le seul où l'on trouve des laves micacées, et l'on verra ailleurs, qu'il est également remarquable par les argylophyres et les mimophyres qui sont à sa base, près de l'anse Cassin.

Les montagnes centrales de Montserrat sont formées de cette lave porphyritique, qui s'y trouve dans un bel état de conservation avec de grands feldspaths blancs.

Porphyre brun rouge. — Rocher du Diamant.
(Martinique.)

A 1600 mètres du saillant le plus méridional de la Martinique, se trouve le Rocher du Diamant : c'est un îlet haut, escarpé et presqu'inaccessible. Il est formé d'un porphyre très-dur, et d'une pâte fine, semblable à celle des pétrosilex les plus beaux ; sa couleur est un brun-rouge, tirant sur le violet ; ses feldspaths, sont, de tous ceux qu'on trouve dans les laves porphyritiques des Antilles françaises, les plus grands et les moins éloignés d'une cristallisation parfaite. Ils ont généralement une étendue de deux lignes ; une partie conserve un éclat vitreux, les autres sont d'un blanc mat et éteint, qui manifeste un commencement de décomposition. Les pyroxènes sont grands, nombreux et brillans, et l'on distingue dans la pâte, du feldspath lamellaire, qui présente l'aspect d'aiguilles très-déliées.

On rencontre la même lave sur le rivage voisin, dans les escarpemens du gros Morne; les seules différences qu'on remarque ici, sont : une altération plus grande et une action magnétique plus étendue.

Porphyre violâtre. — Morne Palmiste. (Martinique.)

C'est cette lave, qui, par sa décomposition, forme tous les terrains argileux situés à l'orient des pitons du Carbet à la Martinique; quand elle est exempte d'altération, elle est extrêmement dure, presque vitrifiée, d'un gris violâtre, et contenant un grand nombre de feldspaths, dont la grandeur varie, sans descendre néanmoins à l'exiguité de ceux des eurites porphyroïdes. Elle forme l'ossature des Mornes de la vallée du Galion, et ne présente dans ces lieux, ni micas, ni pyroxènes, ni feldspaths lamellaires.

Dans les temps les plus anciens, le volcan de la Montagne pelée a projeté une lave analogue ; on en trouve des blocs informes dans les escarpemens du lit de la rivière Falaise, grand torrent qui roule dans une fissure ouverte depuis le sommet jusqu'à la base de la montagne. Ce porphyre est très-pesant, quoique d'une dureté médiocre ; la diminution de solidité de ses parties semble résulter plutôt du coup de feu qu'il a reçu, que de l'érosion atmosphérique, dont les effets ne sont point semblables. Dans plusieurs échantillons, il y a des parties scorifiées et d'autres réduites à l'état de ponce, dans un espace de plusieurs lignes de diamètre.

En remontant la vallée pittoresque du Lorrain, vers celui des pitons du Carbet, que nous avons désigné par le nom de cette rivière, nous avons trouvé dans les éboulemens de la base du Morne Palmiste, une lave dont les parties constituantes étaient semblables, mais qui contenait accessoirement des cristaux de feldspath lamellaire, de pyroxène, de mica et de fer spéculaire. Les derniers étaient aplatis, très-minces, octaèdres, ayant le brillant et le poli de l'acier, et un diamètre moyen d'une ligne et demie d'un angle à l'autre. Il est rare à la Martinique de trouver le fer en cet état, ou même dans toute autre combinaison, où il conserve ses caractères métalliques ; la violence des feux souterrains auxquels l'île doit son origine, a détruit, scorifié ou sublimé les filons des métaux qui pouvaient exister dans son plateau sousmarin ; et les vestiges qui en sont restés, supposent tous, comme le fer spéculaire du Palmiste, une sublimation produite par les agens de la fusion des laves qui leur servaient de gangue. Il en est à cet égard des petites Antilles, comme des Archipels volcaniques du grand Océan ; mais Cuba et Saint-Domingue, dont le plateau est en partie de roches primitives, ne sont point privées de filons métalliques, comme les îles formées de toutes pièces par les feux souterrains.

Porphyre grisâtre. — *Volcan du St-Gilles*, etc. (Martinique.)

Cette lave est commune à la Guadeloupe et à la Martinique : sa couleur est souvent l'effet des fumeroles anciennes ou des eaux sulfureuses, dont elle a éprouvé l'action ; mais elle paraît avoir aussi une autre origine, puisqu'elle se retrouve dans des coulées qui n'ont évidemment souffert aucune altération depuis leur refroidissement. Telles sont celles qui se montrent autour du volcan secondaire du St-Gilles, à l'ouest des pitons du Carbet ; les laves qui les constituent sont des porphyres grisâtres, parfaitement conservés, pesans, rayant le verre, agissant à deux lignes de distance, sur l'aiguille aimantée, et à plus de six, quand leurs échantillons contiennent des pyroxènes. Leurs feldspaths sont nombreux, mais moins grands que dans les autres porphyrites ; ils sont d'un blanc éteint ; ceux qui sont à l'état vitreux, ont beaucoup d'éclat ; la substance accessoire la plus remarquable est le pyroxène ; il existe dans cette lave, en beaux cristaux octaèdres, noirs, striés, brillans, ayant jusqu'à 7 lignes de longueur.

Au revers occidental du morne Malheureux, vers la rivière Pilote, il y a une lave grisâtre qui ne diffère de celle-ci que par l'exiguité des pyroxènes ; elle se trouve cependant à une distance de plus de 11 lieues et dans l'aire d'un autre foyer.

En pénétrant, par le lit de la rivière du Macouba, jusque dans les flancs de la Montagne pelée, on reconnaît que sous la grande superposition de ponces qui forme la haute région de ce volcan, gissent de vastes courans d'une lave porphyritique, très-dure, très-pesante, d'un gris qui passe au violâtre, et qui est agréable à la vue. Elle contient : 1.° des feldspaths compactes, nombreux et très-grands, ayant souvent une ligne et demie de diamètre, et conservant leur éclat et leur texture primitifs; 2.° des feldspaths lamellaires d'un brillant vitreux très-remarquable; 3.° des pyroxènes bruns, brillans, ayant parfois une ligne de long; 4.° des cristaux d'amphibole, assez considérables, d'un noir intense et éclatant.

Il est remarquable que l'amphibole ne se trouve que dans les laves répandues au nord du volcan de la Montagne pelée; neuf années de recherches n'ont présenté qu'une seule exception à ce fait minéralogique.

La couleur grise et toutes les nuances jusqu'au blanc mat, appartiennent spécialement aux laves porphyritiques décomposées par les émanations sulfureuses des volcans. L'altération produite par cette cause ne permettant pas de reconnaître le genre de ces laves, il faut, par des comparaisons multipliées, qui ne peuvent être faites que sur les lieux, remonter aux parties de cette roche, dont les caractères ne se sont point effacés. C'est ainsi que nous sommes parvenus à déterminer une lave blanche très-intéressante, qu'on trouve dans la vallée du Lorrain, à 2000 mètres seulement du grand massif des pitons du Carbet. C'est un porphyre à pâte très-fine, contenant des feldspaths compactes et vitreux, des pyroxènes à moitié détruits, et des péridots d'un jaune-brunâtre; les parties de cette lave les mieux conservées sont d'un gris-rougeâtre; les autres sont blanches, d'un aspect terreux, pulvérulent; elle font effervescence avec l'acide nitrique, et ces caractères les ont fait prendre pour des pierres calcaires, et même pour du marbre, par des personnes étrangères à toute connaissance minéralogique. Ce mode de décomposition s'explique par la présence d'une multitude de pyrites qu'on découvre groupées par places, dans les spécimens où le phénomène de l'effervescence est le plus apparent. Quelques-unes brillent d'un vif éclat métallique; d'autres, au contraire, sont brunies, obscures, et se décomposent, ce qui doit mettre à nu de l'acide sulfureux, auquel l'argile de la base des laves fournit l'alumine qu'elle contient; cette nouvelle combinaison provoque celle de la terre calcaire qui était enveloppée dans la pâte, et que l'action des acides ne pouvait faire reconnaître auparavant; la quantité qui vient en affleurir à la surface est assez grande pour en imposer un instant sur la véritable nature de cette lave.

Ce singulier mode d'altération, que le savant Dolomieu a observé le premier, dans les îles Lipariennes, n'a d'exemples à la Martinique, que dans les porphyritiques du Lorrain, au pied du morne Crève-Cœur. Il est beaucoup plus fréquent, dans les îles, dont les solfatares conservent, comme celle de la Guadeloupe, quelque reste de leur ancienne activité; mais on doit observer que l'impression des gaz sulfureux sur les laves, soit que ces gaz proviennent de la décomposition des pyrites, ou des fumeroles d'un foyer mal éteint, n'a pas pour effet nécessaire la production de la terre calcaire à la surface de tous les produits lithoïdes. Il semble que ce phénomène n'a lieu que dans la seule décomposition des porphyres; c'est du moins, dans ce genre, que nous l'avons particulièrement observé; et les laves à base de cornéennes, qui, à la Guadeloupe, sont blanchies par les émanations de la soufrière de cette île, et qui, d'ailleurs contiennent une foule de pyrites, ne produisent avec l'acide nitrique, aucune effervescence sensible à l'œil. Cependant on en distingue une très-légère, en plongeant entièrement, dans ce réactif, quelques-uns de leurs échantillons, et en les observant, avec la loupe; ce qui permet de croire que c'est seulement la quantité de terre calcaire qui varie dans les laves à base de roche de corne et dans celles à base de porphyre.

Quoiqu'il en soit, les produits volcaniques de la vallée du Lorrain ne tiennent pas entièrement leur couleur blanche de la croûte pulvérulente de terre calcaire, qui se forme à leur surface; elle résulte aussi de l'oxidation de toutes les particules ferrugineuses que les gaz sulfureux ont enlevées, pour en former de nouveaux produits, tels que les pyrites qui sont en si grand nombre dans ces laves. L'action répétée de ces gaz dans les parties de l'aire du volcan, qui étaient exposées d'abord aux fumeroles de son foyer, et qui le sont encore à la corrosion des eaux sulfureuses, a privé ces laves du fer, d'où résultaient leurs différentes teintes; l'alumine mise a nu a pris sa couleur naturelle : elle a perdu la solidité que le fer lui donnait, et s'offre dans un état de friabilité plus ou moins grand, selon le degré d'altération des fragmens.

Ce qui confirme cette opinion, c'est que parmi de nombreux échantillons, tous ceux où le fer, après avoir formé un sulfate ferrugineux, a servi à la production des pyrites, ont entièrement perdu leur action magnétique, tandis que les autres la conservent, et l'exercent à une distance de trois lignes sur l'aiguille aimantée.

Porphyre cellulaire.—Petite-Montagne, etc. (Martinique).

Les laves porphyritiques sont plus rarement cellulaires que celles à base cornéenne ; elles offrent une autre différence remarquable : leurs cellules sont presque toujours remplies par des substances qui paraissent être d'une formation postérieure et accidentelle, et qui leur donnent l'apparence des laves compactes. C'est seulement aux environs des grands foyers volcaniques qu'on trouve des porphyrites, conservant les traces du séjour des gaz élastiques ; il n'y en a point vers l'extrémité des courans, et l'on peut croire que ces agens parvenaient à se dégager de la lave fluide, lorsque, dans ses progrès, elle parcourait une étendue considérable.

Le porphyre qui constitue la Petite-Montagne, le morne Moco, les escarpemens de la rivière l'Or, est formé d'une base couleur vineuse, contenant : 1.° de gros feldspaths blancs, assez nombreux pour égaler la moitié de sa masse ; 2.° des pyroxènes altérés, couleur de rouille ; 3.° des micas hexagones, noir-violet, ayant jusqu'à 6 et 7 lignes de diamètre ; 4.° des mésotypes arrondis, blancs, transparens, tapissant ou remplissant les cellules de la pâte, qui sont très-multipliées.

Cette lave n'a presqu'aucune action magnétique, quand on en extrait les micas qui agissent à plus de deux lignes de distance sur le barreau aimanté.

Porphyre caverneux. — *Rocher du Fort-Royal.*

C'est une lave qui existe en fragmens dans les lits de brèche volcanique, formant le rocher du Fort-Royal; elle est unique par sa couleur rouge-sinople et son apparence homogène; elle ne contient autre chose que quelques feldspaths lamellaires très-exigus, noyés dans une pâte pétrosiliceuse, à grains fins et serrés. Elle est extrêmement dure, et étincèle vivement; elle est criblée de cellules elliptiques, arrondies, de 3 à 4 lignes de grand diamètre, tapissées d'une croûte grisâtre et comme pulvérulente. Le poli et la forme de ses fragmens, et l'existence de plusieurs mollusques testacés dans ses cellules extérieures, annoncent qu'elle a été roulée et erratique, avant d'être enveloppée dans le tuffa argilo-ferrugineux formant la base de la brèche où elle se trouve, et qui n'est élevée que de quelques pieds au-dessus du niveau de la mer.

XII.ᵐᵉ GENRE.

Lave Argilophyrique.

Composition : pâte d'argilolite, compacte, terne, enveloppant essentiellement des cristaux de spath compacte ou vitreux, accessoirement du quartz, du mica, de l'amphibole, etc.; accidentellement du pyroxène, du quartz, etc.;

Structure empâtée, porphyroïde, pâte compacte, terne, rude, grenue.
Cassure raboteuse, grenue.
Dureté très-faible.
Couleur rougeâtre, blanc-grisâtre ou jaunâtre.
Gissement : Martinique, Guadeloupe.

ESPÈCES.

Argilophyre porphyroïde. — *Volcan du Carbet.*
(Martinique.)

Cette lave constitue le plus grand nombre des courans inférieurs formant l'ossature des reliefs situés à l'orient des pitons du Carbet. Sa pâte est rougeâtre, compacte, souvent terreuse et presque friable, enveloppant des feldspaths blancs, plus ou moins décomposés ; rarement du feldspath lamellaire, souvent des pyroxènes altérés ou des micas hexagones. Cette lave est un porphyre attaqué par la décomposition, qui rompt la cohésion de ses élémens.

Argilophyre cellulaire. — *Morne des Cartouches.*
(Martinique.)

On trouve cette espèce dans les coulées inférieures, qui forment la base du morne des Cartouches, près la ville du Fort-Royal ; sa pâte est d'un violet vineux, ses feldspaths sont blancs, nombreux, de deux lignes de diamètre ; ses pyroxènes sont couleur de rouille ; les cavités pratiquées par les gaz élastiques sont remplies de chlorite verdâtre, abondante, friable.

L'érosion de cette lave est si grande que ses élémens,

quoiqu'ils conservent leurs formes, sont tout près de se désaggréger, et de céder à la moindre pression. Le courant auquel elle appartient n'est élevé que de quelques mètres au-dessus du niveau de la mer; il est superposé par plusieurs lits de brèches et de tuffas très-remarquables. On peut l'examiner dans le contrefort latéral que le morne des Cartouches forme à l'extrémité de la croupe du morne Desaix.

CHAPITRE II.

*Produits volcaniques qui ont subi la vitrification ;
Ponces et Obsidiennes.*

Ponce blanche, homogène, grisé, soyeuse, noire, rouge. — Scorie ; — Rétinite porphyre, verte ; — Obsidienne noire, jaune d'ocre ; — Stigmite quartzeuse, feldspathique. — Gissement spécial de ces produits dans les Antilles françaises.

On ignore encore quelles sont les causes qui font différer l'action que la puissance phlégréenne des volcans exerce sur les substances lithologiques, et pourquoi les laves compactes conservent, malgré la fusion, leurs caractères primordiaux, tandis que les ponces et les obsidiennes les perdent entièrement. Quelques minéralogistes, parmi lesquels nous nommerons Spallanzani, croient qu'il faut attribuer la formation de ces derniers produits à la durée prolongée de l'action des feux souterrains, et non comme on le suppose communément, à leur plus grande intensité ; mais les inductions qu'offrent les faits, portent plutôt à croire que la nature des éjections volcaniques est déterminée par celle des substances minérales dont elles proviennent. On sait que dans le grand nombre des volcans qui ont été soumis à l'observation, il n'y en a que très-peu dont les cratères aient éructé des ponces et des obsidiennes; et comme on ne peut cependant révoquer en doute la puissance et la longue activité de ces foyers, il faut abandonner, dans la recherche de l'origine de ces deux substances, l'opinion qu'elles sont formées par la violence ou la durée de leur ignition. L'exploration minéralogique de la Martinique appuie fortement l'opinion des savans, qui, avec Dolomieu, considèrent les ponces comme les produits de certaines roches, notamment celles à base pétrosiliceuse; les trois volcans de cette île, dont les fouilles ont pénétré jusqu'aux porphyres, ont rejeté des ponces, tandis qu'il n'y a en a point dans l'aire des foyers ouverts dans les roches à base de cornéenne.

Quant à l'origine volcanique de ces produits, qui a été contestée par quelques minéralogistes, si elle pouvait être encore l'objet d'un doute, l'examen géologique des Antilles le dissiperait. On voit dans ces îles, les obsidiennes former une partie des coulées de laves, dont les caractères sont les plus incontestables; on y observe les ponces environnant les cratères qui les ont éructées, et dont la structure est conservée dans tous ses détails; on trouve enfin, les unes et les autres attenant encore dans de nombreux échantillons aux substances dont elles ont été formées, et dont le type est évidemment celui des substances volcaniques.

GENRE I.er

Ponce.

Composition : pâte spongieuse, criblée de pores alongés ou arrondis, contenant du feldspath, du pyroxène.

Texture fibreuse, plus ou moins serrée.

Cassure luisante et soyeuse, dans le sens des fibres, grenue, inégale, terne ou à peine vitreuse, lorsqu'elle n'est pas dans ce sens.

Dureté assez grande pour rayer l'acier et le verre, quoique se brisant facilement.

Couleur: le blanc, le gris, le rouge et le noir.

Gissement: la Martinique, la Guadeloupe, Marie Galante.

Espèces.

Ponce blanche, homogène. — *Haute région de la Montagne pelée.* (Martinique).

Cette ponce est fibreuse, très-légère, surnageant comme celle du Campo Bianco, de Lipari, à laquelle elle ressemble beaucoup ; elle est homogène, et c'est seulement avec le secours de la loupe qu'on distingue dans quelques échantillons des pyroxènes noirs infiniment petits. Elle est d'un blanc éclatant, qu'elle ne doit peut-être qu'à l'action des fumeroles sulfureuses du volcan ; ce qui peut porter à le croire, c'est qu'elle est peu commune, et affecte principalement des localités où des gaz souterrains ont trouvé des issues dans les fissures ouvertes par les tremblemens de terre.

Telles sont entr'autres : les versans, à l'orient de la Montagne pelée, depuis la lisière des bois jusqu'aux pitons des cratères de ce volcan; plusieurs crevasses d'une grande étendue divisent, dans cette partie, le massif minéralogique du cône et paraissent avoir été comme celles du sommet de la Soufrière de la Guadeloupe, les dernières bouches fumantes de ce foyer.

Ponce grise.—*Montagne pelée*, (Martinique), *Soufrière*, (Guadeloupe), *Morne Misery*. (St.-Christophe.)

On peut comprendre dans cette espèce la 2.e et la 3.e de Spallanzani, dont la plus grande différence n'existe que dans le degré de leur texture fibreuse. Les caractères que donnent la pesanteur et la couleur ne sont guères plus tranchés; car, il y a des ponces qui surnagent et d'autres qui s'enfoncent dans l'eau, et on en trouve de toutes les nuances de gris.

Généralement la pâte est très-poreuse, terne, mate, grenue, contenant du feldspath vitreux et du pyroxène, en cristaux singulièrement petits.

Cette espèce se trouve à la Guadeloupe, dans les montagnes qui environnent la Soufrière, et dans celles où la grande rivière Goyave prend sa source ; on la trouve à la Martinique, dans l'aire des volcans du Carbet, à la croupe du Morne Balata, près l'habitation Duclos; enfin, elle forme la grande masse des ponces de la Montagne pelée ; elle est partout en fragmens, qui n'excèdent pas un diamètre de trois pouces, et dont la grosseur décroît en s'éloignant des cratères. Il y en a cependant quelques blocs beaucoup plus grands, qui gissent dans les produits des plus anciennes irruptions ; dans les escarpemens de la rivière Falaise, il y en a qui ont plus de trois pieds, et dont on se sert utilement, pour la construction des fourneaux des sucreries. Au confluent de cette rivière et de la Capote ; il y en avait même un, en 1807, qui avait 7 pieds et demi de diamètre.

Poncé soyeuse. — *Hauteurs de la grande Goyave.*
(Guadeloupe).

Cette espèce, qui existe à la Guadeloupe, est très-distincte des précédentes ; sa pâte au lieu d'être poreuse, grenue et mate, est formée uniquement de fibres soyeuses, qui ont, dans la cassure, l'aspect de feuillets très-minces, parallèles, divisés en quelques endroits par des cellules ; cette ponce est assez pesante, grise, d'un éclat argenté ; elle contient quelques pyroxènes et des feldspaths très-rares.

Poncé noire. — *Macouba, Montagne pelée.*
(Martinique).

Cette espèce, qui est pesante, quoique fibreuse, ne diffère pas essentiellement des précédentes, soit par sa contexture, soit par ses élémens ; elle contient beaucoup de feldspaths vitreux ; sa couleur noire n'est point inhérente à sa pâte, comme on pourrait le croire ; c'est seulement une imprégnation partielle d'une substance bitumineuse, qui se dissipe, en exhalant une odeur assez forte quand on expose les spécimens à l'action d'un fourneau de poterie.

Il y a des ponces noires en grande quantité parmi celles du Macouba, et sur d'autres points du périmètre du volcan de la Montagne pelée, à la Martinique.

Ponce rouge. — *Montagne pelée, Rivière sèche.*
(Martinique).

La couleur remarquable de cette espèce est le seul ca-

caractère qui la distingue des ponces grises ou blanches ; il semble que le rouge très-vif dont elle est teinte, n'est dû qu'à l'expansion locale de quelque oxide de fer, ou à la présence d'une terre ochracée, qui garnit les porosités et les cellules dont la pâte est criblée.

Les ponces rouges ne sont point semées indifféremment parmi les ponces grises ; mais bien réunies en groupes, ce qui permet de conjecturer que leur variété résulte de causes locales et bornées.

Le Vésuve et le Mont-Hékla ont éructé des ponces rouges comme les volcans de la Guadeloupe et les cratères de la Montagne pelée.

Les Caraïbes avaient dans leur langue une expression pour désigner les pierres ponces : *Méoulou* ; ils en distinguaient une espèce qu'on trouvait à Marie-Galante, et qui, quoiqu'elle surnageât comme les autres, en différait par son aspect ; nous présumons que c'était des scories volcaniques, provenant de l'ancien cratère, désigné sous le nom de Cuve à terre glaise, et situé dans la partie orientale de l'île, à peu de distance de la mer, et au milieu des terrains calcaires.

IIme GENRE.

Scorie.

Composition : matières diverses, fondues, altérées, à demi-vitrifiées par l'action des feux volcaniques.
Texture boursouflée, cellulaire, feuilletée, irrégulière.
Dureté variant considérablement.
Cassure inégale, très diversifiée.

Couleur noire, grise, brune, jaune de rouille.

Gissement : incertain dans les îles de la Martinique et de la Guadeloupe.

Les Scories sont des produits volcaniques, que les volcans lancent en masses isolées, ou qui sont entraînées par les coulées basaltiques, sur lesquelles elles surnagent ; leur texture boursoufflée et à grandes cavités pratiquées par les gaz élastiques, les expose à une décomposition rapide ; cette circonstance contribue à les rendre très-rares parmi les produits des anciens volcans, et il paraît d'ailleurs qu'il y a beaucoup de foyers ignivômes, auxquels les scories sont toujours demeurées étrangères. La légereté des matières scorifiées s'opposant à ce qu'elles soient projetées à une grande distance des cratères ; on ne pourrait guères en trouver aux Antilles, que dans les escarpemens qui les avoisinent, et où l'on peut quelquefois distinguer la nature des éjections appartenant à chaque éruption ; mais la hauteur de ces escarpemens, leur inaccessibilité, les lianes qui les couvrent de leurs festons, sont souvent des obstacles insurmontables ; nous avons bien trouvé, soit à la Martinique, soit à la Guadeloupe, une assez grande quantité de scories, même dans des lieux éloignés du séjour des hommes ; toutefois leur examen nous a toujours laissé des doutes sur leur origine, parce qu'en les comparant avec les matières scorifiées, sortant des fourneaux des sucreries, elles ont offert une ressemblance, qui nous a fait suspecter qu'elles en provenaient également. En effet, il se trouve très-souvent, dans les cendres des bagasses, ou cannes à sucre, dont on a extrait le jus, et dont on se sert pour alimenter les fourneaux, des scories boursouflées, ayant l'aspect du mâchefer, et imitant dans les accidens de la structure qu'elles présentent, ceux des scories volcaniques.

Les Caraïbes nommaient Cachali, des ponces légères et flottantes qu'on trouvait à Marie-Galante, et qui différaient des ponces de la Martinique; c'était sans doute des scories volcaniques.

III.ᵐᵉ GENRE.

Rétinite.

Composition : pâte compacte, rarement homogène, d'un éclat vitreux, gras, luisant comme la résine, contenant souvent des cristaux de feldspath.
Cassure inégale, imparfaitement conchoïde, faiblement translucide sur les bords.
Dureté assez grande, éclatant sous le marteau.
Couleur rougeâtre, verdâtre, blanchâtre, par fois mélangée.
Gissement : Martinique, Guadeloupe, Antigues.

Espèces.

Rétinite porphyre.—*Gros Morne des Bois.* (Martinique).

Sa pâte est très-compacte, dure, d'un aspect plus gras que vitreux ; elle est rouge, mêlée de blanchâtre; on y remarque des feldspaths, qui n'ont conservé que leur forme, mais dont la nature est maintenant rétinitique.

On trouve cette espèce en masses éparses, médiocrement grandes dans les terrains argileux, provenant de la décomposition des laves porphyritiques des pitons du Carbet; elle est assez rare.

Rétinite verte. — *Volcan des Mamelles.* (Guadeloupe).

Sa pâte est moins compacte et moins homogène que celle de la précédente ; elle est d'un aspect moins gras, plus vitreux, et ayant plus d'éclat ; sa couleur est un vert mélangé de bleu, et d'une teinte noirâtre ; quelques parties tirent sur le jaune, d'autres sur le rouge. On y distingue quelques feldspaths; elle est divisée en zônes parallèles, dont les fissures sont nuancées de rouge, et sont analogues à celles qu'on remarque dans les produits volcaniques qui ont coulé par l'effet de la fluidité ignée.

Cette rétinite appartient à la Guadeloupe ; nous l'avons trouvée en grands blocs erratiques, à la baie Mahaut, au nord de l'île ; elle provient vraisemblablement des escarpemens du volcan éteint des deux Mamelles.

IV.ᵐᵉ GENRE.

Obsidienne.

Composition : pâte vitreuse, d'un grain imperceptible, semblable à celui du verre, compacte, boursoufflée ou poreuse, opaque en masse, translucide en parcelle.

Cassure conchoïde, à bords tranchans, à ondulations concentriques.

Dureté médiocre, dans les blocs ; très-inférieure, dans les petits fragmens.

Couleur noire, verte ou blanche.
Gissement : Martinique, Guadeloupe.

Espèces.

Obsidienne noir-translucide. — *Sources de la rivière Case-Navire.* (Martinique.)

Cette espèce appartient aux volcans éteints des Antilles, principalement de la Guadeloupe et de la Martinique; cependant elle y est rare, ou peut-être seulement difficile à découvrir par l'effet de la végétation puissante qui couvre les éjections les plus voisines des anciens foyers. On la trouve en masses irrégulières, fragiles dans les ravins profonds du Carbet, à la Martinique, et du Houel-Mont à la Guadeloupe; elle est du noir le plus intense, très-homogène, compacte et sans aucune porosité; mais divisée dans le sens de la longueur des échantillons, par des fissures grisâtres parallèles, d'un aspect pulvérulent; les bords sont translucides dans presque tous les fragmens : nous n'avons pu réussir à trouver en place ce produit volcanique, que nous présumons exister en masses dans les escarpemens inaccessibles du Palmiste et de la planèse l'Archer, où nous avons distingué, à l'aide de la longue-vue, des minéraux dont l'aspect extérieur était semblable; ils gissaient entre des courans de laves porphyritiques, réduits à l'état d'argilophyre, par leur antiquité ou par l'action météorique.

Les fragmens d'obsidienne noire et translucide appartenant à la Guadeloupe, avaient été découverts par Cortès Campomanès, dans les torrens du Houel-Mont, et provenaient probablement des mornes environnant la montagne de la Soufrière.

Obsidienne jaune d'ocre. — *Rocher du Fort-Royal, etc.*

Cette espèce se trouve en blocs erratiques à la Guadeloupe et à la Martinique ; dans cette dernière île, nous l'avons trouvée dans les brèches volcaniques du rocher du Fort-Royal ; ses échantillons ne présentent que dans l'une de leurs parties, la pâte vitreuse, très-fine et très-brillante de l'obsidienne, ressemblant par sa couleur jaune d'ocre à de la résine très-pure. L'autre partie des échantillons est comme scorifiée, fibreuse, fissurée, cellulaire ; elle offre l'aspect des tissus ligneux de la racine de certains arbres ; elle en a la couleur brun de bois, et l'apparence terreuse ; dans le passage d'une partie à l'autre, la pâte change de nature et devient vitreuse, avant de perdre sa couleur brune. Ces spécimens montrent indubitablement les gradations d'une substance transformée en une substance différente par une action qui a été interrompue.

Une obsidienne de même nature, trouvée dans les laves argilophyriques du morne Surrirey, lorsqu'on creusa en 1808, les fossés du camp retranché, en avant du morne Desaix, est couverte d'une écorce très-épaisse d'ocre friable, brunie à l'extérieur.

Une autre obsidienne analogue, provenant des montagnes d'Antigues, présente l'exemple du passage de l'obsidienne résinoïde rouge, à l'obsidienne jaune d'ocre, et de celle-ci à une ocre friable.

V.me GENRE.

Stigmite.

Composition : pâte de rétinite, ou d'obsidienne, renfermant des grains ou des cristaux de feldspath, et accessoirement des grains ou de petits cristaux de quartz.
Structure empâtée, porphyroïde.
Cassure conchoïde, pour la pâte, grenue pour les parties.
Dureté variée, souvent médiocre.
Couleur noire, tâchetée de blanc ou de gris.
Gissement : Martinique, Macouba, Piton du N. O. de la Montagne pelée; Guadeloupe, Hauteurs de la Goyave et autres lieux.

Espèces.

Stigmite quartzeuse. — Lit du Macouba, Escarpemens de la grande Rivière, etc.

Cette espèce de produit volcanique est aussi rare que remarquable ; c'est une pâte d'obsidienne noire, entièrement vitreuse, d'un éclat très-brillant, à cassure conchoïde, contenant une multitude de grains de quartz, blancs, ternes, arrondis, empâtés sans adhésion, et diminuant la solidité de cette roche.

C'est seulement dans l'aire du volcan éteint de la Montagne pelée, le moins ancien de tous ceux de la Martinique, que nous avons trouvé cette stigmite en blocs informes, assez gros, gissant dans les éboulemens du lit, ou plutôt de la tranchée caverneuse où roule le torrent du Macouba ; elle était environnée de ponces de diverses espèces. Nous nous sommes procuré de petits fragmens entièrement semblables, qui provenaient des escarpemens de la grande Rivière, à la base des Pitons du N. O.; hautes projections volcaniques, presqu'inaccessibles, qui ont été formées par des foyers secondaires dans la partie septentrionale de l'aire du grand foyer de la Montagne pelée.

Stigmite feldspathique. — *Hauteurs de la rivière Goyave.* (Guadeloupe.)

Cette espèce est composée d'une pâte d'obsidienne noire, très-vitreuse, contenant des cristaux de feldspath blanc, presqu'entièrement fondus, d'une nuance mate, éteinte, adhérant à la base dans laquelle ils sont disséminés.

Elle conserve quelque apparence fissile, et se casse assez souvent dans le sens qu'indiquent ces traces de division, qui manifestent la direction dans laquelle la matière s'est écoulée. Quoique nous n'ayons trouvé cette espèce qu'en blocs considérables, on ne peut douter, par leur examen, qu'elle n'ait été soumise à la fluidité ignée, et qu'elle n'existe en courans semblables à ceux des laves lithoïdes dans les hauteurs de la grande rivière Goyave, à la Guadeloupe proprement dite.

CHAPITRE III.

Produits volcaniques composés.

Etendue des massifs formés par ces produits. — Tuffas argilo-siliceux ponceux, volcano-calcaires; — Mimophyre argileux; — Laves agglutinées; — Poudingue argiloïde, calcaire, ponceux, zéolitique; — Brèche argiloïde, sulfurique. — Gissement spécial de ces produits composés.

Les produits lithoïdes des volcans de l'Archipel constituent l'ossature de chacune de ces îles; mais pour s'en convaincre, il faut un examen attentif, et le premier coup-d'œil ferait croire volontiers que le massif minéralogique des Antilles est uniquement composé de tuffas, de poudingues et de brèches volcaniques; ces produits empâtés forment de grandes superpositions, sous lesquelles sont enfouies les coulées de laves; ils en recouvrent les flancs et la croupe, et se montrent surtout dans les parties occidentales des îles, qui, avoisinant les établissemens du commerce, sont les plus fréquentées par les Européens. Toutefois pour reconnaître qu'ils ne constituent point la masse des reliefs, il suffit d'observer les escarpemens des vallées, la crête des collines, et la nature de la plupart des terrains de l'intérieur des îles; on y voit les laves en immenses courans ramifiés, superposés, et sans aucun mélange de produits empâtés et composés. Ceux-ci semblent avoir été portés par l'action projectile des foyers, par leur gravitation sur les cônes volcaniques, ou par l'impulsion des eaux pluviales et fluviales, du centre jusques vers la circonférence des aires phlegréennes ; et si l'on suppose qu'ils forment la plus grande partie des éjections de chaque cratère, c'est seulement parce qu'ils s'offrent les premiers et le plus souvent à l'observation.

PREMIER GENRE.

Tuffas.

Composition: Pâte argilo-siliceuse, ponceuse, volcano-calcaire, graveleuse, pulvérulente, terreuse.
Cassure terne, raboteuse, inégale.
Dureté, ou plutôt consistance très-faible.
Couleurs dominantes : le gris, le blanchâtre, le brun.
Gissement : les côtes occidentales des Antilles, la croupe des courans basaltiques, les vallées qui séparent l'aire des volcans limitrophes.

Espèces.

Tuffa argilo-siliceux. — (Côtes occidentales des Antilles.)

Cette espèce est la plus commune dans l'Archipel des Antilles ; elle constitue généralement le littoral occidental de chaque île, et elle enfouit les anciennes coulées basaltiques sous de hautes superpositions ; c'est le peu de résistance qu'elle oppose à l'action des flots, qui est l'origine des falaises dont le rivage sous le vent est bordé, dans chacune des Antilles volcaniques ; ces falaises ont par fois une élévation verticale de 150 pieds ; on y distingue la succession des produits éructés par les foyers des volcans ; et l'on remarque que les phénomènes qui avaient lieu dans les éruptions des solfatares caraïbes, ne différaient point de ceux dont l'exemple nous est fourni par les foyers ignivômes encore allumés dans d'autres parties du globe. Le commencement et le déclin de ces éruptions étaient marqués par la projection d'une immense quantité de cendres plus ou moins tenues, formées de silice et d'argile, et contenant une assez grande quantité de fer et diverses espèces de cristaux. Les lits de ces matières ont une épaisseur variant de quelques pouces à plusieurs centaines de pieds, en raison de la distance du foyer, et sans doute aussi de la direction des vents ; c'est par cette double cause, et surtout la dernière, que le massif minéralogique des côtes occidentales est composé de ces tuffas ; on reconnaît, en effet, que les substances cinéréiformes qui les constituent, étant lancées dans les airs, par la bouche des volcans, les vents alisés ont dû les porter dans cette partie des îles, et leur quantité a dû s'augmenter d'autant plus que ces bouches sont moins éloignées de ce rivage, que de celui situé à l'Orient.

L'examen des tuffas des Antilles, établit qu'ils appartiennent à des origines entièrement différentes ; il en est, et c'est le plus grand nombre, qui ont été formés ainsi que nous venons de le dire, par des éjections pulvérulentes, agglomérées seulement comme les pierres artificielles, par les effets de l'eau et de la pression ; l'adhésion de leurs parties ne résulte que de l'infiltration des pluies tropicales et de l'action exercée par le poids des terrains supérieurs. Tels sont les tuffas argilo-siliceux de la Case-pilote, du Morne aux Bœufs, et généralement des côtes occidentales. Tels sont encore les tuffas ponceux, produits par la légère adhésion du rapillo de la Montagne pelée, auquel sont mêlés parfois de l'argile, et même un ciment bitumineux ; mais il en est beaucoup d'autres qui paraissent provenir des éruptions boueuses des volcans ou de l'immersion de leurs parties terreuses, dans les eaux des lacs, des torrens ou de la mer. Les changemens géologiques si fréquens dans les îles formées par des foyers sousmarins, permettent difficilement de déterminer la cause spéciale des tuffas d'origine aqueuse, et le plus souvent on ignore s'ils résultent de l'intervention des eaux fluviales ou pélagiques.

A la Martinique, une partie des tuffas du massif qui forme le rocher où sont creusées les casemates du Fort-Royal, paraissent évidemment d'origine aqueuse ; on en trouve d'autres au revers méridional du morne du Marin, vers la presqu'île Sainte-Anne.

Tuffa ponceux. — *Rivage ou périmètre du volcan de la Montagne pelée.* (Martinique).

Cette espèce constitue, dans la même île, la vaste superposition sous laquelle sont enfouies les éjections de la première période d'activité du volcan de la Montagne pelée; elle est toujours sans consistance, et l'on ne peut en tirer aucun parti dans les constructions, tandis qu'on se sert des tuffas argileux, surtout de ceux d'origine boueuse, quoiqu'ils résistent mal à l'action du temps.

Tuffa volcano-calcaire. Rivage du Vauclin. (Martinique.)

C'est une aggrégation de l'argile des volcans et de la terre calcaire provenant de la décomposition des carbonates coquillers, qui seront décrits ailleurs; on en trouve à la Martinique et à la grande terre de la Guadeloupe, etc.

II.me GENRE.

Mimophyre.

Composition : ciment argiloïde, enveloppant des parties très-distinctes, cristallisées ou compactes.
Structure empâtée, aggrégée.
Dureté inégale.
Couleur grise, rougeâtre, variée.
Gissement : Martinique, Guadeloupe.

ESPÈCES.

Mimophyre argileux. Grande anse du Diamant.
(Martinique.)

Cette roche empâtée est formée de cendres volcaniques, siliceuses, mêlées avec de l'argile, rougie par l'action phlégréenne du foyer qui l'a éructée; et passant au jaune, par l'effet de l'air salin, qui la corrode. Elles contient des ponces blanchâtres, en fragmens, dont le diamètre varie de 6 lignes à 18; on y découvre à la loupe une multitude de pores très-petits, tapissés la plupart d'une matière fuligineuse; les pyroxènes noyés dans leur pâte, sont en aiguilles fort petites, ou en fragmens dont la couleur noire tire sur le violet, lorsqu'ils sont frappés par une vive lumière; ces ponces sont très-légères, quoiqu'elles ne surnagent pas; le ciment qui les réunit, montre des formes fissiles, et fait effervescence avec l'acide nitrique. On délite des blocs de cet aggrégat dont les surfaces horizontales sont régulières; leur dureté est assez grande, pour qu'on les emploie à des constructions, et leurs couleurs tranchantes et distribuées par taches irrégulières, offrent un aspect fort agréable.

Dans plusieurs endroits, les ponces étant triturées en un rapillo très-menu, et se trouvant mêlées avec de l'argile, il en résulte un tuffa dont le grain est solide, la structure empâtée, la cassure terreuse, la couleur blanchâtre, passant souvent au violet-pâle. On découvre dans ce tuffa de nombreux cristaux de titane oxidé rutile, opaques, rouge-ardent, lamelleux, sillonnés longitudinalement, et de formes prismées.

On trouve ces mimophyres à la Guadeloupe, dans un gissement dont l'indication est perdue; ils existent à la Martinique, dans la partie méridionale de l'île, sur le bord et presqu'au niveau de la mer; ils forment une suite de monticules adossés à la base du gros Morne, sur la plage de la grande anse du Diamant; on ne peut guères douter qu'ils n'aient été formés dans le sein des eaux. Ils sont analogues à ceux trouvés par Olivier à Phira, dans l'île Santorin, et qui sont également composés de bancs, de pouzzolanes et de cendres volcaniques, vivement colorées et où sont empâtées des ponces (1).

IIIme GENRE.

Laves agglutinées.

Composition : coulée de basanite, de trappite ou de vakite, contenant un grand nombre de laves fragmentaires, de genres différens, fortement empâtées en contact, ou à distance.

Structure analogue à celle des brèches.

Dureté très-variée.

Couleur : brun, noir, bleuâtre.

Gissement : Martinique, Guadeloupe, Rochers des Saintes.

ESPÈCES.

Il y a une grande variété dans la composition de ce produit volcanique ; tous les genres de laves, soumises à la fluidité ignée, ayant pu recevoir dans leurs courans, lorsqu'ils descendaient des cratères, des laves en masses projetées isolément. A la Guadeloupe, il y a dans les hauteurs du Palmiste, une coulée vakitique, dans laquelle sont enveloppés des eurites porphyroïdes, en fragmens innombrables ; à la Martinique, les grands courans de laves porphyritiques, qui sont partis du foyer du Carbet, montrent, la plupart, dans leur section, une multitude

---

(1) Olivier, t. II, p. 159.

de laves sphéroïdales, que leur base cornéenne fait reconnaître pour des produits des volcans secondaires; nous en avons observé de très-remarquables par leurs dimensions, dans les courans du morne Surirey et du morne des Capucins. Près du cratère du Marin, il y a une coulée basaltique qui a reçu ou ramassé, dans ses progrès, une foule de laves fragmentaires; elles sont tellement empâtées, qu'on ne peut les séparer du basalte où elles ont été enveloppées. Sur le versant oriental des Roches Carrées, il y a, sur champ, des blocs très-gros de laves agglutinées, en contact les unes avec les autres, etc.

IV.ᵐᵉ GENRE.

Poudingue.

Composition : pâte de diverse nature, agglutinant des produits volcaniques, arrondis.
Caractères variant selon la composition.
Gissement : la plupart des Antilles.

ESPÈCES.

Poudingue argiloïde. (Côtes occidentales des Antilles.)

Il a pour pâte la même argile siliceuse qui constitue les tuffas; les laves, qui y sont enveloppées sont arrondies, soit parce qu'elles ont été roulées par les eaux, soit parce que dans leur fluidité ignée, elles ont pris cette forme, en roulant sur l'orle extérieur des cratères, ou dans leur projection à travers l'espace. Plusieurs poudingues de la

Case-Pilote semblent avoir cette dernière origine; l'autre est celle qu'on doit attribuer à cette roche, quand elle se trouve à l'ouvert des vallées, sur le rivage occidental des Antilles.

Poudingue calcaire. — *Baie du Marin.* (Martinique.)

Il est formé d'une pâte calcaire, grossière, gris-sale, tachée d'oxide de fer, enveloppant des laves euritiques roulées; on le trouve dans le bassin intérieur de la baie du Marin, à la Martinique, dans l'un des îlets de la baie Mahaut, à la Guadeloupe, etc.

Poudingue ponceux.

Ce sont des ponces arrondies, contenant des pyroxènes enveloppées dans une pâte argilo-ferrugineuse; on trouve cette roche dans les ravins au vent de la Soufrière de la Guadeloupe, et à la base des escarpemens de la grande anse du Diamant, à la Martinique.

Poudingue zéolithique.

Dans cette dernière île, il y a, sur la côte orientale, près de Sainte-Marie, un îlot formé en partie de ce poudingue; ses parties constituantes sont des noyaux de laves d'une pâte très-fine, arrondis, ayant tout au plus la grosseur d'une noisette, et étant enveloppés dans un ciment brillant, nacré, peu abondant, de nature zéolithique.

V.ᵐᵉ GENRE.

Brèche.

Composition : pâte de diverse nature, agglutinant des produits volcaniques, en fragmens anguleux, non arrondis.

Caractères variant selon la composition ;

Gissement : la plupart des Antilles, principalement les escarpemens du littoral occidental.

ESPÈCES.

Brèche argiloïde. — *Case-Pilote* (Martinique, les Saintes.)

Elle a pour pâte une argile siliceuse, jaunâtre, grise, grenue, compacte, terreuse, souvent friable, maculée d'oxide de fer, contenant des laves euritiques, vakitiques, trappitiques, cornéennes, parfois des basanites et des dolérites, et rarement des porphyres.

Les hautes falaises de la Martinique, la Dominique, les Saintes et la Guadeloupe, sont formées par cette espèce de brèche, qui y est distribuée en couches d'épaisseur diverse, et dont la section montre presqu'autant de parties saillantes et en relief, qu'il y a de laves lithoïdes dans la pâte.

L'époque de la formation de cette roche et de la précédente, est postérieure à celle des fragmens qu'elle contient.

Elle résulte de la projection des produits volcaniques,

qui constituent sa pâte, et qui ont été lancés par les cratères, sous la forme de cendres et de sables, au milieu desquels se sont trouvées enveloppées des laves fragmentaires, projetées simultanément.

Dans le grand prolongement du morne Malheureux, entre la rivière Pilote et la baie du Marin, on voit des brèches semblables, dont le ciment argilo-ferrugineux est très-coloré et très-dur; mais dans plusieurs endroits, vers la pointe Borgnesse, le ciment manque, et les laves fragmentaires sont accumulées les unes sur les autres en contact immédiat, et jusqu'à une hauteur de plusieurs centaines de pieds.

Brèche sulfurique. — Soufrières. (Guadeloupe, Névis).

C'est un produit récent et journalier de quelques-uns des volcans de l'Archipel; les laves en petits fragmens, qui gissent sur les sommets des Soufrières de la Guadeloupe et de Névis, étant exposées aux fumeroles que laissent échapper les fissures de ces montagnes, elles sont enveloppées et agglutinées par le soufre qui se forme autour d'elles. Un autre produit résulte également du même phénomène : l'acide sulfurique provenant de la combinaison de l'oxigène de l'atmosphère avec les gaz de ces fumeroles, s'unit à la terre alumineuse, que donne la décomposition des laves compactes, et fait naître des efflorescences en filets verticaux, épais, longs de deux à trois lignes, parallèles, serrés, nombreux, blanc-mat ou argentés, devenant brunâtres par leur altération. Cette substance tapisse les fissures et l'entrée de la caverne de la Soufrière de la Guadeloupe ; c'est la même qui est produite artificiellement, et connue, dans le commerce, sous le nom d'alun de plume, ou sulfate d'alumine; elle nécessite pour sa formation la combinaison de la potasse, ou de l'ammoniaque, ce qui ajoute un nouveau fait à la découverte du premier de ces sels, parmi les produits des volcans.

Outre les solfatares de la Guadeloupe et de Névis, et celle de Saint-Christophe, connue sous le nom de morne Misery, dont les fissures sont tapissées de belles cristallisations de soufre, on trouve encore cette même substance à l'état concret, à Sainte-Lucie, à Saint-Vincent, à la Dominique, et même parfois dans les ravins qui sillonnent la Montagne pelée de la Martinique. Nous en avons trouvé, en fragment erratique, dans une vallée du Trou-au-Chat.

CHAPITRE IV.

Produits de la décomposition des substances volcaniques.

Causes de la décomposition de ces substances. — Terrains porphyritiques, de cornéenne, quartzeux, ponceux. — Argile plastique, smectique, cimolithe. — Ocre rouge, jaune. — Argilolite bibliotypolite, jaspoïde. — Stéatite. — Sables quartzeux, pyroxénique, titanifère. — Quartz hyalin ondulé, arénacé, gras, avanturiné, concrétionné. — Silex calcédoine, pyromaque, roulé, résinite. — Lithoxyle silexoïde, agatoïde, résinoïde, siliceux. — Jaspes divers. Fer hydraté. — Hématite. — Ætite.

Les produits des volcans auxquels les Antilles doivent leur formation, ont été soumis depuis l'origine de ces îles à des causes multipliées de décomposition ; l'action de ces causes a commencé dans les cratères même d'où sont sortis les matériaux de ce grand Archipel, puisque les éjections argiloïdes et cinéréiformes, si abondantes dans cette longue chaîne de montagnes insulaires, sont les débris pulvérisés des roches soumises dans le sein de la terre à la puissance volcanique. Les agens atmosphériques, les flots de l'océan, les eaux fluviales, les infiltrations des pluies et les courans souterrains, l'humidité perpétuelle entretenue par les plantes, les travaux des hommes et les efforts vigoureux des racines des végétaux sont, après l'action destructive qu'exercent les volcans eux-mêmes, les principales causes de la décomposition de leurs produits. La corrosion générale qui en résulte est si grande et si profonde qu'elle efface au premier coup-d'œil les caractères lithologiques qui manifestent la nature des terrains ; un examen rapide et superficiel, tel que celui de la plupart des voyageurs, ne permet de voir aux Antilles que les formations signalées par Raynal : une roche argileuse, recouverte de tuf. En fixant son attention, dans un cabinet minéralogique, sur les échantillons que nous avons rapportés de ces îles, on peut, pour la première fois, se faire une juste idée de leur constitution géognostique ; mais on s'en ferait une très-fausse de l'aspect que présentent leurs minéraux en place, si on l'imaginait semblable à celui des spécimens d'une collection. Au lieu de ces cristaux vitreux, nacrés, brillans, des couleurs belles et variées de toutes ces pâtes lithoïdes, on n'aperçoit, en parcourant la Guadeloupe et la Martinique, que des terrains argilo-siliceux de nature équivoque, des roches, dont la décomposition a détruit tous les caractères, d'autres qui voilent les leurs, sous une écorce terreuse, et d'autres enfin, qui, formées de toutes pièces, avec les élémens rendus libres par l'altération des substances lithologiques les plus anciennes, offrent des produits nouveaux, dont l'origine est énigmatique. C'est seulement par un travail laborieux, entièrement fait au moyen de l'observation immédiate, et par la comparaison du passage gradatif de chaque produit volcanique, dans sa transmutation en une substance différente, que nous sommes parvenus à reconnaître et à déterminer quels sont aux Antilles les effets de la décomposition naturelle des minéraux.

Les produits qui en résultent immédiatement sont terreux ou arénacés ; les autres proviennent d'une formation secondaire, nous les indiquerons successivement.

I.er GENRE.
Terres.

Les terres considérées sous leurs rapports géognostiques, constituent les différentes espèces de terrains ; toutes celles des Antilles, qui n'appartiennent pas aux formations calcaires et alluviales, résultent de la décomposition des produits volcaniques, et forment conséquemment des terrains qu'on doit ranger dans cette série, et dont voici la nomenclature.

Espèces.

Terrains porphyritiques. — (Martinique, Guadeloupe, Saint-Christophe), *région supérieure du Misery*, (Montserrat), *versant de la Soufrière.*

Ces terrains constituent la surface de l'aire des foyers les plus puissans ; ils sont produits par la décomposition des porphyres, qui forment la grande masse des produits de ces volcans ; ils se confondent avec les terrains argilophyriques, qui n'en diffèrent que par une conservation moins parfaite des vestiges de leurs élémens ; on y distingue encore, parfois malgré leur réduction à l'état terreux, les cristaux de feldspath et de mica qui étaient contenus dans leur pâte pétrosiliceuse.

Ces terrains offrant un sol tenace, pesant, compacte, que les infiltrations pluviales ne peuvent traverser; les eaux dont ils sont arrosés, se réunissent pour former de nombreuses rivières, très-utiles aux besoins des usines coloniales. Les plus belles forêts de l'Archipel ont pour sol cette espèce de terrain ; on la trouve généralement vers les hautes régions des montagnes où la rapidité des pentes n'a point permis aux éjections erratiques ou pulvérulentes de se fixer; elle existe encore aux Cabesterres du côté du vent, et fait la fertilité des arrondissemens qui gissent dans cette situation; elle est généralement enfouie sous des tuffas, sur le littoral occidental des îles qu'on désignait autrefois sous le nom de Basse-Terre. Dans ces derniers temps, où l'agriculture coloniale a eu recours à d'ingénieuses applications des procédés agronomiques de l'Europe, on a eu recours à ces terrains enfouis, pour en tirer l'argile propre à amender le sol de la surface, qui était trop meuble et trop léger.

Terrains trachytiques. — Dans toutes les Antilles volcaniques.

Cette espèce diffère de la précédente par son aspect, ses propriétés minéralogiques et sa fertilité; elle résulte de la décomposition des laves à base de cornéenne, éructées par les volcans secondaires, et par ceux qui n'ont pas déployé une grande puissance; le sol formé par les porphyrites, est ordinairement jaune ou rougeâtre, il offre une terre franche, d'un grain égal, et où le soc de la charrue ne rencontre que rarement des pierres erratiques ; la couleur des terres trachytiques est blanchâtre, d'un gris jaune tirant sur le brun, et n'étant jamais mélangé de rouge, le grain en est grossier ; c'est souvent un gravier siliceux, ou une sorte de brèche, remplie de laves fragmentaires très-dures. Toutes les parties des Antilles, dont le sol est médiocrement fertile, appartiennent à cette série, et sont voisines des foyers volcaniques, qui n'ont eu qu'une puissance secondaire ; telles sont à la Guadeloupe, le Houel-Mont, et à la Martinique, la Péninsule occidentale des volcans du Sud.

Terrains quartzeux. — *Côtes occidentales des Antilles.*

La côte sous le vent offre dans chaque île de l'Archipel, les lieux les plus stériles, les seuls que la végétation se refuse d'embellir avec profusion ; le sol y est formé de tuffas friables, grisâtres, quartzeux, toujours altérés d'eau, et toujours présentant l'image d'une sécheresse désastreuse ; de tous les terrains des Antilles, ce sont ceux qui sont les moins favorables à l'agriculture ; leurs élémens sont les cendres vomies par les cratères voisins et amoncelées par les vents alisés dans la partie occidentale de chaque périmètre volcanique ; ces cendres sont fort ténues, arides au toucher, semblables à une substance terreuse, altérée par le feu, et à demi vitrifiée ; elles contiennent une foule de fragmens basaltiques de toutes dimensions.

Terrains ponceux. — (Martinique), *Montagne pelée*, (Saint-Christophe), *région supérieure du Misery.*

Les seuls qui existent dans l'Archipel, sur une vaste

échelle, sont ceux que forme la base de la Montagne pelée; ils consistent en une immense superposition de pierres ponces, dont la surface est réduite, par l'influence des agens atmosphériques, en un rapillo plus ou moins ténu. Ces terrains sont grisâtres, légers, meubles, d'une culture facile, d'une habitation salubre. Ils ont sans cesse besoin d'être arrosés; les eaux pluviales traversent leur couche dans toute son épaisseur, qui est parfois de plusieurs centaines de pieds; les eaux pluviales s'y sont creusé des lits d'une pareille profondeur; ce sont des tranchées caverneuses, dont les parois sont verticales ou surplombées. La proximité d'une haute montagne qui intercepte les nuages et les fixe autour de son sommet, procure à ces terrains, les pluies qui sont nécessaires pour qu'ils deviennent fertiles, et l'on ne peut douter que sans cette circonstance géologique, ils ne le seraient pas plus que le Campo Bianco de Lipari, dont la constitution est absolument semblable.

A Saint-Christophe, on trouve des ponces pulvérisées, formant dans divers endroits un sol de rapillo; les terrains argileux, provenant de la décomposition des laves, sont ordinairement situés, dans les montagnes de cette île, à une hauteur considérable.

II.me GENRE.

Argile.

Parmi les terres provenant immédiatement de la décomposition des laves lithoïdes et considérées d'une manière spécifique, l'argile est la plus abondante et la plus utile ; elle forme près du tiers de la surface des propriétés territoriales de la Martinique et de la Guadeloupe, et elle n'est pas moins commune dans les autres Antilles volcaniques. On en trouve diverses espèces ou variétés.

Espèces.

Argile plastique. — (Martinique.) *Morne rouge.*

Elle est compacte, douce, tenace, onctueuse, blanche, infusible, contenant moins de fer qu'aucune autre ; elle est rare dans l'Archipel; on la trouve en dépôts partiels à peu de distance des rivages intérieurs de la baie du Fort-Royal, à la Martinique, notamment au Morne-rouge ; elle conserve sa blancheur au feu ; on en fait des potiches.

Argile smectique. — (Martinique.) *Trois-Ilets*, (Iles des Saintes.) *Terre d'en-bas.*

Elle est généralement rouge, terreuse, friable, fusible, devenant d'un rouge très-vif par la cuisson ; elle contient de la chaux et du fer; on en fait des briques, des formes et des pots de sucrerie, et de la poterie grossière, à l'usage de la population noire.

Argile cimolithe.

Elle est grisâtre, tirant sur le rouge, douce au toucher et presque savoneuse; les anciens Colons s'en servaient comme font encore les habitans de l'île Cimolis, aujourd'hui l'Argentière, pour dégraisser les étoffes et tenir lieu de savon, dans le lavage du linge (1).

Ces argiles, excepté la première, sont trouvées en place et semblent être des laves porphyritiques passées successivement à l'état d'argilophyre et d'argiloïde; l'humidité qu'elles retiennent, servant d'aliment aux sources et aux végétaux, elles constituent les terrains les mieux arrosés et les plus fertiles ; elles ne prennent toutefois cette dernière qualité, que lorsque les circonstances géologiques comportent qu'elles reçoivent des pluies abondantes, et lorsque leur compacité n'est pas dans un tel degré, qu'elle nuise au développement des racines des plantes.

Il y a encore une autre circonstance dans laquelle les argiles se refusent à former des terrains productifs; c'est lorsqu'elles contiennent une grande abondance de soude muriatée ; on les trouve en cet état, dans les marais du Lamentin à la Martinique; mais les phénomènes les plus curieux qu'elles présentent dans tout l'Archipel, sont les volcans de boue de la Trinitad ; ils sont situés dans la partie méridionale de cette ile, près la pointe d'Icaque. Ce sont des cônes tronqués de 3 à 4 pieds de haut, gissant sur un plateau stérile très-étendu ; un grand nombre ont cessé d'être dans un état d'activité ; mais il y en avait encore beaucoup, qui en 1803, lançaient à 25 ou 30 pieds de haut, et avec une détonnation aussi forte qu'un coup de canon de gros calibre, de la boue argileuse, très-tenace, rougeâtre, mêlée d'eau salée, et dont la température n'excédait pas celle de l'atmosphère.

---

(1) Dutertre, t. II, p. 76.

III.me GENRE.

Ocre.

Ce minéral, qui est, comme on sait, de l'argile colorée par du fer, existe dans tous les terrains volcaniques des Antilles, et se trouve à la surface de la plupart des laves lithoïdes.

VARIÉTÉS.

Ocre rouge. — Il est couleur de sang, passant quelquefois au brun rouge; on le trouve en veines et en amas, dans les terrains d'argilophyres des volcans du Carbet, particulièrement au gros Morne, au morne des Olives, etc. Il provient exclusivement de la décomposition des porphyrites.

Ocre jaune. — Il varie du jaune orpin au jaune blanchâtre; il est plus terreux et plus friable que l'espèce précédente; il est aussi moins commun de le trouver en masse; mais il forme l'écorce de toutes les laves à base de cornéenne, et généralement de celles colorées en noir.

Les ocres provenant de la décomposition des produits volcaniques, et plus particulièrement de celle des laves porphyritiques, leur présence dans les îles calcaires de l'Archipel se joint à une multitude d'autres preuves, pour manifester l'origine complexe de leur massif minéralogique. On en trouve en plusieurs endroits de la Grande-Terre, de la Barbade et de Tabago; ils forment, au milieu des terrains de chaux carbonatée, des lits peu considérables dans leur affleurement, mais qui sont très-vraisemblablement, l'extrémité la plus élevée des coulées porphyritiques passées à l'état d'argilophyre et d'ocre rouge.

A la Barbade, il y en a deux couches dans la paroisse de Sainte-Lucie, et une dans celle de Saint-Jean. On en trouve à Saint-Domingue, dans beaucoup d'endroits, notamment dans les montagnes de la Hotte, qui forment une vaste péninsule présumée d'origine volcanique; on y rencontre, comme dans la partie des Antilles, où les formations pélagiques sont voisines des terrains pyrogènes, ou leur sont superposées, du fer spéculaire, des œtites, du quartz, des pyrites, des ocres et des roches calcaires.

IVme GENRE.

Argilolite.

Cette pierre est dure, compacte, terne, d'un grain inégal, se dilatant par feuillets horisontaux, happant à la langue, donnant une odeur argileuse, par l'insufflation, usant le fer, et ne variant dans sa couleur que du jaune-pâle au brun-verdâtre.

Elle est peu commune aux Antilles, et gît exclusivement dans les lieux qui conservent des témoignages indubitables du séjour des eaux; les reliefs, formés d'argilolites, que nous avons examinés en détail, sont tous situés dans les grandes vallées qui donnaient autrefois passage aux flots de l'Océan, entre les différens volcans dont chaque île est composée. A la Martinique, les plus remarquables occupent le fond de la baie du Fort-Royal, qui est l'intervalle entre les foyers du nord et ceux du sud; elles forment, au milieu des marais de la rivière Salée et du Lamentin, des monticules hauts de 20 à 30 pieds; des amas d'argile ochracée sont accolés à leurs flancs; on y trouve des carbonates de baryte, très-beaux, très-pesans, en masses applaties, médiocrement grandes, formées de l'aggrégation d'une multitude de cristaux très-parfaits, en prismes à six pans, terminés par des pyramides; leur couleur est un gris-jaunâtre; leur cassure est fibreuse, leur aspect gras, luisant et translucide. Ils résistent à l'action des acides. On en découvre parfois de beaux échantillons au Morne rouge.

Une autre circonstance ajoute à l'intérêt des argilolites de ce lieu : ce sont les types nombreux qu'ils contiennent, de végétaux indigènes; les empreintes sont très-distinctes, parce que le grain très-fin de ces pierres a permis aux fibres les plus déliées de s'y modeler. Ce sont principalement des feuilles de différentes plantes, parmi lesquelles nous croyons avoir reconnu celles du figuier sauvage. — *Ficus benghalensis. Var.* ℬ.

Le gissement de ces argilolites et les types que nous y avons découverts, ne laissent point douter qu'elles n'aient été produites par la déposition d'une pâte pétrosiliceuse, résultant de la décomposition des laves porphyritiques. Elles ont été sans doute formées dans les eaux de la mer, mais à une époque où les canaux, ouverts entre les volcans, étaient déjà obstrués en partie, et lorsque la végétation avait déjà couvert les coulées basaltiques. La preuve qu'il en était ainsi, c'est que leurs élémens ont été déposés d'une manière uniforme et tranquille, ce qui n'aurait point eu lieu dans des détroits resserrés, que l'Atlantique eut traversé tumultueusement. Il est également indubitable que, dès-lors, les reliefs de l'île étaient garnis d'arbres ; car telle est la multiplicité des types, que les feuilles qui les ont produits, ont dû nécessairement appartenir à des végétaux d'un endroit très-voisin. Un résultat géologique plus remarquable encore, c'est que le sommet des reliefs, formés par ces argilolites, est élevé au moins de 25 pieds, au-dessus du niveau actuel de la mer, et qu'il faut admettre que ce niveau s'est abaissé de cette quantité, depuis que la nature, composant ces pierres avec la pâte des porphyres qu'elle avait détruits, a renfermé dans leur masse les débris des végétaux nés dans l'enceinte de ces volcans. Il résulte de ces inductions rigoureuses qu'il faut, ou que l'abaissement de l'Océan équatorial ne remonte pas à une haute antiquité, ou bien qu'à l'époque la plus reculée l'incendie volcanique des Antilles avait déjà commencé, et que des arbres croissaient déjà sur les laves à peine refroidies.

On trouve beaucoup d'argilolites dans les montagnes de la Guadeloupe ; mais, elles ne contiennent pas de corps organisés et ne semblent point avoir été soumises, comme celles de la Martinique, à l'immersion pélagique ; elles gissent au-dessous de coulées de laves décomposées, et dans l'intervalle des produits de deux éruptions ; il y a lieu de croire, par leur examen, qu'elles sont formées d'argile pulvérulente, éructée par les cratères, et pénétrée postérieurement par des infiltrations siliceuses, qui en ont lié presque toute la masse, et l'ont changé en un minéral lithoïde, par une opération analogue à celle d'où résultent les lithoxyles. Dans leurs couches supérieures, ces argilolites passent souvent à l'état de jaspe, et changeant de couleur, de jaunes qu'elles étaient, deviennent rouges, ou mélangées de ces deux couleurs.

Vme GENRE.

Stéatite.

Ce minéral est formé d'une pâte compacte, très-onctueuse au toucher, d'un poli luisant, gras, offrant l'aspect du savon; la cassure en est terne, parfois terreuse, la consistance est médiocre, elle s'augmente par l'action de l'air; les couleurs sont le blanc, le gris, le jaunâtre et le rouge.

Ces caractères conviennent, en général, à toutes les stéatites des Antilles, mais ils sont plus ou moins prononcés, selon le degré de perfection de cette substance, qui se rapproche des argiles smectiques, quand elle n'est pas douée de la consistance lithoïde; c'est également des laves porphyritiques décomposées qu'elle provient; et on ne la rencontre point dans les terrains volcaniques, appartenant aux foyers qui n'ont éructé que des trappites, des vakites et des basanites. En observant cette singulière transformation des porphyres en stéatites, nous crûmes d'abord qu'il fallait l'attribuer à la décomposition des micas qu'ils contiennent, et qui rendent libre une quantité de terre magnésienne assez considérable; mais une exploration attentive de la plupart des reliefs des Antilles françaises, nous a prouvé que cette même conversion existe dans des massifs minéralogiques où il n'y a point de mica ; et dès-lors il faut croire qu'elle est, comme on l'a présumé, une modification analogue à celle par laquelle la chair musculaire des animaux est changée en adipocire.

Tant est-il vrai que cette conversion des laves porphyritiques en stéatites donne à un produit minéral l'apparence qui semble ne devoir appartenir qu'à la classe des substances organiques. C'est sans doute pourquoi les Nègres, mangeurs de terre, choisissent ce singulier aliment parmi les stéatites onctueuses, rougeâtres, qu'ils trouvent aux Antilles, dans les terrains argilophyriques. Nous indiquerons ailleurs les effets qu'exercent ces goûts dépravés sur l'économie animale.

VI.me GENRE.

Sables.

Les substances arénacées, qu'on trouve aux Antilles, tirent leur origine, les unes de l'action volcanique, et les autres de celle des eaux pélagiques et fluviales, qui, en s'exerçant sur des roches composées, en ont désaggrégé les parties constituantes. Les effets destructeurs des flots de l'Atlantique et des torrens des montagnes, sont rendus manifestes par les falaises des rivages, les rochers qui en sont détachés, les sables que roulent les ravins, les barres qui obstruent l'entrée des rivières, et les grèves sablonneuses, formées au niveau de la mer, sur les bermes basaltiques. La réduction des laves lithoïdes en particules arénacées par l'effet de la violence des feux souterrains, trouve des exemples mémorables dans les deux dernières éruptions des solfatares de l'Archipel. A la Guadeloupe, en 1799, et à Saint-Vincent, en 1812, l'un des principaux phénomènes volcaniques fut la projection d'une immense quantité de sables provenant de substances lithologiques, pulvérisées dans la profondeur des cratères par la puissance qui ébranla le massif de ces deux îles. En examinant dans la hauteur des escarpemens de la côte, et dans les tranchées qui servent de lits aux rivières, les produits des anciennes éruptions, on découvre que leurs premières et leurs dernières éjections étaient presque constamment des matières arénacées; on reconnaît qu'elles sont sans aucune adhésion réciproque, exactement dans le même état qu'au moment de leur chute, et qu'elles n'ont donné lieu nulle part à la formation de grès, de psammites ou autres roches sablonneuses; ce qui est contradictoire à l'assertion tant de fois répétée que les roches des Antilles sont de cette nature, et que les montagnes qu'elles constituent ont été formées dans l'eau (1).

ESPÈCES.

Sable quartzeux. Il se trouve dans le lit de tous les torrens de l'Archipel, en petits cristaux fort nets, blancs, parfaitement limpides, arrondis parfois par le frottement du transport, ou réduits en grains seulement anguleux, ou en particules lenticulaires; il paraît résulter, par une formation secondaire, de la décomposition des laves siliceuses, et des géodes, qu'il tapisse intérieurement, sous une forme mammelonnée ou cristalline.

---

(1) Raynal, Amic, Chanvalon, p. 17.

Sable feldspathique. Il est mêlé avec le précédent, dans les débris arénacés des laves porphyritiques, qui forment les grèves battues par la mer, les bancs élevés par les grandes eaux, à l'embouchure des rivières, les dépôts accumulés dans le lit des torrens, et ceux qui forment ces passages dangereux, connus dans l'Archipel, sous le nom de *Marigots*. Il varie dans la grosseur de ses grains, leur nuance blanchâtre et leur forme plus ou moins arrondie; on appelle Pierres à l'œil, les grains lenticulaires de cette espèce de sable, parce que leur poli permet de les glisser sous la paupière, sans inconvénient, et que l'irritation légère qu'ils produisent, faisant couler les larmes, dégage l'organe de la vue, des corps étrangers qui s'y sont introduits, et qu'on chasse par ce moyen. L'effet mécanique de ces pierres est communément attribué à leurs propriétés spécifiques, et d'après cette idée on suppose que celles de tel ou tel endroit sont d'un usage préférable. La réputation de supériorité des Pierres à l'œil de la Dominique, était déjà établie aux Antilles, il y a un siècle (1).

C'est le sable feldspathique qu'on choisit ordinairement pour les constructions.

Sable pyroxénique. On le trouve presque toujours mêlé avec ceux mentionnés ci-dessus; mais il y a des grèves où il est presque seul; dans le premier cas, il résulte de la décomposition des laves porphyritiques et euritiques, dans lesquelles il existe en cristaux assez nombreux; et dans le second, il semble provenir de la

---

(1) Labat, t. IV, page 375.

décomposition des laves doléritiques, dont il forme la base; cependant, en quelques endroits, notamment au Macouba de la Martinique, et dans les hauteurs du Galion à la Guadeloupe, on le reconnaît, en place, formant des couches arénacées, cinéréiformes, intermédiaires à des brèches volcaniques ; les cristaux qui forment le sable pyroxénique sont communément très-petits, brisés ou usés, noirs, lamelleux, etc.

Sable de fer oxidé titanifère. Il est noir, tirant sur la couleur d'ardoise, très-pesant, en grains arrondis, très-petits, luisans, à cassure lamelleuse, brillante, métallique; il est infusible au chalumeau, attirable par l'aimant, et d'une abondance singulière dans les lieux où il se trouve.

Il existe à la Guadeloupe, dans plusieurs anses de la côte occidentale, et paraît provenir des volcans éteints des Deux-Mamelles et de la Grande-Montagne.

Il est commun à la Martinique, dans l'aire des foyers du Carbet et de la Montagne pelée; nous en avons trouvé couvertes les grèves de l'anse Couleuvre et celles qui gissent entre les rameaux du morne Jacob, près de la grande rivière Capote.

Il paraît qu'il y en a aussi à Cayenne, aux environs de la montagne des Tigres et à Saint-Domingue, dans la baie de l'Acul. Il peut être traité comme de la mine de fer, et il y a plus d'un siècle qu'au rapport de Dutertre, l'épreuve en ayant été faite à la Guadeloupe, on en obtint de très-beau et de très-bon fer, qui était, dit-il, aussi maniable que le meilleur fer d'Espagne (1). Il n'est cependant aujourd'hui d'aucun usage.

---

(1) Tome II, page 76.

VII.ᵐᵉ GENRE.

Quartz.

Cette substance minérale a pour caractères essentiels : l'infusibilité, l'apparence vitreuse et une dureté considérable.

Elle est assez commune dans l'Archipel des Antilles, et s'y trouve sous des formes diversifiées, qui semblent ne constituer cependant que des variétés.

Dans les terrains volcaniques le quartz existe, comme M. Brongniart l'a remarqué d'une manière générale : 1.° en cristaux très-petits, erratiques, provenant de l'intérieur des géodes siliceuses ; 2.° en concrétions mammelonnées, provenant des dépôts siliceux qui ont eu lieu dans les fissures et les cavités des laves lithoïdes.

Il est beaucoup plus abondant dans les terrains de transport, savoir : 1.° le fond des vallées qui séparaient les anciens volcans, et où la mer a séjourné ; 2.° les grandes superpositions calcaires, qui recouvrent d'anciens rochers volcaniques sousmarins, et qui ont été formées dans le sein de l'Atlantique.

C'est principalement à ce dernier gissement qu'appartiennent les variétés suivantes ; on les trouve à la Grande-Terre de la Guadeloupe, dont le sol est presqu'entièrement calcaire, et à la Guadeloupe, proprement dite, dans l'intervalle des foyers ignivômes, auxquels cette île doit son origine.

Elles existent à la Martinique dans les vallées du Trou au Chat, de la Rivière salée, du Robert, du François, et des Côteaux ; mais leur réunion la plus remarquable est la savane des Salines, vaste planèse calcaire, qui termine au sud la presqu'île de Sainte-Anne, et dont le sol est jonché de fragmens de géodes, de quartz mammelonnés, de jaspe, de stalactites, de bois silicifiés, etc.

VARIÉTÉS.

Quartz hyalin ondulé ; en masses médiocrement grosses, à surface lisse, fendillée, ondulée, blanc laiteux ; il est translucide, limpide, d'une teinte d'opale, ou irisée ; à cassure lisse vers l'extrémité du rayon, cristalline au centre, brillante, et montrant par fois des cavités garnies de cristaux plus ou moins réguliers.

Grande-Terre, Guadeloupe, les Grands Fonds.

Quartz hyalin arénacé ; en grains arrondis ou anguleux, vitreux, libres, plus ou moins ténus, mêlés aux sables feldspathiques et pyroxéniques, dans le lit de tous les torrens de l'Archipel.

Quartz hyalin gras ; en masse arrondies, à cassure vitreuse, raboteuse, presque opaque, ayant un aspect gras, luisant; contenant quelques cristaux demi-transparens. Il est gris ou blanchâtre.

Martinique, au Lamentin.

Quartz hyalin aventuriné ; en masses amorphes, formées de prismes confusément réunis ; il est gris, blanchâtre ; d'un éclat luisant, gras, comme argenté dans quelques parties, et doré dans un grand nombre d'autres ; il prend une teinte rousse à l'extérieur et devient d'un vert noir dans plusieurs endroits. Il est fort dur, quoiqu'il se brise facilement. Il y a des échantillons contenant du manganèse.

Nous avons trouvé ce minéral en 1815, dans le lit de la rivière des Galions, à la Guadeloupe; il gissait en masses roulées, assez grosses; nous doutons qu'il appartienne à la lithologie des Antilles, et peut-être provient-il du lest de quelque navire, quoiqu'il soit difficile de conjecturer, comment il a pu être transporté à une distance aussi grande de la mer.

Quartz hyalin rubigineux: En masses compactes, jaune-brun, sans aucune cristallisation, il paraît s'être formé dans de larges fissures volcaniques.

Quartz hyalin laiteux: en masse contenant de beaux cristaux, prismés, translucides, en groupes radiés; on le trouve, ainsi que le précédent, près des portes d'Enfer, sur le rivage méridional de la Martinique.

Quartz hyalin concrétionné: En masses vitreuses, agathoïdes, rubanées en blanc laiteux à la circonférence, opales, par fois irisées au centre.

En géodes rubigineuses, brunes, translucides, texture compacte, homogène, rude, creusée, sillonnée, grenue à l'extérieur, polies, mammelonnées, ou cristallisées régulièrement à l'intérieur.

En masses amorphes, environnées d'une écorce feuilletée, compacte, opaque, blanche, blanc mat, à cassure conchoïde.

En fragmens divisés à la surface par des nombreuses fissures teintes en rouge sinople.

En masses, dont la pâte est semblable à celle de la calcédoine, et l'extérieur mamelonné, sinué, terne, brun de bois, formant une enveloppe corticale, dont la tranche est analogue à celle qu'offrent les végétaux.

En cailloux roulés, agathoïdes, d'une belle transparence, d'un blanc laiteux, ou d'une nuance d'opale.

En noyaux solitaires ou groupés zéolithiformes, ou aciculaires, radiés, composés de rayons divergens, très-déliés, brillans, fragiles; ces noyaux sont communément de la grosseur d'une balle de fusil; il y en a des groupes de quinze à vingt.

En stalactites coniques, creuses, très-dures, longues d'un demi-pied, d'une pâte compacte, rubigineuse, cassure rubanée en noir, surface intérieure lisse, polie, surface extérieure terne et raboteuse.

Tous ces minéraux sont rassemblés sur la surface du plateau calcaire, désigné sous le nom de Savane des Salines; on en trouve cependant dans divers autres endroits de la Martinique, et sur-tout dans les vallées avoisinant l'aire d'action du Vauclin. A la Guadeloupe, nous en avons recueilli plusieurs dans la vallée, qui sépare l'ancien foyer du Houel-Mont, de celui de la Soufrière.

VIII.me GENRE.

Silex.

Les silex des Antilles ont beaucoup de rapports d'origine et de composition, d'une part avec le quartz, et de l'autre avec les jaspes; ils proviennent vraisemblablement des mêmes circonstances géologiques, puisqu'on les trouve dans les mêmes lieux.

VARIÉTÉS.

Silex calcédoines. Il y en a de nébuleux, de blanc pur, de nuancés de jaune pâle ou de bleu; ils sont parfois divisés en zônes parallèles; nous en avons recueilli aux Salines du sud à la Martinique.

Silex pyromaques; bruns, blonds, parfois cariés, couverts d'une écorce blanche, compacte, terne, épaisse; il s'en trouve dans les parties calcaires des Antilles.

Silex roulés; ils offrent une grande variété de formes accidentelles et de couleurs; les plus communs sont bruns intérieurement, tirant sur le noir et revêtus d'une écorce brun-jaune, tirant sur la couleur d'ocre. Il y en a dans les ravins du St.-Esprit à la Martinique et dans des terrains de transport.

Silex résinites. Cette variété, ainsi nommée de sa ressemblance avec de la résine colorée, existe dans plusieurs parties des Antilles françaises; elle est en masses informes, très-grosses, compactes, souvent homogènes, enveloppant parfois des géodes siliceuses; il y en a de rouges, rouge et noir, rouge et vert-noir, rouge avec une écorce jaune ou verte. La cassure est conchoïde, unie ou comme cariée. On en trouve près la Table-au Diable, à la Martinique, et aux environs du Moule à la Guadeloupe.

IX.ᵐ GENRE.

Lithoxyle.

Ce nom est celui par lequel on désigne les bois pétrifiés et changés en silex, en agathe, en résinite ou en jaspe ; ces quatre variétés se trouvent aux Antilles ; elles ont le même gissement que les minéraux précédens ; il y en a une immense quantité dans les terrains calcaires, qui superposent d'anciens foyers volcaniques soumarins, ou qui sont les vestiges des plateaux où se sont ouvertes des bouches phlégréennes. On peut en recueillir de nombreux et de très-beaux échantillons, à la Grande-Terre de la Guadeloupe, à Marie-Galante, à la Martinique, au pied des coulées basaltiques du Vauclin et du Marin, et surtout dans la presqu'île volcano-calcaire de Sainte-Anne. En voici les variétés principales.

VARIÉTÉS.

Lithoxyle silexoïde. Les bois silicifiés les plus communs, sont ceux qui ressemblent au silex pyromaque, par leur pâte et l'ensemble de leurs propriétés ; ils ne conservent souvent qu'en dehors l'apparence de bois fossiles, et sont intérieurement d'une pâte homogène, brun-corné, ne différant en rien de celle de la pierre à fusil.

Lithoxyle agathoïde. Cette variété présente au lieu de la pâte du silex, celle de l'agathe, avec la finesse de son grain, ses couleurs et sa transparence ; nous en avons trouvé dans la ravine des Coudes, aux grands Fonds de la Grande-Terre ; ils appartiennent tous à la famille des Palmiers.

Lithoxyle résinoïde. Cette belle variété que Cortès avait rapportée de la Guadeloupe, et que nous avons recueillie aux Salines de Sainte-Anne à la Martinique, offre

MINÉRALOGIE.   533

l'aspect luisant, vitreux, gras, et brillant de l'obsidienne rétinite ; elle est aussi fragile que du verre ; on la trouve en fragmens erratiques, formés par des tronçons de tiges ligneuses, longs de six à dix pouces, et appartenant à des Palmifères ou à des Polypodes arborescens. On y distingue dans tous les sens, la structure des fibres, qui constituent la hampe de ces végétaux monocotylédones ; la couleur même n'est pas changée. Il y a des tronçons dont le diamètre est de trois ou quatre pouces, ce qui suppose que la hauteur des Stipes dont ils paraissent avoir fait partie, était de 20 à 25 pieds.

Lithoxyle siliceux. Un assez grand nombre de bois fossiles n'ont point été convertis en silex ; mais seulement changé en une pâte siliceuse, grise, terne, très-médiocrement dure, et même parfois friable. L'apparence des fibres ligneuses et de l'écorce s'y est pareillement conservée.

Il est établi par l'examen de toutes ces variétés de lithoxyles et de leurs nombreux échantillons :

1.° Qu'ils appartiennent communément, mais non exclusivement, à des Palmifères, ou à des Polypodes arborescens.

2.° Qu'ils sont, en général, des fragmens de tiges et de racines.

3.° Que ces fragmens sont à cassures irrégulières.

4.° Que leurs rapports réciproques de composition, l'analogie ou la ressemblance de beaucoup d'entr'eux, leur multitude, et leur gissement commun, enfin leur rapprochement de substances minérales dont la nature n'est point différente, ne laissent aucun doute que les arbres, dont ces lithoxyles sont les fragmens, n'aient vécu, sinon dans les lieux même où on les trouve, du moins sur des terrains adjacens;

5.° Que conséquemment ils ne sont point les produits de contrées éloignées, transportés par les flots de l'Atlantique, sur les plateaux calcaires des Antilles;

6.° Qu'enfin leur existence est un fait géologique, qui peut jeter des lumières sur l'histoire physique de ces îles, et que leur examen est d'autant plus curieux, que la matière siliceuse, en faisant disparaître entièrement la partie combustible des végétaux, en a parfaitement modelé tous les détails physiologiques, ce qui permet de reconnaître, parmi les palmifères, l'*Areca oleracea*, et parmi les arbres dicotylédones, le Gayac et l'Immortel (1).

D'où il faut induire que ces vestiges de végétaux sont d'une origine postérieure à celles des empreintes qu'on trouve, en Europe, en différens lieux, et qui, appartenant à des espèces tropicales, remontent aux temps où nos contrées gissaient, dit-on, sous un autre climat; il est évident que celui des Antilles n'a point changé depuis l'époque à laquelle végétaient ces plantes maintenant fossiles, puisqu'elles sont analogues ou même identiques avec les espèces qui habitent aujourd'hui les mêmes lieux, et dont l'existence a pour condition nécessaire, l'empire du même climat.

Les lithoxyles se retrouvent dans tous les terrains volcano-calcaires de l'Archipel des Antilles; nous en avons découvert à Marie-Galante; il y en a à Antigues; Moreau

---

(1) *Guaiacum sanctum*, et *Erythrina corallodendrum*.

de Saint-Méry en a signalé à Saint-Domingue, dans plusieurs endroits, notamment sur l'emplacement du môle Saint-Nicolas, où l'on en trouva une quantité prodigieuse, avec des madrépores et d'autres productions marines, lorsqu'on jeta les fondemens de cette ville (1).

X.ᵐᵉ GENRE.
Jaspe.

Ce minéral est commun dans les terrains de la Martinique et de la Guadeloupe, dont les laves lithoïdes ont été soumises à l'action de la mer; il semble résulter de la décomposition de ces produits volcaniques; et une foule d'échantillons montrent que, comme l'ont dit plusieurs minéralogistes, il est formé par l'infiltration de la silice dans des couches d'argile ferrugineuse. Les variétés suivantes sont celles que nous avons trouvées aux Antilles.

Jaspe rouge, en grandes masses amorphes, texture très-serrée, grain fin, égal, pâte rouge-sinople, très-compacte, cassure ondulée, aspect luisant. Cette variété est la plus parfaite; elle se trouve aux Salines de la Martinique. On en recueille à la Guadeloupe des échantillons, qui diffèrent par la finesse du grain et par leur coup-d'œil terne.

Jaspe noir. A la couleur près, il ressemble à la variété première; il est plus rare.

Jaspe jaune. Il est communément maculé de rouge, et divisé par des stries parallèles.

---

(1) Tome II, page 43.

Jaspe rubané. Il réunit les couleurs précédentes; il est parfois traversé de veines d'argile jaune d'ocre presque friable. On le trouve en couches continues, dans l'un des escarpemens latéraux de la montagne Saint-Louis, à la Guadeloupe; il y gît entre des laves décomposées; il est divisé par feuillets horisontaux exactement parallèles, adhérens, mais susceptibes de division; les feuillets supérieurs, qui sont épais d'un pouce, sont transformés en un jaspe rouge plus ou moins parfait; les feuillets au-dessous s'éloignent de sa nature, selon leur distance, et sont formés iuférieurement d'une argilite brune, mêlée parfois de lits très-minces d'ocre jaune.

Jaspe violet. Cette variété est assez commune aux Salines; nous en avons trouvé des blocs d'un à deux pieds de diamètre.

Ces jaspes paraissent semblables à ceux qu'on trouve en Italie, au pied du volcan éteint de la Battaglia, au milieu des terrains calcaires des Apennins.

XIme GENRE.

Fer hydraté.

VARIÉTÉS.

Hématite.

Le fer hydraté, connu sous le nom d'hématite brune, ou terre martiale, se trouve, aux Antilles, dans tous les lieux où les laves lithoïdes éprouvent une grande décomposition; il est en masses concrétionnées, compactes, terreuses, rouge-brun, se raclant en rouge, à surface mammelonnée, brune, cassure terreuse, tissu fibreux ou granuliforme, grain fin, serré, assez dur, parfois jaspoïde.

Il y en a des noyaux, des segmens semi-globuleux, et d'autres informes, à la Guadeloupe, dans les hauteurs de la baie Mahaut, et à la Martinique, dans les ravins du Champ-Flore, dans ceux du morne Flambeau, etc.; elle est en couches continues, minces, solides dans les hauteurs de la Soufrière, près le Houel-Mont.

Ætites.

Le fer hydraté qu'on trouve en géodes nommés ætites ou pierres d'aigle ; existe dans les mêmes lieux que les hématites ; ce sont des masses arrondies, brun-noir, d'un aspect lithoïde ou terreux, à noyau mobile jaune d'ocre, formées de couches concentriques, dont la dernière semble une sorte d'écorce. Il y en a de grosses comme des œufs, mais elles sont ordinairement beaucoup plus petites.

Il est digne de remarque que ce minéral ferrugineux se trouve particulièrement dans les lieux qui, comme la presqu'île Sainte-Anne, ont été couverts par les eaux. En Egypte, Sonnini a recueilli un grand nombre d'ætites et de pétrifications, dans le lit de la Mer sans eau, ancien canal desséché, qui faisait communiquer le lac Maréotis avec le lac Mœris.

Il y a souvent pêle-mêle avec les ætites, du fer hydraté globuliforme, ou pisiforme, de la grosseur d'un pois ou d'une balle de fusil. Les globules sont compactes, brun-noir, à cassure terne, etc. Cortès en a recueilli une singulière quantité dans les montagnes de la Guadeloupe; quelques-uns de ceux que nous avons découverts dans le lit de la rivière Roxelane, près Saint-Pierre de la Martinique, étaient feuilletés et à couches concentriques.

CHAPITRE V.

Produits de formations étrangères aux Volcans, mais superposant leurs projections.

Etendue de ces formations et gissement de chacune d'elles. — Formation calcaire; — Gypse. — Chaux carbonatée cristallisée, lamellaire, compacte, testacée, conchiotypolite, concrétionnée incrustante, ou tuf pélagique. — Formation alluviale. — Alluvions anciennes et modernes. — Résultats généraux des faits minéralogiques recueillis aux Antilles.

Les diverses formations de terrains des Antilles françaises, n'ayant encore été, jusqu'à ce jour, ni décrites, ni mêmes reconnues, il n'existe, dans les ouvrages relatifs à ces îles, aucune donnée, qui permette seulement de conjecturer l'étendue de ces formations. Nous essayerons de réparer cette lacune, par les résultats que nous avons obtenus de travaux géodésiques, qui, sans atteindre la précision du cadastre de la métropole, fournissent du moins sur ce sujet, des lumières utiles dont on manquait entièrement.

Les grandes îles, qui constituent les principales Colonies françaises des Indes occidentales, offrent une surface, dont l'étendue est à-peu-près comme il suit :

Martinique...................... 58 lieues carrées.

Guadeloupe. { Guad. proprement dite. 69
{ Grande-Terre........ 46

Etendue de la surface des Antilles franç. 173 lieues carrées.

Les foyers des anciens volcans, qui ont projeté, au centre des deux plus grandes îles, de hautes montagnes, couvertes d'épaisses forêts et environnées d'escarpemens, réduisent de 53 lieues, ou de près d'un tiers, l'étendue des terres habitables. Celles-ci, dont la surface est d'environ 117 lieues carrées, appartiennent dans les trois îles, aux trois formations ci-après énoncées :

	Martinique.	Guadeloupe et Grande-Terre.	TOTAL.
Formation volcanique......	$33\frac{1}{3}$	26.	$59\frac{1}{3}$
— Calcaire..............	4	30.	34
— Alluviale.............	8	16.	24
Surface des propriétés.....	$45\frac{1}{3}$	72.	$117\frac{1}{3}$

Mais la presque totalité des terres inhabitables appartient à la formation volcanique, et ajoute à sa surface une étendue de $12\frac{2}{3}$ lieues à la Martinique, et de 43 dans les îles de la Guadeloupe ; ce qui lui donne environ 115 lieues ; d'où il suit que dans les Antilles françaises, les terrains pyrogènes ont plus de trois fois l'étendue des terrains calcaires, et presque cinq fois celle des terres alluviales,

Nous allons examiner, avec quelques détails, la composition élémentaire des terrains de ces diverses formations.

I.er ORDRE.

Formation calcaire.

La formation calcaire est également importante, soit par l'étendue des terrains qui lui appartiennent dans l'Archipel des Antilles, soit par les résultats géologiques, que présente son examen.

A la Martinique et dans les îles de la Guadeloupe, elle constitue une surface beaucoup plus grande que celle des terrains d'alluvions, et presqu'égale à celle des terrains argileux; elle compose presque entièrement le plateau de la Barbade, de Marie-Galante, la Grande-Terre, Antigues, la Barboude, Sainte-Croix et Saint-Thomas; elle repose partout, d'une manière plus ou moins manifeste, sur une base de rochers volcaniques; et dans différens lieux, les foyers dont elle avait recouvert les éjections, s'étant rallumés, ils l'ont à leur tour recouverte de leurs produits.

ESPÈCES.

Gypse, chaux sulfatée, pierre à plâtre. Ce sel terreux existe, dans quelques parties de l'Archipel des Antilles, mais il ne s'y trouve que d'une manière adventice, et en formations partielles et bornées, dont on ne peut faire que très-peu d'usage. Celui qui est en concrétion dans les fissures volcaniques, ou sous la forme d'efflorescences, est produit, aux environs des fumeroles des solfatares, par la combinaison de l'acide sulfurique, avec la terre calcaire, existant dans quelques laves décomposées; mais il y en a une autre espèce, en masses assez grandes, dont l'origine paraît différente; c'est celui qu'on trouve aux Saintes, et dans les éboulemens de la rivière des Pères, près la Basse-Terre de la Guadeloupe, vers la limite qui séparait primitivement le volcan du Houel-Mont du foyer de la Soufrière. Il semble, par son gissement au milieu des produits volcaniques, provenir accidentellement de blocs de pierres calcaires, appartenant au plateau où s'ouvrirent les cratères, et soumis dans leurs éruptions à l'action de l'acide sulfurique, qui en a changé la nature. Les premiers historiens des Antilles ont conservé quelques souvenirs des tentatives faites pour approprier ce plâtre aux constructions de la Guadeloupe (1).

L'explication qu'on vient de donner sur l'origine de ces masses de gypse, est appuyée, par le fait qu'on ne trouve ailleurs aucune trace qui permette de supposer que la chaux sulfatée est au nombre des matériaux, dont furent formées primitivement les îles calcaires de l'Archipel.

Pierres calcaires, chaux carbonatée. A la Martinique, elle constitue les terrains qui s'étendent de la presqu'île Sainte-Anne jusqu'au Vauclin; elle forme presque entièrement le plateau de Marie-Galante et celui de la Grande-terre de la Guadeloupe; elle occupe dans cette dernière île une surface d'environ 30 lieues carrées. Ses variétés principales sont celles ci-après :

Chaux carbonatée, cristallisée, spath calcaire. Le spath calcaire, en masses limpides, d'un volume considérable, et offrant plusieurs variétés cristallogra-

---

(1) Dutertre, t. II, p. 280. — Labat, t. V, p. 389.

phiques, se rencontre dans les ravins du Port-Louis, à la Guadeloupe, et vers le cap Ferré, à la Martinique; il gît ordinairement au milieu des débris des roches à ravets, dans lesquelles il paraît s'être formé. Ses cristaux sont blancs, blanchâtres, jaunâtres, limpides, à cassure lisse et miroitante, se divisant transversalement, dans le sens d'un plan oblique à l'axe de leur plus grande étendue.

Chaux carbonatée lamellaire. Il y en a des masses assez multipliées dans les terrains calcaires du Vauclin, de la Grande-Terre, etc.; elle est en lames très-minces, fort brillantes, d'un blanc éclatant, formées par une cristallisation confuse; elle semble être le résultat de l'infiltration de la matière calcaire des terrains supérieurs; sa dureté est très-grande.

Chaux carbonatée compacte, testacée; calcaire ancien, vulgairement *Pierre à ravets.* Cette pierre calcaire est très-dure, sonore, par la percussion, d'un grain fin et serré, d'une pesanteur médiocre; sa couleur se rapproche du brun de bois de Werner; elle contient des cristaux nombreux de spath calcaire, confus, lamelleux, blancs et brillans; mais son caractère essentiel consiste dans les vestiges d'animaux marins qu'on y trouve empâtés; ce sont des coquilles pélagiques peu multipliées et encore moins variées, appartenant principalement aux familles des anomies, des térébratules et des échinites, et formant des genres qui paraissent aujourd'hui perdus. Isert avance qu'il s'y rencontre, à la Grande-Terre de la Guadeloupe, des ammonites, ce que nous ne sommes point à même de confirmer.

On trouve cette variété intéressante dans toute la

chaîne des Antilles, depuis la Trinitad jusqu'à Saint-Domingue; elle constitue, en partie, le plateau et les reliefs des terrains calcaires; elle se trouve, dans les escarpemens des côtes et des ravins, sous les bancs calcaires, appartenant au calcaire coquiller, décrit ci-après; et dans les endroits où l'on peut découvrir la base volcanique des massifs de chaux carbonatée, qui forment les reliefs, on observe qu'elle superpose immédiatement les roches pyrogènes. On la rencontre encore en blocs irréguliers de 8 à 10 pieds de diamètre, épars, posés de champ, à 8 à 900 pieds au-dessus du niveau de la mer, au milieu des argilophyres du Vauclin, du Baldara et de la Régale, sur le versant des coulées de laves des volcans du sud-est de la Martinique. L'examen de ces blocs permet d'admettre avec vraisemblance qu'ils ont été lancés par le cratère d'un foyer soumarin qui s'était rallumé, après avoir laissé ses reliefs se couvrir d'une superposition calcaire dont ils sont les débris. L'Italie, et particulièrement le Vésuve offrent plusieurs exemples de ce phénomène géologique; il faut sans doute attribuer à la même cause les blocs de roche à ravets, signalés par Moreau de Saint-Méry, qui les observa avec surprise, gissant sur un sol d'argile ocreuse, dans les montagnes du Port-de-Paix, à Saint-Domingue (1).

Les reliefs formés dans l'Archipel, par ce calcaire ancien, sont des monticules conoïdes, arrondis, peu élevés, dont parfois les versans se divisent en gradins superposés, et d'une hauteur de 20 à 50 pieds. La surface de cette

---

(1) Tome I, page 708.

pierre est tourmentée singulièrement ; elle est criblée de trous arrondis, dont la cause est difficile à reconnaître ; les uns y ont vu l'effet d'une sorte de retrait, et d'autres l'ouvrage des Pholades ; ce sont ces perforations qui lui font imposer aux Antilles, le nom de Pierres à Ravets, parce que les insectes qui portent ce nom y trouvent un asile.

Ce carbonate de chaux est particulièrement caractérisé par l'immense quantité de fossiles pélagiques qu'il contient, et qui souvent sont agglomérés sans presqu'aucun ciment intermédiaire, ou seulement avec des concrétions cristallines. Ces fossiles sont principalement des débris de polypiers et des coquilles ; les premiers appartiennent aux Astroïtes, aux Corallines, aux Méandrines, et à d'autres genres de lithophytes, dont les analogues sont encore vivans ; les coquilles, dont il ne reste presque toujours que l'empreinte, sont des espèces appartenant manifestement aux genres *Ostrea, Patella, Venus, Pinna, Cardium, Terebra, Nerite, Pecta* et autres, qui existent dans la mer des Antilles, et dont on trouve des espèces dans le calcaire tendre et presque moderne des montagnes d'Europe.

Tout l'Archipel montre cette formation avec les mêmes circonstances géologiques ; elle est également divisée en plusieurs stratifications, aux deux extrémités de la chaîne des Antilles, et on y observe les mêmes espèces de coquilles et les mêmes caractères minéralogiques.

Chaux carbonatée, concrétionnée, incrustante, ou *tuf calcaire pélagique,* vulgairement *Platine* ou *maçonne bon Dieu.*

C'est un tuf formé récemment par des sédimens calcaires, et des fragmens de coquillages et de coraux très-menus, agglutinés d'une manière confuse, adhérant faiblement les uns aux autres, dans les parties encore recouvertes par la mer, mais acquérant une cohésion plus grande, par leur exposition à l'action des agens atmosphériques. La trituration de ces fragmens, est telle qu'on ne peut les déterminer spécifiquement ; toutefois, en les observant au microscope, on reconnaît dans le tuf de la Guadeloupe, qu'il en est une assez grande quantité d'une teinte rouge, semblable à celle dont est revêtu l'intérieur des tuyaux capillaires de plusieurs espèces de zoophytes qui forment les récifs de la côte. Cette circonstance et plusieurs autres appartenant à la géologie des lieux où l'on trouve ce tuffa, ne laissent point douter qu'il ne doive son origine et son accroissement journalier à l'érosion des rochers qui constituent les escarpemens des rivages, et que frappent sans cesse avec violence, les vagues de l'Atlantique équatoriale. C'est dans ce tuffa que gissent incrustés les Anthropolithes du Moule, qui ont fait croire assez long-temps, qu'on avait découvert à la Guadeloupe, des vestiges du monde antédiluvien : nous examinerons dans une autre partie de cet ouvrage la question de leur origine.

Le tuf pélagique que nous venons de décrire se trouve sur les rivages des petites et des grandes Antilles, parti-

culièrement à la Martinique, sur la côte du cap Ferré ;
à la Guadeloupe, près du Moule, et à Saint-Domingue,
près des Cayes.

II.ᵐᵉ ORDRE.

Formation alluviale.

La formation alluviale est très-étendue dans l'Archipel
des Antilles ; elle occupe l'intervalle que les volcans ont
laissé entre leurs divers groupes ; et c'est elle qui, com-
blant progressivement les canaux, par lesquels étaient
séparées les différentes aires phlégréennes, a réuni en un
seul territoire, les massifs minéralogiques que chaque foyer
sousmarin avait projetés isolément ; elle a donc pour base
des coulées basaltiques, qui ne s'étaient point élevées au-
dessus du niveau de la mer, et partout elle a pour bornes,
le prolongement ascendant des terrains volcaniques, dont
elle exhausse les parties immergées. On la retrouve conséquemment, sur une échelle plus ou moins grande,
dans toutes les vallées qui divisaient primitivement les
Antilles, et auxquels les hâvres, les rades, les culs-de-sac
doivent presque toujours leur origine. Sa nature spéciale
est déterminée par son gissement ; environnée de montagnes volcaniques, couverte de bois, elle est exclusivement composée des produits résultant de la décomposition des laves et des végétaux, et la formation calcaire
n'y a contribué que très-rarement. Néanmoins, on peut,
par un examen attentif des excavations creusées par
les eaux ou par les hommes, reconnaître deux espèces
d'alluvions ; les unes, anciennes, remontant à la première

période de l'état physique des Antilles ; les autres modernes, appartenant aux causes dont nous voyons encore les effets.

Espèces.

Alluvions anciennes. Elles occupent particulièrement le fond et la partie supérieure des vallées qui séparaient jadis les volcans de chaque île, et formaient autant de détroits ; leurs dépôts sont les plus profonds ; ils sont constitués par les substances minérales ci-après :

Basaltes sphéroïdaux ; galets de grandes dimensions ; argilolithes stratifiées ; phytotypolites ; blocs de chaux carbonatée, sinués à l'extérieur, éminemment durs, compactes à l'intérieur, offrant des cristallisations géodésiques et des vestiges de Térébratules et d'Anomies ; jaspes en masses irrégulières, d'une pâte très-fine et de la plus grande dureté ; bois pétrifiés en fragmens considérables, appartenant aux Polypodes arborescens et aux Palmifères ; quelques fragmens très-rares de jayet, portant des empreintes de feuilles bien conservées ; quartz en géodes, en masses amorphes, en grains.

Gissement spécial : à la Grande-Terre : les Abîmes, les Grands Fonds ; à la Guadeloupe proprement dite : le territoire de la Goyave ; à la Martinique : la vallée de la Grande-Capote, celle du Saint-Esprit, du François, du Trou-au-Chat, etc.

Alluvions modernes. Elles gissent à l'ouvert des vallées, dans les parties reculées des rades et sur plusieurs points du littoral ; elles sont formées par les substances suivantes :

Galets de moins d'un pied de diamètre, sables quartzeux, feldspathiques, pyroxéniques, titanifères, débris de coraux, nommés vulgairement Gingembre ; argiles ochracées ; fer limoneux, sédimens siliceux-calcaires, dépôts vaseux, débris de végétaux, lignites, terre végétale.

Gissement spécial : à la Guadeloupe : la baie Mahaut, la Rivière salée, l'anse à la Barque, la baie de la Pointe à Pitre ; à la Martinique : le Lamentin, la Rivière salée, les Trois Ilets, Ste.-Lucie, etc.

Les alluvions modernes ont quelquefois dans l'Archipel et surtout dans les grandes Antilles, une profondeur très-considérable ; en voici plusieurs exemples :

En 1738, un Colon de St.-Domingue, dont l'habitation était située à quatre lieues de l'embouchure de l'Artibonite, ayant fait creuser un puits dans les attérissemens de cette rivière, on trouva à 75 pieds au-dessous de la surface actuelle du sol, des ustensiles et des poteries, qu'on reconnut être de la fabrique des anciens indigènes de l'île.

On sait que dans la même île, Léogane est située dans une plaine longue de 7 lieues, et large de 3, et que cette ville est à 1200 toises de la mer ; dans l'intervalle qui est entr'elle et le rivage, et dont la pente est de 21 pouces, un puits ayant été creusé, on trouva dans une épaisseur de 36 pieds :

Une terre végétale, jaunâtre, legère, sablonneuse ;

Une terre grise, mêlée de coquilles, de cinq pieds d'épaisseur.

Une terre glaise bleuâtre, formant un lit de 10 pieds.

Une couche de débris d'arbres, reconnus pour être des

Mapoux, des Mangles et des Acajous, conservant encore leur écorce.

Plus, des ossemens.

On concevra combien peu d'antiquité doivent avoir ces vestiges, lorsqu'on considérera, qu'en 1732, le fond de la rade de St.-Marc était par 45 brasses, et qu'en 1780, il n'était plus que par 30 tout-au-plus ; d'où il suit que dans une période de moins d'un demi-siècle, il y eut, dans cette rade, un attérissement de 90 pieds de hauteur.

Si nous considérons l'ensemble de cette longue série de faits minéralogiques que nous ont offerts les Antilles françaises dans leur Exploration détaillée, leur récapitulation nous présente les résultats suivans :

1.º Sous le rapport de la composition élémentaire des minéraux, on trouve, en explorant ces îles :

Dans l'ordre des sels terreux : l'alumine sulfatée, la chaux sulfatée, carbonatée, spathique, compacte, grossière, concrétionnée, phosphatée, chrysolythe, et la baryte carbonatée.

Dans l'ordre des pierres dures : parmi celles de silice presque pure, de nombreuses variétés de quartz et de silex ; parmi celles de silice et alumine, plusieurs sortes de jaspes ; parmi celles de silice, alumine et alkali, la ponce, l'obsidienne, la rétinite, le pétrosilex, le feldspath ; parmi celles de silice, magnésie, chaux et alumine, le pyroxène, l'amphibole et le basalte.

Dans l'ordre des pierres onctueuses : parmi celles formées de silice, magnésie et alumine, la stéatite, la chlorite, le mica.

Dans l'ordre des pierres argiloïdes : les argiles, les ocres, l'argilolithe, la vake et la cornéenne.

Dans la classe des combustibles composés : le pétrole, le jayet, le lignite fibreux et terreux, et la tourbe des marais.

Et dans la classe des métaux : quelques traces d'arsenic sulfuré, le titane rutile, du manganèse métalloïde, du bismuth sulfuré, du fer sulfuré, oligiste, oxide, terreux, etc., du cuivre malachite.

2.° Sous le rapport de la configuration moléculaire, on trouve :

A l'état de cristallisation parfaite : la chaux carbonatée, spathique, la baryte carbonatée, le quartz, la mésotype zéolithe, le péridot chrysolithe, le pyroxène, l'amphibole schorlique, le mica, le soufre, l'arsenic sulfuré réalgar, le titane rutile, le fer sulfuré, le fer oligiste spéculaire, etc.

A l'état de cristallisation ébauchée ou imparfaite : les feldspaths des laves porphyritiques, mélaphyriques, euritiques, etc. Les quartz mammelonés et géodiques, la chaux carbonatée, lamellaire, etc.

A l'état amorphe : la grande masse des produits des trois formations volcaniques, calcaires et alluviales.

3.° Sous le rapport de la configuration des masses, on trouve :

En montagnes pyramidales ou conoïdes, et en vastes coulées plus ou moins déclives : les laves porphyritiques, euritiques, doléritiques, vakitiques, trappitiques et cornéennes.

En prismes columnaires : les laves doléritiques.

En sphéroïdes : toutes les espèces de laves lithoïdes.

En galets : toutes les laves fragmentaires, roulées par la mer ou les eaux fluviales.

En fragmens de tout volume : les ponces, les laves, les jaspes, les lithoxyles, etc.

A l'état arénacé : les cendres siliceuses et argileuses, les quartz des torrens, les feldspaths, les pyroxènes, le fer oxidé titanifère, etc.

En couches inclinées : les coulées de laves et de tuffas boueux, les lits de ponces, de tuffas cinéréïformes, de brèche, de poudingue.

En couches horizontales : les argiloïdes des vallées, les stratifications calcaires, les couches alluviales.

4.° Sous le rapport du gissement topographique, on trouve :

Au centre des îles, constituant les reliefs des volcans les plus anciens et les plus puissans : les laves porphyritiques.

Autour de ces foyers principaux, formant les éjections des volcans secondaires : les laves cornéennes, vakitiques et trappitiques.

Au sommet et le long des flancs escarpés des collines : les coulées superposées de toutes ces espèces de laves lithoïdes.

A l'extrémité des promontoires de la côte : le terme des courans basaltiques.

Dans la profondeur des vallées : l'intervalle de ces grandes projections.

Dans les anses, les rades et les ports : le prolongement soumarin de ces intervalles, ou l'espace resté submergé, entre les limites de deux volcans voisins.

Sur les côtes occidentales : les tuffas formés par les substances arénacées, amoncelées dans cette direction, par l'action des brises alisées.

Sur les côtes orientales : les récifs élevés par les lithophytes.

Sur celles entre le levant et le midi, dans les Antilles volcaniques : les terrains calcaires et les Laisses pélagiques, connues sous le nom de Salines.

Enfin, à l'Orient de la chaîne des îles de formation phlégréenne : les îles de formation calcaire.

5.° Sous les rapports économiques et d'une utilité quelconque, on se sert :

Dans les constructions des édifices, pour matériaux des murs : des laves lithoïdes en fragmens irréguliers ;

Dans le pavage des rues : des laves roulées de torrens ;

Dans le dallage des trottoirs : des laves tabuliformes ;

Dans la fabrication des briques, des tuiles et de la poterie : de l'argile provenant de la décomposition des laves porphyritiques ;

Dans la construction des fourneaux de sucreries : des laves basanitiques, dites pierres de fer, et parfois des pierres ponces en grandes masses.

Dans le ciment des constructions civiles et militaires : de la pouzzolane et du sable de rivière, provenant de la décomposition des laves ;

Dans les édifices des îles calcaires : des carbonates de chaux coquillers, des tuffas calcaires, et des carbonates de chaux anciens, désignés sous le nom de Pierres à Ravets.

Dans les usages économiques : du soufre provenant des solfatares.

Dans les besoins de l'agriculture ; de l'argile et du rapillo, qu'on emploie, comme amendemens, pour rendre la terre moins meuble ou plus légère.

Dans diverses circonstances temporaires et locales: du plâtre, qu'on trouve aux Saintes et à la Guadeloupe, du fer oxidé titanifère, dont on peut tirer de bon minerai, et de la stéatite dont il est possible de se servir en guise de savon.

Enfin, dans cette maladie viscérale des nègres et des gens de couleur, dont l'effet est de produire une appétence extraordinaire pour les terres bolaires et absorbantes, c'est l'argile stéatiteuse, provenant de la décomposition des laves porphyritiques micacées, qui sert d'aliment à ce goût perverti, désigné sous le nom de Géophagie.

FIN DU TOME PREMIER.

TABLE DES CHAPITRES

DU PREMIER VOLUME.

Division de l'ouvrage.   *Page* 1

PREMIÈRE PARTIE. — *Géologie.*

Tableau géologique des Antilles, ou Recherches et Observations sur l'origine des îles volcaniques et calcaires de cet Archipel, et sur l'aggroupement de leurs montagnes.   5

CHAPITRE PREMIER.

Aperçu des Erreurs principales des historiens et des voyageurs, sur l'état physique des Antilles.

Fausse Etymologie du nom des Antilles, de la Martinique, de la Jamaïque. — Erreurs sur la constitution de l'air, sur sa pesanteur, sur la propagation du son. — Sur l'araignée aviculaire, la chique, le mabouïa, les serpens; — Sur l'origine de la couleur des Nègres; — Sur les mines d'or de l'Archipel caraïbe; — sur la formation de ses îles, et sur leur minéralogie.   7

CHAPITRE II.

Recherches géologiques sur la formation des Antilles et sur l'origine attribuée à la mer Caraïbe et au golfe du Mexique.

Description du grand courant de l'Atlantique équatoriale; — Preuve géologique qu'il n'a point formé les Antilles ; — Examen des effets de son action ; — Son pouvoir n'est point destructeur ; il est au contraire l'agent de grandes formations alluviales ; — Indication de celles du Nouveau-Monde qu'il faut lui attribuer. — Résultats de l'observation contradictoire à l'hypothèse, que la mer Caraïbe et le golfe du Mexique lui doivent leur origine. 37

CHAPITRE III.

Monographie géologique des Antilles volcaniques.

Description géologique de la chaîne volcanique des Antilles ; — La Trinitad ; — La Grenade ; — Saint-Vincent ; éruptions de sa Solfatare, — Sainte-Lucie, — La Martinique, ses six volcans éteints, — La Dominique, — La Guadeloupe, sa Soufrière ; — Monserrat, — Saint-Christophe ; — Détails caractéristiques de la formation pyrogène de ces îles ; — Foyers principaux et secondaires de leurs volcans, leurs pitons, leurs coulées de laves ; — Influence hydrographique et militaire des structures volcaniques. — Origine des ports. — Direction identique des principales formations pyrogènes du globe ; — Vestiges de l'activité des feux souterrains ; — Tremblemens de terre ; — Résultats de l'histoire de leurs phénomènes. — Tableau chronologique de ceux des Antilles. 62

CHAPITRE IV.

Monographie géologique des Antilles calcaires.

Différence de gissement et de configuration entre les Antilles volcaniques et calcaires. — Contrastes de leur aspect. — Identité de l'origine phlégréenne des unes et des autres. — Description géognostique des îles calcaires. — Aggroupement de leurs montagnes. — Leurs terrains pyrogènes. — Découverte de leur base volcanique. — Recherches sur l'antiquité de leurs diverses formations secondaires. — Traces d'une inondation, qui leur est postérieure. — Aperçu sur la géologie du Nouveau-Monde. — Révolution physique de l'Archipel américain. — Pluralité des cataclysmes, qui sont les agens de ses formations calcaires. — Résultats de l'exploration des Antilles. 116

II.me PARTIE. — *Climat.*

Tableau du Climat des Antilles. 157

CHAPITRE PREMIER.

Recherches sur la Température des Antilles.

Influence de la température sur tout ce qui intéresse l'espèce humaine. — Ses variations journalières. — Causes de leurs perturbations. — Chaleur solaire. — Sensations produites par les divers degrés du chaud. — Variations mensuelles de la température. — Leur observation à la Martinique, à la Guadeloupe, à la Barbade. — Variations annuelles; — Leur Tableau. — Détermination de la température moyenne. — Chaleur des sources. — Refroidissement proportionnel à l'élévation des lieux. — Variations locales. — Influence des positions géographiques. — Tableaux de leurs températures différentes. — Influence de l'élévation du sol. — Détermination de l'abaissement graduel de la chaleur sur les montagnes. — Tableaux de cet abaissement aux Antilles et sur les plus grandes hauteurs du globe. — Effets de la configuration du sol, de sa nature et de son état superficiel. — Influence de la direction des vents, et de la présence des eaux. — Résultats de ces phénomènes. 159

CHAPITRE II.

Recherches sur l'état hygrométrique de l'Atmosphère des Antilles.

Influence vivifiante de l'humidité atmosphérique sur les contrées du globe. — Son action sur leur température; — Ses causes multipliées aux Antilles; — Ses variations journalières, mensuelles et annuelles. — Leurs lois générales. — Variations de l'humidité par l'évaporation des eaux de la mer, par celle des pluies et des marais, et par la transpiration des forêts. — Effets des vents dominans et de l'élévation des lieux. — Tableaux hygrométriques, mensuels et annuels. — Recherches sur la quantité de pluie qui tombe aux Antilles; — Sur ses variations journalières, mensuelles et annuelles. — Sur la grêle des contrées équatoriales. — Variations locales de la quantité de pluie, par l'effet des positions géographiques, par l'élévation du sol, par l'influence des forêts, par la direction des vents, et par la proximité des mers. — Tableaux annuels et mensuels de la quantité de pluie qui tombe aux Antilles. 229

CHAPITRE III.

Recherches sur les Vents de la mer des Antilles.

Causes chimiques, astronomiques et géologiques des variations des vents dans leur vitesse et leur direction. — Effets de la conversion de l'air en eau. — Du mouvement rotatoire du globe, du mouvement de translation du soleil. — De l'état superficiel des régions américaines ; — De leur élévation verticale. — Vents du Nord et de l'Est dans la mer des Antilles. — Leurs propriétés, leur durée, leur vélocité. — Brises de terre. — Courans supérieurs. — Domination des vents du sud. — Interception de ceux de l'ouest. — Tableau de la direction annuelle et de l'intensité des vents dans l'Archipel des Antilles. 314

CHAPITRE IV.

Recherches sur l'Ouragan.

Redoutables effets de l'Ouragan des Indes occidentales ; — Irrégularité de son retour annuel ; — Sa limitation dans une période mensuelle déterminée ; — Rapports de ses époques, avec les progrès du soleil dans l'écliptique ; — Sa limitation topographique, et dans les couches les plus basses de l'atmosphère ; — Quelles en sont les causes. — Observation des phénomènes pélagiques qui le précèdent. — Raz de marée. — Elévation singulière de la température des eaux. — Raréfaction de l'atmosphère. — Phénomènes météorologiques constituant l'ouragan ; — Récit de celui de 1804 ; — Etendue de ses ravages ; — Rapidité de sa propagation. — Résultats de ces recherches. — Tableau chronologique des Ouragans des Antilles. 346

CHAPITRE V.

Recherches sur les Phénomènes barométriques, électriques et lumineux.

Aurore boréale. — Lumière zodiacale. — Halo. — Electricité. — Météores ignés. — Tonnerre. — Tableau des époques où il se fait entendre. — Erreurs sur la pression de l'atmosphère. — Hauteur moyenne du baromètre, au niveau de la mer Caraïbe. — Elévations diverses des parties de l'Océan. — Marées; leurs époques, leurs hauteurs. — Etendue des variations barométriques, dans la région basse de l'atmosphère, dans la région haute. — Mouvemens périodiques et irréguliers du baromètre. — Tableau de la pression atmosphérique aux Antilles. 394

CHAPITRE VI.

Tableau des phénomènes chimiques, physiologiques et météorologiques, dont la puissance du climat est l'origine, la cause ou la condition nécessaire.

Phénomènes chimiques produits par l'humidité de l'atmosphère et par la haute température du climat. — Phénomènes de physiologie végétale et animale, qui en sont les résultats. — Présages météorologiques tirés de l'état de l'atmosphère, ou des effets de l'action des agents climatériques sur les corps organisés. 422

III.ᵐᵉ PARTIE. — *Minéralogie.*

Tableau minéralogique des Antilles françaises.

Considérations générales. 437

CHAPITRE PREMIER.

Produits volcaniques qui ont subi la fusion. Laves compactes et cellulaires.

Genres et espèces. — Vakite, Cornéenne, Trappite, Basanite, Diorite, Dolérite, Trachyte, Amphibolite, Eurite, Mélaphyre, Porphyre, Argilophyre. — Laves prismatiques, sphéroïdales, tabulaires. — Caractères de ces produits pyrogènes. — Leur configuration. — Leur gissement. — Etendue des formations dont elles constituent les massifs minéralogiques à la Martinique et à la Guadeloupe. 443

CHAPITRE II.

Produits volcaniques qui ont subi la vitrification ;
Ponces et Obsidiennes.

Ponce blanche, homogène, grise, soyeuse, noire, rouge. — Scorie. — Rétinite porphyre, verte. — Obsidienne noire, jaune d'ocre. — Stigmite quartzeuse, feldspathique ; — Gissement spécial de ces produits dans les Antilles françaises. 485

CHAPITRE III.

Produits volcaniques composés.

Etendue des massifs formés par ces produits. — Tuffas argilo-siliceux, ponceux, volcano-calcaires ; — Mimophyre argileux ; — Laves agglutinées ; — Poudingue argiloïde, calcaire, ponceux, zéolitique ; — Brèche argiloïde, sulfurique. — Gissement spécial de ces produits composés. 498

CHAPITRE IV.

Produits de la décomposition des substances volcaniques.

Causes de la décomposition de ces substances. — Terrains porphyritiques, de cornéenne, quartzeux, ponceux. — Argile plastique, smectique, cimolithe. — Ocre rouge, jaune. — Argilolite bibliotypolite, jaspoïde. — Stéatite. — Sables quartzeux, pyroxénique, titanifère. — Quartz hyalin ondulé, aréuacé, gras, avanturiné, concrétionné. — Silex calcédoine, pyromaque, roulé, résinite. — Lithoxyle silexoïde, agatoïde, résinoïde, siliceux. — Jaspes divers. Fer hydraté. — Hématite. — Ætite. 510

CHAPITRE V.

Produits de formations étrangères aux Volcans, mais superposant leurs projections.

Etendue de ces formations et gissement de chacune d'elles. — Formation calcaire ; — Gypse. — Chaux carbonatée cristallisée, lamellaire, compacte, testacée, conchiotypolite, concrétionnée incrustante, ou tuf pélagique. — Formation alluviale. — Alluvions anciennes et modernes. — Résultats généraux des faits minéralogiques recueillis aux Antilles. 539

FIN DE LA TABLE.

TABLEAU de la quantité de pluie tombée en divers lieux de l'Archipel des Antilles.

LATITUDES	LIEUX.	CONTRÉES.	Élévation du sol en mètres.	QUANTITÉ DE PLUIE. En centimètres.	En pouces.	Nombre de jours de pluie.	AUTORITÉS.	OBSERVATIONS.
10° 40′	Port d'Espagne	Trinidad	»	189	70	»	Lavaysse.	Gissement identique avec celui du continent. Observations dont on ignore les élémens.
13 5	Bridgetown	Barbade	»	133	56 10	»	Hillary.	Ile calcaire, gissement sous le vent. Cinq ans d'observations qu'on croit être bonnes.
13 36	Morne Fortuné	Sainte-Lucie	280	151	56	»	Cassan.	Gissement élevé, morne isolé. Observations soupçonnées incomplètes.
14 35	Fort-Royal	Martinique	»	220	81 6	231	Moreau de Jonnès.	Gissement sous le vent. Six ans d'observations, faites avec soin.
14 30	Morne Édouard	Martinique	349	258	95 4	»	Idem.	Gissement élevé, près la litière des forêts. Trois ans d'observations, imparfaites.
16 »	Sainte-Marie	Guadeloupe	»	136	50 3	»		Gissement au vent des montagnes. Deux ans d'observations, suspectes.
16 29	Sainte-Rose	Guadeloupe	»	216	80	199	Lachenaye.	Gissement à l'extrémité septentrionale de l'île. Cinq ans d'observations, bien faites.
18 20	Tiburon	S.t-Domingue	»	270	100	»	Moreau de S.t-Méry.	Influence de la position pélagique de ce cap.
18 45	Léogane	Idem	»	135	50	99	Bausan.	Gissement à l'ouest des montagnes de la Selle. Vingt ans d'observations.
18 30	Port-au-Prince	Idem	»	88	32 10	»	Moreau de S.t-Méry.	Observations de 1786.
18 »	La Petite Anse	Idem	»	192	75	»	Odeluc.	Observations de 1785.
18 35	Tivoli	Idem	465	272	100 11	138	Colte.	Idem, maxim. 126 pouces, minim. 75; maxim. des jours de pluie 148, minim. 122.
19 25	Plaine du Trou	Idem	»	147	54 7	88	Warlot.	Gissement boréal. Quatre ans d'observations.
20 »	Port Margot	Idem	»	377	140 5	128	Moreau de S.t-Méry.	Voisinage des montagnes. Observations de deux années, faites dans les mornes.
20 »	Montagnes du Borgne	Idem	500	977	340 1	146	Idem.	Voisinage des forêts de l'intérieur.
20 »	Marmelade	Idem	600	270	100	»	Idem.	Même gissement.
20 »	Limbé	Idem	»	571	211 8	»	Moreau de S.t-Méry.	Même gissement. Observations de 1783 et 1784.
20 »	Fort Dauphin	Idem	»	151	55 11	»	Idem.	Gissement ouvert au nord. Max. 75, min. 40; max. des jours de pluie 109, min. 76.

www.ingramcontent.com/pod-product-compliance
Lightning Source LLC
Chambersburg PA
CBHW060510230426
43665CB00013B/1456